인문사회 질적 연구 방법론

핵심 원리 및 연구 가이드

인문사회 질적 연구 방법론

핵심 원리 및 연구 가이드

| 박휴용 |

전북대학교출판문화원

질적 연구는 다양한 학문 분야에서 인간의 경험, 사회 현상, 문화와 같은 주제를 탐구하는 데 사용되는 연구방법론이다. 질적 연구는 그동안 양적 연구방법론에 의해 지배되었던 실증주의적 및 인과론적 인식론의 한계성을 지적하면서, 그 대안으로서 현상학, 해석학, 그리고 상징적 상호작용론을 바탕으로 인간의 인식과 경험, 그리고 인간 사회의 다양한 현상과 상황 및 문화적 맥락 등을 새롭게 탐구하고 이해하기 위한 방법론으로서 등장하였다.

질적 연구는 다음과 같은 목표의식을 바탕으로 발전하여 왔다.

첫째, 질적 연구 방법론을 통해 다양한 사회적 현상과 인간의 경험에 대한 풍부한 이해를 얻고자 한다. 이를 위해 연구참여자의 개별적 사건, 사례, 주관성을 고려하면서, 그러한 관점들의 풍부함과 타당성을 바탕으로 세상에 대한 다양한 해석을 내리고자 한다.

둘째, 양적 연구는 현상을 계량화하여 측정하고 일반화된 관점으로 세상을 설명하는데 초점을 맞추는 반면, 질적 연구는 현상의 세부적인 측면과 개별화된 의미와 주관성을 계량화되지 않는 있는 그대로의 데이터를 바탕으로 이해하고자 한다. 하지만, 질적 연구와 양적 연구는 상호보완성을 바탕으로 연구하려는 자연 및 사회 현상에 대한 포괄적인 이해를 추구한다.

셋째, 질적 연구 방법론은 이론적 통찰력을 제시하고, 사회적 구조나 질서의 유지 보다는 사회를 개혁하고 변화시키는 것을 주된 목적으로 한다. 이를 위해 비판적 관점을 바탕으로 사회적 구조, 권력 관계와 갈등, 억압과 불평등성 등의 문제에 주목하면서 사회적 약자와 소외된 계층에 대한 도움주기를 목적으로 한다.

넷째, 질적 연구 방법론은 양적 연구에 비해 훨씬 다양한 이론적 기반과 연구방법론을 통해 현상을 이해하고자 한다. 대표적인 연구방법론으로 문화기술지, 현상학, 근거이론, 담론분석, 생애사 연구 등이 있고, 연구 주제, 연구 목적, 그리고 연구 대상과 분석하려는 데이터의 성격에 따라 적절한 방법론을 선택하여야 한다.

이 책은 저자의 [초보연구자를 위한 질적 연구 방법론](2014)에 이어서 두 번째의 연구방법론으로 준비한 저서이다. 저자는 최근 6년간 질적 연구 방법론의 이론적 기반에서부터 다양한 질적 연구 방법론의 이론과 실제, 그리고 질적 연구 방법론의 질 관리를 포함하는 내용을 중심으로 재직 중인 대학에서는 물론 전국적으로 다양한 전공의 대학원생들과 연구자들을 대상으로 질적 연구 방법론을 강의하여 왔다. 이 책은 그동안의 강의내용을 총 정리하고 보완하여 완성한 책으로써, 인문사회 초중급 연구자들이 질적 연구의 핵심 원리를 전반적으로 이해하고 실제 연구를 수행하는데 도움이 되도록 작성된 것이다. 이 저서는 다음의 내용을 포함하고 있다.

첫 파트는 질적 연구란 무엇인가?(Ⅰ장), 질적 연구의 설계(Ⅱ장), 그리고 질적 연구의 기반이 되었던 문화기술지(Ⅲ장)에 대한 내용으로 구성되었고, 두 번째 파트는 구체적인 연구방법론에 대한 소개로 생애사 연구(Ⅳ장), 현상학 연구(Ⅴ장), 근거이론 연구(Ⅵ장), 시각자료 분석법(Ⅶ장), 담론분석 연구(Ⅷ장), 그리고 기타 인터뷰법, 사례 연구, 문헌 연구방법(Ⅸ장)으로 이루어져 있다. 그리고 마지막으로 최신 연구동향을 반영하여 포스트휴먼 질적 연구(Ⅹ장)와 질적 연구의 질관리, 연구윤리 문제, 논문작성 팁을 다루는 내용(XI 장)으로 저서를 구성하였다.

최근 질적 연구의 중요성과 비중이 점점 커지고 있는 학문적 흐름 속에서, 질적 연구 방법론에 대한 전반적인 이해와 구체적인 연구방법론을 배우고자 하는 석박사 과정의 대학원생과 신진연구자, 그리고 교육현장의 교사들에게 이 책이 조금이라도 도움이 되기를 바란다.

2023. 6.

세종의 서재에서

사랑하는 막내아들 서완이를 떠올리며

목차

VIII. 담론(담화) 분석 연구 Discourse Analysis

IX. 기타 자료 수집법: 인터뷰법, 사례연구, 문헌연구

X. 포스트휴먼적 질적 연구 Posthuman Qualitative Research

XI. 질적 연구의 질 관리 Quality Management

I 질적 연구란 무엇인가?

1. 질적 연구의 이해

1) 질적 연구의 배경

질적 연구는 17세기 이후 근대성에 기반한 과학적이고 합리주의적 사고를 통해 세상의 모든 양상을 이해하고 설명하려고 했던 기존의 실증주의와 과학주의에 대한 비판을 기반으로 발전하였다. 양적 연구의 가장 핵심적 기반인 실증주의는 실재reality는 관찰자의 시점에 구애받지 않고 독립적이고 객관적으로 존재하며, 가시적visible이고 손에 잡히는 tangible 증거에 의한 결론 만을 진리 혹은 사실로 받아들일 수 있다는 관점이다. 하지만, 질적 연구는 실증주의적 관점이 자연 현상에 대해서는 어느 정도 타당성과 설명력을 갖을 수 있지만, 인간의 사고나 심리, 그리고 그러한 인간들이 모인 사회적 현상들에 대해서는 실증주의적 방법이 적절하지 않다는 문제의식에서 출발하였다. 즉, 질적 연구는 다음과 같은 관점에 기반하고 있다.

a. 인간/사회는 복잡하고 독특하며 가변적이다.
b. 정확한 예측은 불가능하고 인과적 조건 만으로 설명될 수 없는 복잡한 상황이 존재한다(예: 카오스이론).

c. 인간은 예측을 뒤바꿀 잠재력(변화가능성)이 있으므로 성급한 결론은 사양한다.

d. 과학적/객관적 방법론들은 완전하지 않고 여러 편견적 가설에 기반하고 있다.

e. 인간에 대한 연구는 사회적 기대나 합의를 기반으로 이루어지기 때문에, 인간이 속한 사회문화적 배경을 초월하여 일반화할 수 있는 객관적 연구 목표나 가치를 설정하기 어렵다.

위와 같은 질적 연구의 문제의식과 관점을 보여주는 대표적인 이론적 관점이 사회적 구성주의social constructions이다. 사회적 구성주의는 진리는 객관적으로 존재하는 것이 아니라, 사회(문화)적으로 구성된다는 관점을 기반으로 실재reality를 파악하고자 하기 때문에, 객관적 실재나 인과관계의 확인을 목적으로 연구하지 않는다.

2) 질적 연구의 정의와 핵심 원리

질적 연구는 사회과학, 인문학, 교육, 의료 등 다양한 분야에서 인간의 경험, 사회 현상, 문화 등을 이해하고 탐구하는 연구방법론methodology이다. 질적 연구는 주로 자연스러운 상황에서 발생하는 현상에 대한 깊이 있는 이해를 추구하며, 연구 대상의 주관적 경험과 의미를 중심으로 분석한다(Denzin & Lincoln, 2005).

질적 연구는 다음과 같은 핵심 개념들을 기반으로 수행된다.

가. 주관성

연구 대상의 개인적 경험, 감정, 의미를 중요하게 여기며, 연구자의 관점과 해석도 연구 과정에 포함된다(Creswell, 2013).

나. 다양성

질적 연구는 다양한 연구 방법과 이론을 통합하여 현상을 이해하려고 시도한다. 이를 통해 다양한 관점과 해석을 제공할 수 있다(Denzin & Lincoln, 2005).

다. 자연주의

질적 연구는 현상을 자연 상태에서 이해하려고 시도하며, 인공적인 실험 상황보다는 현장에서 발생하는 현상에 초점을 맞춘다(Patton, 2002).

라. 과정 중심

질적 연구는 현상의 발생 과정과 구조를 이해하는 데 관심을 두며, 변화와 발전을 추적하는데 초점을 맞추게 된다(Creswell, 2013).

3) 질적 연구의 논리적 흐름

질적 연구란 무엇인지를 이해하기 위해서는 질적 연구를 수행하는데 포함되는 핵심적 작업들이 어떤 논리적 근거에 의해서 이루어지는가를 이해할 필요가 있다. 즉, 연구research를 한다는 것은 연구자가 다음과 같은 논리적인 행위를 수행하는 것임을 기억하자.

가. 논문이란?

어떤 현상에 대해 연구자의 관점perspective을 다른 사람에게 설명explain하기 위해 이를 학술적인 근거를 가지고 논리적이고 체계적인 글을 통해서 주장argument하는 것. 여기서 질적 논문은 이해understand와 기술describe을, 양적 논문은 예측predict과 통제control을 위한 목적에 더 관심을 갖는다.

나. 선행연구 리뷰의 필요성

모든 연구의 출발은 연구자가 세상을 바라보는 독특하거나 비판적인 시각hypothesis에서 나오며, 그 가설은 연구자의 실제적인 경험experience이나 선행연구literature에 대한 꼼꼼한 이해와 검토에서 생성될 수 있다.

다. 연구자의 관점

모든 연구는 연구자가 수립한 가설에 기반한 분명한 논점(=주장)에 입각하여, 그러한 논점을 증명/반증하기 위한 근거자료data를 바탕으로 꼼꼼하고 체계적으로 수집하고 분석하는 과정을 통해 이루어진다.

라. 논문의 주장

연구자의 주장(결론)을 뒷받침하는 근거는 크게 양적quantitative 데이터와 질적qualitative 데이터를 가지고 논증logical evidence이나 실증experiential evidence을 하는 것이다. 이 두 가지 중 어떤 방법을 사용할 것인가는 학문 분야와 연구방법, 그리고 논문의 성격에 따라 달라질 수 있다.

마. 연구의 질적 수준

연구자의 주장이 설득력을 갖기 위해서는 주장을 뒷받침하는 근거자료가 현실에 부합되고(실질성), 내용적으로 정확하며(타당성), 반복적으로 나타나는(안정성/신뢰성) 자료여야 한다.

바. 질적 연구의 종합적 정의

질적 연구란 질적 데이터를 바탕으로 연구 사례가 연구문제(현상)와 관련하여 어떤 의미를 생성해내고 있는가를 연구자의 간주관적이고 깊이 있는 통찰 등을 바탕으로 기술description, 해석interpretation, 설명하는 글을 쓰는 것이다.

이 여섯 가지 핵심 원리들이 어떻게 연구의 전반적인 과정에 개입하고 있는가를 다음 [그림 1]을 통해 정리해볼 수 있다.

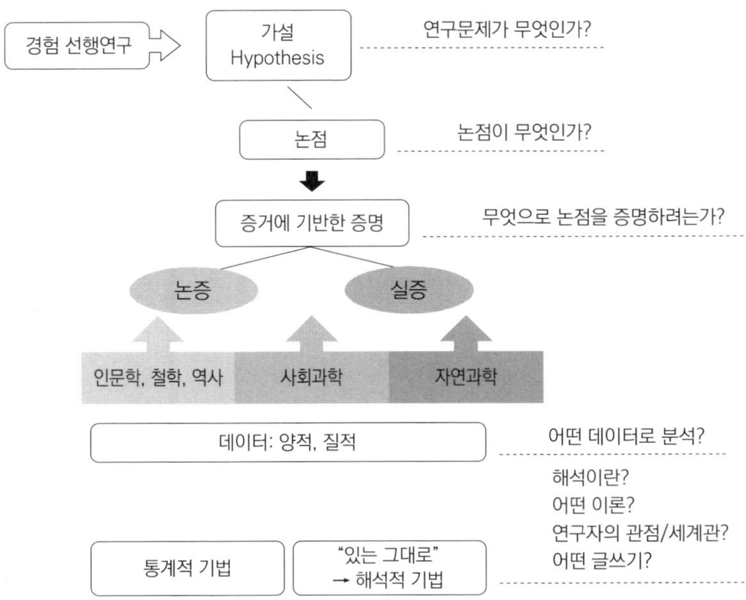

그림 1. 질적 연구 과정의 핵심 논리

요컨대, 질적 연구는 위와 같은 연구의 기본적인 흐름을 따르면서도, 분석의 자료를 계량화/수량화하지 않고 '실재reality을 자연스럽게 드러내는' 직접적인 자료를 수집하고 '있는 그대로' 해석하여 현상phenomena을 설명하려는 연구방법론이다.

4) 질적 연구의 데이터data란?

질적 연구의 주된 데이터는 사회의 현실reality을 잘 드러낼 수 있는 계량화되지 않는 언어, 행동, 사고, 담론 등의 자료들로써, 그 자료들의 상징이나 의미를 사회적 배경이나 문화적 맥락, 그리고 개인적 경험을 통해 해석할 수 있는 자료들이다.

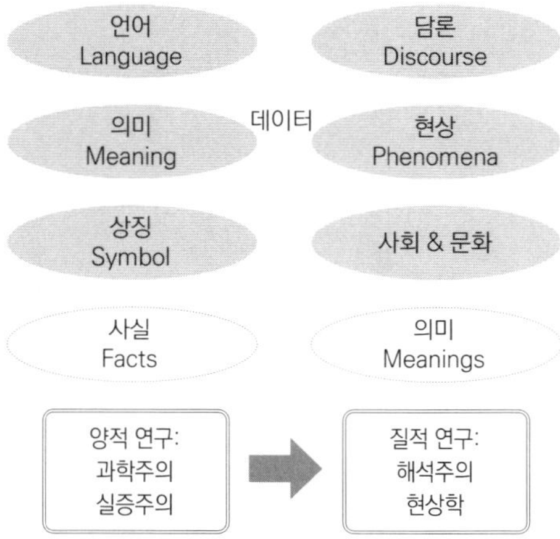

그림 2. 질적 연구의 데이터

질적 연구의 분석 자료는 연구하고자 하는 대상의 본질 및 특성을 측정이나 실험의 방식으로 수량화하지 않고 그 자체로 분석하고자 한다. 질적 연구는 분석 대상을 통계적 혹은 실험적 연구를 위해 인위적으로 계량화하지 않기 때문에, 분석 대상에 관한 물리적 정보(시각적, 청각적, 촉각적, 혹은 공감각적)를 수집하거나, 그것을 인간의 언어 및 상징 시스템을 통해 이해할 수밖에 없다. 그로 인해 대부분의 질적 연구는 언어(말, 글)나 상징(기호 및 시각적 자료)적 자료에 의존하게 되고, 그러한 자료에 대한 연구자의 이해와 해석의 과정을 거치게 된다. 그리고 연구자의 주관적 혹은 상호주관적 이해와 해석을 기반으로 자료에 대한 분석이 이루어지기 때문에 질적 연구의 이론적 기반으로 해석학이나 현상학적 이해가 필요로 하게 된다.

2. 질적 연구의 이론적 기반

1) 질적 연구의 핵심 용어

질적 연구 논문에서는 다음 [그림 3]과 같은 용어들이 흔히 등장하므로, 이러한 용어의 개념들에 대해 숙지할 필요가 있다.

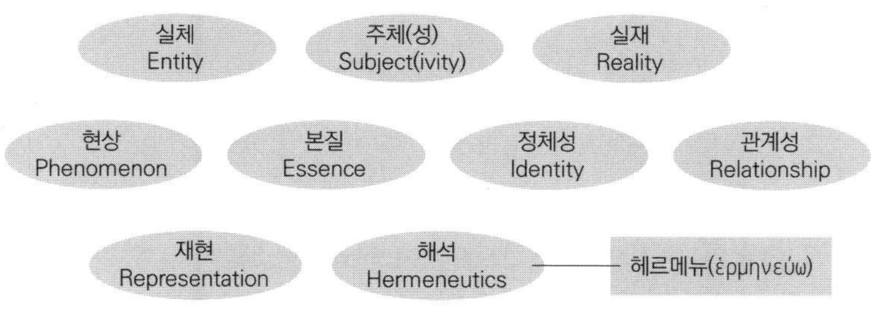

그림 3. 질적 연구의 핵심 용어

a. 실재reality: 질적 연구가 드러내고자 하는 세상(현실)의 본 모습(진리와 유사)

b. 실체entity: 실재를 담고 있거나 드러내고 있는 주체, 대상, 특성, 및 구성 요소

c. 주체subject: 주관성과 자기인식성을 가지고 세상에 능동적으로 참여하고 자신을 돌이켜볼 수 있는 존재

d. 정체성identity: 주체가 자신을 인식하고 자신에게 의미를 부여한 특성

e. 관계성relationship: 인적 혹은 물질적 존재들의 상호얽힘과 의존성

f. 현상phenomenon: 실재(혹은 진리)가 겉으로 드러난 연구의 직접적 대상

g. 본질essence: 겉으로 드러난 현상이 아니라 그 내면에 있는 핵심 원리

h. 재현representation: 실재는 직접적으로 드러나지 않고 대부분 어떤 다른 방식이나 형태로 재현됨. 연구자는 그러한 재현된 실재를 이해한 후, 그것을 자신의 언어나 상징으로 다시 드러내는 작업을 수행하게 됨

i. 해석Hermeneutics: 실재는 직접적으로 드러나지 않기 때문에, 해석의 과정을 거치게 됨. 고대 그리스 시대에는 자연현상을 통해 드러난 신의 계시를 해석하여 일반인들에게 전달하는 제사장이나 선지자가 있었고, 그 선지자의 해석ἑρμηνεύω을 통해 일반인들은 신의 뜻을 전달받게 되었음. 이것이 해석학의 기본 원리이고, 질적 연구가 이 방법론을 차용하여 진리를 발견하기 위한 핵심 원리로 발전시킨 것

2) 질적 연구의 핵심 원리: 현상학 및 해석학적 논리

사회과학은 정신과학으로서 인간에 대한 이해를 기반으로 인간의 삶의 문제를 다루기 때문에, 실증주의 보다는 현상학과 해석학적 이해가 필요하다. 현상학은 사회/자연적 실체는 그것을 구성하고 느끼는 개별 인간의 관점으로부터 완전히 분리되어 독립적으로 존재하지 않는다. 따라서 연구자의 주체성과 주관적 관점이 중요하고, 이는 연구참여자에게도 동일하게 적용된다. 그리고 해석학은 인간의 삶과 경험을 있는 그대로 해석하고 이해하고자 하는 노력이다. 해석학은 문서 텍스트에 대해 고고학이나 고증학적인 접근을 통해 텍스트 자체의 진실성을 검증하는데 집중하였으나, 근래에는 텍스트를 둘러싼 역사적, 사회적 맥락성context을 해석하는데 집중하고 있다.

현상학 및 해석학적 관점은 질적 연구에 있어서 다음과 같은 시사점을 제공해준다.

a. 사물 그 자체의 본질(수량화, 범주화, 개념화하기 전의 상태)에 관심을 가져라.
b. 사물의 보편적 원리 보다는 개별적 존재들의 일상적, 현실적 삶의 문제에 관심을 가져라.
c. 느끼고 경험하고 사유하는 세계를 소통을 통해 상호주관적인 기술description로 의미전달하고 공유할 수 있도록 하라.
d. 객관성보다는 상호주관적인 이해와 입장을 고려하도록 하라.
e. 연구자 자신의 편견과 선입견을 인정하고, 맥락적context 상황에 대한 고려를 통해 끊임없이 자료를 수집하고 해석하려고 노력하라.
f. 연구의 궁극적 목표는 (절대적) 진리를 탐구하는 것이 아니라, 다

양한 존재들의 (상대적) 의미를 탐색하고, 구성하며, 서로 공감/이해하는 것이다.

3) 질적 연구와 양적 연구의 비교

질적 연구와 양적 연구의 차이는 다음 [표 1]를 통해 정리해 볼 수 있다.

표 1. 질적 연구와 양적 연구의 패러다임 차이

구분	양적 패러다임	질적 패러다임
목적	설명, 예언, 통제	이해: 인간의 해석과 지각의 이해
실재	변화되지 않는 사실로 구성	실재는 인간 지각의 변화에 따라 변화
연구 관점	실재는 양으로 나타낼 수 있는 자료로 존재	실재는 인간이 존재하고 있다고 지각하는 바
가치	가치는 적절한 방법론적 절차로 통제 가능	가치는 연구를 수행하고 보고하는 과정에 영향을 줌
초점	미리 선택된 개별 변인	개별 별인의 효과보다 총체적 현상 이해
방향	미리 설정된 가설의 검증	발견: 수집된 자료에서 이론과 가설 발견
자료	객관성(지각에서 독립됨)	주관성(자료는 인간의 지각에 영향 받음)
도구	검사, 관찰기록, 설문지 등	인간이 일차적 자료 수집도구
조건	통제된 조건하 연구	자연적 상태에서 연구
결과	신뢰성(객관적, 반복가능성)	타당성(실재적, 풍부하며, 총체적 자료)

한마디로 질적 연구는 예측이나 통제가 아닌 이해, 고정성이 아닌 변화성, 특정 변인에의 인과성을 설명하는 것이 아닌 전체적인 요소들의 관계성, 객관적 발견이 아닌 주관적 해석, 그리고 자료의 형식적 신뢰성 보다는 내용적 타당성에 훨씬 더 큰 비중을 두는 연구이다.

양적연구와 질적 연구는 기본적으로 다음 [그림 5]와 같이 연구의 논

리와 목적이 다르다.

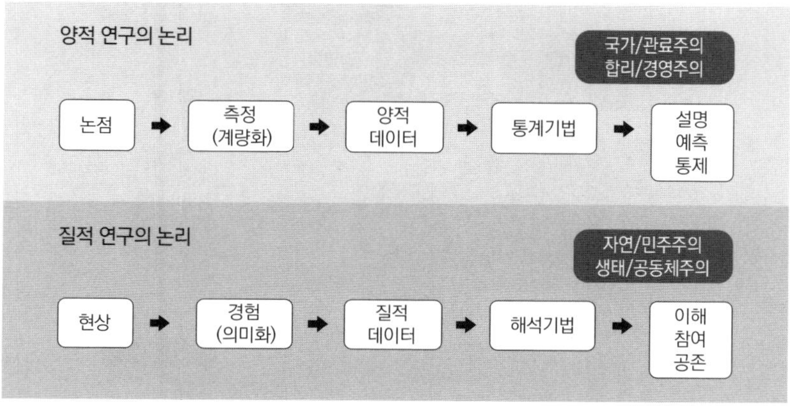

그림 5. 질적 연구와 양적 연구의 논리 비교

양적 연구가 설명, 예측, 통제가 기본목적인 만큼 관료주의 및 경영주의적 관점에 의해 국가나 집단 단위로 이루어지는 연구가 많다. 반면 질적 연구는 이해, 참여, 공존과 같은 연구목적을 지향하므로 민주주의, 공동체주의를 기반으로 근대적 합리주의의 지배적인 관점을 통해 세상을 이해하려는 것에 대한 비판적 태도를 가지면서 개별성과 특수성에 기반한 연구를 수행하게 되는 것이다.

마지막으로 학문과 이론들의 생태계를 보여주는 [그림 6]을 통해, 다양한 이론들이 양적 연구와 질적 연구의 차원에서 어떻게 분류될 수 있는지를 살펴보자.

[그림 6]에서 잘 정리되어 있듯이, 학문적 발전은 동심원 안쪽에서 바깥쪽으로 확장되어가면서 다양한 관점들을 포섭하며 이루어져 왔고, 질적 연구는 오른쪽에 나타난 주관성과 개별성, 그리고 구

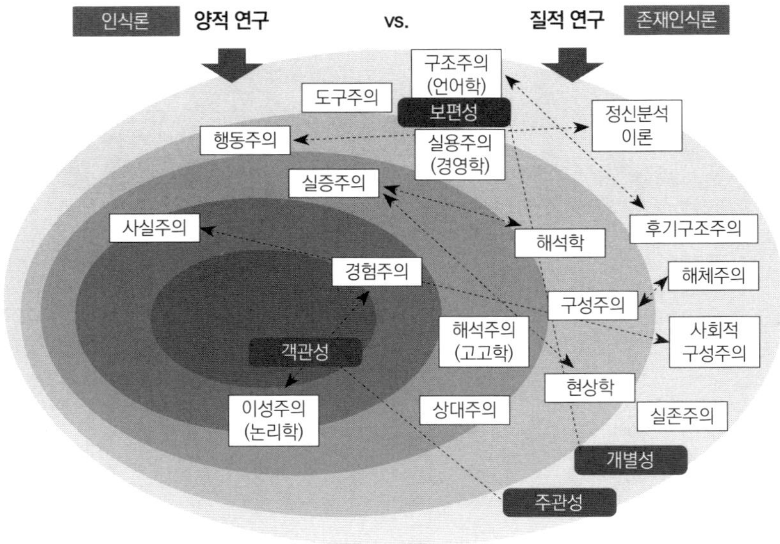

그림 6. 다양한 이론들의 생태계와 양적 및 질적 연구의 관련성

성주의 및 해체주의의 관점을 통해 더욱 발전해나가고 있다. 여기서 사회적 구성주의social constructivism나 상징적 상호작용주의symbolic interactionism(인간은 상징체계를 통해 의미를 생성하고 공유하며 살아간다)가 질적 연구를 대표하는 가장 기본적인 관점이 된다.

질적 연구와 양적 연구의 차이점은 일반적으로 논문의 두 번째 장chapter에 해당하는 'II. 이론적 배경theoretical background'에 들어갈 내용에서 차이가 난다. 양적 연구는 여기에 연구 주제와 관련된 선행연구previous research의 리뷰만 들어가기도 하지만, 제대로 된 질적 연구는 여기에 반드시 연구주제와 관련된 이론적 관점의 배경이나 개념적 틀conceptual framework이 포함되어야 한다는 것이다. 즉, 질적 연구자는 자신의 학문 분야나 관심주제에서 주로 다루어지는 어떤 이론들에 입각하여 연구를 수행하는 것이고, 그것을 연구자의 관점이나 해석을 뒷받침하는 근거로 삼는 것이다. 따라서 [그림 6]에 소개된 이론들 중 연구자가 어떤 이론적 설명을 근거로 해당 연구를 수행하고자 하는지에 대한 체계적 설명이 'II. 이론적 배경'에 들어가야 한다.

3. 질적 연구의 방법론적 분류

1) 질적 연구의 세 가지 관점

질적 연구의 방법론은 질적 연구의 이론적 배경과 성격에 따라 매우 다양하게 시도될 수 있다. 질적 연구를 분류하는 방식에는 여러 가지가 있겠지만, 크게 다음 [그림 7]과 같이 실증주의적 연구, 해석학적 연구, 비판적 연구로 나누어볼 수 있다.

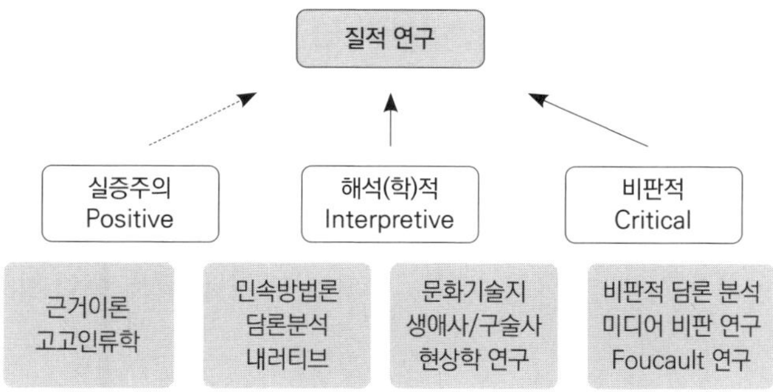

그림 7. 질적 연구의 세 관점

가. 실증주의적 연구

실증주의적 연구에 근거이론이나 고고인류학 등이 포함되듯이, 질적 연구라고 해서 실증주의적 접근에 완전히 반대하는 것은 아니다. 민속방법론, 담론분석, 내러티브 등에서 실증주의적 자료 분석의 필요성을 강조하는 것도 그러한 맥락에서 이해할 필요가 있다.

나. 해석학적 연구

해석학적 연구에는 문화기술지, 생애사/구술사, 그리고 현상학적 연구가 포함되는데, 이때 현상학은 하나의 구체적이고 독립적인 연구방법론으로 발전하였고, 해석학은 질적 연구의 하나의 이론적 기초 및 분석 원리라고 이해할 수 있다.

다. 비판적 연구

비판적 연구Critical Research는 맑시즘Marxism과 프랑크푸르트 학파Frankfurt School의 비판이론에서 출발하여 기득권 사회의 권력과 구조를 비판적 관점에서 분석하고 사회적 변화를 위한 원동력으로 질적 연구를 활용하려는 입장이다. 비판적 연구의 기본 가정Assume은 다음과 같다.

- 실재는 사람들에 의해 생산 혹은 재생산된다reproduction.
- 실재는 역사적, 사회적으로 조성된다constituted.
- 개인의 가능성은 사회, 문화, 정치적 권력에 의해 억압될repressed 수 있다.

따라서 위와 같은 불평등한 구조가 양산하는 대립, 갈등, 모순 등의 문제에 관심을 갖고, 그로 인해 필연적으로 발생한다고 여겨지는 지배domination와 억압repression 및 소외alienation의 원인들을 발견하고자 한다. 그 주된 비판의 대상은 기존 세계의 지식, 경제, 정치적 권력power

이 양산한 불평등하고 부정의한 기득권이고, 이러한 비판적 관점이 학문연구의 차원에서도 근대성, 과학문명, 그리고 객관적이고 구조적인 연구결과를 맹신하는 양적 연구에 대한 비판으로 발전하였다. 정리하자면, 질적 연구는 위와 같은 세 가지 관점들 속에서 '해석학적 분석, 현상학적 분석 그리고 비판적 분석'을 중심으로 논의하는 연구방법이라고 이해할 수 있다.

2) 질적 연구의 종류

참고삼아 얘기하자면, 질적 연구를 개별적 연구방법론의 차원에서 다음 [표 8]과 같이 생애사, 현상학, 근거이론, 문화기술지, 그리고 사례연구의 다섯 가지로 구분한 시도(Cresswell, 2003)도 있다.

표 8. 질적 연구 종류의 비교 (Cresswell, 2003)

	전기(생애사)	현상학	근거이론	문화기술지	사례연구
초점	개인의 삶을 탐구	현상에 대한 경험의 본질 이해	현장에서 수집한 자료에 근거하여 이론 개발	문화적, 사회적 집단을 기술하고 해석	사례에 대한 심층분석
학문적 기원	인류학, 문학, 역사학, 심리학, 사회학	철학, 사회학, 심리학	사회학	문화인류학, 사회학	정치학, 사회학, 교육학, 도시연구
자료 수집	1~3 면담 문서, 사진 Artifacts	5~10명 장기 면담	범주가 포화 될 때까지 20~30명 면접	현장에 상당기간 거주하며 관찰, 면담	다양한 방법-문서, 면접, 건축물
자료 분석	이야기 발현 역사적 내용	진술, 의미, 주제, 경험의 일반적 기술	코딩(개방, 축, 선택), 조건 매트릭스	기술, 분석, 해석	기술, 주제, 주장
내러티브형식	개인 삶의 자세한 묘사	경험의 본질을 기술	이론 혹은 이론적 모델	집단/개인의 문화적 행동 기술	사례에 대한 심층연구

[표 8]과 같이 각각의 연구방법론에 따라 질적 연구의 초점, 이론적 기원, 자료수집 및 분석 방법, 그리고 질적 연구에서의 글쓰기의 방식이 달라질 수 있다. 다만 본 저자는 '사례연구'의 경우는 질적 연구를 수행하기 위한 하나의 방법method에 불과한 것이지, 명확한 이론적 관점에 입각한 독자적인 연구방법론methodology은 아니라고 본다. 그런 의미에서 질적 연구에서 방법과 방법론은 다음 [그림 9]와 같이 구별될 수 있음을 기억할 필요가 있다.

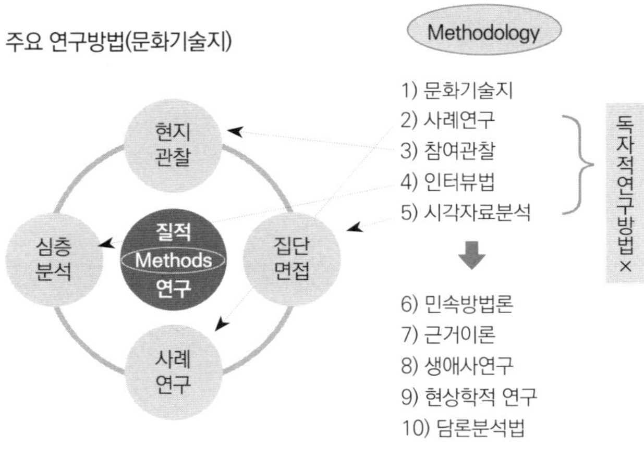

그림 9. 질적 연구에서의 방법과 방법론의 구분

위 그림에서 보듯이, 질적 연구는 현지관찰, 심층 분석, 개별/집단 면접, 그리고 사례연구 등의 요소들을 통해 이루어진다. 이러한 다양한 연구방법들methods이 유기적으로 혼합되어 적용되는 대표적 질적 연구가 바로 문화기술지이다. 즉, 문화기술지(1)는 위와 같은 다양한 연구방법(2~4)을 포괄하여 수행되는 독립된 연구방법론이지만, 2, 3,

4, 5 각각의 연구방법은 독자적인 질적 연구방법이 아니라, 질적 연구를 수행하는 여러 수단들중 하나로 이해해야 된다는 것이다. 반면, 위 그림의 6~10 까지의 방법론methodology들은 그 자체가 독자적 질적 연구방법론으로써, 관찰, 인터뷰, 시각자료 분석들 중에서 한두 개를 선택하여 연구를 수행하게 되는 것이다. 이러한 방법과 방법론의 차이를 보다 분명하게 보여주는 것이 다음 [그림 10]의 연구방법 지형도이다.

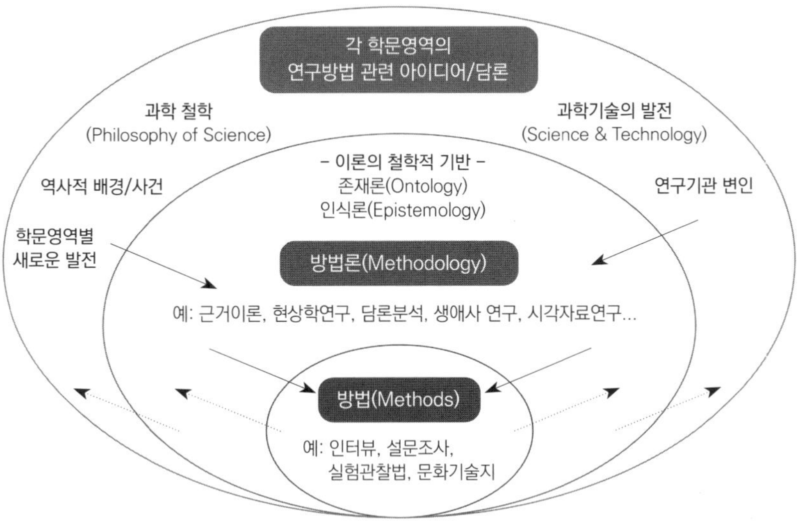

그림 10. 연구방법의 지형도(Bryant & Charmaz, 2019 참조)

위 동심원은 여러 과학 철학, 역사적 사건, 기관의 성격, 기술적 발전들에서 연구자의 아이디어, 해당 연구주제와 관련 분야의 학술적, 사회적 담론들discourses이 생성된다는 것과 이러한 배경 속에서 연구자는 자신의 연구방법론Methodology(예: 근거이론, 실험연구, 혼합연구 등)을 선택하게 되고, 다시 그 연구를 수행하기 위해 어떤 연구방법methods(예: 인터뷰, 서베이, 관찰, 문화기술지 등)을 선택할지를 결정해야 된다는 것을 보여주고 있다.

결론적으로 연구자들은 자신의 연구주제에 어떤 질적 연구방법론이 타당할지 판단한 다음, 자신의 이론적 관점(세계관 및 철학적 입장)이나 방법론적 능숙도에 따라 적절한 연구방법론을 선택하여 질적 연구를 수행하면 될 것이다.

3) 질적 및 양적 연구의 통합적 접근

최근에는 질적 연구와 양적 연구의 장점을 혼합하여 양 연구결과들을 상호 비교하고 확인하거나(삼각화), 상이한 국면을 조사하여 연구를 보완(상보성)하는 통합적 연구가 수행되고 있다. 그 방식은 크게 연구의 유형, 자료수집/조작, 그리고 분석/추론의 차원에서 다중적 접근을 적용하는데, 연구 단계별로 다음과 같은 효과를 노리는 것이다.

가. 연구의 출발: 양적 연구와 질적 연구 결과들 간의 역설이나 모순점 혹은 새로운 관점을 발견하기 위한 것
나. 연구의 전개: 연구 결과가 어떤 활용성을 가지고 있는지를 검토하기 위한 것
다. 연구의 확장성: 연구 결과의 확대하여 보다 확장된 학문적 의미를 탐색하기 위한 것

통합적 연구는 크게 다음 네 가지로 나누어 볼 수 있다.

가. 양적 도구 개발을 위한 질적 방법 활용

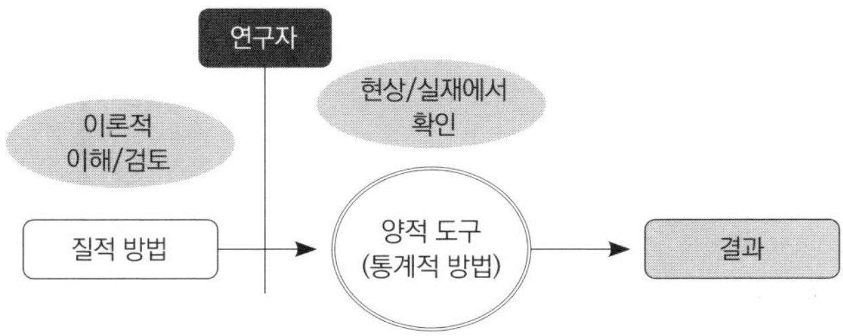

그림 11. 통합모형 1: 양적 도구개발을 위한 질적 방법 활용

통합 모형 1의 예는 근거이론에서 설문문항을 개발하고자 할 때, 그 문항의 질문들은 기존의 관련 이론들에 대한 질적 분석을 통해 이루어질 필요가 있다. 또한 실험연구의 변수를 발견하기 위해 이론적 검토를 수행할 때도 질적 분석이 이루어져야 하며, 탐색적 이론이나 모형을 구축하기 위해서도 핵심 개념들에 대해 분석하고 추출해야하는데, 그러한 분석들은 질적 연구방법을 통해 이루어질 수밖에 없다.

나. 양적 결과 설명을 위한 질적 방법 활용

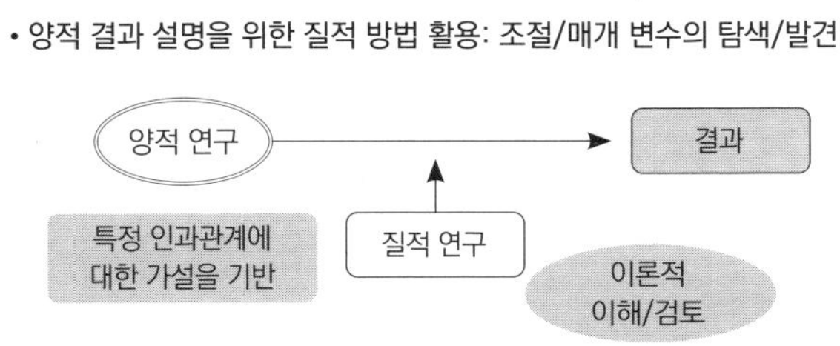

그림 12. 통합모형 2: 양적 결과설명을 위한 질적 방법 활용

통합 모형 2의 경우는 양적 연구의 변인을 개발하거나 새로운 변수를 투입하고자 할 때, 그러한 변인을 발견해내는 것은 이론적 이해와 검토를 수행하기 위한 질적 연구가 필요하다. 예를 들어, 다음과 같은 연구의 사례에서 중재 및 매개효과의 주요 변인을 추출하기 위해서는질적 선행연구 검토가 필요할 것이고, 그 분석결과에서 나타난 변수들을 양적 연구의 매개/중재 변수로 투입하거나, 양적 연구결과를 설명하기 위한 근거자료로 활용하는 것이다.

양적 결과 설명에 활용되는 변수들의 출처가 되는 연구의 사례

- 스트레스와 우울의 관계에 대한 자아존중감의 중재효과와 매개효과
- 가정의 위험 요소와 적응의 관계에서 자아탄력성, 애착, 실존적 영성의 매개효과
- 여성독거노인의 우울과 삶의 질의 관계: 사회적 지지, 활동의 조절효과 및 매개 효과

다. 질적 연구 확장을 위한 양적 방법 활용

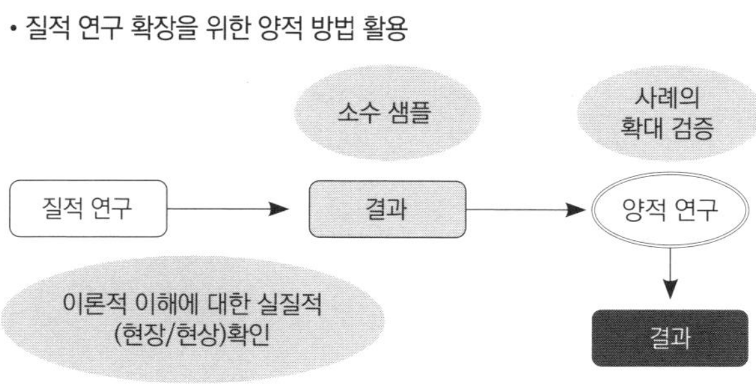

그림 13. 통합모형 3: 질적 연구의 확장을 위한 양적 연구 활용

통합 모형 3은 위 그림과 같이 질적 연구를 확장하기 위해 양적 연구방법을 활용하는 경우이다. 이는 질적 연구의 참여자가 대체로 소수이기 때문에, 그러한 소수 사례에 대한 질적 연구를 통해 나타난 결과를 양적 연구를 위한 내용적 기초와 설문지를 제작하기 위해 기초자료로 활용하는 것이다.

라. 통합 모형 4: 등위적 혹은 병렬적 통합

통합 모형 4는 다음 그림과 같이 등위적 혹은 병렬적 형태로 양적 연구와 질적 연구방법을 활용하는 경우도 있다.

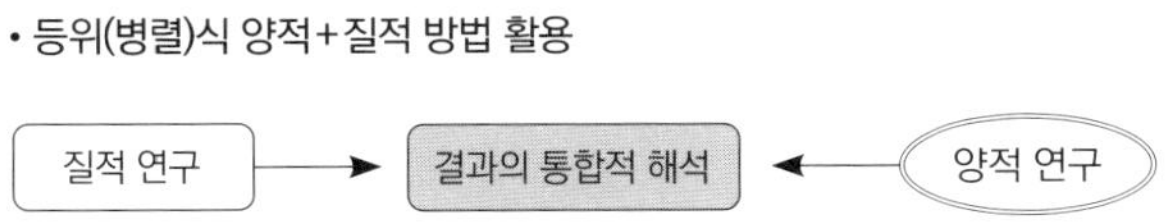

그림 14. 통합 모형 4: 등위적 혹은 병렬적 통합

마지막으로 통합 모형 4는 등위적 양적 질적 방법론의 통합으로 연구결과의 신뢰성을 높이기 위해 양적 및 질적 연구를 순차적으로 수행한 후에, 그 결과가 유사하거나 차이가 있는지를 비교하면서 신중한 결론을 내리는 방식이다.

4. 데이터 과학Data Science 시대의 질적 연구

1) 데이터 과학Data science의 등장

빅 데이터Big Data 시대를 맞이한 오늘날 학술적 연구방법론에도 큰 변화가 찾아옴으로써, 양적 연구의 방법론도 새 국면을 맞고 있다. 기존의 양적 연구가 현상을 드러내는 자료를 설문 등에 의존하여 인위적으로 수집한 후 이를 계량화시킨 데이터를 통계적 기법을 통해서 해석하는데 집중하였다. 하지만, 빅 데이터를 중심으로 한 데이터 과학의 발전은 세상에 '널려 있는' 자연스러우면서도 엄청난 양의 빅데이터 자체가 드러내는 의미를 파악할 수 있는 길을 열어주었다(Bühlmann, 2019). 이는 빅 데이터의 다음과 같은 특성으로 인해 가능해졌다.

a. 다량의 (양적/질적) 데이터는 그 자체만으로 현상을 설명/이해할 수 있는 자료가 된다.
b. 빅 데이터는 인간의 예측이나 해석보다 더 뛰어난 설명력을 가질 수 있다.
c. 수치화되지 않는 다양식적multimodla(시각, 청각, 형태, 공감각 등) 데이터가 생성 및 유통되고 있고, 이를 통해 이질성heterogeneity을 가진 데이터를 분석할수 있게 되었다.
d. 수많은 데이터를 경험하고 처리할 수 있는 뉴미디어 및 정보통신 기술이 등장하고 있다.
e. 빅 데이터를 효과적이고 생산적으로 다룰 수 있는 인공지능 기술이 폭발적으로 발전하고 있다.

결국 빅데이터를 자연스러우면서도 효율적으로 수집, 저장, 관리할 수 있는 기술적 매체들이 등장함에 따라 자연과학이나 사회과학을 막론하고 연구자들이 연구하고자하는 대상(현상)에 대해 수집하여 분석할 수 있는 데이터의 형태, 범주, 분량이 확대되게 된 것이다. 이는 결국 인간의 통찰력과 해석을 중요시하고 그것에 의존한 글쓰기를 강조했던 질적 연구의 방법론에도 영향을 미칠수 있다. 이러한 질적 연구의 변화 방식을 포스트휴먼적 질적 연구라고 부를 수 있는데, 이는 본 저서의 제 10(X)장에서 좀 더 자세히 논의하기도 한다.

2) 빅데이터 분석에 기반한 질적 연구의 사례

가. 빅데이터 분석을 위한 혼합적 연구

질적(언어 및 텍스트) 데이터의 형태를 갖춘 빅데이터 자료에 대해 데이터 마이닝data mining과 정보시각화information visualization라는 분석법을 활용하여 질적 연구와 양적 연구를 통합한 연구를 수행할 수있다(O'Halloran, Tan, Wignell, et. al, 2019). 이 혼합적 연구방법의 가장 큰 특징은 다양식적 텍스트multimodal texts(언어, 이미지, 소리 등)를 분석하기 위해 다층적 맥락 모델multilevel contextual model을 활용하는 것이다. 이 연구방법의 주요 골자는 다음과 같다.

(1) 이론적 배경

멀티미디어 데이터에 대한 사회적 기호학social semiotics 이론을 활용한다. 이를 위한 주요 연구문제는 상징symbol 시스템이 맥락적인 의미를 생성하기 위해 어떻게 사용되는가 등의 문제이고, 이러한 연구문제를 통해 언어와 다른 다양식적 텍스트의 상호작용을 분석할 수 있다.

(2) 연구 방법

주된 연구방법은 빅데이터 셋에서 중요한 의미의 패턴을 추적하여 시각화하는 방식인데, 이를 위해 데이터 마이닝Data mining과 정보의 시각화가 활용된다.

a. 데이터 마이닝: 데이터 마이닝 툴을 활용하여 언어 텍스트linguistic text 및 그와 관련된 이미지 속의 키워드 대상들objects을 채굴한다. 예를 들어, 다음 [그림 15]처럼 이미지 분석 소프트웨어를 활용하여, 수많은 이미지들 속에서 연구자가 설정한 분석틀을 중심으로 의미있는 자료를 추출해낼 수 있다.

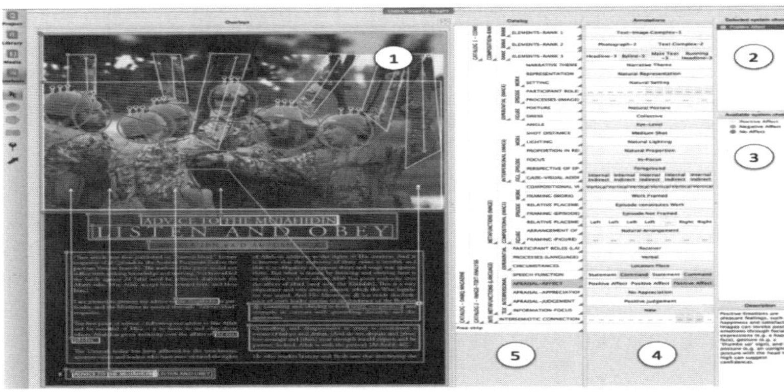

그림 15. 이미지 분석 소프트웨어를 활용한 다양식적(multimodal) 분석

위 그림은 이미지 분석 소프트웨어를 이용해 무자히딘Mujahidin 집단의 웹페이지에 게재된 사진과 소개 텍스트를 분석한 결과를 보여주는 화면이다. 이러한 소프트웨어를 활용하면, 수많은 그림과 텍스트들을 연구자가 설계한 분석 규칙에 의해 체계적으로 분석하고 정리할 수 있다.

b. 위키피디아Wikipedia 자료 마이닝: 위키피디아는 사람들이 언어적, 시각적 자료들을 통해 소통하는 인간의 사회-문화적 삶에 대한 구조화된 정보를 이끌어내는 광범위한 분류 시스템을 갖고 있기 때문에 유용하다. 따라서 위키피디아 자료 속의 언어적 텍스트 및 그와 관련된 이미지에 포함된 핵심 사물들key objects의 키워드들이 채굴의 대상이 된다. 아울러 이 위키피디아 자료의 범주화 구조는 해당 지식 관련 키워드들에 대한 고차원의의미론적 범주semantic categories에 대한 치밀한 의미의 얼개semantic approximations를 제공해 준다. 예를 들어, 다음 [그림 16]처럼 'AK-47'(단어 혹은 이미지)는 '공격 소총', '중화기', '무기' 등과 쉽게 관련된다.

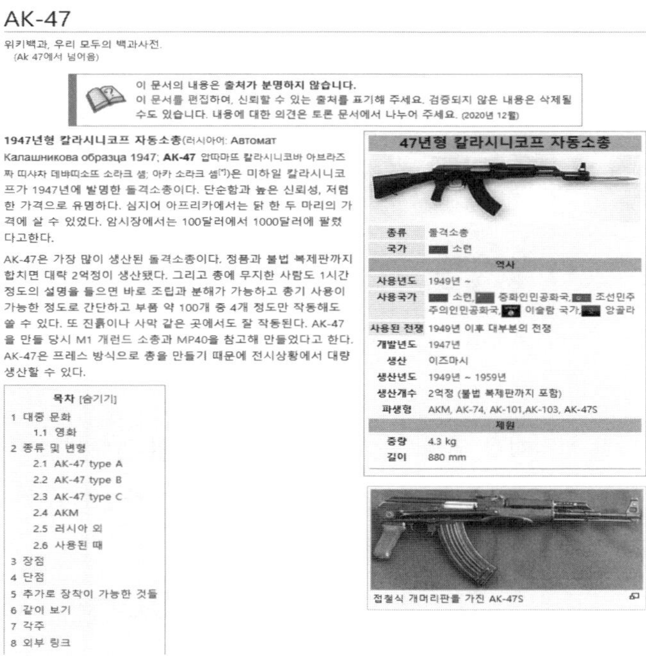

AK-47

위키백과, 우리 모두의 백과사전.
(Ak 47에서 넘어옴)

이 문서의 내용은 **출처가 분명하지 않습니다.**
이 문서를 편집하여, 신뢰할 수 있는 출처를 표기해 주세요. 검증되지 않은 내용은 삭제될 수도 있습니다. 내용에 대한 의견은 토론 문서에서 나누어 주세요. (2020년 12월)

1947년형 칼라시니코프 자동소총(러시아어: Автомат Калашникова образца 1947; **AK-47** 압따마뜨 칼라시니코바 아브라즈짜 띠샤차 데뱌띠소뜨 소라크 셈; 아카 소라크 셈[1])은 미하일 칼라시니코프가 1947년에 발명한 돌격소총이다. 단순함과 높은 신뢰성, 저렴한 가격으로 유명하다. 심지어 아프리카에서는 닭 한 두 마리의 가격에 살 수 있었다. 암시장에서는 100달러에서 1000달러에 팔렸다고한다.

AK-47은 가장 많이 생산된 돌격소총이다. 정품과 불법 복제판까지 합치면 대략 2억정이 생산됐다. 그리고 총에 무지한 사람도 1시간 정도의 설명을 들으면 바로 조립과 분해가 가능하고 총기 사용이 가능한 정도로 간단하고 부품 약 100개 중 4개 정도만 작동해도 쓸 수 있다. 또 진흙이나 사막 같은 곳에서도 잘 작동된다. AK-47을 만들 당시 M1 개런드 소총과 MP40을 참고해 만들었다고 한다. AK-47은 프레스 방식으로 총을 만들기 때문에 전시상황에서 대량생산할 수 있다.

목차 [숨기기]

47년형 칼라시니코프 자동소총	
종류	돌격소총
국가	소련
역사	
사용년도	1949년 ~
사용국가	소련, 중화인민공화국, 조선민주주의인민공화국, 이슬람 국가, 앙골라
사용된 전쟁	1949년 이후 대부분의 전쟁
개발년도	1947년
생산	이즈마시
생산년도	1949년 ~ 1959년
생산개수	2억정 (불법 복제판까지 포함)
파생형	AKM, AK-74, AK-101,AK-103, AK-47S
제원	
중량	4.3 kg
길이	880 mm

접철식 개머리판을 가진 AK-47S

그림 16. 위키피디아에서 소개된 'AK-47'에 관한 자료

다른 예로, 경제 위기financial crisis란 용어는 '위기', '경제적 문제', '돈', '금융시스템' 등과 같은 의미론적 개념과 연결된다. 따라서 이러한 내용들을 정리하면, 'AK-47'나 '경제 위기'란 용어가 어떤 의미 시스템과 연결되어 사회적으로 통용되고 있는가를 알수 있다.

c. 정보의 시각화Information visualization: 정보시각화는 다음 [그림 17]과 같이 다양한 차원(다양식적 텍스트 유형, 대인관계적 의미, 경험적 의미, 시간, 자원, 위치 정보, 그리고 메타 데이터 등)에서 다양식적 텍스트들 사이의 관계성을 가시적으로 보여준다.

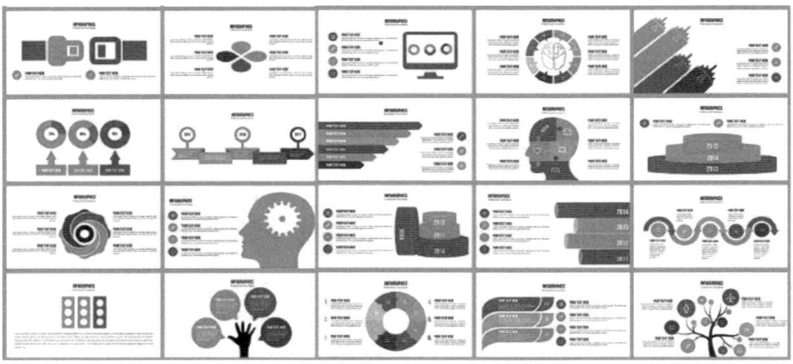

그림 17. 정보시각화의 유형들

이러한 시각화를 위해서는 디자인과 스타일의 선택에서 텍스트와 이미지의 본질을 데이터 셋과의 관련성 속에서 잘 보여주는 패턴을 드러낼 수 있도록 신중하게 선정되어야 한다.

정리하자면, 이러한 연구방법은 빅데이터 자료가 반드시 양적 자료로서 통계적 방식으로 분석되야만 하는 것이 아니라, 질적 데이터로 이루어진 방대한 데이터를 지식 데이터베이스에 포함된 자료들의 키워드나 의미단위에 대한 질적 분석semantic analysis을 통해 범주화하거나 패턴을 파악할 수 있으며, 그 결과를 시각적 유형화를 통해서 보여줄 수 있다는 것이다.

나. 빅데이터 분석방법의 개념화Conceptualizations(Stevens, Wehrens, & Bond, 2018)

(1) 연구 목적

이 연구는 보건의료 분야의 연구논문들이 과학적 의료관리scientific healthcare에 대해 어떤 관점을 통해 접근하고 있는가의 문제를 다루고자 하였다.

(2) 이론적 배경

빅데이터를 물질적 실천 과 의미론적 실재semantic reality로 간주함으로써 출발한다. 즉, 다음과 같은 이론적 근거를 바탕으로 빅데이터가 단순한 데이터의 집합이 아니라, 연구 자료로서 어떤 실천적이고 의미론적 실재가 될수 있다는 것이다.

a. 빅데이터는 담론적으로 구성된다discursively constructed.
b. 사람들의 경험과 세상에 대한 의미부여sense-making로서의 메타포를 담고 있다.
c. 그러한 메타포는 중립적이지 않고, 가정assumptions이나 상상화된 함축의미를 내포하면서 가능성을 부여하거나 제한하기도 한다.

(3) 데이터 수집 및 선정

이 연구는 위와 같은 이론적 배경을 기반으로 관련 주제(보건의료 분야 논문들이 과학적 의료관리에 대해 어떤 관점을 취하는가?)의 논문들을 분석대상(빅데이터)으로 삼았고, 연구자료의 해석을 담론 분석의 방법론 차원으로 시도한 것이다(Dixon-Wood et al., 2006).

a. 데이터 원천: 빅데이터의 소스들은 Embase, Medline Ovid, Web of Science, Scopus, LISTA, EBSCOhost 그리고 Google Scholar에서 해당 주제의 논문들을 검색(January 2017)하였다.

b. 검색 키워드: 이 연구에서는 'healthcare'와 'Big Data'를 검색 키워드로 삼았는데, 연구자의 관심사에 따라 다른 키워드를 선정하여 검색해볼 수도 있을 것이다.

c. 검색 대상: 논문의 전체 내용을 검색의 대상으로 삼을 수도 있지만, 이 연구에서는 사설란Editorials에 국한하여 검색하였다. 사설란을 선택한 이유는 학술논문에서 연구자들과 학계 담론이 어떻게 개발되는가에 대한 편집진의 표현, 반성, 코멘트가 반영된 사설란에 잘 나타나있게 때문이다.

(4) 데이터 추출 및 선별 과정

이러한 연구들에서는 질적 연구의 성격에 맞게 분석 대상을 세심하게 선별sampling하는 과정이 중요한데, 이를 '유목적적purposeful' 선별이라고 한다. 이 유목적적 선별에 대해서는 [II장. 질적 연구의 설계]에서 자세히 다루고자 한다.

[그림 18]은 연구주제인 '과학적 의료관리'와 관련된 논문들을 어떻게 선별할 수 있는지를 보여주고 있다. 요컨대, 여러 의학 연구 데이터

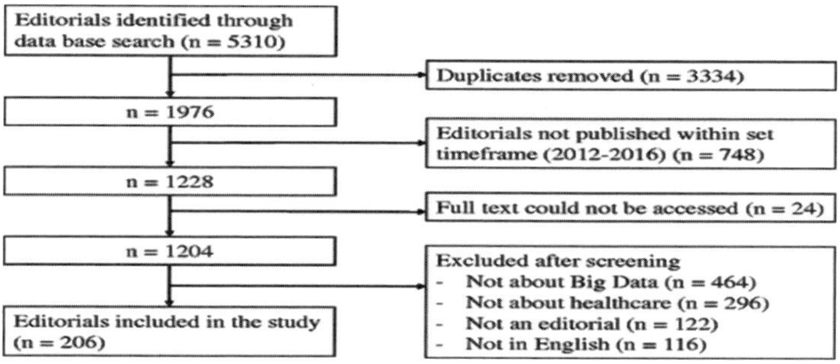

그림 18. 분석 대상 데이터(논문들)의 선별 과정

베이스에서 설정한 키워드를 통해 검색된 전체(n=5310) 논문들 중에서 여러 가지 이유(중복됨, 사설란 부재, 전체 텍스트 확인불가)의 논문들이나 키워드들이 포함되었지만(n=1204) 실제적 내용면에서 연구자의 관심주제에 해당되지 않은 논문들(예: 빅데이터나 보건의료에 대한 내용이 아닌 것, 사설란이나 영어로 된 논문이 아닌 것)을 제외하고 최종적으로 206개의 논문을 분석의 대상으로 삼았음을 보여준다. 최근 우리나라에서도 빅데이터를 분석한 논문들이 양산되고 있지만, 이러한 세심하고 실제적인 의미적 분별없이 단순히 기계적으로 키워드의 빈출도 frequencies나 핵심어(형식상 분류)로 산출된 키워드들을 연구결과로 제시하는 경우가 많은데, 이러한 결과는 연구로서 함의를 주지 못하므로 주의가 필요하다.

(5) 분석결과

연구자는 위와 같은 분류방법을 통해 선별된 206개의 논문의 내용을 질적으로 해석하여 '과학적 의료관리'에 대한 논문들의 관점을 다음 [그림 19], [표 9]와 같이 다섯 가지 범주로 분류하였다.

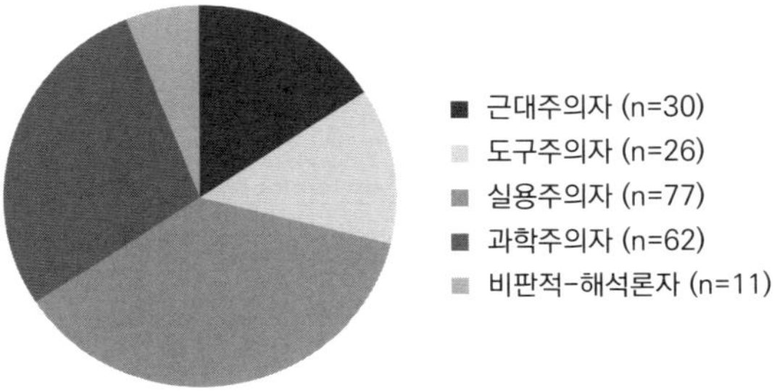

그림 19. 과학적 의료관리 논문의 내용 구분

표 9. 보건 의학 논문들의 주제별 다섯 분류와 그 세부사항

구분	근대주의자	도구주의자	실용주의자	과학주의자	비판적 해석론자
Big Data의 개념화 방식	분석이 요구되는 대량의 데이터	분석적 기법	의사결정을 위한 유용한 도구	융통성있는 데이터 수집, 분석의 경향	현실을 과도하게 단순화하는 경향
Big Data에 대한 평가	실증주의적 (positive)	실증주의적 (positive)	실증주의적 (positive)	비판적 (critical)	비판적 (critical)
데이터 추론에 대한 인식론적 입장	데이터와 동일시되는 직접적 지식 (데이터 분석 기법 중심)			데이터 해석이 개입되는 과학적 방법론 (가설검증)	간접적이고 데이터 핵석이 개입되는 비판적 사고
인식론적 근거 (빅 데이터의 유용성)	믿을만한 정보 제공	기술발전에 따라 빅 데이터는 점차 믿을만한 정보 제공	특정 상황에서 믿을만한 정보 제공	엄격한 기준에 부합된다면 유용함	빅 데이터는 제한된 증거일 수 밖에 없음
빅 데이터의 신뢰성	높음	높음	높음	중간 이하	낮음
핵심적 비유	데이터 포착 문제	데이터 강조 문제	데이터 추출 문제	데이터 선별 문제	데이터 구성 문제
빅 데이터가 초래할 만한 우려들	엄청난 양의 새로운 지식 탄생	기존의 문제를 이해하고 해결할 수 있는 새로운 가능성	문제해결과 의사결정 과정의 개선	부적절한 빅 데이터가 야기할 잘못된 결론 우려	부적절한 빅데이터가 야기할 잘못되고 불공정한 결과

결론적으로 과학적 의료관리에 대해 보건의료 분야의 논문들이 근대주의적 관점modernist, 도구론적 관점Instrumentalist, 실용주의적 관점Pragmatist, 과학주의적 관점Scientist, 그리고 비판적-해석의 관점Critical-interpretive으로 나누어진다는 것이다. 이러한 분석 결과는 질적 연구로서 연구자의 관점이나 해석이 충분히 반영되고 학술적으로 시사점을 지닌 의미있는 결과라고 판단될 수 있다.

다. MAXQDA(빅데이터 담론분석 툴)를 활용한 담론 분석(Yadchanka, 2019)

MAXQDA는 대량의 질적 자료들을 분석해주는 전문적 툴로서 질적 담론분석QDA: Qualitative Discourse Analysis을 주로 수행한다.

(1) MAXQDA의 주요 기능

이 툴은 다음 그림과 같이 어휘 검색Lexical Search을 통해 문서자료들, 다양한 형식의 메모자료를 분석해주거나, 사전에 코딩된 빅데이터 자료를 추출하여 분석을 해주기도 한다.

a. 문서, 메모, 혹은 부호화된coded 내용에 대한 어휘적Lexical 탐색

b. 자료의 체계적 분석이 가능

c. 연구할 빅데이터 자료에 대한 빠른 분류와 분석의 효과적인 시스템임

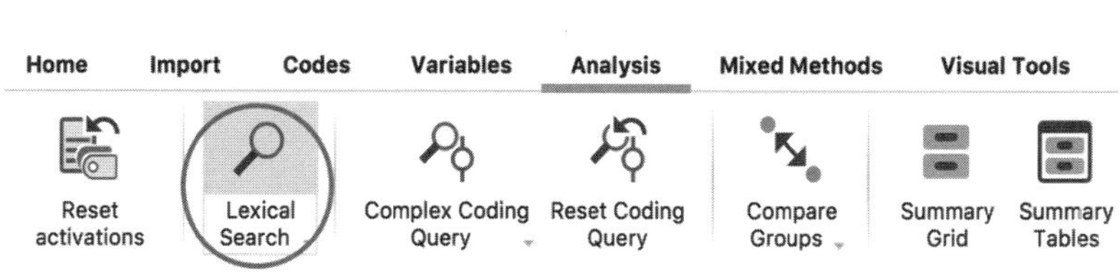

그림 20. MAXQDA의 작업 메뉴

(2) 자료의 체계적 분석

MAXQDA는 빅데이터를 빠르고 체계적으로 구분해내고 분석해 내는 데 효과적인 프로그램이다. MAXQDA가 수집하거나 코딩하는 대상은 키워드, 의미있거나 특성을 지닌 진술들statements, 감정이나 정서가 포함된 표현들 등 다양한 질적 자료가 포함되고, 이 데이터들을 범주화하고 분석하고 다양한 형태로 묘사해낼 수 있다. 일례로 MAXQDA의 메뉴 중 '문서탐색기Document Browser'에서 분석하고자 하는 핵심 내용들을 해당 텍스트 개별적으로 코딩해줘서 분석에 활용한다.

다음 [그림 21]은 MAXQDA의 텍스트 코딩을 보여주는 장면이다.

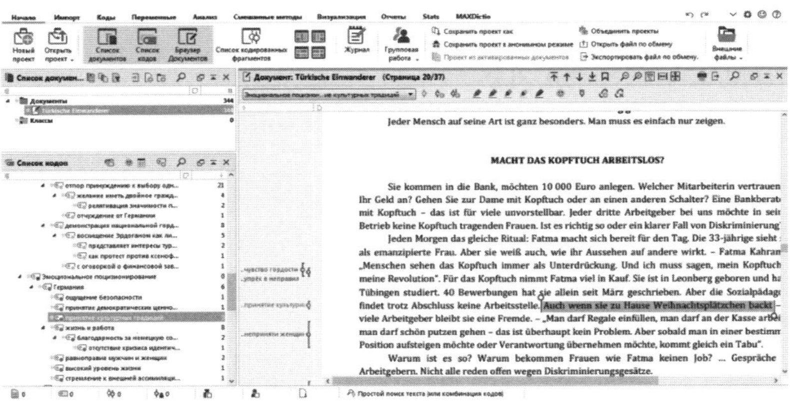

그림 21. MAXQDA의 텍스트 코딩과 분류 장면

(3) 시각적 구조화

MAXQDA는 분석 결과를 담론의 구조discourse structure 등의 형태로 다음 그림과 같이 시각화하여 보여준다.

[그림 23]과 같은 시각적 구조화 기능을 빅데이터의 원자료들 중에

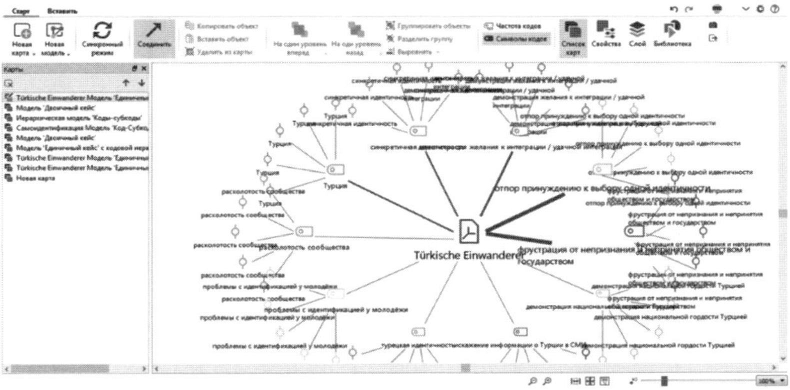

그림 23. 담론의 구조(discourse structure)로 시각화된 자료

서 연구자가 분석하고자 하는 내용(키워드나 핵심 표현 등)을 효과적으로 추출하여 그 내용들의 구조(개념들의 인접성, 의미관련성, 빈출도 등)을 직관적으로 보여줄 수 있다는 점이다. 물론 의미있는 분석결과를 얻기 위해서는 연구자가 검색이나 분류에 대한 세부적인 매개변수 parameters를 설정해주어야 한다.

(4) 어휘적 의미 분석

분석하고자 하는 빅데이터 속에 포함된 어휘적 표현의 의미는 다음과 같은 MAXDictio 기능을 통해 분석해볼 수 있다.

a. 어휘빈출성word frequency: 특정 어휘가 얼마나 자주 등장하는가?
b. 맥락적 키워드keyword in context: 특정 맥락에서 해당 키워드가 얼마나 자주 등장하는가?
c. 텍스트 탐색Text exploration 기능: 연구자가 검색하고자 하는 키워드들을 텍스트 속에서 찾아주거나 관련 텍스트들을 탐색해볼 수

있다.

d. 관련 어휘 수형도Interactive Word Tree: 텍스트 속에서 검색하고자 하는 단어가 가장 중요한 의미적-구문론적semantic-syntactic 관계를 갖는 것만 보여준다. 예를 들어, 다음 그림은 목표 키워드 'Identitat(identity)'가 어떤 텍스트 속에서 발견되며, 해당 키워드의 상호연관성(수형도)가 어떻게 조직될 수 있는지를 보여주고 있다.

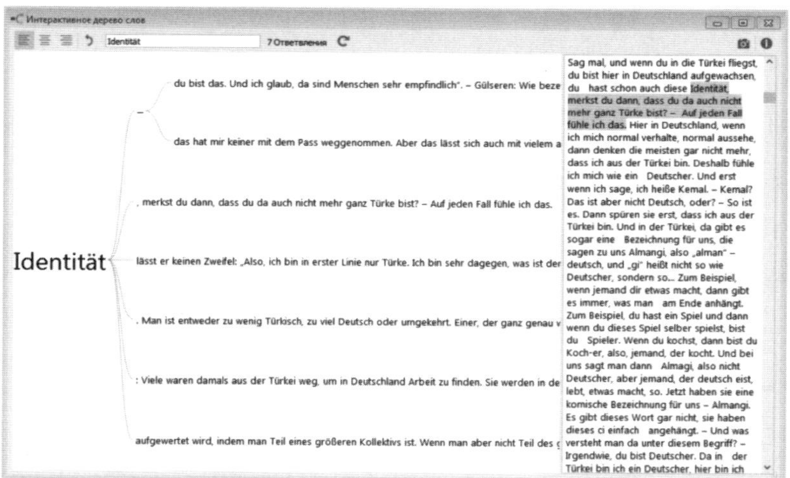

그림 24. Interactive Word Tree 결과 화면

요컨대, MAXQDA와 같은 질적 담론분석 툴은 빅데이터 속에 담긴 특정 어휘나 표현의 의미들을 연구자가 효율적으로 탐색하고, 그 어휘들의 구조나 내용이 갖는 특성, 경향성, 의미론적 함의 등을 해석해낼 수 있도록 도와주는 것이다.

Ⅱ 질적 연구의 설계Planning

본 장에서는 질적 연구를 계획하는데 있어서 중요한 세 가지인 연구주제의 선정, 연구 방식의 설계, 그리고 표집sampling 방법에 대해 살펴보자.

1. 질적 연구의 일반적 절차

1) 질적 연구의 절차

일반적인 연구의 수행 절차와 질적 연구의 수행 절차를 비교하면 다음 [표 1]과 같다.

표 1. 일반적 연구절차와 질적 연구 수행의 핵심 사항

일반적인 연구수행 절차	질적 연구의 순서와 핵심 사항
1) 연구문제(problem) 발견 2) 문헌고찰(literature review) 3) 연구가설(hypothesis) 설정 4) 연구 설계(design) 5) 자료수집방법(method: 실험, 설문 등) 선정/제작 6) 연구대상(sample)의 선정 7) 자료수집(data collection) 8) 자료 분석(analysis) 9) 결과논의 및 논문 작성	**1단계 연구문제 제기:** 문제의식 → 연구의 목적/필요성, 실행가능성, 구체성, 선행연구고찰 ⇩ **2단계 연구설계:** 연구방법 선정 → 개념/이념적 배경 → 연구자 역할, 연구대상(현장) → 자료수집방법 → 질적 글쓰기 방법 ⇩ **3단계 자료수집:** 설계된 연구 실행 (현장진입, Rapport, 관찰, 인터뷰, 사례, 문서) ⇨ **4단계 자료 처리:** 자료 전사, 정리/분류, (질적)코딩, 논점 정리 ⇧ **5단계 결과해석:** 해석, 재해석, 삼각검증 (분석결과의 의미 판단, 일반화 가능성, 제한점) ⇧ **6단계 연구논문(보고서)작성:** 질적 글쓰기, 동료리뷰, 목표학술지 선정 및 편집 등

질적 연구의 수행과정은 일반적 연구수행과 비교할 때, 다음과 같은 중요한 차이점을 지닌다.

가. 연구주제에 대한 문제의식

연구자는 연구하고자 하는 주제를 바라보는 분명한 입장(관점: perspective)과 관련된 이론에 대한 이해를 가지고 있어야 한다. 이는 질적 연구가 객관적이고 보편적인 이론을 확증하는 작업이 아니라, 세상(실재)에 대한 연구자의 학문적 관점과 소신을 확인하고 주장하는 작업이기 때문이다. 양적 연구와 질적 연구의 연구주제는 다음 [표 2]와 같은 차이가 있다.

표 2. 양적 연구주제와 질적 연구주제의 차이

양적 연구주제	질적 연구주제
· 변인의 객관적 측정 · 변인의 영향 정도(인과관계) · 이론의 검증 · 일반화 및 적용	· 연구자의 문제의식에 대한 주장 · 연구대상의 변화과정에 대한 질적 평가 · 연구참여자들의 주관적 판단 이해 · 개별적 입장, 특수성, 세부적 상황 이해

나. 연구자의 관점

연구문제를 다루는 연구자의 입장과 해석이 실질적, 구체적, 체계적으로 글쓰기에 녹아들어야 한다. 연구자가 그러한 주제를 논의하고 주장하기 위한 분명한 이론적 기반을 바탕으로 연구자 자신의 관점을 추가하여 반성적reflective 성찰에 입각한 글쓰기를 하는 것이 질적 연구이다.

다. 자료수집

연구방법이나 자료수집은 선험적a priori, 고정적fixed, 객관적인objective 것이 아니라 현장과 연구참여자를 충분히 이해하고, 자료 수집과 해석의 과정은 현장기반적, 융통적flexible, 생성적emergent인 방식으로 수행해야 한다. 그리고 계획했던 특정 자료만을 수집하는 것이 아니라 현장의 상황에 따라 의도치않게 발견된 새롭고 다양한 자료들을 수집하고 정리할 수 있어야 한다.

라. 자료 분석과 결과 해석

자료분석은 체계적이고 종합적으로 하되, 정해진 틀이나 분석 방식에 얽매이지 않고 연구자의 판단과 통찰력을 기반으로 융통성있으면서도 설득력있게 수행해야 한다. 이를 위해서는 많은 현장 경험, 분석 경험, 글쓰기 경험이 필요하고 동료와의 협의 및 삼각검증triangulation이 필요하다.

마. 질적 글쓰기

질적 글쓰기는 연구 과정의 가장 핵심적인 사항들을 정리하여 질적 논문의 특성을 반영하여 최종적으로 논문을 완성하는 과정이다. 질적 글쓰기의 핵심 요인은 논리성과 체계성(모든 연구 논문에 요구되는 사항), 총체성(연구 현장의 총체적인 모습을 들어낼 수 있는 글), 회고성(연구자 자신의 관점과 통찰력이 녹아있는 글), 그리고 문학성(문학적이고 예술적인 창의성과 상상력이 반영된 글) 등이 있다.

2) 연구문제의 진술

연구문제의 진술 방식은 연구유형, 목적, 방법에 따라 다양하지만, 다음과 같은 원칙을 따른다.

a. 연구주제와 관련된 선행연구를 꼼꼼히 리뷰하고 그 속에서 부족한 부분을 부각하여 연구의 필요성을 갖춘 연구문제로 발전시킨다.
b. 관련된 다양한 변인들 간의 관계를 묻는 의문문 형식으로 진술한다.
c. 연구문제는 구체적이고 명확할수록 좋다.(추가적으로 주요 변인들 간의 관계를 어떻게 해석할 것인가의 내용을 포함하여 진술하기도 한다.)
d. 연구목적에 합당하고, 응집력있는 질문으로 작성되어야 한다.(용어의 의미가 불명확하거나 중언부언하는 표현들로 문장이 구성되어서는 안된다.)
e. 연구문제 자체에 도덕적, 윤리적으로 문제가 되는 편견bias과 선입견prejudice이 포함되어서는 안된다.(예: 흑인은 지능이 떨어지는가?/전과자들은 반사회적 성격을 갖고 있는가? 등. 역사적으로 이러한 가설들은 대부분 편견에 의한 잘못된 관념으로 밝혀졌다.)
f. 연구문제가 사전에 명확히 설정되어야 한다(양적 연구). 반면 질적 연구는 연구수행과정에서 변경이 가능하게 융통적으로 설정될 수 있다.

3) 연구계획서의 작성

모든 연구계획서에는 다음과 같은 내용들이 포함되어야 한다.

가. 연구문제problem 및 목적purpose

- 연구하고자 하는 것(연구문제)이 무엇이며, 왜 해야 하는가?
- 학술적, 정책적 또는 실천적 함의는 무엇인가?

나. 문헌 고찰literature review

- 연구주제와 관련된 이론적 배경과 선행 연구에서 다루어진 핵심 내용
- 기존 연구의 한계나 방법론상의 문제 등에 대한 정리

다. 연구대상의 선별sampling 방법

- 연구대상은 누구이며, 그 대상에 어떻게 접근할 것인가?
- 여러 연구대상들 중 실제 연구대상을 선택하는 방식과 그 이유는?

라. 연구 방법의 설계design

- 분석과 논의에 가장 중요한 변수(연구대상, 논점)는 무엇인가?
- 어떤 자료data를 어떻게(방법, 기간, 분량) 수집할 것인가?
- 자료 수집의 도구는 무엇인가? (예: 실험, 현장 참여 관찰, 설문/인터뷰, 2차 자료(자료 수집 현장에 이미 존재하는 자료), 다양한 질적 자료 등)

마. 자료 분석 방법analysis

- 수집된 자료를 어떻게 분석할 것인가? (연구자 자신의 생각이나 관점도 포함)

바. 잠정적 연구 결과(결론)

- 연구계획서 차원에서도 연구의 잠정적 결과를 소개할 수 있다. 연구 '계획'의 단계에서 '결과'를 제시할 수 있는지에 대해 의아하게 생각할 독자들이 있겠지만, 논문이란 연구자의 주장을 학술적으로 제시하는 것이고, 모든 연구는 가설에서 출발한다는 것을 되새길 필요가 있다. 즉, 연구계획 단계에서부터 연구자가 예상하는 결과나 주장하고자 하는 결론을 잠정적(가설적)으로 염두에 둘 필요가 있고, 이를 연구계획 단계에서도 명시할 필요가 있다는 것이다.

2. 질적 연구의 설계

1) 기본적인 고려사항

질적 연구의 설계는 다음 네 가지 사항을 고려해서 계획되어야 한다.

a. 연구문제에 내용적으로 부합하는 설계인가?

b. 연구설계가 연구수행의 효율성(예산, 기간, 인원 등)을 고려하고 있는가?

c. 연구의 목적에 맞는가?: 연구질문 과의 관련성, 원활한 연구수행에 영향을 미치는 요소(예: 문지기, 정보원 등)를 고려하고 있는가?

d. 연구참여자에 대한 연구윤리에 저촉되지 않는가? (연구참여 동의서의 준비)

아울러 연구설계는 시간적 흐름 차원에서 종단diachronic 연구와 횡단syncronic 연구로 구분될 수 있다. 종단적 설계와 횡단적 설계의 특징과 장단점은 다음 [표 3]을 통해 정리해볼 수 있다.

표 3. 종단적 설계와 횡단적 설계의 비교

구분	특징 및 장점	단점
종단적 설계	· 같은 표집을 시간 간격을 두고 여러 번 조사 · 개인내적 발달상의 변화 파악 가능 · 발달요인의 초기-후기 관계파악 · 인간의 점진적인 변화 추정의 용이	· 연구수행의 어려움(경비, 시간소모) · 비대표적 표집(선택적 누락) 가능성 · 반복검사의 영향력(effect)을 통제 어려움
횡단적 설계	· 특정 시점에서 여러 대상 동시연구 · 다양한 사례 비교 가능연구참	· 변화의 직접적 측정 불가능 · 표집의 선택오류의 가능성

2) 연구목적에 따른 설계

통계적 연구는 특정한 변인들과 관련한 수많은 데이터를 바탕으로 현상을 설명하려는 기술적descriptive 통계와, 변인들에 대한 많은 데이터를 바탕으로 변인들의 관계성에 대해 다양한 통계적 기법으로 예측을 시도하는 예언predictive 통계로 크게 나누어진다.

반면 질적 연구는 크게 다음 [표 4]와 같이 탐색적, 기술적, 그리고 설명적 연구의 목적을 갖는다.

표 4. 질적 연구의 세 가지 목적

구분	목적
탐색적(Exploration) 연구	어떤 현상이 존재하느냐 또는 일어나는가를 밝히는 현상의 존재여부를 탐색하고자 함

기술적(Description) 연구	특정한 현상을 정확하게 파악하고 그 현상이 다른 현상과 어떻게 다른가를 이해하고자 함.
설명적(Explanation) 연구	나타난 현상에 대한 이유를 밝히는 것/이론(현상에 대한 설명)을 검증하고자 함.

사실 대부분의 위대한 학자들(예: Piaget, Freud, Darwin, Newton etc.)이 오랜 연구와 통찰을 통해 완성한 이론들은 질적 연구를 통해 연역적 추론을 통해 생성된 것들이다. 이러한 통찰적 연구는 통계적 연구가 수량화시킨 데이터를 바탕으로 특정 현상(경향성)을 확인하는 단순한 주된 목적으로 수행하는 것(귀납법: 많은 사례를 통해 결론 짓기)과 큰 차이를 보이는 부분이기도 하다. 이러한 확인적 연구와 탐색적 연구의 차이는 다음 [표 5]와 같이 비교될 수 있다.

표 5. 확인적 연구(통계적 연구)와 탐색적 연구(질적 연구)의 차이

확인적(confirmatory) 연구	탐색적(exploratory) 연구
· 일차적 가설을 검증 · 기존 연구(결과)에 기반한 연구 · 연구의 제한점(caveat)에서 벗어나지 않은 연구 · 알려진/미지의 사실: 모두 가능	· 새로운(posteriori)가설을 생성코자 · 새로운 지식을 발견하기 위해 · 연구의 제한점에 덜 얽매이는 연구 · 미지의 사실을 연구하고자 함

위와 같이 연구자가 새로운 이론을 생성하기 위한 통찰력을 얻기 위해서는 수집한 자료를 바탕으로 한 연구 주제에 대한 새로운 가설(가설추정법: abduction)과 창의적 해석이 필요한데 이는 모두 탐색적 연구를 필요로 한다. Hansen은 [과학적 발견의 패턴]에서 근대 자연과학적 연구의 기반이었던 데카르트의 귀납법 사유의 한계성을 지적하고, 가추법이 새로운 생각을 만들어내는 유일한 방법이라고 주장한 바

있다. 즉, 가설추정법을 통해서만이 연구자의 창의적 상상력과 통찰력을 바탕으로 새로운 가설을 고안해낼 수 있으며, 이를 통해 학술적 진보를 이루어낼 수 있다는 것이다.

물론 탐색적 연구 뿐만 아니라 기술적 연구도 질적 연구에서 중요하게 다루어지는데, 다만 질적 연구가 수행하는 기술적 연구는 다음 [표 6]과 같이 통계적 방식의 기술적 연구와는 수행 방식에 상당한 차이가 있다.

표 6. 기술 방식(통계적 연구)과 탐색 방식(질적 연구)의 차이

기술적(descriptive) 연구	탐색적(exploratory) 연구
· 특정집단의 특성 기술 · 계획과 체계적인 절차 · 오차 줄이기 위한 구조화 된 방법 : 정확성 요구됨	· 중요 변수나 문제가 무엇인지 발견 · 주관적 통찰에 의해 시작 · 연구과정에서 융통성이 강조됨

질적 연구가 강조하는 기술description의 방식은 연구 현장이나 집단의 문화에 대한 세밀하고 통찰력있는 기술을 의미하며, 여기에는 연구참여자의 내면적 사고, 태도나 행동의 세밀한 관찰과 해석을 바탕으로 한 기술 등을 의미한다. 이는 다음 III장에서 다루게 될 문화기술지에서 자세히 소개될 것이다.

결론적으로 질적 연구는 귀납적 추론(통계적 방법)보다는 적지만 깊이 있는 데이터의 분석을 바탕으로 한 연역적 추론과 창의적 가설추정법abduction을 바탕으로 수행하는 기술적이고 탐색적이며 설명적인 연구를 수행하는 것이다.

3) 질적 설계의 주요 구성 요소

질적 설계에서 고려해야할 중요한 요소들은 다음과 같은 것들이 있다.

a. 연구자의 관점: 어떤 이론적 관점을 바탕으로 연구하고자 하는가? 이는 연구자의 이론적 배경이자 개념적 틀conceptual framework로서 논문 데이터를 해석하는 기초가 된다.

b. 이론: 연구 대상이 되는 현상을 설명할 수 있는 기존의 이론으로써, 연구의 가정assumption이나 전제, 현상에 대한 이론적 모형, 그리고 연구 주제와 관련된 선행연구에서 활용했던 이론적 기반이 여기에 포함된다.

c. 연구 문제: 연구의 핵심적 가설이자 연구를 통해 구명하고자 하는 주장이다.

d. 연구 방법: 연구 주제나 이론, 연구 대상 및 데이터의 성격에 따라 어떤 연구방법을 선택할 것인가를 결정해야 한다.

아울러 설계의 요소 차원에서 위 네 가지 사항들에 대해 고민한 다음, 질적 연구를 설계함에 있어서 다음의 사항들을 고려할 필요가 있다.

a. 어떤 독자를 대상으로 어떤 글쓰기 형식을 취할 것인가?

b. 본 연구의 결과를 어느 정도로 일반화할 생각을 가지고 있는가?

c. 어떤 데이터를 비교하여 선택하여 논문의 근거로 제시할 것인가?

d. 연구 대상은 어떻게 표집할 것인가?

e. 글쓰기에서 어떤 준거(신뢰도와 타당도 등)를 고려하여 논문의 질적 수준을 높일 것인가?

f. 어떤 삼각검증의 방법론을 활용하여 논문 데이터의 사실성과 신뢰성을 검증할 것인가?

마지막으로 질적 연구설계의 주요 구성요소들을 도식으로 정리하여 소개하면 다음 [그림 1]과 같다.

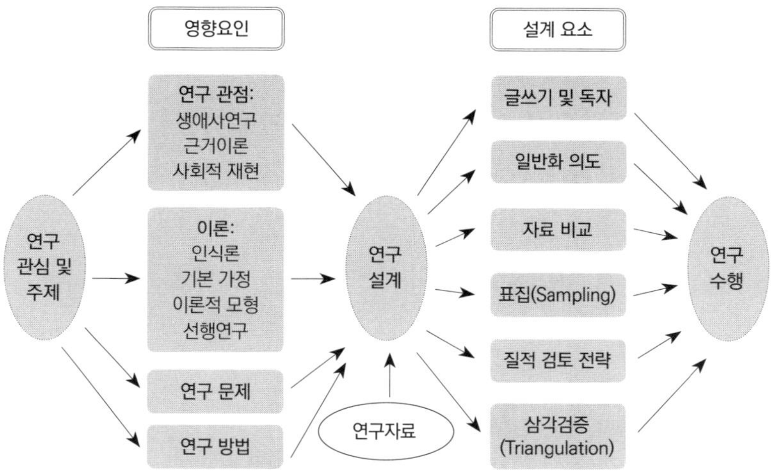

그림 1. 질적 연구설계의 구성 요소

위 [그림 1]에 제시된 바와 같이, 질적 연구는 연구자의 관점(개념적 토대: conceptual framework)과 이론적 기반이 중요하고, 이를 바탕으로 연구문제Research questions와 적절한 연구방법을 선정해야 한다. 그리고 연구를 설계하는 단계에서 글쓰기 방식이나 주요 연구를 읽을 독자들이 누구인지 생각해보고(질적 글쓰기), 연구의 결과를 어느 정도 일반화하려는 의도가 있는지 아닌지, 어떤 목적성을 가지고 표집을 할 것인지, 그리고 연구결과에 대한 질적 검토(삼각검증 포함)를 어떻게 할 것인지를 구상해야 한다.

3. 질적 연구에서 표집sampling

1) 질적 연구의 표집에서 고려사항

질적 연구에서는 연구하고자 하는 현상의 심도 깊은 이해를 목적으로 유목적적purposeful 표집을 시도할 수 있다. 하지만 이때에도 대표성의 문제(표집된 사례가 전체 집단을 대표하는가?)를 다음 [그림 2]와 같이 표집대표성과 관찰대표성, 두 가지 차원에서 고려할 필요가 있다.

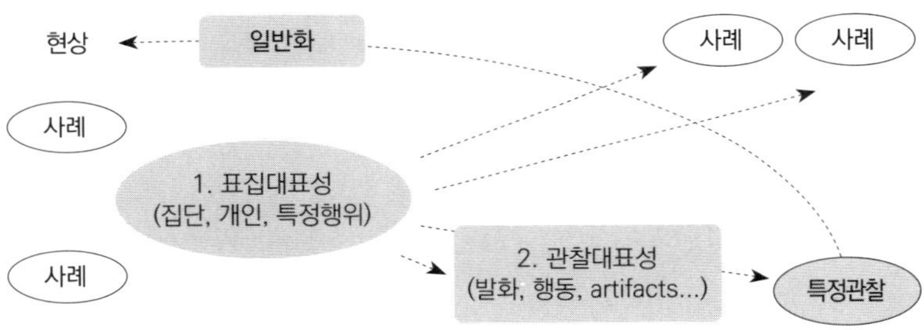

그림 2. 질적 연구 표집에서의 두 가지 대표성 문제

가. 표집 대표성

'관찰할 수 있는 상황(표집)이 연구자가 서술하고 설명하고자 하는 현상의 일반적인 범주를 대표하는가?'의 문제를 언급해야 한다. 질적 연구의 표집이 집단의 대표성을 반드시 가져야 한다는 것이 아니라, 표집한 연구대상이 전체 모집단의 한 사례로서 어떤 의미나 대표성을 갖는지를 설명할 필요가 있다는 것이다.

나. 관찰 대표성

표집된 대상(연구참여자)에 대한 실제 관찰(자료수집)이 그 대상의 전체 모든 삶의 양상들 속에서 어떤 부분인가? 즉, 표집된 연구대상의 모든 측면에 대한 자료 수집이란 현실적으로 불가능하기 때문에, 어떤 장면(행동, 발화, 자료)를 관찰할 것인가의 문제와 그 필요성이나 이유가 무엇인가에 대해 설명할 수 있어야 한다는 것이다.

결국 질적 연구는 대체로 소수의 연구대상을 표집하여 연구하기 때문에, 연구주제에 최적의 대상을 임의로 선정하는 유목적적 표집을 하되, 연구진행 과정에서 표집인원을 늘이거나 줄일수 있도록 융통성있는 표집계획을 수립하는 것이 좋다. 이때 표집된 대상이 연구주제에 해당하는 전체 집단을 얼마나 대표할 수 있는 사례인지(표집 대표성)와, 동시에 연구대상의 삶의 모든 양상을 100% 관찰하여 분석하는 것은 불가능하기 때문에 어떤 장면에서 어떤 행위나 응답, 혹은 인공물artifacts을 분석할 것인가(관찰 대표성)를 고려하여 연구 데이터의 해석에 반영할 필요가 있다.

2) 연구설계의 성격

질적 연구는 그 특성상 연구 현장 및 연구참여자의 특성과 연구자의 경험 및 판단에 따라 연구설계를 융통성있게 계획할 수 있다. 그런 점에서 Miles & Huberman(1994)는 질적 연구를 다음 [표 7]과 같이 '엄격한tight' 연구설계와 '여유있는loose' 연구설계로 구분하였다.

간단히 설명하자면, 초보연구자일수록 연구설계를 처음부터 분명하고 엄격하게 설계해야 큰 시행착오나 혼란 없이 연구를 성공적으로 수

표 7. '엄격한' 대 '여유 있는' 연구설계

초보연구자(novice) ········· 경험연구자(expert)

엄격한(tight) 연구설계	여유 있는(loose) 연구설계
· 제한적인 질문들	· 방법론적 절차가 개방적
· 사전 구조화된 표집 과정	· 새로운 분야나 이론화의 시도
· 수집자료에 대한 폐쇄/경직성	· 개방성과 융통성을 가진 표집
· 체계적/구조적 표집	· 유목적인 표집
· 자료분석 및 해석이 계획적	· 자료분석 방법은 융통성있게
· 친근한 연구 현장에 시도가능	· 낯선 연구현장 및 환경에 적용
· 자료비교분석 및 해석이 용이	· 자료 정리, 분석, 해석이 어려움
· 경험이 부족한 연구자에 적합	· 경험 많은 연구자에게 적합

행해나갈 수 있다. 반면, 경험이 많은 연구자들은 여유 있게 연구를 설계한 후에 현장 상황이나 연구참여자의 협조여부에 따라 융통성 있게 대처하는 것이 원만하게 질적 연구를 수행하는데 유리하다는 것이다.

3) 일반적 표집의 종류

질적 연구의 표집 방법에는 여러 가지가 있는데, 그러한 일반적인 표집 방법의 유형은 다음과 같이 나누어진데, 이러한 표집 방법들 중에서 자신의 연구가 어떤 표집법을 중심으로 수행되었는지를 논문에서 분명하게 밝힐 필요가 있다.

a. 동일성homogeneous 표집: 유사한 배경, 특성, 자질을 가진 사람들을 모아서 집단면접을 시도

b. 이론기반theory-based 표집: 특정 이론적 구조에 바탕을 둔 연구의 경우, 그 이론을 보다 분명하게 부각하여 설명해줄 수 있는 사례(예: 근거이론)

c. 무선 유목적random purposeful 표집: 특정 연구목적에 부합하는 대상을 중심으로 표집 è 표본의 수가 너무 많으면, 그 중 다시 무선적으로 표집

d. 층화된stratified 유목적 표집: 보다 구체적인 비교 위해 유목적표집한 후 다시 하위그룹으로 계층, 범주화

e. 점증적snowball 표집: 우선적으로 소수 사례 시작 è 주제와 관련된 대상의 수나 범주를 점차적으로 확대

물론 위의 표집법은 경우에 따라, 이론기반 표집을 하되 동일한 특성을 가진 참여자들을 섭외하였다거나, 동일성 표집을 하되 그 특성의 정도에 따라 범주를 나누어 층화된 표집을 하였다거나 하는 등의 두 가지 이상의 방법을 혼합적으로 채택할 수도 있다.

4) 유목적적 표집 전략(Patton, 2002)

위와 같은 유목적적 표집에 있어서도 학자들마다 세부적으로 더 자세한 표집방법을 제시하기도 하였는데, 먼저 Patton(2002)이 제시한 유목적적 표집의 전략에 대해 살펴보자.

a. 극단적인 사례 혹은 평범하지 않은extreme or deviant 사례: 이탈자outlier의 윤곽을 확인하고자 할 때

b. 평균적이거나 전형적인 사례: 내부적, 중심적 경향을 확인코자 할 때

c. 최대 변이maximal variation 사례: 가능한 한 서로 다른 소수의 사례들 모음을 분석하여 현장의 변화나 차이의 범주를 확인하고자 할 때

d. 집중도intensity가 높은 사례: 연구자의 관심 특징, 과정, 경험들의

측면에서 최대 집중도의 사례를 분석하거나 집중도의 수준을 체계적으로 비교하고자 할 때

e. 두드러진 사례: 전문가와 의논하여 연구하고자 하는 현상을 두드러지게 나타내거나 결정적인 사례를 분석하고자 할때

f. 민감한sensitive 사례: 연구의 방향을 효과적으로 드러내기 위한 경우. 하지만 이러한 경우 연구참여자가 특수한 계층(사회적 약자나 장애인 등)일 수 있으므로 연구윤리*에 저촉되지는 않는지 주의할 필요가 있다. 따라서 이러한 취약대상자들에 대해서는 법적대리인이나 보호자로부터 연구취지나 방법이 자세히 소개된 연구승낙서consent form의 승인을 받아야 한다.

g. 가장 접근성이 좋은 사례: 단순히 연구주제에 부합되는 사례를 연구수행의 편의성convenience이나 경제성을 높이기 위해 선택하는 경우

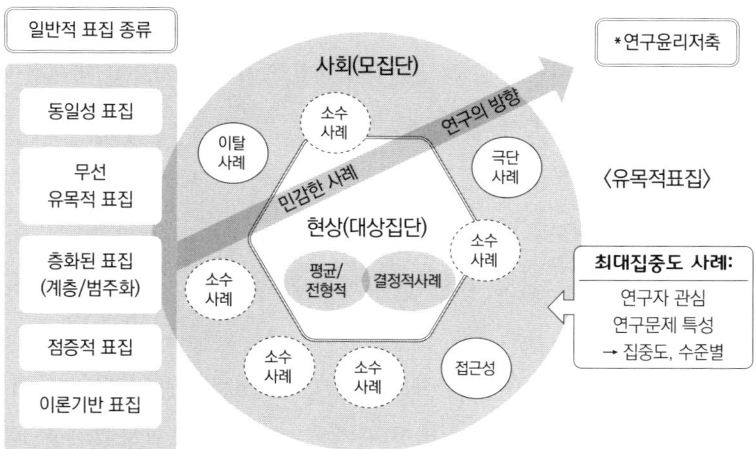

그림 3. 일반적 표집의 종류와 유목적적 표집(Patton, 2002)의 비교

5) 표집의 접근법(Maxwell, 2005)

위와 비슷하게 Maxwell(2005)은 다양한 유목적적인 표집 방법을 소개한 바 있다.

가. 준거criteria 기반 표집

a. 연구하고자 하는 초점에 맞추어 미리 결정한 어떤 준거를 충족시키는 사례들을 선정

b. 연구대상인 현상에 대해 중요한 정보를 줄 수 있는 좋은 사례들을 확보하기 위해 사용

나. 최대변이 표집maximum variation sampling

a. 작은 표본 내에 다양한 속성을 가진 사례들을 고루 확보하기 위한 표집방법

b. 표본 내의 다양한 변이, 다양한 속성과 특성들을 기록하고 중요한 공통적 패턴 확인

c. 같은 프로그램에 참여했더라도 서로 상이한 경험을 가진 개인들을 선정함으로써 집단 내의 변이를 더욱 자세히 묘사할 수 있고 경험의 다양성을 이해할 수 있음

d. 연구참여자들이 경험하는 다양한 경험의 변이와 그 안에서 나타나는 중대한 공통유형을 설명해주는 정보 발견이 목적

다. 동질적homogeneous 표본

a. 동질적인 사례들로 표본을 선정하여 어떤 특별한 하위집단을 심도 있게 분석할 때

b. 포커스 집단 면접: 어떤 특정 주제에 관련 있는 사람들을 대상으로 집단면접을 하기 위해 유사한 배경과 경험을 가진 사례들을 선정

라. 이론적theoretical 표집

a. 연구자의 연구문제나 이론적 입장과 분석틀, 실행할 분석방법, 도출해 내고자 하는 설명을 염두에 두고 탐구할 집단이나 범주를 선택하는 것
b. 이론적으로 의미를 부여할 수 있는 표본을 구성하는데 중점
c. 근거이론 연구자들이 주로 활용
d. 지속적 비교를 통해 범주들을 수정하는 과정에서 속성과 차원에 따라 조건을 변화시키면서 장소, 사람, 사건을 찾아 표집
e. 연구과정이 진행되며 표집이 수정되고 발전됨
f. 누적적 성격: 각각의 추출된 사건은 이전의 자료수집과 분석으로부터 추가적으로 이루어짐
g. 표본추출은 생성하는 이론에 의해 인도되어 시간이 지남에 따라 점점 구체화
h. 표본추출과 분석은 분석이 자료수집을 인도하면서 순차적으로 반복하여 진행
i. 연구자는 자신의 연구에 적용될 표집전략을 수립하고 논리적으로 설명할 수 있어야 함

마. 결정적critical/전형적typical 사례 표집

a. 어떤 상황에 대해 아주 극적인 요점을 제공해 줄 수 있는 사례

b. 어떤 한 사례 이외에 다른 대부분의 사례에서도 유사한 결과가 나올 것으로 생각되는 사례
c. 조사자원(시간, 경비)이 부족할 때 중요한 전략으로 활용

바. 확인confirmative 및 예외exceptional 사례

a. 초기 분석을 확인해 줄 사례나, 반대로 분석이 잘 맞지 않는 사례를 중심으로 선정
b. 예외를 탐색함으로써 이론의 다양한 변이를 추구하는 표집
c. 확인사례: 이미 나타나고 있는 유형에 일치하는 사례 (결과를 확인하고 보충)
d. 예외사례: 이미 나타나고 있는 유형과 일치하지 않는 사례 (경쟁적 해석의 가능성 발생)

사. 극단적extreme 혹은 일탈적derivative 사례

a. 연구자의 관심현상이 전형적으로 나타나는 유형과 매우 다른 유형을 보이는 특이하고 극단적인 사례 연구
b. 극단적 사례: 아주 특별한 성공 사례 혹은 특별한 실패 사례

아. 준예외적semi-exceptional 사례 표집

a. 극단적 사례 표집의 강도를 낮춘 표집
b. 일상적인 것보다는 약간 예외적이지만 그렇게 특이하지는 않은 사례들을 선정

이상의 내용을 도식으로 요약하여 정리하면 다음 [그림 4]와 같다.

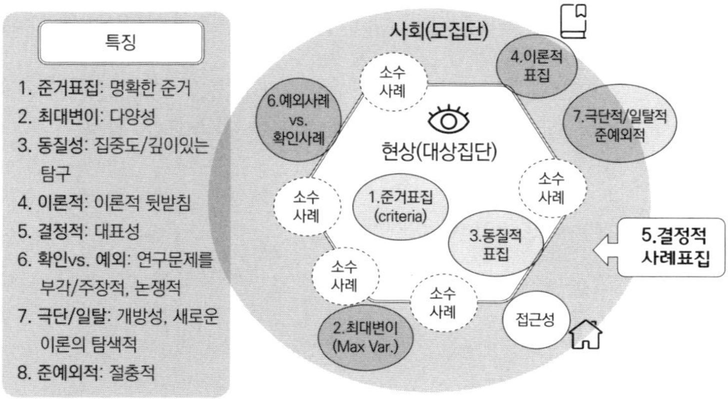

그림 4. 표집의 다양한 접근법 (Maxwell, 2005)

[그림 4]와 같은 Maxwell의 접근법을 적용했을 때, 표집시 주의해야 될 사항들은 다음과 같다.

a. 가장 전형적이거나 가장 발달된 사례를 찾는 것(누구랑 인터뷰해야 가장 깊이 있는 정보가 나올까?: 대표성 고려)
b. 이질성을 기준으로 수집하고 비교해야(Maxwell, 2005)
c. 연구 주제와 관련하여 현장에서 일어나는 어떤 장면에 초점을 맞출 것인가의 결정
d. 연구자의 관심 주제가 드러나게 될 보다 구체적인 상황들을 선정
e. 연구 주제에 영향을 미칠만한 다른 상황들이 무엇인지를 파악

6) 실제 연구에서의 표집 사례 분석

마지막으로 실제 연구(김인숙, 2017)에서 어떻게 표집을 수행하였고, 그 상세한 내용을 논문에서 밝히고 있는지 다음 [표 8]를 통해 예시로 들어보자.

표 8. 실제 연구에서의 표집 사례 분석

구분	내용
논문 제목	사회복지전담공무원의 일 조직화: 제도적 문화기술지
논문 개요	주된 자료수집 방법은 인터뷰이고, 연구의 출발은 사회복지전담공무원의 자살사태에 대한 의문으로부터 시작하였으며, 질적 연구를 위한 예비조사로써 사회복지전담공무원(7명)을 인터뷰하였음.[동주민센터 사회복지전담공무원: 서울시(2명), 수원시(1명), 부천시(1명), 고양시(1명), 대구(1명), 대전(1명)]
연구방법론 / 연구문제	제도적 문화기술지(institutional ethnography)의 관점으로 다양한 제도적 제한들과 제도적 연결고리들이 어떻게 사회복지전담공무원들의 일과 삶을 직조하고 있나?
표집 전략	예비조사에 대한 분석을 통해 '문제 틀'의 개요를 파악하고서, 공공 사회복지영역에서 5년 이상 일한 경험이 있는 사회복지전담공무원 12명에게 인터뷰 요청. (동 주민센터 복지공무원 9명, 구 단위 사회복지전담공무원 3명)
최종 표집된 연구참여자 내역	동주민센터 사회복지전담공무원: 서울시 5명(흑석동, 숭인2동, 사당1동, 금호4가동, 청 운동), 부천시 2명(역곡3동, 춘의동), 인천시 1명(선학동), 수원시 1명(금호동) 등 모두 9명이다. + 구 단위의 복지공무원은 부천시에서 2명(통합조사팀, 무한돌봄팀), 서울시 1명(희망복지지원단) 등 모두 3명(총 12명)
인터뷰 내용	사회복지전담공무원들이 하는 구체적인 일의 내용, 일을 하면서 겪는 어려움들, 일이 이루어지는 시퀀스와 절차 등

질적 연구에서는 양적 연구처럼 연구참여자를 무선추출하는 것이 아니기 때문에, 그 표집의 대표성에 대한 해석을 여지를 남기기 위해, 위와 같이 구체적인 표집 절차나 내역을 보여주는 것이 좋다.

III 문화기술지Ethnography

1. 문화기술지Ethnography의 개요

1) 문화기술지의 주요 개념

문화기술지는 다음과 같은 사항들을 고려하여 연구하게 된다.

a. 문화culture는 집단구성원들의 말과 행위로부터 추론되며, 그와 동시에 연구자의 해석에 의해 그 집단에 부여된 성격, 의미, 가치 등이다.

b. 문화를 연구한다는 것은 사람들이 하는 것(행동) + 말하는 것(언어) + 만들고 사용하는 것(인공물)을 모두 포함하여 연구하려는 것이다.

c. 이때 문화적 현상의 깊은 내면을 이해하기 위해서는 현실적인 면reality(실제로 하는 것)과 이상적인 것norm(해야 하는 것) 간의 '긴장 관계'를 살펴볼 수 있어야 한다. 여기서 긴장 관계란 현실과 이상의 격차, 여러 집단들 간의 갈등 양상, 권력의 차이에 따른 지배와 억압, 저항 등의 문제를 의미하고, 질적 연구는 이를 세밀하게 다룰 수 있어야 한다.

d. 평범한 상황에서 상호작용하는 사람들을 살펴봄으로써, 인생주기, 사건, 문화적 주제와 같은 깊이 퍼져 있는 패턴을 분간하고자

시도함으로써 연구를 시작한다.

e. 현장에 침잠하여 인공물artifacts과 물리적 흔적을 갖는 자료를 모으고, 구성원들의 이야기들과 의식, 신화들을 찾으면서, 문화적 주제를 밝힌다.

위와 같은 주요 개념들을 바탕으로 문화기술지의 전체적 특징을 요약하여 제시하면 다음 [그림 1]과 같다.

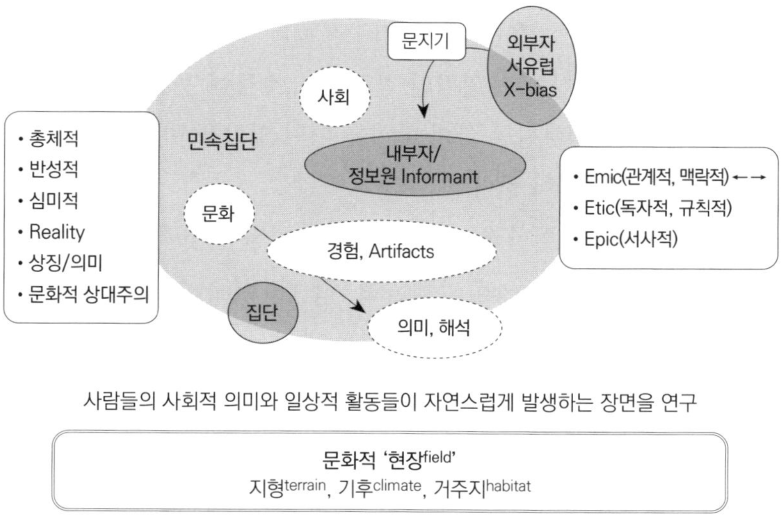

그림 1. 문화기술지의 특징 개관

a. 문화기술지는 총체적, 반성적, 맥락적, 심미적, 실재적 특징을 띠고, 문화를 다루기 때문에 상징성을 해석할 여지가 많으며, 그로 인해 상대주의적 관점을 취할 수밖에 없다.

b. 문화기술지 연구자들은 기본적으로 외부인의 입장에서 접근하

는 것이고, 특히 서구 근대적 문명의 관점에서 원시적primitive 문화에 접근하게 된다.

c. 외부인으로서 연구자는 필연적으로 문지기의 '문턱'을 넘어야 한다는 것과 동시에, 내부자 정보원의 도움이 필요하다는 어려움이 안게 된다.

d. 연구대상 문화는 집단 구성원의 경험, 사고/관념, 인공물, 그리고 환경으로 구성되며, 이를 직간접적으로 체험하면서 그 속의 패턴이나 의미를 해석해야 한다.

e. 문화적 현장은 지형(지리)적, 기후적, 그리고 거주적 환경으로 구성되고, 이러한 다차원적인 환경적 요소들이 문화의 형성과 전개, 그리고 구성원의 삶의 방식에 어떤 영향을 미치고 있는가를 이해할 수 있어야 한다.

f. 문화기술지는 일반적으로 독립적, 규칙적 관점etic 보다는 관계적/맥락적 관점emic의 해석을 요구한다. 아울러, 문화는 집단의 역사성과 그 속에서 인간구성원들의 해석과 관념의 종합체이므로 서사적Epic 관점을 통한 해석과 기술도 필요하다.

2) 문화기술지의 성격

문화기술지는 연구방법론이자 연구의 결과로서 다음과 같은 성격을 지닌다.

a. 현존하는 전통적 문화에 대한 직접적 경험과 자료수집을 통해 대상 문화에 대한 기존의 근대적 세계관과 차별화된 해석을 시도하는 것에서 출발함.

b. 문화적/사회적 집단, 체계에 대해 기술description하고 해석interpretation함.

c. 연구대상인 문화 집단의 학습된 행동, 관습, 생활방식의 패턴 등을 검토함.

d. 특정 시점이 아닌, 장기간의 관찰을 바탕으로 변화하는 과정을 이해함.

e. 연구참여자의 일상적 삶에 몰입하여 참여관찰이나 심층면접을 통해 수행함.

f. 문화공유 집단의 행동, 언어, 상호작용의 의미를 연구함.

따라서 문화기술지는 다음 [표 1]과 같은 성격을 지닌 질적 연구의 한 유형이라고 볼 수 있다.

표 1. 문화기술지의 핵심적 성격

구분	설명
현장중심적 (field-based)	실험실에서 연구참여자를 통제하고 관찰하는 것이 아니라, 문화적 현장 속에서 사람들의 실제 삶의 모습을 담고자하는 연구
밀착된 접근 (close-up)	연구자는 연구 대상과 매일 얼굴을 대면한 만남을 통해서 참여자이자 관찰자로서의 역할을 한다.
다요인적 (multifactorial)	결론을 내리기 위해서는 두 가지 이상의 자료수집 방법을 통한 삼각검증을 활용한다.
장기적 헌신 (long-term)	연구참여자와의 상호작용은 연구계획에 따라 수주에서 일년 이상의 장기적인 헌신을 필요로 한다.
귀납적 방법 (inductive)	일반화 패턴이나 설명가능한 이론을 파악하기 위해서는 기존의 이론이나 모형에 의존하여 가설을 검증하기 보다는 실제 사례에 대한 세세한 기술(descriptive) 자료의 축적을 바탕으로 한다.
회고적/대화적 (dialogic)	연구참여자 자신들로부터의 피드백이나 의견을 반영하여 결론이나 해석을 내린다.
총체적 (holistic)	연구 대상에 대한 가능한 총체적 양상을 묘사/기술하고자 한다.

요컨대, 문화기술지는 현장으로부터 장기적 참여관철을 통해 귀납적인 자료를 수집하고, 개별적인 심층면담에 의해 연구참여자들의 회고를 분석하여 내면적 의미를 해석해내며, 소속 집단의 문화적 배경에 대한 다양한 요인들을 분석하여 해당 문화를 총체적으로 이해할 수 있는 타당한 이론(설명)을 이끌어내는 연구이다.

3) 문화기술지의 주요 개념

문화기술지 연구를 수행할 때에는 다음 [표 2]에 나열된 사항들을 고려해야 한다.

표 2. 문화기술지 연구의 주요 고려사항

용어	설명
연구대상: 문화	문화란 집단구성원들의 말과 행위로부터 추론되며 연구자에 의해 이 집단에 대해 설명하는 해석이나 관점임.
연구의 시작	평범한 상황에서 상호작용하는 사람들을 살펴봄으로써, 인생주기, 사건, 문화적 주제와 같은 깊이 퍼져 있는 패턴을 분간하고자 시도함으로써 시작함.
문화의 증거 (연구데이터)	인공물(artifacts): 물리적 흔적의 근거를 모으고, 이야기들과 의식, 신화들을 찾으며, 문화적 주제를 밝힘. 집단구성원의 행동, 언어, 인공물을 해석함.
문지기 (gatekeeper)	주요 정보 제공자(informant: 집단에 대한 유용한 통찰을 제공하고 연구자에게 중요한 정보를 제공하거나 접근을 도와주는 사람)를 물색함.
호혜성 (Reciprocity)	연구자나 연구참여자 모두에게 도움이 되도록 연구자는 자신의 존재를 알려 연구의 목적이나 내용을 속이지 않음.
반응성 (Reflectivity)	연구참여자의 관점, 입장, 회고(reflection)를 최대한 반영하여 해석함.

4) 문화기술지의 주된 연구방법

문화기술지 연구의 일반적인 연구방식은 다음과 같다.

a. 자연스러운 생활현장으로 들어가서 현장에서 상당 기간 머무는 것이 일반적임.
b. 현장조사: 연구현장에서 폭넓은 활동이나 사건들에 관심을 기울임.
c. 장기간 현장 참여의 문제: 반응성, 호혜성, 현지인화, 프라이버시 Privacy, 진실성 등 고려함.
d. 자료 수집: 참여관찰, 개별/집단면접, 인공물artefacts 분석, 현장자료를 수집함.
e. 현장노트, 면접, 관찰지침서 등에 관찰된 자료를 자세히 기록함.
f. 자료 분석: 문화적 주제 및 유형화된 규칙을 찾기 위해 분석하고 해석함.
g. 최종 산물: (내부자, 외부자 관점이 통합적으로 반영된) 총체적인 문화적 조감도를 완성함.

즉, 문화기술지는 외부자로서의 연구자가 '문지기'의 벽을 너머서 내부자의 도움을 받아, 문화 집단 구성원들의 삶과 경험의 의미에 대한 해석을 시도하는 연구이다. 이를 위해서는 문화적 현장field의 지형(지형학적 조건), 기후(날씨를 포함한 환경적 조건), 거주지(사회적 조건) 등을 충분히 감안한 해석이 필요하다.

5) 문화기술지 연구의 유의사항

a. 문지기gatekeeper(연구 현장에 진입하도록 할 수 있는 사람)와의 공감과 유대를 어떻게 형성할 것인가?

b. 주요 정보 제공자informant(집단에 대한 유용한 통찰을 제공하고 연구자를 정보로 안내하고 접촉하도록 할 수 있는 사람)를 어떻게 선정할 것인가?

c. 장기적 현장 참여시 고려할 윤리적 문제(반응성, 호혜성, 현지인화, 프라이버시Privacy, 진실성 등)를 어떻게 고려할 것인가? 이를 위해서는 다음의 사항에 대해 고려해야 한다.

- 호혜성reciprocity: 연구자나 연구참여자 모두에게 도움이 되는가?
- 반응성reflectivity: 연구참여자의 입장을 최대한 반영하는 것이다.
- 현지인화: 오랜 참여관찰로 현지인이 되는 것은 장점도 있지만, 단점(문제의식의 소멸, 비판적 시각의 소멸, 원상복귀의 어려움)도 존재한다.
- 진실성: 연구자의 존재를 미리 알리고 연구의 목적/내용을 속이지 않는다.
- 프라이버시: 연구참여자의 개인정보가 연구의 과정이나 결과를 통해 노출되어 연구참여자의 삶에 악영향을 주어서는 안 된다.

2. 문화기술지 연구의 이론적 배경

1) 문화기술지 연구방법론의 형성 과정

문화기술지 연구는 다음과 같은 학자들의 개척적인 연구를 통해 발전되어왔다.

a. 19C 말 유럽: 옥스포드 대학 최초 문화인류학 교수였던 E. B.

Taylor(1832-1917)는 종교와 애니미즘을 연구함.

b. 19C 말 미국: Lewis Henry Morgan(1818-1881)은 고대 사회[*Ancient Society*]란 저서를 통해 친족kinship 관계와 사회적 구조에 대한 연구를 선도함.

c. 20C 초 미국: 미국 인류학의 아버지라 불리우는 Franz Boas(1858-1942)는 원시부족의 마음, 언어, 문화에 대한 연구의 토대를 마련함.

d. 20C 중반 유럽: 런던대의 사회인류학과 교수였던 Bronislaw Malinowski(1858-1942)가 뉴기니아섬에 대한 현장연구를 통해 문화인류학anthropology의 학문적 토대를 마련했다. 호주 원주민의 문화에 대한 연구 결과인 저서[*Argonauts of the Western Pacific*](1922)를 통해 기능주의적 관점에서 원주민의 문화적 패턴의 동기를 설명하면서 당시 유럽의 대표적 문화인류학자로 자리매김함.

e. 20C 중반 미국: Columbia University에서 Franz Boas의 영향을 받은 Ruth Benedict(1887-1948)는 미국 문화인류학회 회장을 역임하였고, 일본 문화를 서양 대중에 소개한 [국화와 칼]로 잘 알려져 있음.

f. 20C 중후반 미국: 인류학자인 Margaret Mead(1901-1978)는 사모아섬에 대한 연구 [*Coming of Age in Samoa*](1928)로 문화인류학계에 알려졌고, 특히 원시부족의 성문화에 대한 연구 [*Sex and Temperament in Three Primitive Societies*](1935)를 통해 서구사회의 성관념을 전복하는 주장으로 1960년대 미국에서 성역할에 대한 사회적 논쟁을 불러일으킴.

g. 20C 중반 영국: 영국의 사회인류학자인 Radcliffe-Brown (1881-1955)은 구조적 기능주의structural functionalism와 공적응 coadaptation의 개념을 이론화함. 그의 기능주의는 B. Malinowski 의 기능주의(사회적 실천은 그 실천들이 기본적 생물학적 요구를 만족시키는 방식에 의해 직접적으로 설명될 수 있다고 보는 관점)가 근거가 불명확하다고 비판하면서, 문화인류학의 근본적 단위는 '인류의 삶과 타인과의 상호작용의 과정'이라고 보았음. 사회 속에서 어떤 특정한 실천(행위)들이 별다른 생물학적 요구에 부합하지 않으면서도 반복되면서 고착화되기도 하고, 더구나 이것이 다른 행위들과 상호작용하면서 지속성을 갖음. Radcliffe-Brown는 이를 공적응이라는 개념으로 설명함.

f. 20C 후반 미국: 상징인류학자인 Cifford Geertz(1926-2006)는 [*Interpertation of Culture*]란 저서를 통해 에토스ethos, 심도 깊은 기술thick description 등의 개념으로 문화기술지의 질적 제고에 공헌함.

위에서 소개한 주요 문화인류학자들의 등장을 유럽계와 미국계로 구분하여 정리하면 다음 [그림 2]와 같다.

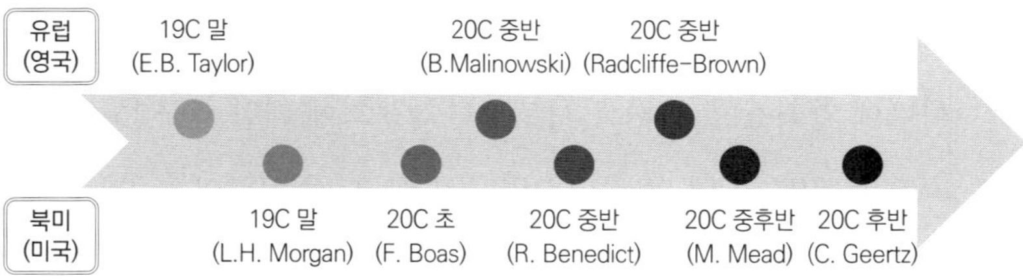

그림 2. 유럽과 북미의 주요 문화인류학자들의 흐름

이처럼 문화기술지는 인류학, 고고학, 민속학, 사회학, 지역학 등의 학문들을 토대로 하여 발전되어왔다. 그에 따라 문화기술지의 이론적 기반도 다음 [그림 3]과 같이 포스트모더니즘, 페미니즘, 맑스주의/비판이론, 구조-기능주의, 민속방법론, 상징적 상호작용주의 등과 같이 매우 넓은 스펙트럼을 가지고 논의되어왔다는 것을 주목할 필요가 있다.

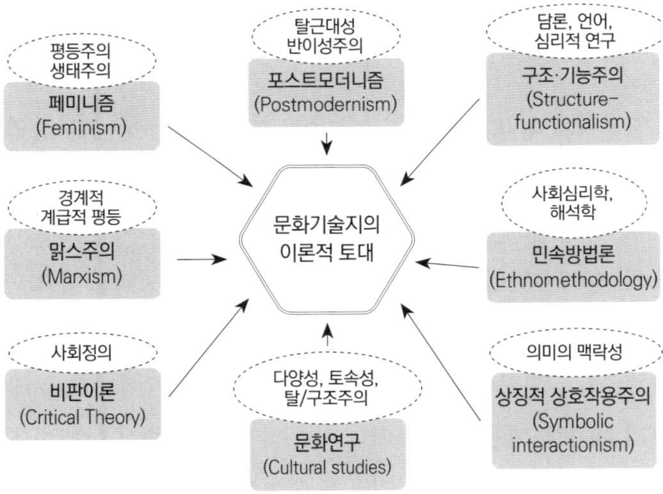

그림 3. 문화기술지의 다양한 이론적 토대

따라서 문화기술지를 바탕으로 질적 연구를 수행하고자 하는 연구자들은 각자가 중요시하는 이론적 입장과 주제의식(평등주의, 생태주의, 사회정의, 다양성, 탈근대성 등)이 무엇인지 확인하고, 그에 따라 어떤 이론적 입장에 근거하여 문화기술지를 연구할 것인지를 결정해야 할 것이다. 위의 이론적 기반이 문화기술지에서 어떻게 작동하는지 다음 [표 3]에 제시된 몇 가지 예를 통해 설명해보자.

표 3. 문화기술지 연구(주제)의 이론적 기반

연구주제 (예)	연구자의 관점(연구문제)	연구가설 (예)	이론 기반	중심 이념
a. 이슬람 부족의 남녀 차별	왜 남녀에 대한 차별적 인식이 존재하는가?	가부장적 종교관이 근본원인이다.	페미니즘	평등주의, 생태주의
b. 뉴기니아 섬 주민의 결혼 관습	결혼을 통해 친족관계는 어떻게 재구성되는가?	결혼은 사회경제적 생존전략이다.	문화 연구	다양성, 토속성, 탈구조주의
c. 연예인에 대한 팬덤(fandom)과 집단 문화	연예인에 대한 추앙과 추종은 어떻게 발생하고 유지되는가?	연예인 추종은 억눌린 자기애의 발현이다.	민속방법론	사회심리학 해석학

만일 연구자가 a, b, c라는 연구주제를 가지고 연구를 시작하였다면, 연구자는 그 주제에 따른 구체적인 연구문제와 연구가설을 가지고 연구를 시작해야 하고, 그러한 관점들은 어떤 특정한 이론적 토대위에 확고히 자리하고 있어야 한다. 모든 학술적 연구는, 비판적 접근이든 수용적 접근, 특정한 이론적 기반위에서 논의되어야지만 학술적 가치가 있는 것이고, 모든 이론들은 그 이론이 지향하는 이념적 토대를 가지고 있기 때문에 연구자는 그러한 이론적 기반과 중심 이념이 무엇인지를 충분히 이해한 상태에서 연구를 수행해야 한다.

3. 문화기술지 설계의 구조

문화기술지 설계의 기본적 구조는 앞 장에서 소개했던 다음 [그림 4-1]와 같은 질적 연구 설계의 구조와 동일하다고 이해할 수 있다.

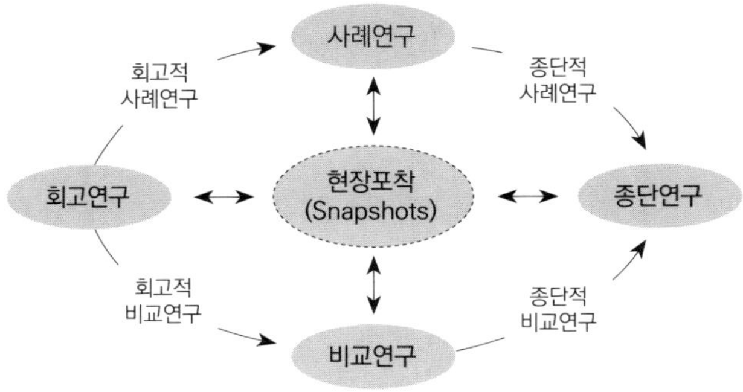

그림 4-1. 질적 연구의 기본설계(Bryman, 2004)

모든 질적 연구는 사례연구이고, 따라서 사례연구는 질적 연구의 필요조건이다. 다만 사례연구라는 것 만으로 질적 연구의 방법론이 완성되는 것(충분조건)이 아니기 때문에, 다음 [그림4-2]와 같이 추가적으로 어떤 방법론(담론분석, 관찰법, 인터뷰법)을 가지고 연구를 수행하는지 분명히 해야 한다.

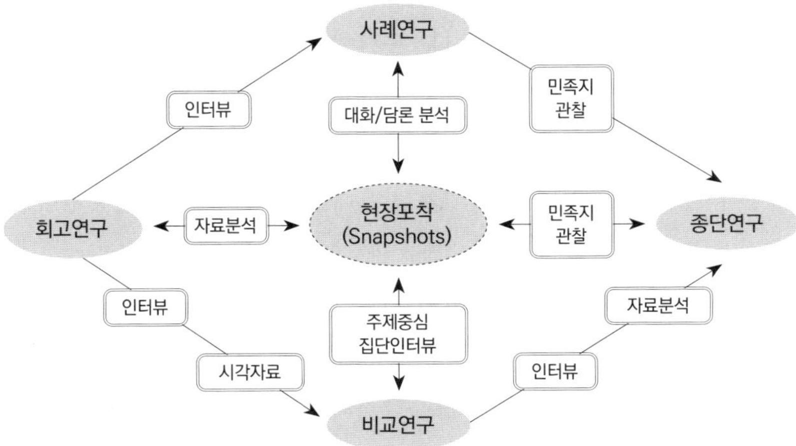

그림 4-2. 질적 연구의 설계와 연구방법(method)

위 그림에 나타난 문화기술지 연구의 핵심 원리는 다음과 같다.

a. 문화기술지 연구는 대체로 비교적 장기간의 현장기반 종단연구를 수행한다.

b. 문화기술지 연구는 연구자/연구참여자의 회고reflection를 충분히 반영해야 한다.

c. 문화기술지 연구는 대체로 주류문화(기득권, 보편성, 근대성, 규범성/일상성 등)에 대한 연구가 아니라 비주류 문화(원시성, 특수성, 비근대성, 하위문화 등)에 대한 연구를 수행하므로, 주류문화 혹은 다른 특별한 문화들과의 비교에 의한 해석이 흔히 이루어진다.

d. 문화기술지 연구는 위와 같은 요소들이 몇 가지 섞여서 이루어지므로 교차영역적 연구가 될 수밖에 없다.

요컨대, 문화기술지는 대체로 연구대상이 되는 문화적 현장에 장기적이고 밀착적인 연구를 수행하므로, 다양한 방법론적 전략과 연구의 관점들이 혼융되어 적용되는 교차영역적cross-sectional 연구와 장기적longitudinal 연구를 수행하게 된다. 동시에 그 문화 속에서도 다양한 개인들이나 소집단들에 대한 사례연구와 비교연구를 수행할 수 있고, 특정 개인이나 그룹만을 선별하여 몰입형 연구를 수행할 수도 있다.

마지막으로 문화기술지는 위와 같은 연구설계의 구조 속에서 다음과 같은 특성을 갖고 수행되는 연구임을 기억할 필요가 있다.

a. 문화적 주제를 다룬다: 어떤 주제가 문화기술지(토착화된 문화에 대한 장기적 깊은 탐색)에 적합할지 고민해보자.

b. 현상학적 입장에서 연구를 수행한다: 개별 참여주체들의 입장(세계관, 의식, 경험)과 그에 대한 연구자의 통찰과 해석이 중요하다.

c. 자연스런 상황에서 연구를 수행한다: 연구자는 외부자로서 어떻게 연구현장 및 연구참여자에게 접근할지 고민한다.

d. 현장 밀착형으로 연구한다: 연구자와 연구참여자의 관계성 설정이 중요하다.

e. 문화에 대해 맥락의존적인 해석을 내린다: 그 문화의 독특성, 개별성, 상황성은 무엇인가?

f. 총체적 관점을 지향한다: 단편적인 모습이 아니라, 전반적인 '그림'을 그려야 한다.

g. 병행적, 반복적, 순환적 연구절차를 지닌다: 단기적이고 일회성의 참여가 아니라, 지속적, 누적적, 회고적 연구를 수행한다.

4. 문화기술지의 구성 및 유형

1) 문화기술지의 구성과 연구절차

우선 문화기술지는 크게 다음 네 가지 요소로 구성된다.

a. 도입부: 연구대상 문화에 대해 어떤 관심 및 분석의 가치가 있는지에 대해 독자의 관심 유발할 수 있도록 한다.

b. 연구 현장 설명: 연구현장을 자세히 소개하고, 자료수집 방법 등을 설명한다.

예를 들어, Geertz(1973)는 깊이 있는 묘사thick description를 통해, 연구대상이 되는 공동체의 사회적 관계에 대한 세부사항, 맥락, 정서, 미묘한 감정 등을 세밀하게 묘사하는 것을 중요시하였다.

c. 분석: 수많은 기술적 묘사들을 일관성있는 사회적/문화적 패턴으

로 구성하되, 독자가 그 공동체에 대해 충분히 이해할 수 있도록 하는 것이 목적이다.

d. 결론: 연구의 핵심 주장, 해석이 학문과 지식체계(현상에 대한 설명)에 어떤 기여를 하는지를 설명해야 한다.

문화기술지의 일반적 연구절차는 다음 그림과 같다.

그림 5. 문화기술지의 일반적 연구절차

2) 문화기술지의 수행 전략

문화기술지는 다음과 같은 여러 가지 연구의 수행전략을 염두에 두어 수행한다.

a. 현장중심적field-based: 연구참여자를 통제하고 관찰하는 실험실에서가 아니라 사람들의 실제 삶의 모습을 담고자.

b. 개별적: 연구자는 연구 대상과 매일 얼굴을 대면한 만남을 통해서 참여자이자 관찰자로서의 역할을 한다.

c. 다요인적multifactorial: 결론을 내리기 위해서는 두 가지 이상의 자료수집 방법을 통한 삼각검증을 활용한다.

d. 장기적 헌신: 연구참여자와의 상호작용은 연구계획에 따라 수주에서 일년 이상의 장기적인 헌신을 필요로 한다.

e. 귀납적 방법: 일반화 패턴이나 설명가능한 이론을 파악하기 위해

서는 기존 이론이나 모형으로 부터의 가설검증 보다는 세세하고 촘촘한 기술thick/deep descriptive 자료의 축적을 바탕으로 한다.

f. 변증법적dialogic: 연구참여자 자신들로부터의 피드백이나 의견을 반영하여 결론이나 해석을 내린다. 여기서 변증법적이란 단순한 대화나 상호작용이 아니라, 연구자와 연구참여자의 변증법적 상호관계성, 즉 서로 다른 입장 및 관점의 차이 등이 서로 갈등과 견해차이를 보일수 있지만, 그러한 격차를 좁혀나가는 방식으로 연구가 진행되어야 깊이 있는 이해에 도달할 수 있다는 의미이다.

g. 총체적: 연구 대상에 대한 가능한 총괄적 그림을 그리려고 해야 한다.

문화기술지 연구자들은 위와 같은 여러 가지 수행전략들 중 어떤 전략에 집중하여 연구를 수행할 것이지를 미리 고려해야 한다. 가능하면 위 모든 요소들을 고려하되, 자신의 연구설계나 여건에 따라 몇 가지 전략을 선택하여 집중할 수도 있다.

3) 문화기술지의 유형

가. 문화기술지의 양식

연구자는 자신의 문화기술지가 다음 [표 4]와 같은 세 가지 양식mode 중 어떤 형식으로 이루어질지 고민한 후, 그 방식의 글쓰기를 수행하게 된다.

표 4. 문화기술지의 양식

양식 구분	설명	적용 영역
실제적 (realistic) 모드	연구수행 과정에서는 감정적 개입을 통해 참여했더라도, 결과물에서는 감정이 절제된 분석을 통해서 개인적이지 않고(de-personalized) 객관적으로 풀어낸 글쓰기	실증주의적 연구 (근거이론)
고백적 (confessional) 모드	연구자가 핵심적 주연이 되어 그가 경험한 공동체의 이야기를 자신만의 관점으로 설명하듯 그려내는 글	내러티브 연구 (구술/생애사)
인상주의적 (impressionistic) 모드	문학적 혹은 예술적 기재(대화 삽입, 인물 묘사, 장면에 대한 직접적 묘사, 회고적, 예언적 내러티브 구조, 은유의 활용)를 활용하여 묘사하는 방식(van Manen, 1988)	해석적 연구 (현상학연구, 담론분석)

나. 문화기술지의 표현 장르

아울러 문화기술지 연구자들은 위 세 가지 스타일과 더불어 다음 [그림 5]와 같은 다양한 표현의 장르들 중에서 어떤 형식을 취할지를 고민할 필요가 있다.

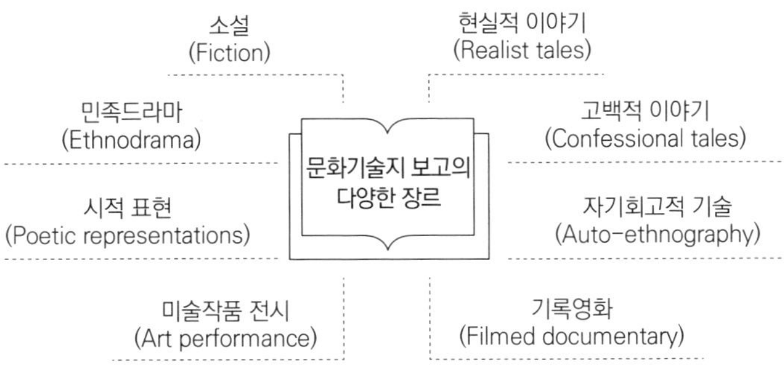

그림 5. 문화기술지 표현 장르의 다양성

즉, 문화기술지는 위 세 가지 유형과 연구결과를 표현할 여러 장르들 중에서 어떤 스타일을 통해 자신의 연구결과를 표현할지를 고민할 필요가 있다. 물론 위와 같은 유형들이 다양하게 문화기술지 속에 반영될 수도 있지만, 최소한 자신의 글이 이론적 관점에 기반하여 어떤 성격을 띠어야 할 것인지를 생각해둬야 한다는 것이다.

다. 문화기술지의 성격

아울러 문화기술지의 글의 성격도 다음과 같이 구분될 수 있다.

a. 총체적holistic 문화기술지: 문화기술지의 가장 전형적인 형태임.

b. 기호적semiotic 문화기술지: 제3자의 입장에서 특정 문화가 갖는 상징적 의미를 기술description하고 해석함.

c. 비판적critical 문화기술지: 보다 최근의 유형으로 비판이론의 관점으로 문화를 재해석함.

d. 단기short-term문화기술지: 2~3일에서 몇 개월 정도의 짧은 기간 동안 현장에 체류하여 자료를 수집하고 연구를 수행하는 변형된 방식임.

이상의 문화기술지의 형식에 대한 내용을 하나로 정리하면 [그림 6]과 같다.

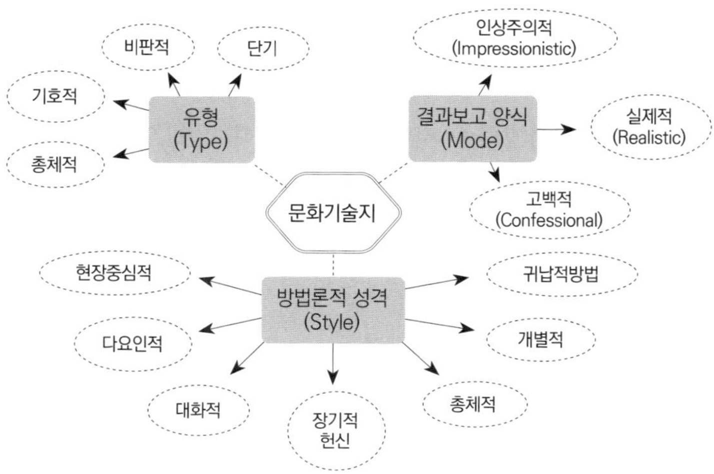

그림 6. 문화기술지의 유형, 성격, 및 결과보고 양식

4. 문화기술지의 연구 수행

1) 연구 준비단계에서 고려할 사항

질적 연구의 준비단계에서는 다음 [그림 7-1]과 같이 크게 연구자의 자기점검(정서적 태도, 신체적 상태, 자신의 장단점 고려 및 선입견에 대한 배제 등)과 연구 현장에 대한 선정 및 점검을 할 필요가 있다. 아울러 II장에서 소개된 질적 연구 설계의 구성 요소들도 꼼꼼히 고려되어야 한다.

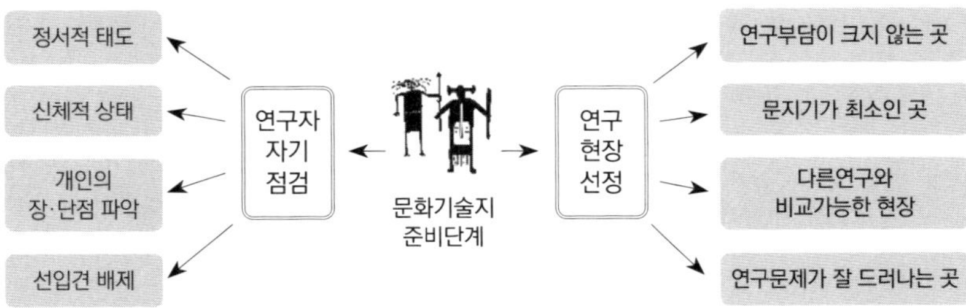

그림 7-1. 문화기술지 준비단계의 두 가지 점검 사항

문화기술지는 연구자가 연구하고자 하는 주제를 가장 잘 드러낼수 있는 연구현장을 선정하는 것이 중요하다. 하지만, 연구의 필요성에 부합하고 의미있는 현장일수록 일반 사회와는 다른 독특성과 고립성을 가지게 마련이고, 그에 따라 현장접근성이 떨어질 수 있다. 그러므로, 연구주제와의 적합성과 연구가능성 및 접근성(지리적, 시간적, 문화적, 비용적)을 동시에 고려해야 한다.

또한 문화기술지는 다음 [그림 7-2]와 같은 연구설계를 위한 점검 사항을 고려해야 한다.

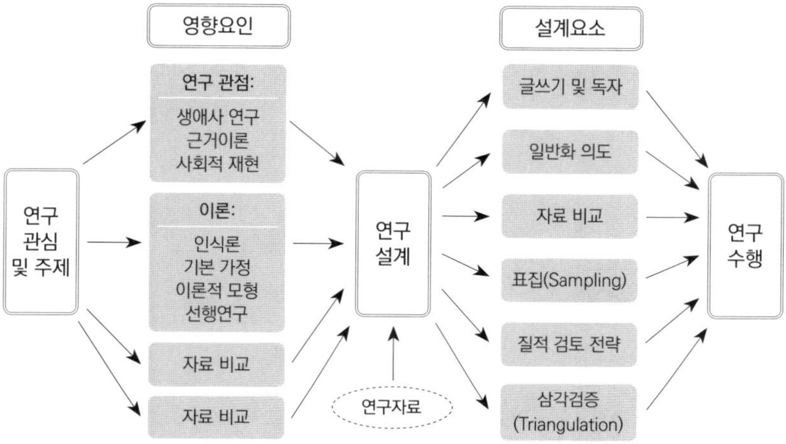

그림 7-2. 문화기술지 연구설계단계의 주요 점검 사항

문화기술지의 설계에서는 연구자의 관점, 연구자의 관점에 영향을 미치는 이론적 배경에 대한 소개와 논의가 필수적이다.

2) 문화기술지의 핵심 연구방법: 참여 관찰

가. 참여관찰의 이해

질적 연구의 주요 방법론으로써 참여관찰은 정기적이고 반복적으로 사람이나 상황을 지켜보면서 그 행동이나 사회적 조직의 본질에 관한 이론적 질문의 해답을 찾아나가는 것이다. 그런 의미에서 참여 관찰은 현장 관찰Field observation, 자연적 탐구naturalistic inquiry, 현장연구field studies라고도 불린다.

참여관찰의 특성은 i) 자연적 실제 상황에서 조사대상의 관찰, ii) 조사대상자의 행위의 과정적, 종단적 관찰, 그리고 iii) 연구자 자신이 관찰의 도구로 기능한다는 것이다.

아울러 참여관찰을 위해서는 다음 [그림 8]과 같은 연구자 역할의 역동성을 염두에 둘 필요가 있다.

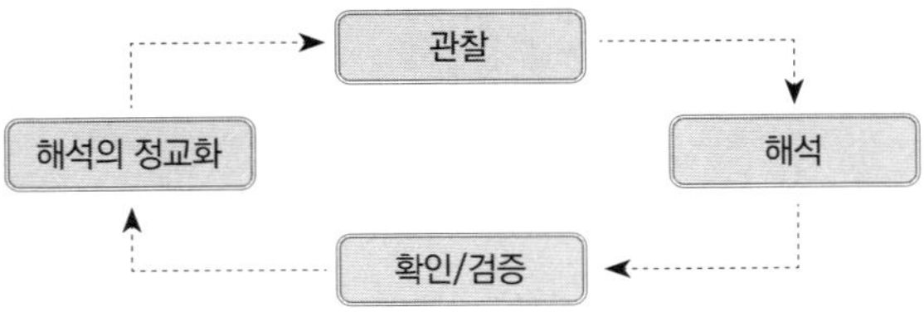

그림 8. 현장관찰에서의 연구자 역할의 역동성

위 그림에 나타났듯이, 문화기술지는 현장 참여관찰, 연구자의 통찰과 해석, 해석을 정교화하거나 확인하고 (삼각)검증하는 과정을 동시에 고려하면서 진행되는 것이다.

나. 참여관찰의 유형

참여관찰의 유형은 크게 참여자 vs. 관찰자와 직접관찰 vs. 간접관찰에 따라 구분될 수 있다.

(1) 참여자 vs. 관찰자

참여관찰은 연구자가 참여자로서의 역할과 관찰자로서의 역할 중 어느 쪽에 더 비중을 두느냐에 따라 다음 [그림 9]과 같은 연속선상에서 이루어진다.

즉, 연구자는 '완전 참여자로서의 역할', '관찰자적 참여자로서의 역할', '참여자적 관찰자로서의 역할', 그리고 '완전 관찰자로서의 역할'

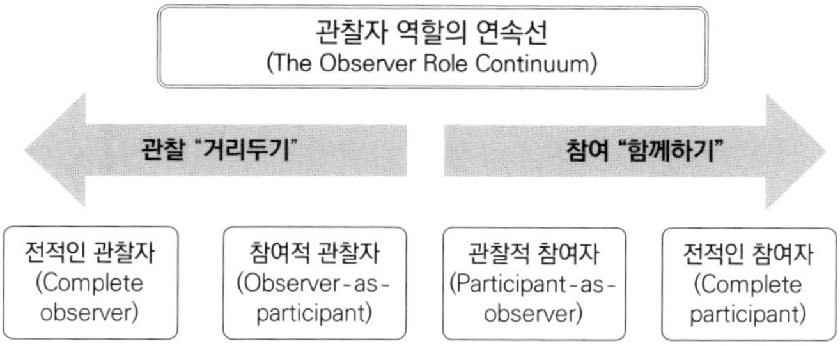

그림 9. 연구자의 역할의 연속선(Gold, 1958)

중에 하나를 선택하게 된다. 이에 따라, 관찰자가 연구대상 집단에 대한 소속감membership의 유형(Adler & Adler, 1994)도 다음과 같이 구분될 수 있다.

소속감	주변적(peripheral) 소속감 ⇔ 적극적(active) 소속감 ⇔ 완전한(complete) 소속감
관찰 형식	현장실험(실험실 관찰) ⇔ 구조화된 관찰 ⇔ 비구조화된 현장 ⇔ 완전참여관찰

위 유형중 문화기술지에서는 대체로 '적극적 소속감'을 형성하는 것을 지향하게 되고, 연구목적이나 성격에 따라 특별한 경우에는 '주변적 소속감'을 선택하기도 한다. 그리고 '완전한 소속감'의 경우 상당한 기간에 걸친 참여를 통해 이루어질 수 있고, 연구자가 '원주민화'된 이후에 이루어지기 때문에, 그러한 '완전한 소속감'이 연구에 어떤 영향을 미치는지에 대한 장단점을 고려할 필요가 있다.

(2) 직접관찰 vs. 간접관찰

참여관찰은 또한 직접 혹은 간접 관찰의 여부에 따라 달라진다. 직접

관찰은 연구대상이 되는 사회적 현상, 행위나 태도를 관찰자가 직접 보고 관찰한 자료를 분석하는 경우이고, 간접관찰은 각종 기록물, 문헌, 사후적 흔적에 대한 분석을 통해 관찰을 대신하는 경우이다.

물론 대부분의 문화기술지 연구는 직접 관찰의 방법을 선택하게 되는데, 이 때 추가적으로 고려할 사항이 바로 관찰의 행위가 대상에게 노출되느냐에 따른 '노출 대 은닉'의 문제이다. 역시 문화기술지 연구에서는 연구윤리의 문제나 연구참여자와의 관계성rapport 형성이 중요하기 때문에 대체로 '노출된 관찰'을 선택하게 된다.

다. 참여관찰의 대상

참여관찰의 대상에는 다음과 같은 다양한 것들이 포함될 수 있다.

- 사람들의 관행(habits, customs, behaviors)
- 커뮤니티에서 발생한 사건events, 일화episodes
- 구성원들 간의 접촉contacts, 모임meetings, 회합counsil
- 구성원들의 사회적roles, 문화적 역할membership
- 구성원들의 상호작용 및 관계성relations
- 다양한 소집단groups, kins과 공동체, 하위문화집단을 포함한 사회society
- 큰 규모와 체계화된 조직이나 기구organization, committee

라. 참여관찰의 연구절차

일반적인 참여관찰의 연구절차는 다음과 같다(Janesick, 1994).

a. 현장선정site selection: 어떤 현장/장면을 관찰할지 결정한다.

b. 입장gate entree: 문지기역할을 하는 사람과 래포를 형성하기

c. 관찰 시작: 관찰에는 일정한 경험과 훈련이 필요/통역사나 정보원이 필요/현장을 경험하면서 느끼게 될 문화적 충격culture shock에 대비해야 한다.

d. 기록과 저장: 반복적 관찰이 필요/리뷰를 위해 저장 필요/연구자 그룹: 표준화 양식 활용

e. 유형pattern 정리: 유형의 정리를 통해 추가관찰을 계획/다른 자료수집 방법의 필요성을 발견/관찰내용을 깔대기처럼 연구주제나 문제에 집중이 중요하다.

f. 이론적 성숙theoretical saturation: 새롭게 얻어진 자료들이 기존의 연구결과 등과 비교하고, 거기에서 의미를 추출하기. 현장의 역동적 과정을 관찰함에 있어 신축적이고 개방적 태도를 유지해야 한다.

마. 참여관찰의 3단계

참여관찰의 단계별 과정을 춤사위에 비유하여 설명하면, 크게 준비 단계warming-up, 현장 수행 단계floor exercise, 그리고 마무리 정리 단계cool-down로 구별할 수 있다.

(1) 준비 단계Warm-up

a. 일반적이고 포괄적인 연구주제를 선정하고, 이 연구 주제는 관찰이 계속되면서 생성evolve되며, 새로운 질문이 추가될 수 있다.

b. 연구자는 문헌연구를 통한 이론적 민감성theoretical sensitivity을 높일 필요가 있고, 성찰 일기(관찰 과정에 대한 편견을 배제하고자 노력 + 인식 변화의 과정을 기록)와 현장 일지(현장에서 관찰된 내용 기

록)를 고루 활용한다.

c. 관찰 현장을 선정하고, 연구자의 역할 수준(관찰자/개입자)을 결정한다.

d. 현장 접근권 확보/유지를 위해 정보원informant과 접촉한다.

e. 현장 접근권 확보와 유지를 위해서는 다음과 같은 사항들에 주의한다.

- 연구의 목적, 연구자가 선택한 역할, 관찰 대상자 집단의 성격 등을 고려하여 접근동의informed consent의 성격을 결정
- 수문장(비/공식적 gatekeeper): 관찰자의 현장 접근을 허용하는 핵심적 인물
- 협력자Sponsors(연구 활동에 관심 있는 사람): 연구의 대상 집단과 인간관계를 트는 고리 역할
- 정보원Informants: 원주민 사회에 대한 정보 제공자. 연구자의 해석을 비교하는 시각 제공member checks
- 연구의 신뢰도: 연구자가 현장에 지속적인 인간관계Prolonged engagement를 유지할수록 높아짐

(2) 현장 수행Floor Exercise 단계

현장 수행 단계에서는 다음과 같은 사항들을 우선적으로 점검해야 한다.

- 연구표본의 선정(연구참여자, 사건, 일화 등)
- 현장 관찰 기록/시청각 자료의 생산
- 윤리적 문제 고려
- 자료의 삼각화Triangulation
- 이론적 유연성elasticity의 유지

- 자료의 삼각검증법(Denzin, 1978)을 고려
  - 자료의 출처(대상)가 다중적/다양해야 함
  - 자료 생산 방법이 다중적/다양해야 함
  - 연구자는 복수이면 더 좋음
  - 이론적 관점이 다중적이면 더 좋음
- 현장기록Field Notes과 관련한 유의사항은 다음과 같다.
  - 기록은 관찰 직후에 곧바로 함
  - 현장 기록은 연대기 순으로, 5W1H 원칙 등으로 체계적으로 기록함
  - 관찰의 내용을 기억해낼 수 있도록 압축적으로 초기 기록을 수행함
  - 초기 기록을 토대로 세밀하고 풍부한 기록을 만들어 냄
  - 연구 일지의 내용은 관찰 장소에 대한 구체적이고 자세한 기술과 분석적 이해 등을 포함함
  - 연구과정에 대한 성찰 일지를 작성함

(3) 마무리 정리Cool-Down 단계

a. 포화점: 수집되는 자료가 반복되기 시작하고 수집된 자료에 대한 해석이 확정되는 시점

b. 포화점에 도달하기 전에 자료의 해석과 분석을 시도해봐야 함

c. 현장 떠날 때: 참여자들과의 관계를 고려하여 결정하고, 철수는 점진적으로 실시함

d. 연구보고서를 작성하고 연구자의 관점을 원주민의 관점과 구성원검토member check를 할 필요가 있음

e. 연구참여자들과 차분하게 정서적 작별의 준비를 함

바. 현장관찰 연구의 장단점, 윤리문제, 신뢰도와 타당도

현장관찰을 포함하는 연구에서는 다음과 같은 장점, 단점, 윤리문제, 그리고 신뢰도 및 타당도 문제를 고려해야 한다.

a. 현장관찰 연구의 장점

- 자연스러운 환경 속에서 풍부하고 예민하며 깊은 정보의 수집이 가능함
- 상황에 따라 변용될 수 있는 신축적 방법임
- 연구대상의 다양성: 관찰대상의 지적 능력과 상관없이 자료수집이 가능함
- 응답거절 확률이 높은 경우에 적절함
- 비용이 상대적으로 적게 듬
- 직접성: 직접적이고 즉각적으로 기록. 조사자의 질문과정으로 인한 오염의 가능성이 낮음
- 비언어적 자료 수집 가능함
- 장기간의 종단 분석 가능함

b. 현장관찰 연구의 단점

- 외적 타당도가 낮은 자료가 수집됨(무엇을 연구할 것인지가 명확하지 않으면 수많은 사람, 장면, 자료, 변수에 노출되므로 연구에 집중하기 어려움)
- 선택적 관찰/인지에 따른 자료의 주관성

- 응답자의 반응reflection을 확인하기 어려움
- 현장 접근성의 확보가 쉽지 않음
- 연구대상에 직접적으로 노출되므로 연구 윤리나 프라이버시 등 문제에 민감함
- 관찰하고자 하는 사건의 발생을 기다려야 함
- 말이나 행동의 의미를 유추시에 해석의 타당성(주관성) 문제가 있음

c. 현장관찰 연구의 윤리문제

현장관찰 연구의 윤리적 문제들에는 다음과 같은 것들이 포함된다.

- 관찰자와 관찰대상과의 관계
- 관찰자의 신분노출과 관찰 내용의 기록recording에 대한 동의 문제

아울러 연구윤리 고려 시 숙고해야 할 사항에는 다음과 같은 것들이 있다.

- 연구참여자들이 자신들의 발언이나 행위가 기록될 수도 있다는 것을 모르는 상태인가?
- 연구자가 자신이 선호하지 않은 사람들에게서 본인을 목적달성을 위해 정보를 수집하는가?

또한 현장 관찰 연구를 수행할 때, 다음과 같은 태도는 삼가해야 한다.

- 주변의 도움을 간절히 필요로 하는 상태의 연구참여자들에게 아무런 직접적 반응도 보여주는 않는 것
- 연구자가 어떤 상황이나 환경에 속해 있으면서 그 환경에 대해 전폭적인 지지와 헌신을 보내지 않는 것

- 타인에 대한 어떤 계산에 의한 접근, 즉 전략적으로 인간관계를 맺어나가는 태도
- 서로 다른 입장들이 대립하는 상황 속에서 어떤 한쪽 편을 들거나 아니면 누구의 편도 들지 않으려는 자세
- 사람들의 삶과 마음 속에 접근하기 위하여 어떤 대가를 지불하거나 교환행위를 하는 것
- 사람들에게 접근하기 위하여 회피적인 이해elusive understandings를 목적으로 사람들을 동지나 정보원으로 '이용'하는 것(예: 경찰 정보원)

d. 현장관찰 연구의 신뢰도와 타당도 문제

현장관찰 연구의 신뢰도와 타당도에 영향을 미치는 요인들로 다음과 같은 것들이 있다.

- 타당도에 영향을 미치는 요인
    - 관찰자의 선호, 도덕적 가치, 과거 경험에 기초한 선택적 관찰
    - 관찰자와 관찰대상 간의 상호작용으로 인한 편의
    - 관찰 및 기록 방법 지침이 불명확성
- 신뢰도에 영향을 미치는 요인
    - 관찰대상인 행동이 추상적이고 구체적이지 못할 때
    - 관찰된 현상의 범주 수가 많고 지침이 불분명할 때
- 타당도와 신뢰도를 높이기 위한 방안
    - 유능한 관찰자와 철저한 훈련
    - 관찰 대상과의 관계: 유사한 배경, 객관성 유지
    - 관찰과 기록방법에 대한 구체적인 지침

• 관찰과 기록에 충분한 시간제공

결론적으로 문화기술지는 특정 문화를 공유하는 집단의 체계, 관습, 생활방식, 규범 등에 대한 기술을 하는 연구로써, 문화공유 집단의 자연스러운 생활현장으로 들어가서 현장에서 상당 기간 동안 머무는 것이 일반적이고, 참여관찰, 면접, 인공물, 문서 등의 자료를 포괄적으로 수집하고 분석하여 그 문화의 의미를 추출해내는 연구방법론이다.

IV 생애사 연구 Life-history Research

1. 생애사 연구의 이해

1) 생애사 연구의 정의

생애사 연구는 다음과 같은 특징을 갖는 연구방법으로 이해될 수 있다.

a. 생애사 연구는 연구참여자의 목소리를 통해 사회(교육)현상을 탐구하고자 한다.

b. 개인사의 창문을 통해 공적인 맥락을 발견하여 이야기로 기술하는 연구방법이다.

c. '가장 개별적 살계가 가장 공적인 주제를 함축하고 있다'는 역설을 기반으로 한다.

d. 개인 삶의 이야기가 담고 있는 공공적인 맥락을 시간의 전경 속에서 발견한다.

e. 개별 면담을 통해 수집한 구술자료를 해석한 결과를 삶의 이야기로 기술한다.

2) 생애사 연구의 일반적 연구단계

생애사 연구는 크게 다음 [그림 1]과 같이 세 단계를 거쳐 이루어진다.

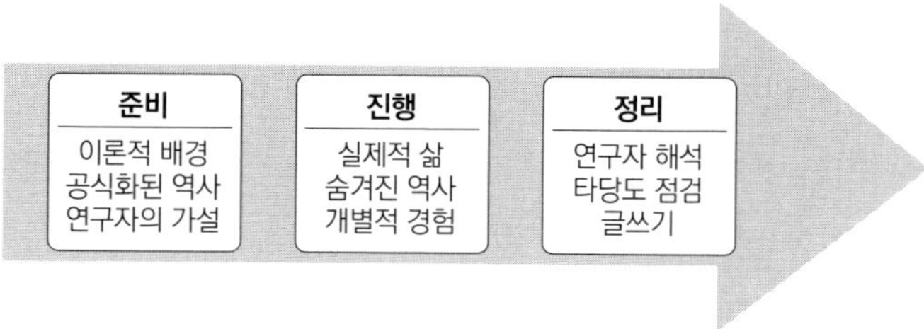

그림 1. 생애사 연구의 단계별 핵심 고려사항

가. 준비 단계

첫째, 어떤 관점이나 이론을 바탕으로 연구문제를 다루고자 하는가?

둘째, 연구참여자의 개인적 역사는 어떤 공적 역사의 맥락 속에서 발생하였는가?

셋째, 생애사 연구를 통해 말하고자 하는 주장이나 연구자의 가설은 무엇인가?

나. 진행 단계

넷째, 연구참여자의 역사적 삶의 경험과 기억은 무엇인가?

다섯째, 연구참여자가 독자적으로 경험했던 '숨겨진' 역사는 어떤 것이었나?

여섯째, 연구책임자의 개별적 경험은 집단의 경험과 어떤 차이가 있는가?

다. 정리 단계

일곱째, 연구참여자의 경험에 대한 연구자의 해석은 무엇인가?

여덟째, 연구참여자의 이야기의 타당도를 어떻게 확인하거나 점검할 수 있을까?

아홉째, 연구자는 이 이야기를 어떤 글쓰기를 통해 독자에게 전달할 수 있을까?

3) 연구방법

생애사 연구의 대표적인 자료수집 방법은 바로 심층적인 구술면담oral interview이다. 구술면담은 다음과 같은 특징을 갖는다.

a. (면담)자료가 시간에 걸쳐 배열된다(역사성과 순차성).

b. 사회구조와 사회적 행위자로서 개인 간의 관계성에 초점을 맞춘다.

c. 깊이 있고 명확한 면담을 위해 세밀한 질문들을 사전에 구성한다.

d. 래포형성, 지속적 면담, 프라이버시 보호, 내용검토가 필요하다(Miller, 2000: 83).

4) 구술자료 수집의 주의 사항

a. 연구의 목적이나 구술자료의 활용 내용, 수집된 자료의 개방 정도 및 녹음 도구의 사용 등에 대해 사전에 충분히 설명하고 연구참여자의 자발적인 허락을 얻어야 한다.

b. 구술면담시 연구자는 가급적 구어체 및 일상어를 사용하여 쉽고 간단명료하게 질문하고, 이론적 용어나 전문용어jargon의 사용을 자제하여 의도가 모호하거나 중의적 의미를 갖는 질문은 삼가한다.

c. 연구자의 관점/편견을 투영하는 용어는 가급적 사용하지 않는다(참여자의 대답을 특정방향으로 호도하거나 구술자가 진술한 자기 생각을 표현할 기회를 제한할 수 있기 때문).

d. 구술면담의 초점은 참여자의 감추어진 목소리를 가시적으로 드

러내는 것이므로, 연구자는 구술면담에서 참여자의 대답이 길더라도 끝까지 경청해야 한다.

e. 참여자가 말하고 보여주는 것에 진정으로 관심을 갖는 것이 중요하다. 연구자는 참여자의 말에 적극적으로 반응하고 관심과 호기심을 보여주어야 한다. 참여자가 말하는 주제, 경험에 공감할 감성과 의식이 필요하다.

5) 생애사연구의 타당도

생애사 연구에서 중요한 타당도는 다음 여섯 가지 요소들을 통해 이루어지고, 이를 총칭하여 '참여적 타당도'라 부를 수 있다.

a. '크리스탈화': 크리스탈은 다른 색깔, 패턴, 구조를 창조하는 다른 방향에서 작동하는 프리즘. 무한히 다양한 형태, 내용, 차원, 각도에서 시선의 조합을 강조.

b. 맥락적 타당도: 다중적으로 의미가 구성되는 실재의 사회적 성격을 강조(Saukko, 2005, p. 344).

c. 참여적 타당도Participatory Validity: 생애사연구의 참여적 성격을 중요시.

d. 구성적 타당도: 일상생활의 경험이 이론 구성의 기원이라고 가정. 특정한 경험과 자료가 얼마나 이론의 변화와 구성에 도움을 주는지 여부.

e. 카타르시스 타당도: 연구과정이 참여자의 가치를 재정향시키고 초점을 이동시키며 활기를 불어넣는 수준에 따라. 참여를 통한 참여자의 자기 이해와 결정에 초점.

f. 변혁적 타당도Reformative Validity: 참여자가 연구과정에서 자신의

정체성 및 존재 가치를 새롭게 발견하였는가?

이 여섯 가지 참여적 타당도를 삼각 검증을 포함하여 그림으로 정리하면 다음 [그림 5]와 같다.

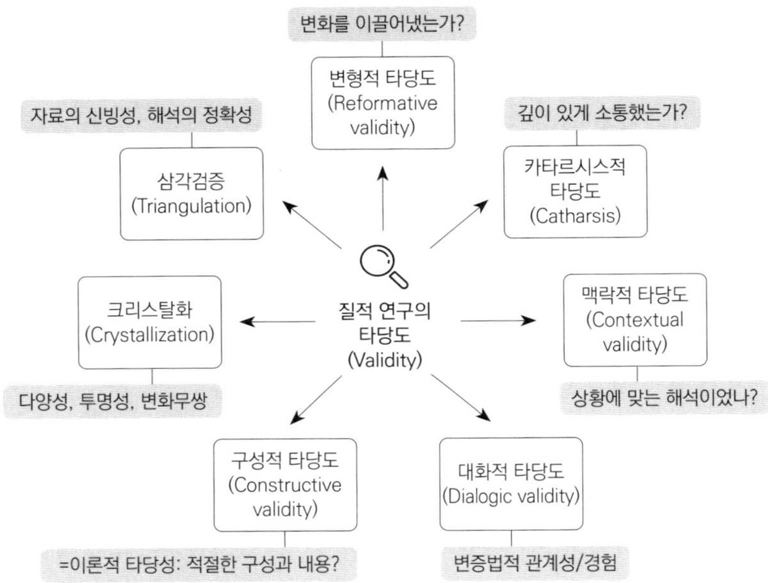

그림 2. 질적 연구에서 고려해야할 타당도의 종류와 핵심 질문

6) 생애사 연구의 글쓰기

생애사 연구는 일반적인 연구논문의 형식에서 탈피한 질적 글쓰기를 허용한다. 그런 의미에서 논문 형식에 얽매이기보다는 다음과 같은 글쓰기 요소와 장르를 고려할 필요가 있다.

a. 글쓰기 요소

- 구술자료의 전사록transcription
- 전사록을 해석한 노트field note와 심층 면담 과정에서의 연구자의 메모
- 독자에게 생애사 연구 결과를 제시하는 최종적 글

b. 글쓰기 장르: 생애사 연구의 글쓰기 장르는 연대기적, 일화적, 협동적 글쓰기로 나뉜다.

- 연대기적으로 글쓰기: 사건(경험)의 발생 순서에 따라 이야기를 기술하는 방식
- 중요한 사건이나 일화 중심으로 글쓰기: 참여자가 경험(기억)한 중요한 사건을 중심으로 이야기를 엮어나가는 방법
- 참여자와 협동적 글쓰기: 연구자와 참여자가 상호협의하고 역할을 분담하여 작성한 글쓰기

2. 생애사 연구의 장르

1) 생애사 연구 장르

생애사 연구의 장르는 크게 자서전, 전기, 사례사, 내러티브 연구로 나눌 수 있고, 생애사란 이 모든 장르는 포괄하는 용어이다.

가. 자서전autobiography

- 자기의 삶을 서술한 이야기

- 자기의 초상화(Howarth, 1980)
- 구술자 자신의 삶의 역사성을 전기의 형식으로 서술
- 기억: 이야기를 제공, 이야기의 의미를 반영(Hampl, 1996)
- 자기의 삶을 함축하고 있는 기억의 단편을 조합하여 하나의 삶의 모습으로 재현

나. 전기biography

- 한 개인의 인생 이야기를 연구되는 개인 이외의 다른 사람이 보관하는 문서나 기록을 사용해 저술
- 타자에 의해 서술된 삶에 대한 설명(3인칭)
- 타자의 삶을 이해하고 재현하는 주요 연구방법(사회학)
- 인간의 경험을 사건에 따라 배열하는 narrative적으로 재구성(내러티브도 포함)

다. 사례사case history

- 사례연구의 일부로서 개인, 집단, 제도에 대해 조명
- 구술사oral history: 연구자가 한 사람이나 여러 사람들로부터 사건과 그 사건의 원인, 영향에 대한 개인의 기억을 모으는 접근방법
- 개인의 삶의 재구성에 초점: 구술자는 삶을 재현할 때 화자로서 보다 중심적 역할
- 자서전, 전기, 사례사, 구술사, 생애사는 모두 기승전결이란 이야기의 구조를 갖는 내러티브 성격
- 생애사는 인생이란 보다 넓은 맥락에서 개인에 대한 내러티브적 설명과 해석

2) 전기biography 연구

가. 전기 연구의 절차

전기 연구는 다음과 같은 절차를 따른다.

a. 연구참여자의 인생과정의 단계들과 경험들을 언급하면서, 참여자의 삶에서 객관적 경험들을 가지고 시작한다. 예를 들어, 아동기, 청소년기, 성인기, 노년기의 연대기 또는 교육, 결혼, 고용 경험 등의 사건이 선택할 수 있다.

b. 면접을 사용하여 구체적인 전기 자료 수집하는데, 그 초점은 이야기 수집이다.

c. 이야기들이 한 사람의 삶에서 주축을 이루는 사건(또는 발현)을 가리키는 주제를 중심으로 조직화하는 것이다.

d. 참여자 개인의 이야기게 의존하면서 다중적인 의미를 찾아 이야기의 의미를 탐색한다.

e. 집단에서의 사회적 상호작용, 문화적 이슈, 이데올로기와 역사적 맥락과 같은 의미를 설명하기 위해 더 큰 구조를 찾고, 개인의 인생 경험에 대한 해석을 제시한다.

나. 전기 연구의 어려움

전기 연구로 다음과 같은 어려움을 극복해야 한다.

a. 전기의 대상으로부터 그리고 그 대상에 대해 광범위한 정보를 수집해야 한다.

b. 연구대상을 사회나 문화의 좀 더 커다란 흐름 속에 놓기 위해, 역사적, 맥락적 자료에 대해 명확하게 이해해야 한다.

c. 전기를 쓰는데 있어서 '작용하는' 특정한 이야기, 관점, 시각을 결정하고, 인생의 다층적인 맥락을 설명하는 밑그림을 드러내기 위한 예리한 안목을 가져야 한다.

d. 해석적 접근을 하는 저자는 자신을 내러티브 속에 드러낼 수 있어야 하며, 자신의 관점을 인정해야 한다.

3) 내러티브narrative(서사) 연구

가. 내러티브 연구의 이해

a. 단일한 전체로서 살아있는 삶의 복합성을 개인적, 시간적, 맥락적 연관관계 차원에서 탐구(Cole & Knowles, 2001, p. 20)

b. "내러티브 인터뷰": 준비된 일련의 질문에 답하는 것이 아니라, 상대에게 자신의 삶과 경험, 견해 등에 대해 이야기해보라고 권유하는 인터뷰

c. 이야기Story: 인간의 사고, 심리, 정서를 형성해주는 가장 핵심적 기재로서, 인간은 스토리를 통해 사고하고 세상을 인식(Herman, 2009)

d. "내러티브"란 다음과 같이 정의

- 내러티브는 하나의 이야기를 연속된 장면으로 구성하는 장치, 전략, 혹은 관습
- 모든 서사물은 내러티브의 최종 결과물
- 사물과 세계를 인식하고 경험하는 가장 기본적인 사고 체계이자, 가장 오래된 소통 전략(Fiske, 1992)
- 인간의 관찰, 경험(단편적인 조각들)을 내러티브를 통해 엮

음으로써, 의미와 현실을 새롭게 구축하는 것(McComas & Shanahan, 1999)

- 인간은 내러티브하는 동물Homo-Narrans(Fisher, 1985)
- 자신의 기억을 바탕으로 한 내러티브적 이야기를 통해 인간은 과거에 발생한 사건을 자신의 경험으로 '재구축'하게 됨
- 내러티브는 현실reality과 현실을 바탕으로 재구성된 이야기story로 이분됨
- 내러티브는 사실에 의미와 형태를 부여하기 위한 전략[이야기의 전개 순서ordering, 선택selection, 프레이밍framing, 강조와 생략emphasis & omission 등]을 활용하여 자신만의 이야기를 생성하는 것
- 이러한 이야기 생성의 과정에서 개인이 경험했던 역사나 문화의 다양한 상징이나 가치가 반영되므로, 연구자는 이를 해석할 필요가 있음

나. 내러티브 연구의 인터뷰 형식

내러티브 연구는 다양한 인터뷰 형식을 혼합하여 진행할 수 있다. 예를 들어, 최근에는 미디어(전화나 인터넷)등 활용하거나, 표준화 질문들을 배포하여 참여자의 진술을 수집하기도 한다. 또한 문화적 현장에 참여하여 그 문화 속의 다양한 사람들과 심층인터뷰를 시도하는 문화기술지적Ethnographic 인터뷰도 활용된다. 그리고 연구주제에 따라 특정 분야의 전문가expert를 대상으로 한 전문가 인터뷰도 내러티브 연구의 방식에 활용된다.

다. 서사이론(Narrative Theory: Chatman, 1990)

서사이론은 내러티브 연구의 이론적 초석을 다듬어주었던 이론인데, 그 핵심적 내용은 다음과 같이 정리될 수 있다.

a. 서사물narrative은 이야기story와 담화discourse의 결합 구조로 이루어진다.

b. '이야기story'는 표현된 내용(서사물이 다루는 기본적 사건들)의 집합이다.

c. '이야기'는 사건events과 존재물들existences(주인공, 배경)로 이루어진다.

d. 이야기 분석은 계열체적paradigm 구조 분석과 통합체적syntagmatic 구조 분석으로 이루어진다. 계열체적 분석이란 인물의 유형, 인물 간 관계들의 이항 대립에 주목하는 것이고, 통합체적 구조분석이란 사건의 전개에 주목하는 것이다.

e. '담화discourse'는 이야기를 표현하는 형식이나, 이야기가 전달되는 방식(이야기의 표현에 사용되는 모든 기술적인 장치들)을 의미한다.

f. 담화는 '서사적 전달 구조'(서사적 형태: 화자의 목소리나 시점 또는 시간 등)와 '서사의 발현'(언어나 영상, 편집이나 음악 등 특정한 물리적 매체의 특성)으로 구성된다.

g. 서사물에 나타난 내러티브와 이야기의 관계, 내러티브와 담화의 관계, 이야기와 담화의 관계 등을 연구하는 것이 내러티브 연구이다.

위와 같은 사사이론의 기본 골자를 도식으로 정리하면 다음 [그림 3]

과 같다.

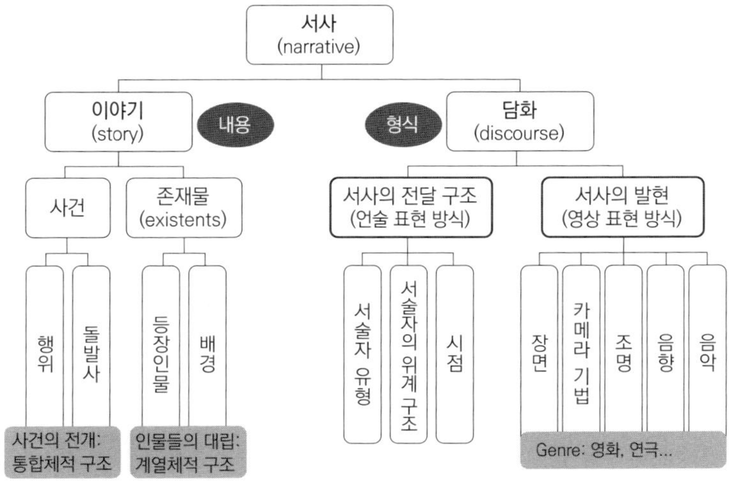

그림 3. 내러티브의 구조(Chatman, 1990)

위 그림에서처럼 Chatman의 서사이론은 대체로 서사 작품(설화, 고전), 문학 작품(소설, 위인전), 희곡이나 드라마(영화, 연극) 등에서 주인공들의 역사적 경험을 기술하는 방식에 대한 이론화를 통해 만들어졌다. 관객들이 이러한 문학작품들에 매료되는 것은 'Homo-Narrans'라는 Fisher(1985)의 말처럼 사람들은 이러한 내러티브 형식의 스토리를 통해 세상과 삶을 이해하고 공감대를 형성하기 때문일 것이다. 따라서 생애사 연구의 한 장르로서 내러티브 연구는 연구대상들의 삶의 경험들을 내러티브 형식으로 풀어냄으로써 연구자가 강조하고자 하는 주제를 선명하게 부각시켜 독자들에게 전달하고자 하는 목적을 갖는다.

4) 생애사 장르들(자서전, 전기, 사례사, 구술사)의 비교

생애사 장르들의 공통점은 연구참여자의 개별적 사례들에 대한 이해를 통해 전체 사회(역사, 문화) 속에서 어떤 사건이 갖는 의미를 탐색해 내려한다는 것이다. 물론 각각의 장르들은 각자 고유의 특징과 목적성을 갖고 있는데, 그러한 특징을 비교하여 정리하면 다음 [표 1]과 같다.

표 1. 생애사와 유사 장르들의 개념비교 (김영천·한광운, 2012, p.15에서 일부 수정)

종 류	연구 대상	저자 시점	주요 특징
자서전 (Autobiography) 저자/자신 얘기	자기 삶의 일대기를 자신이 저술	1인칭 주인공 (나=화자) 나 정주영은… 독백	자기성찰적, 주관적 자기 삶의 조망
전기 (Biography)	타인의 삶의 일대기를 연구자가 저술	1인칭 화자 (나=화자) 나 정주영은…대독	전지적 작가 시점, 타인의 삶에 대한 객관적 서술, 문학적
사례사 (Case history)	사례연구의 일부로서의 개인의 역사	3인칭 관찰자 (작가관찰자: 그≠화자) 정주영 회장 그는…관찰	사례연구의 일부, 참여 관찰과 유사 (단기적/역사성x)
구술사 (Oral history)	타인의 역사적 삶을 연구자가 대신 저술	1인칭 화자 (나=화자) 나 최순례는…내러티브	구술면담(Narrative) 기법 위주, 화자의 관점 반영
생애사 (Life history)	개인의 삶의 역사성을 (본인1/ 저자3가) 회고	1/3인칭 주인공 (전지적 작가: 그=화자) 최순례 할머니는…	개인의 삶을 통한 역사/시대상의 포착 (삶 전체/장기적)

위와 같은 다섯 가지 생애사 연구들은 매우 밀접한 관련성을 띠고 있는데, 전기, 자서적, 사례사, 구술사가 어떤 측면에서 생애사 연구의 일종인지를 다음 [그림 4]를 통해 정리해 볼 수 있다.

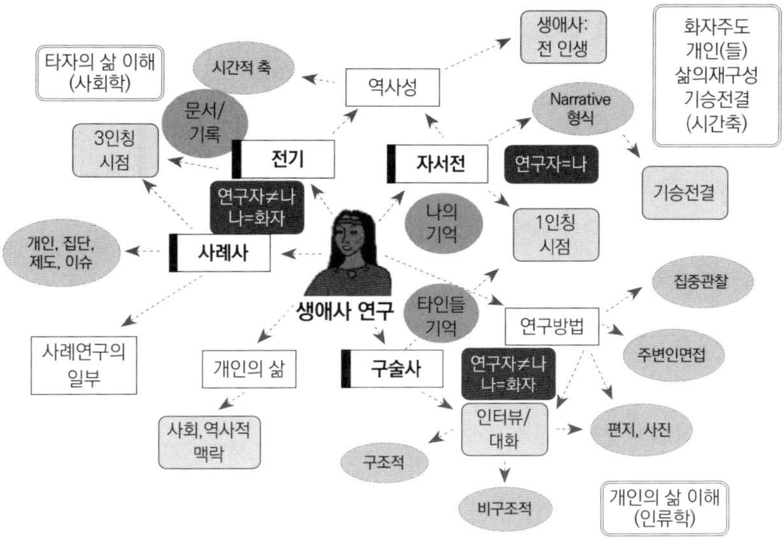

그림 4. 생애사 다섯 장르의 특징 정리

위 그림이 제시하는 핵심적 내용은 다음과 같다.

a. 전기나 사례사는 타자(집단)의 삶을 이해하고자 하는 사회학적 연구에서 출발한 것이고, 구술사는 개인 삶을 이해하고자 하는 인류학적 연구에서 출발한 것이다.

b. 전기나 사례사, 구술사 모두 '나'는 화자로서 연구자와 구별된다.

c. 자서전은 연구자가 내 자신으로서 '나의 기억'을 토대로 이루어지는 연구이다.

d. 자서전은 내러티브 글쓰기 형식을 강조하는 생애사 연구방식이다.

e. 생애사 연구는 모두 '개인'의 삶에 초점을 맞추어 그의 스토리를 기반으로 사건과 역사를 재구성하여 기승전결의 시간적 흐름으로 이야기를 풀어나간다.

3. 생애사 연구의 수행

1) 생애사 연구 수행시 유의사항

생애사 연구를 문화기술지 글쓰기 방식으로 수행할 때의 유의사항들에는 다음과 같은 것들이 있다.

a. 이론적 배경에 대한 이해: 연구자는 자신이 탐색하는 개념 외에 문화인류학, 사회적-문화적 체계의 의미에 근거할 필요가 있다.

b. 자료수집을 위한 시간, 현장연구 기간이 길다.

c. 내러티브는 거의 이야기서술 방식으로 쓰이므로, 독자층이 제한된다.

d. 연구자가 현지인처럼 되어 연구를 완성할 수 없거나 오랜 연구과정에서 오염(타협)이 이루어질 가능성이 있다.

2) 생애사life history 연구의 핵심 정리

a. 연구자는 한 개인의 삶에 대해 보고하며, 그 삶이 어떻게 사회의 문화적 주제, 개인적 주제, 제도적 주제와 사회 역사를 반영하는지를 보고함

b. 시간의 축에 따라 탐구하여 이야기체로 기술함

c. 시간을 개인이 살아온 삶의 이야기가 함축하고 있는 교육현상의 본질을 탐구하는 중요한 축으로 인식함

d. 그 개인과의 면접과 대화를 통해 자료 수집함

e. 연구대상의 삶에 대한 집중관찰, 주변인 면접, 편지와 사진의 분석으로 보완함

f. 개인이 살아온 삶의 이야기는 생애사연구의 대상이자 글쓰기의

방법이기도 함

정리하자면, 생애사, 내러티브, 사례사 연구의 특징을 비교하면 다음 [그림 5]와 같이 정리될 수 있다.

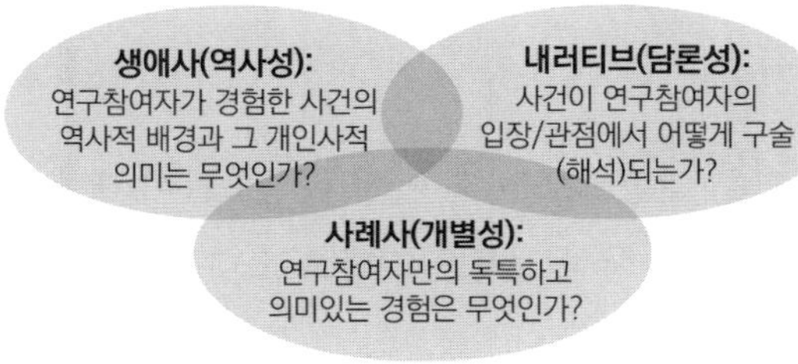

그림 5. 생애사, 내러티브, 사례사 연구의 차이

생애사 연구를 수행하려고 할 때는 위 그림에서 보듯이 연구주제(핵심 질문)나 연구참여자의 경험의 성격이 역사성, 담론성, 개별성 중에서 어느 쪽에 가까운지를 판단하여 자신의 연구의 특성을 살리는 연구를 수행할 필요가 있다. 물론 그림에 나타난 바와 같이 위 세 가지 성격은 어느정도 중첩될 수 있다.

3) 생애사 분석의 사례 분석

본 절에서는 한 생애사 연구의 사례인 [40대 자발적 이혼여성 한부모의 생애사](김영숙, 2014)의 연구를 기반으로 생애사 분석이 어떻게 이루어지는지 소개하고자 한다.

가. 연구의 목적

이혼이 누적된 부부갈등에 대한 결과적 행위이므로, 원 가족 경험과 결혼 및 그 후의 삶과의 관련성 파악코자 하였다. 원 가족에서 성장기 경험이 성인 이후의 삶에의 영향이 크다는 점을 감안하여 내부자적 접근을 위해 질적 연구방법으로 생애사 연구를 선택하였다.

나. 연구문제

이혼 여성 한부모를 대상으로 이혼 여성 한부모들이 생애과정에서 경험한 것은 무엇인가?란 핵심 질문을 기반으로 다음과 같은 네 가지 연구문제를 탐색하고자 하였다.

a. 이혼여성 한부모들의 원가족 경험
b. 결혼 및 가족생활 경험
c. 이혼 및 이혼 후 한부모 경험
d. 원가족 경험과 결혼 후 생애과정과의 관계

다. 연구방법

F. Schütze(1992)의 이야기식 인터뷰Narrative Interview방법을 기반으로 하였다. 이 이야기식 인터뷰의 과정은 다음 세 가지 단계를 통해 이루어진다.

a. '이야기 요청' 단계: 참여자는 자기 인생에 관한 일반적인 이야기를 하도록 요구 받는다.(참여자와 연구자의 신뢰감이 중요)
b. '중요 설명' 단계: 참여자가 자신의 생애를 이야기하는 단계(도중에 개입해서는 안 된다. 참여자 스스로 선택에 의해 중단 없이 이야기. 참여자에게 조언이나 충고는 삼가 하며, 공감대형성이 중요)

c. '후 질문' 단계: 참여자가 자신의 생애 이야기를 종료하면 연구자는 이야기 속에서 모순되거나 생략된 부분에 대해 질문, 참여자의 이해의 폭을 넓힌다.

라. 분석 방법

위 세 단계의 인터뷰를 통해 나온 응답자료들은 다음 네 단계의 분석 방법을 통해 분석한다.

1단계	**형식적 본문 분석**: 인터뷰 요약/문단 나누기
2단계	**구조적 기술**: 발달과 연관성 속의 생애과정과 기타의 사회화 과정 기술
3단계	**분석적 추론**: 인생진행구조 사이의 상호의존성, 추론과의 관련을 설명
4단계	**비교 분석**: 최소한과 최대한(특수성과 보편성)의 비교에 의해서 대조

그림 6. Schütze(1992)의 이야기식 인터뷰 4단계 분석 방법

즉, Schütze(1992)의 이야기식 인터뷰자료에 대한 분석 방법은 우선 자료에 대한 형식적인 구분(1단계)을 한 후, 그 응답들의 구조에 대해 기술(2단계)하는 가장 중요한 단계를 거쳐, 분석된 구조 속의 응답들의 관련성을 연구자가 창의적으로 해석하거나 추론(3단계)하고, 마지막으로 해석되거나 추론된 내용들을 가능성(최소~최대)의 범주 내에서 비교하여 결론을 내리는 과정을 거치게 된다. 물론 이러한 분석의 방법들은 연구주제나 참여자의 인터뷰 응답내용을 바탕으로 연구자의 주관적이면서도 질적인 해석을 내리되, 그 해석의 타당성을 검토하는 과정을 거

쳐야 한다.

마. 연구참여자의 선정

a. 참여자 선정 기준: 40대 중·후반의 참여자. 자발적(선택적) 이혼 결정 여부, 최소 3년 이상의 한부모 기간

b. 자료수집 기간: 2013. 11. ~ 2014. 3. (5개월)

c. 인터뷰 횟수: 연구자들과 1회, 1회 소요시간은 3시간 전후(인터뷰가 막힘없이 구체적으로 이루어져서 추가 인터뷰를 실시하지 않음)

d. 연구참여자 소개: 본 연구에 참여자들의 인적 및 주요 정보들은 다음 [표 2]와 같다.

표 2. 40대 자발적 이혼여성 한부모의 생애사(김영숙, 2014)의 참여자들

사례	출생년도(연령)	결혼/이혼	결혼기간	한부모기간	학력	직업	이혼사유	이혼형태	자녀	종교
가	1967 (47)	40/44	4년	3년	대졸	초등교 직원	경제적 무책임, 폭력, 외도	협의	8세 딸	기독교
나	1971 (43)	26/31	5년	12년	대재	사회복지사	도박, 빚	협의	17세 아들	기독교
다	1969 (45)	25/40	15년	5년	대학중퇴	학원 직원	성격차이, 외도, 도박, 빚	협의	22세 딸, 19세 아들	기독교
라	1967 (47)	24/39	15년	8년	대졸	무	경제적 무책임, 시댁갈등	협의	24세 딸, 21세 아들, 17세 아들	기독교
마	1965 (49)	29/42	13년	7년	고졸	무	폭력, 도박, 술, 경제적 무책임, 고부갈등	재판	21세 아들, 17세 딸	기독교
바	1968 (46)	25/36	11년	10년	대졸	보육교사	외도, 사업실패, 경제적 어려움	협의	22세 딸, 21세 딸, 18세 아들	불교

위 참여자를 선정하는 과정에서 최소비교의 원칙(연구자 관심 사항을 선택하여 비교)과 최대비교의 원칙(서로 다른 점을 선택하여 비교 분석)을 준수하였다.

e. 윤리적 고려: 연구참여자들에 대한 윤리적 고려의 차원에서 다음 연구참여확인서Consent form의 내용을 설명하며 승인을 받았다.
- 연구 참여자의 개인정보 및 면접내용에 대한 비밀보장
- 연구 참여자의 권리를 명시한 문서화한 연구 동의서를 작성: 상호 동의
- 연구의 성격(학위논문)을 명확히 밝힘
- 연구 참여를 중단 할 수 있는 권리
- 인터뷰 내용을 녹음하는 것의 허락여부
- 녹취 자료의 안정성 및 폐기에 관한 내용

바. 자료 분석의 예

a. 기본적 분석의 구조: 본 연구는 연구자가 제기한 연구문제들(표 3 왼쪽)에 포함된 각각의 변수들의 조합을 중심으로 핵심 논점들(표 3 오른쪽)을 분석하였다.

표 3. 연구에 사용된 분석의 틀(연구문제에 따라 분석된 논점들)

제기된 연구문제	분석된 논점들
1) 이혼여성 한부모들의 원가족 경험, 2) 결혼 및 가족생활 경험, 3) 이혼 및 이혼 후 한부모 경험, 4) 원가족 경험과 결혼 후 생애과정과의 관계	A. 이혼여성 한부모의 생애과정 B. 원가족 경험과 결혼의 관련성 C. 원가족 경험과 가족 생활의 관련성 D. 원가족 경험과 이혼의 관련성 E. 원가족 경험과 한부모 삶의 관련성

b. 생애 곡선: 연구자는 연구참여자 6명 각각의 생애사적 이야기(응답들)의 핵심적 내용을 기반으로 다음 [그림 7]과 같은 생애곡선을 각각 작성할 수 있다.

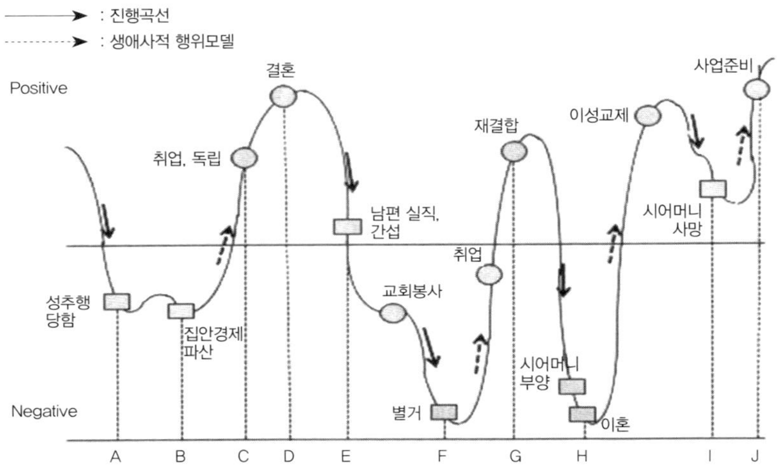

그림 7. 연구참여자 A의 인생 곡선(예)

위 생애 곡선은 개인적 삶 속에서 발생한 여러 사건들에 대해 연구참여자가 어떻게 긍정적 사건(중앙선 상부) 혹은 부정적 사건(중앙선 하부)으로 묘사하고 있는가에 따라 등락하고 있음을 보여준다. 연구자는 위와 같은 그림을 완성하기 전에 연구참여자로 하여금 연구자가 이해한 것이 맞는지에 대해 확인해볼 필요가 있다. 위와 같은 인생 곡선은 다음 [그림 8]과 같이 직선의 시간의 흐름을 통해서도 표현될 수 있다.

[그림 8]과 같은 인생과정을 묘사할 때 가장 중요한 사항은 독자들이 연구참여자의 인생의 과정에서 발생했던 영향력있는 사건들과 그

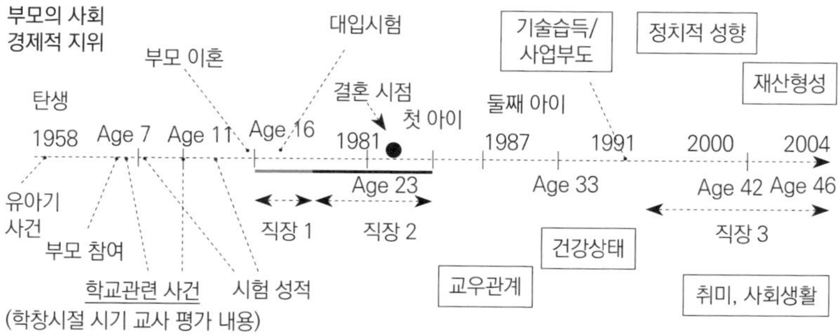

그림 8. 한 연구참여자의 인생 과정의 요약도

사건들에 대해 연구참여자들이 어떻게 회고하고 있는지에 대한 설득력있고 총체적인 그림을 그려주는 것이다.

c. 생애 과정 : 아울러 연구참여자(이혼여성 한부모) 각각의 생애 과정은 연구참여자에 의해 다음 [그림 9]과 같은 도식으로

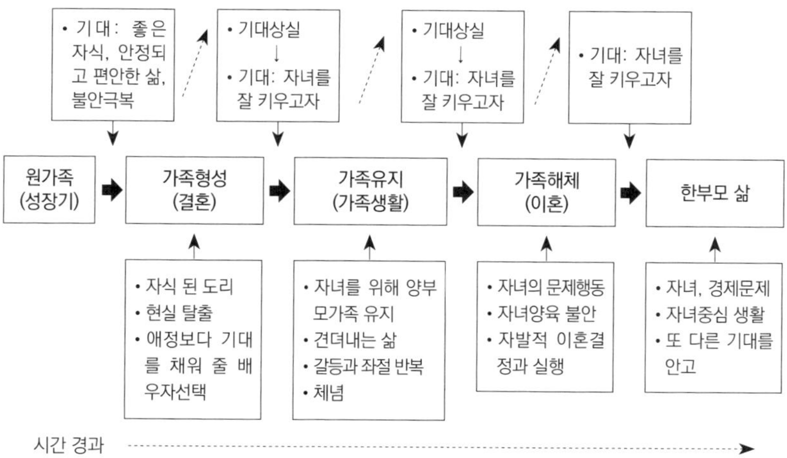

그림 9. 이혼여성 한부모의 생애 과정(예)

인터뷰 자료의 분석후 정리될 수 있다.

위 그림은 한 연구참여자의 한부모 생애과정에 대해 연구 문제들을 둘러싼 핵심 변수들을 중심으로 설명하고 있는 것이다. 결국 이러한 분석 결과를 바탕으로 논문의 핵심논점(주장)이 명확히 드러나도록 해석하고 결론을 도출하는 것이 중요한다.

d. 핵심 연구문제의 분석결과: 본 연구는 원가족 경험과 한부모 삶의 관련성을 분석하는 것이 핵심적 연구주제중의 하나였다. 따라서 연구자는 연구주제(원가족 경험과 한부모 삶의 관련성)에 대해 연구참여자 6명의 사례들을 비교분석하고 종합하여 정리한 다음 [그림 10]과 같은 결과를 도출할 수 있었다.

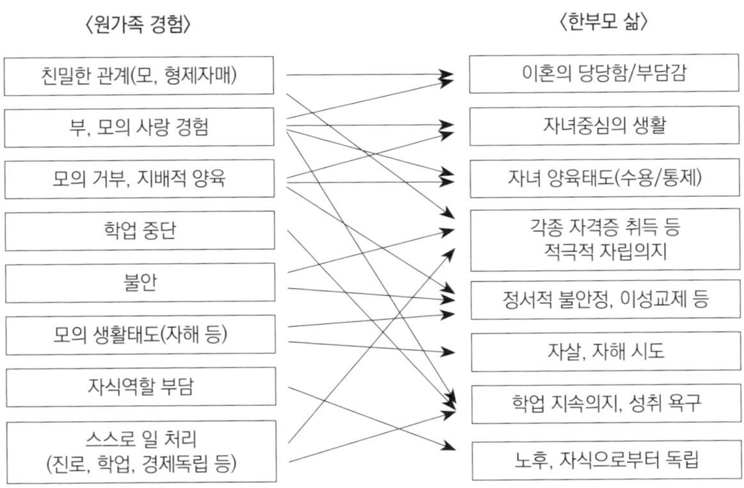

그림 10. 원가족 경험과 한부모 삶의 관련성 (일례)

위 그림은 한 연구참여자에 대해 논문의 여러 분석 변수들 중 가장 중요한 두 변수—원가족 경험과 한부모 삶—의 관계성을 인터뷰 내용을 분석하여 정리한 것이다. 이러한 결과는 연구자의 주관적 해석이 포함될 여지가 있는데, 이때 잘못된 해석이 발생하는 것을 방지하기 위해서는 다양한 삼각검증 — 연구자동료 체크, 자료에 대한 재검토, 연구참여자에게 확인—이 필요하다.

사. 연구 결과 및 결론

본 연구는 위와 같은 종합적 분석을 토대로 다음과 같은 결과results를 도출하고 있었다.

첫째, 참여자들의 원 가족 경험은 부정적 측면이 두드러졌다.

둘째, 참여자들은 결혼에 대한 기대를 지니고 애정과 친밀감보다 기대를 채워 줄 배우자를 선택하여 결혼하였다.

셋째, 이들의 결혼 후 가족생활은 '갈등과 좌절의 연속'이었다.

넷째, 참여자들은 갈등 속의 가족생활이 자녀양육에 부정적 영향을 미치고 있다는 사실에 직면함과 동시에 지속적으로 어려움이 가중될 것이라는 불안이 커지자 자발적으로 이혼과 가족해체를 결정하였다.

다섯째, 이혼 후 한 부모의 삶에서 대부분 참여자들은 사춘기 자녀와의 관계, 경제문제 등으로 어려움을 겪었으며, 친정식구들의 물적·심적 지원, 한부모 복지 지원, 자조모임을 통한 유대감 형성 등이 참여자들에게 긍정적 자원이 되었다.

여섯째, 원가족 경험과 결혼 후 생애과정의 관련성을 분석: 참여자들의 원가족 경험은 결혼의 동기는 물론 결혼 후 생애과정 곳곳에 영향을 미치고 있음을 알 수 있었다.

위와 같은 세부적인 분석 결과를 바탕으로 종합적 결론conclusion을 내리고 있었다.

첫째, 애정을 바탕으로 한 배우자 선택과 문제대처능력이 결혼과 가족생활에서 중요하였으며, 한 부모 삶에서 가장 큰 문제는 자녀문제였다.

둘째, 가족 유지와 가족 해체 결정의 주요 기제도 자녀였으며 이는 참여자들이 부모역할 책임에 충실하고자 함에 따른 결과였다.

셋째, 이들의 결혼과 그 이후 생애과정에서 나타난 삶의 전략은 원가족경험과 밀접한 관계가 있다는 점에서 원가족 환경의 중요성도 확인될수 있었다.

참고로, 결과는 연구문제와 자료 분석을 통해서 얻게된 구체적이고 직접적인 연구의 확인내용findings이고, 결론은 이러한 결과를 바탕으로 연구자가 종합적으로 내리는 학술적 주장이다. 따라서 결과들을 통해 결론이 도출되고, 그러한 결론의 근거가 결과인 것이다.

V 현상학적 연구Phenomenological Research

1. 현상학적 연구의 개요

1) 현상학의 정의

현상학Phenomenology은 사람들의 생활세계Lebens-weld를 '있는 그대로' 기술하는 학문이다. 사람들의 생활세계(일상적 삶) 속에 나타나는 현상을 형이상학적 전제premises나 심리학적 왜곡, 개인적 편견, 혹은 선입견 없이 '있는 그대로' 이해하는 것을 목표로 한다. 이를 위해 현상학은 사람들의 경험을 '있는 그대로' 기술하면서, 그 속에 나타난 의미를 해석함으로써 세계(사람들의 경험의 본질)를 이해하려는 철학적 방법론이다.

2) 현상학적 연구의 목적

현상학적 연구는 다음과 같은 연구목적을 달성하기 위해 이루어진다.

a. 인간에 대한 이해를 위해 그들의 행동의 본질을 설명하는 것(Omery, 1983)
b. 각자의 삶의 경험과 자신의 생활 세계 내의 목적을 이해하고자 함
c. 인간의 주관적인 경험을 중요시 함
d. 지각(경험)과 판단(해석)의 복합적 존재인 인간에 의해 경험되는 현상

3) 현상학적 연구의 주제

현상학적 연구의 핵심 개념과 이 개념들이 분석될 수 있는 현상학적 주제들의 예를 들면, 다음 [표 1]과 같다.

표 1. 현상학적 연구의 핵심 용어와 연구 주제

현상학적 연구의 주제 (예)	현상학적 연구의 핵심 용어
• 고3 가정의 입시 스트레스 • 중3 가정의 교육 스트레스 • 직장 사무실의 대인관계 • 초등 6학년의 대인관계(왕따, 학교폭력…) • 다문화 가정의 고부갈등 • 결혼 20년차 부부의 갈등 • 은퇴자 클럽의 인간관계	• 생활세계 • 현상 • 경험(체험, 초월) • 의식/주관성 • 반성/해석 • 본질직관 • 글쓰기

현상학적 질적 연구는 위 표 왼쪽의 연구주제들(현상들)에 대해 오른쪽의 현상학 연구의 핵심 용어들을 중심으로 분석한 결과를 기술하는 연구이다. 이때 객관적 혹은 사실적으로 조사, 관찰됨으로써 쉽게 이해될 수 있는 주제들은 현상학적 연구주제들로 적합하지 않다. 따라서, 현상학적 연구를 수행하기 위해서는 위와 같은 현상학적 사건들events을 오랫동안 경험한 참여자들이 내면 깊숙이 느꼈던 경험의 본질(심정, 고뇌, 갈등, 좌절, 보람 등)을 탐구해내려는 노력을 해야한다.

2. 현상학 연구의 이론적 배경

1) 이론적 배경

가. 후설E. Husserl의 현상학

후설의 현상학은 다음과 같은 세계관을 기반으로 한다.

a. 현상학은 제1의 철학으로서 모든 존재와 인식의 절대적 기반이다.

b. "실재reality는 인간 의식 밖에서 객관적으로 존재하는 것이 아니다!"

c. 의식consciousness을 통해 직접적인 경험으로 주어지는 세계가 곧 현실이고, 그러한 의식활동의 장이 바로 생활세계다.

d. 생활세계가 삶의 순간순간 존재하는 세계이며 우리가 일상적으로 체험하는 세계다.

e. 후설은 인간의 모든 앎과 삶, 그리고 학문이 이 생활세계를 기반으로 성립된다고 보았다. 따라서, 인간의 삶을 제대로 이해하기 위해선 바로 그 생활세계에 대한 현상학적 탐구가 필요하다.

| 현상학의 대표적 학자들 |

- 후설(Edmund Husserl): 주저 [Logical Investigations], 과학적 지식의 인식론적 토대를 세우고자 한 수학자이자 논리학자, **"세밀한 묘사(careful description)"** 강조
- 하이데거(Martin Heidegger): 근본적 존재론(fundamental ontology: '존재'라는 현상을 구명하고 명확히하려는 방법론의 탐구), **"해석(interpretation)"**의 강조.
- 샤르트르(Jean-Paul Sartre): 실존주의적 현상학
- 메를로퐁티(Maurice Merleau-Ponty): 생태 페미니즘적 현상학

나. 하이데거M. Heidegger의 현상학

하이데거 현상학의 핵심 이론은 다음과 같이 정리될 수 있다(Heidegger, 1962).

a. 존재의 본질 탐구: 하이데거는 현상학적 접근을 통해 존재의 본질을 탐구하고자 하였다. 그는 존재자와 존재를 구별하며, 존재자는 존재하는 것(예: 사람, 동물, 물건 등)을 의미하고, 존재는 그들이 존재하는 방식을 의미한다.

b. 다자인Dasein: 다자인은 하이데거가 사용한 존재자의 특별한 형태를 설명하는 개념이다. 다자인은 자아와 세계 사이의 관계를 중심으로 존재하며, 그 특성상 자아의 존재 방식을 이해하려고 노력한다.

c. 현상Phenomenon: 하이데거는 현상을 존재자의 자아 경험에 근거한 존재의 장으로 이해한다. 그는 현상학의 목적을 현상의 숨겨진 본질을 드러내는 것으로 정의하며, 이를 통해 존재의 진실에 접근하고자 한다.

d. 존재론적 차원: 하이데거는 존재의 이해를 깊이 있게 탐구하기 위해 존재론Ontology을 제시한다. 현상학에서 존재론은 존재자와 존재를 이해하는 철학적 방법론이다.

e. 사유와 언어: 하이데거는 사유와 언어를 존재 이해의 중심 요소로 보며, 이를 통해 존재의 본질에 접근할 수 있다고 주장한다. 그는 언어를 현상을 드러내는 매개체로 간주하고, 사유를 존재자의 세계 이해에 근간을 두는 활동으로 설명한다.

f. 기술과 존재: 하이데거는 기술에 대한 비판적인 태도를 갖는다. 그는 기술이 존재와 세계를 이해하는 방식에 부정적인 영향을 미치며, 다자인의 본질을 왜곡한다고 주장한다. 이에 따라, 하이데

거는 기술에 대한 반성적인 접근을 강조하며, 존재의 본질에 근접하기 위해 세심한 주의를 기울여야 한다고 강조한다.

2) 현상학 이론의 기본개념

가. 현상학 이론의 이해

현상학은 현대 철학을 대표하는 철학적 세계관으로써, 그 철학적 관점을 완전히 이해하기는 전공자들에게도 쉽지 않은 일이다. 예를 들어, 다음 그림은 후설과 하이데거의 현상학 이론의 차이에 대한 한 논문의 국문초록인데, 이러한 내용을 철학전공자가 아닌 사회과학 연구자들이 이해하는 것은 쉽지 않다.

후설과 하이데거 현상학에 대한 균형 잡힌 이해는 그들 현상학에 형식상의 일치점과 내용상의 차이점을 발견할 때 가능하다. 이 글은 그것들을 발견하기 위해 그들 현상학을 비교 연구한다. 먼저, 형식상의 일치점은 후설의 초월적 자아와 하이데거의 현존재(실존론적 자아)는 각기 그 안에서 전통적인 주객 이분법적 대립이 해소되는 내부와 외부의 대립을 넘어선 비형이상학적 비심리학적인 초재자라는 것이다. 그 다음, 내용상의 차이점은 세계와 관계가 있다. 하이데거에서 세계는 현존재 자신의 성격이다. 그러므로 세계는 현존재에 앞서지 않고 현존재와 등근원적이며, 세계와 현존재는 서로 의존하며 공속한다. 이에 세계는 현존재의 자기 인식의 조건이다. 그러므로 그에게서는 세계에 앞서는 무세계적인 초월적 자아와 그것을 발견하기 위해 세계를 판단중지하는 현상학적 환원은 부정된다. 그것들을 부정하는 하이데거의 현상학은 현존재의 실존(세계 내 존재)을 철학의 토대로 할 때 성립된다. 후설에서 초월적 자아는 세계가 존재하지 않아도 존재할 수 있다. 이에 그것은 무세계적이며 세계에 앞선다. 따라서 후설에서 세계를 판단중지하는 현상학적 환원은 초월적 자아 발견의 조건이다. 초월적 자아와 현상학적 판단중지를 허용하는 후설의 현상학은 이성을 세계 인식의 근원으로 삼고, "절대적 무전제성의 원칙"이라는 이성의 인식론적 이념에 충실할 때 성립된다. 결국 후설과 하이데거의 현상학에서의 내용상의 차이들은 세계 이해의 근원들의 차이, 즉 이성과 실존의 차이에서 발생한다. 후설에서 이성은 실존에 앞서는 것으로서의 실존의 가능근거이며, 하이데거에서는 그 역이다.

그림 1. 후설 및 하이데거의 현상학의 차이에 대한 논문의 초록

하지만 현상학적 연구방법을 질적 연구의 방법론으로 적용하려는 연구자의 입장에서 현상학에 대한 기초적 이해 없이 방법론적 적용만 시도하는 것을 바람직하지 않다. 그런 의미에서 현상학 연구자로서 현상학의 핵심적 개념들과 그에 대한 설명을 정리한 다음 [표 2]의 내용을 숙지할 필요가 있을 것이다.

나. 현상학의 핵심 개념

우선 현상학에서 현상, 사태, 본질, 의식, 생활세계란 무엇을 의미하는가에 대한 간단한 설명은 다음 [표 2]와 같다.

표 2. 현상학의 핵심 개념과 설명

용어	설명
현상 (phenomenon)	• 현상이란 의식 안에 나타나는 느낌이나 지식의 총체이자, 인간의 의식작용이 만들어 낸 대상 • 현상은 일상적 의미의 사회적 현상을 뜻하는 것이 아니라, 인간 경험 안에 나타나는 사태 그 자체
사태 (Sachen=things)	• 현상학은 우리가 의식하는 사태의 본질을 파악해 그 본질의 세계로 나아가려는 학문 • 사태의 본질 파악: 일체의 선입견에 대해 판단을 중지(epoche)하고, 선입견에서 벗어나기 위해 다양한 유형의 사태 자체로 귀환
본질 (Wesen=essence)	• 어떤 사태나 대상의 겉모습을 바꾼다 해도 변하지 않고 남아 있는 보편적 속성 • 의식 행위가 근거를 두고 있는 것, 곧 의식이 향하고 있는 대상이나 의미체 • 일반 사물처럼 우리에게 구체적으로 경험될 수 있는 그 무엇
의식 (noesis–noema)	• 경험 안에 나타나는 사태 그대로의 즉각적 경험. 우리의 의식과정에는 의식하는 작용(noesis)과 의식되는 대상(noema) • 노에시스(noesis): 실재나 사물을 지향하거나 이들에게 의미를 부여하는 작용 또는 의식의 대상을 형성하는 행위나 작용(현상작용) • 노에마(noema): 노에시스가 지향하는 대상 또는 형성체(현상하는 대상). • 현상학이 지향성(intentionality)을 연구한다는 말은 노에시스가 노에마를 지향하는 차원에서 그들 간의 관계를 파악해 내고, 이를 통한 의식의 형성작용을 밝힌다는 것

생활세계 (Lebens weld)	• '생활세계의 현상학': 초월적 의식의 형성작용(noesis)에 의해 구성된 의미 현상의 세계(noema: 곧 '구성되는' 세계)가 아닌 직접 체험하는 세계를 중시 • 구성(constitution): 실재/사물을 소재로 노에마를 형성하게 되는 일 • 고전적 현상학: 의식의 형성작용(noesis) 중시 • 생활세계의 현상학(Husserl): 현상 곧 '형성된 세계'인 noema의 해석을 더 중시

다. 현상학적 순환과 관련한 핵심 개념

아울러 현상학적 연구는 위와 같은 현상학 이론의 기본 개념들을 토대로 지향성, 경험, 체험, 초월, 반성, 본질직관, 현상학적 환원 등의 용어들을 중심으로 이루어지게 된다. 이 용어들은 현상학적 연구의 기본 분석틀인 '현상학적 순환'을 구성하는 용어들인데, 그 관계성을 도식으로 정리하면 다음 [그림 2]와 같다.

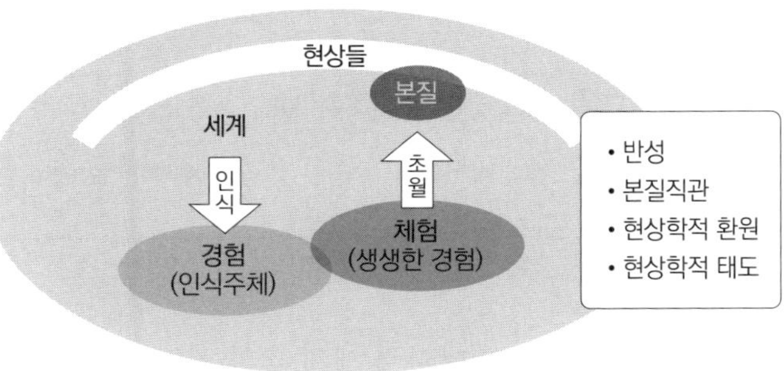

그림 2. 현상학적 순환의 개념도

한마디로, 현상학적 연구는 연구 주제인 어떤 현상들이 발생하는 세계 속에서 그 현상에 대한 구성원들(연구참여자)의 인식을 연구하는 것인데, 그 인식은 경험, 체험, 그리고 초월적 경험을 통해서 생겨난다고 본다. 따라서 연구자들은 구성원들의 초월적 경험이 그 세계의 본질(실재)을 어떻게 드러내고 있는지를 반성, 본질직관, 현상학적 환원을 통해 해석해내야 하는 것이다. 이와 관련한 용어들을 좀 더 자세히 설명한 것이 다음 [표 3]이다.

표 3. 현상학적 순환의 핵심 개념과 그 설명

용어	설명
지향성 (Intentionality)	• (의식의) 지향성: 의식이 대상을 향하게 하여 그 대상에 내비치게 하는 일, 또는 그 대상을 조명하게 하는 일 • 대상이 없는 의식은 없으므로, 의식은 반드시 지향성을 지니기 때문에 '의식의 지향성'이라는 용어를 사용
경험 (Experience)	• 경험은 인식되는 현상: 현상학은 주체가 실존적, 심리적, 주관적 경험을 통해 세계를 인식하는 일을 중시
체험 (Erlebnisse)	• 경험과 거의 유사하지만 보다 생생한 경험(lived experience) • 딜타이의 관점: 살아 있는 경험, 곧 자아가 경험한 직관 • 현상학 이론: 개인의 체험은 초월에 의해 본질에 다가갈 수 있다. 현상학은 개인의 선행 체험을 꼼꼼하고 정확하게 기술한 뒤, 이 기술된 내용을 이론화의 대상으로 삼음
초월	• '낮은 단계의 대상의 의미를 기초로 하여 더 높은 단계의 대상적 의미를 향하는' 과정 • 비본질적인 것과 사태를 왜곡시키는 것 등을 배제하라는 것이 현상학의 핵심

요컨대, 현상학적 연구는 현상학적 세계 속의 개인들이 자신의 체험들 중에서 특히 초월적 체험을 통해 어떻게 그 현상의 본질을 깨닫고 있는가를 해석해내는 작업을 하는 것이다.

3. 현상학 연구 방법론

1) 방법론적 개요와 기본 개념

가. 현상학적 연구의 방법론적 전략

a. 자연주의적naturalistic 연구방법: 연구참여자의 주관적 관점, 연구자의 통찰, 새로운 의미의 발견, 본질에 대한 깊이 있는 해석을 시도하는 것이 자연주의적 연구방법이다.

b. 연구참여자 중심의 시각: 현상학 연구는 실재세계를 자연주의적, 총체적, 맥락중심적, 역동적, 개별적, 사례중심적, 연역적, 서술적으로 발견하고자 하는데, 이러한 현상학적 연구의 특성이 연구참여자의 관점을 통해서 잘 드러날 수 있도록 심층인터뷰를 실시해야 한다.

나. 현상학적 연구의 기본적 흐름

현상학적 연구의 흐름을 도식화하면 다음 [그림 3]과 같다.

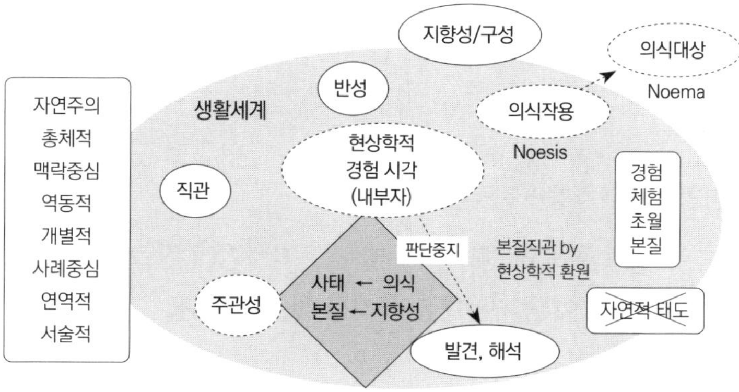

그림 3. 현상학적 연구의 흐름

위 그림에 정리된 바와 같이 현상학적 연구는 다음과 같은 흐름을 통해 이루어진다.

a. 연구자는 연구참여자들의 자신의 경험에 대한 주관적 진술을 듣고 정리한다.
b. 연구참여자들의 자신의 경험에 대한 진술은 그들의 의식 수준(의식 작용)의 이해이다.
c. 연구자는 표면적 의식을 분석하는 것이 아니라 사태를 경험하고 이를 진술한 연구참여자의 '지향성'(의식 대상)에 주목함으로써, 사태의 '본질'을 파악하도록 노력한다.
d. 이 과정에서 연구참여자의 주관성과 연구자의 직관이 개입될수 있으며, 연구자는 사태의 본질적 의미를 발견하고 해석하려고 노력한다.
e. 이때 연구자는 연구참여자의 진술이나 사태에 대해 연구자의 편견/선입견에 의한 자연적 태도를 버리고(판단중지), 현상학적 환원에 의해 본질을 직관할 수 있도록 노력한다. 다만, 현상학은 생생한 삶의 현장에서 일어나는 참여자들의 경험의 본질을 연구하기 때문에 자연주의적(현장친화적) 연구를 기반으로 한다는 것이다.

다. 현상학적 연구 수행의 전략들

위와 같은 분석 전략을 제대로 수행하기 위해 연구자는 다음 [표 4]에서 정리된 핵심용어들의 의미를 숙지할 필요가 있다.

표 4. 현상학 연구방법론의 핵심 용어

용어	설명
반성 (reflection)	• 본질통찰을 하기 위한 현상학적 방법의 하나 • 의식을 안으로 향하게 하는 행위로써, 어떤 전제를 따르지 않고 자신을 보는 활동, 곧 자기관찰 • 반성을 통해서만 현상학적 방법의 핵심인 본질직관과 환원이 가능
본질직관 (Wesen-sanschauung)	• 직접적이고 구체적인 사태의 이면에 존재하는 본질 또는 의식 내용을 선입견 없이 파악하는 일 • 후설은 보편자인 본질에 대한 경험을 본질직관이라 함
현상학적 환원 (reduction)	• 본질직관, 곧 선입견이나 전제에서 벗어나려면 현상학적 환원을 해야 함 • 어떤 전제에 의해서도 왜곡되지 않고, 현상이나 주어진 사태를 파악하기 위한 방법
자연적 태도의 지양	• 전제나 선입견을 당연하게 따르는 자세 • 현상을 올바르게 파악하려면 어떤 전제나 선입견을 당연하게 따르는 **자연적 태도를 버리고**, 대신 현상학적 태도를 지녀야 함 • 그런 의미에서 현상학을 무전제(無前提)의 학문이라 함

[표 4]를 이해하는데 한 가지 주의할 점은 앞서 언급한 현상학적 연구방법으로서의 자연주의적 성격과 위 표에 나타난 '자연적 태도'는 전혀 다른 의미로 쓰인다. 즉, 현상학적 연구는 연구참여자의 실제 삶의 환경 속에서의 경험과 참여자들이 느끼는 생각이나 감정을 '있는 그대로'(자연스럽게) 연구하는 것은 좋지만, 이때 연구참여자들이 자신의 경험이나 사건에 대해 선입견이나 편견어린 관점(자연적 태도)으로 대하는 것에 대해서는 경계해야 한다는 것이다.

2) 연구의 절차

가. 일반적 순서

현상학적 연구의 일반적 순서는 다음 [표 5]와 같다.

표 5. 현상학적 연구의 순서와 핵심 질문

현상 확인	연구의 구조화	자료 수집	자료 분석	논문 작성
어떤 문제(현상)을 연구하고자 하는가?(현상의 이해)	문제(현상)의 성격, 현상이 일어나는 환경 및 관련 연구참여자 파악	누구에게 어떤 질문, 어느 정도까지 해야할 것인가?	연구자의 초기 가설(문제인식)과 수집된 자료가 어떤 차이가 있는가? 충분한 자료가 수집되었는가?	현상학적 글쓰기를 어떻게 할 것인가?

위 표에 제시된 전 단계 걸쳐 연구자는 반reflection, 직관intuiting, 판단중지bracketing, 현상학적인 시각seeing을 견지하며 현상을 이해하려 노력해야 한다.

나. 좋은 현상학적 연구의 필요 요건

좋은 현상학적 연구는 위와 같은 일반적 연구 단계에 따라 수행하되, 다음과 같은 요소들을 염두에 두고 수행해야 한다.

(1) 생생한 체험

생생한 체험은 연구자에게 흥미를 일으키는 현상으로써, 연구자는 그러한 생생한 체험의 본질이 무엇인가에 대해 현상학 물음을 던지게 된다. 즉, '어떤 것이 정말로 그런 것인가'라는 물음을 던지면서 체험에 꾸준히 관심을 쏟아야 한다.

(2) 실존적 탐구

실존적 탐구 단계는 연구현상을 실제로 조사하고 서로 다른 형태의 체험자료를 수집하는 단계이다. 실존적 탐구를 위해서는 체험을 기술하거나 어원 및 관용어구(현장 관계자들이 흔히 쓰는 수사적 용어rehtorics나 전문용어jargon)를 추적한다. 그리고 현상학적 문헌과 문학 및 예술로부터 자료를 수집하는 과정을 포함(van Mennon의 방법)하기도 한다.

(3) 반성

반성이란 주제 분석 과정을 거쳐 현상의 본질적인 주제를 파악하는 과정이다. 이때 어떤 현상의 주제적 측면을 드러내기 위해서 다음 세 가지 접근방법 중 하나를 선택한다.

a. 전체적 글 읽기: 전 응답자료를 포괄적으로 읽고, 그 안에서 의미를 추출해내는 방법
b. 선택적인 글 읽기: 인터뷰 중에 의미있는 응답을 체크하였다가, 그 부분을 집중적으로 검토하는 방법
c. 세분법(전체를 세부적으로 구획하여 체계적으로 읽기) 혹은 추행법(중심 주제와 관련된 응답들을 하나씩 연속적으로 검토해나가면서 분석하는 방법)을 활용하여 성찰한다.

(4) 글쓰기

글쓰기는 연구의 최종단계이자 연구과정의 목적이다. 참여자의 일상언어(참여자들의 일상적 언어가 그 현장의 본질을 잘 드러낸다는 가정)에 집중하면서, 다양한 예제를 활용하거나, 글 고쳐쓰기를 통하여 연구참여자의 경험의 의미를 밝히는 과정이다.

위와 같이 현상학적 연구의 핵심은 i) 생생한 체험(연구참여자). ii) 실존적 탐구(연구자와 참여자), iii) 반성(연구자와 참여자), 그리고 iv) 글쓰기(연구자)에 이르는 과정이다.

다. 현상학적 연구 수행의 전략

위와 같은 현상학적 연구가 효과적으로 진행되기 위한 일반적인 전략은 다음과 같다.

a. 적절하고 충분한 자료를 수집하는 것
b. 자료 분석에 있어서의 연구자의 창의성 발휘하기
c. 인터뷰 과정에서의 차분한 태도, 융통적인 질문, 심층적 탐구를 촉진하는 인터뷰 시행하기
d. 현장에서의 적극적인 관찰과 정확한 회상을 위한 꼼꼼한 메모하기
e. 자료들을 서로 비교 대조하여 진술들이 어떻게 어울리고 구조화될 수 있는가 구상하기
f. 보이지 않는 것은 분명히 함으로써, 분석결과들을 기존 연구의 사례들과 연결해서 설득력있는 인과관계의 생성하기

참고로 이러한 복잡하고 융통적인 현상학적 분석의 과정을 신경림(1997)은 추측과 검증, 수정과 변형, 제안과 방어의 세 가지 과정으로 설명하기도 한다.

3) 연구의 흐름도와 자료 분석 전략

가. 현상학 연구의 흐름도

현상학적 연구의 단계와 각 단계별 유의점을 정리하면 다음 [그림 4]와 같다.

a. 제일 먼저 연구주제topic를 정할 때는 연구자가 왜 이 연구를 하려고 하는지, 연구자 자신이 가진 편견이 무엇인지를 생각해본다.

예를 들어, 간호계에 종사하는 연구자가 간호학과 관련된 연구를 한다면, 연구자 자신도 (예비)간호사로서 그 분야의 전문성이나 역할에 대해 선입견을 가지고 있을 수도 있다. 이러한 자신의 편견을 점검해보는 것에서부터 연구에 대한 관점을 정립해야한다는 것이다.

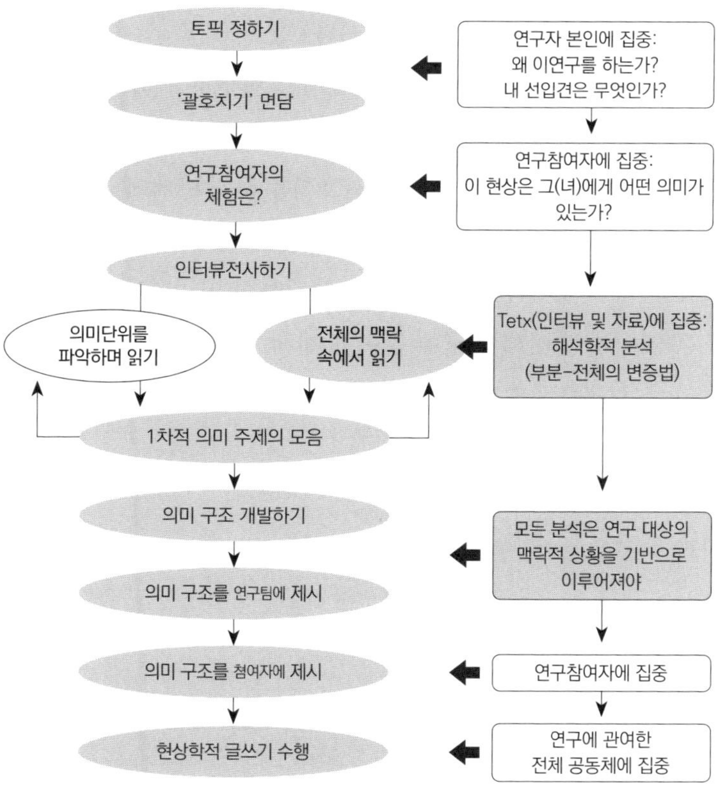

그림 4. 현상학적 연구의 흐름도와 유의 사항

b. 다음으로는 연구참여자가 연구주제와 관련하여 어떤 경험(체험)

을 하였는지를 파악해야 하므로 이 단계에서는 연구참여자에 집중하라는 것이다.

c. 전사된 인터뷰 내용을 검토할 때는 당연히 인터뷰 자료text에 집중해야 하는데, 이때 연구자의 이해와 해석이 개입된다. 여기서 부분-전체의 변증법이란 한 참여자의 특정 응답(부분)이 그 사람의 전체적인 입장이나 전체 참여자의 입장과 일치 혹은 차이가 있는지를 검토해야 한다는 것이다.

d. 어느 정도 분석이 끝나는 시점에서는 연구자가 해석했던 내용의 타당성에 대해 개별 연구참여자들에게 검토를 받아야 한다.

e. 마지막으로 현상학적 논문의 글쓰기를 하는 단계에서는 연구자의 주제의식, 인터뷰한 내용, 연구참여자의 전체적인 입장들, 그리고 논문의 최종 결론 등이 얼마나 연결성이 있는지, 연구의 함의는 무엇인지에 대해 연구에 참여한 전체 공동체(연구팀, 연구참여자, 비참여자 등)의 입장을 참조하여 글쓰기를 해야 한다는 것이다.

나. 현상학 연구의 단계별 검토사항

현상학 연구는 크게 인터뷰과정, 분석과정, 그리고 글쓰기 과정으로 나누어진다.

표 7. 현상학적 연구의 단계별 검토사항

과정	단계	검토 사항
인터뷰 과정	토픽 (주제) 정하기	현상학적 사건(event)이 참여자들에게 어떤 체험을 유발하였는가? 연구자는 왜 이 주제에 관심을 갖게 되었는가? 이 주제에 대한 연구자의 선입견/편견은 무엇이 있는가?
	괄호치기면담	질문의 내용에서부터 연구자의 편견이 배제된 질문을 구성한다.
	연구참여자 체험	참여자는 이 사건에 대해 어떤 체험을 하였고, 어떤 의미를 부여하고 있는가?

<table>
<tr><td rowspan="3">분석
과정</td><td>인터뷰
전사 후
내용읽기</td><td>세부적 의미 단위에 집중하면서 읽기 〈==〉 총체적인 관점에서 읽기
(부분–전체의 변증법: 세부와 전체 내용이 서로 견제하며 균형잡기)
텍스트에 집중하는 단계이며, 연구자 해석이 중요한 역할하는 단계</td></tr>
<tr><td>분석하기</td><td>의미주제 모음 ==〉 의미구조 파악 ==〉 구조를 연구팀에 확인(검토)</td></tr>
<tr><td>참여자에
제시하기</td><td>분석의 결과(중심의미 및 구조)에 대해 연구참여자에게서 피드백 받기</td></tr>
<tr><td>글쓰기
과정</td><td>현상학적
글쓰기</td><td>분석(해석) 결과를 연구진 전체와 공유하며, 현상학적 글쓰기에 집중</td></tr>
</table>

우선 괄호치기brackting 면담이란 연구자 자신의 선입견을 가능한 최대한 배제한 채 질문을 해야된다는 의미이다. 그리고 분석 단계에서 인터뷰 내용을 검토할 때는 앞서 얘기한 세부적 읽기과 전체적 읽기를 '부분과 전체의 변증법'을 참조하여 읽어야 한다는 것이고, 이 때가 텍스트에 집중하고 연구자의 해석이 중요한 단계라는 의미이다.

아울러 위 표에서 표시된 '분석(해석)하기' 단계의 구체적인 방법론과 분석의 중점 사항을 좀 더 자세히 설명하면 다음 [그림 5]와 같다.

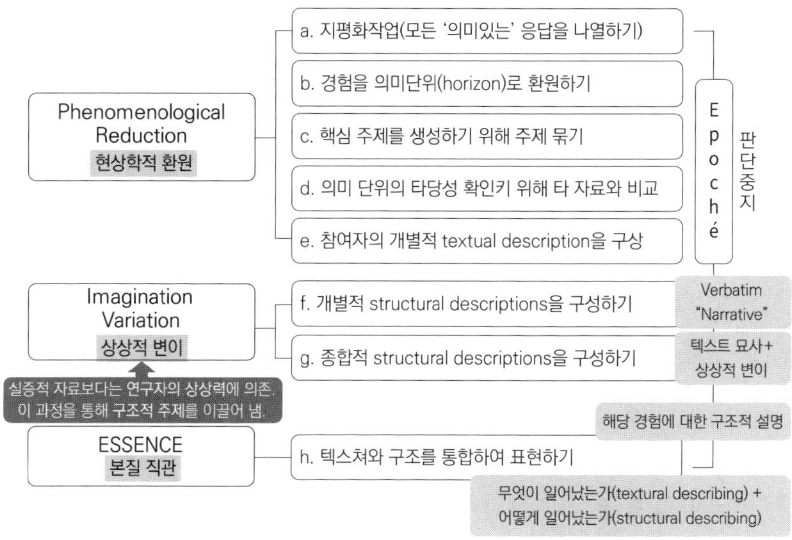

그림 5. 현상학적 해석의 주요 절차(Yüksel & Yıldırım, 2015, p.11 참조)

위 그림의 내용을 각 번호별로 간단히 설명해보자.

a. 지평화작업은 참여자의 응답들 중에서 의미가 있다고 여겨지는 응답들을 선별하며, 넓게 펼쳐놓는 것horizontalization으로, 근거이론의 '개방코딩'에 해당한다.

b. 경험(실제적 사건) 자체는 그대로 분석하기 어렵기 때문에, 이를 논리적 혹은 현상학적으로 분석하기 위해 의미 단위(추상적 개념)으로 변환(환원)시키는 작업이 필요하다.

c. 의미단위로 추출된 많은 경험(주제)들 중에서 중요한 것(핵심 주제)들을 중심으로 분류한다.

d. 핵심 주제를 중심으로 분류된 내용들의 타당성을 검증하기 위해 자료들끼리 상호비교한다.

e. 연구참여자들마다 각자의 경험(응답)을 중심으로 개별적인 설명textual description을 구성한다. 여기까지의 단계를 통틀어 '현상학적 환원'의 단계로 정리할 수 있다.

f. 개별참여자들의 경험(입장)에 대한 설명을 좀 더 체계적/구조적으로 묘사한다.

g. 위 개별참여자들의 경험들을 전체적으로 정리하여 집단적/종합적으로 묘사할 수 있도록 분석결과를 구성한다.

h. 앞서 정리한 텍스트(구체적 응답들)들과 그것을 바탕으로 구성한 구조를 종합하여 연구 문제(현상)의 본질에 대한 설명체계를 완성한다.

이 6~8의 단계를 '본질 직관'의 단계라고 볼 수 있는데, 이 단계에서는 연구자의 통찰력과 상상력을 충분히 발휘하여 문제 현상을 설명할 수 있는 글쓰기를 준비해야 한다. Yüksel & Yıldırım(2015)는 위 단계 전반에 걸친 현상학적 환원이나 본질 직관의 단계에서 연구자의 편견이 개입하지 않도록 유의하는 '판단중지'가 필요함을 강조하였다.

4. 현상학적 연구의 유형

1) 현상학적 연구 방법들의 비교

현상학적 연구의 대표적 연구 유형으로는 Colaizzi, Giorgi, Spiegelberg, Van Kaam, Van Manen, Benner, Paterson & Zderad 등의 방법론이 활용되고 있는데, 이러한 방법론들을 비교하여 정리하면 다음 [표 8]과 같다(Gill, 2014).

표 8. 현상학적 연구의 방법론적 갈래(Gill, 2014)

구분	기술적(descriptive) 현상학 (Husserlian)		해석학적(interpretive) 현상학 (Heideggerian)		
명칭	현상학 (Colazzi, Sanders)	현상학적 방법 (Giorigi)	해석학적 현상학 (Van Manen)	해석적 현상학 (Benner)	해석적 현상학적 분석 (Smith)
학문배경	조직 연구	심리학	교육학	간호학	심리학
방법론의 성격	기술 (technique)	과학적 방법 (scientific)	시 (poetry)	실천 (practice)	기예 (craft)
분석목표	본질의 암묵적 구조와 인간경험의 의미를 명시적으로 드러내기	연구하려는 현상의 본질을 구명하기	생생한 경험을 그 경험의 본질의 텍스트적 구조로 변환하기	실제적이고 일상적인 경험과 지식을 분명히 드러내기	참여자들이 세계 속에서 어떻게 의미를 창출하는지 세밀히 탐색하기
참여자	3~6명	최소 3명	무관	자료 포화 까지	1명 이상

핵심개념	• Bracketing (판단 중지: Epoche) • 현상학적 환원 • 의식대상-의식작용의 상관	• Bracketing • 현상학적 환원 (Eidetic reduction) • 상상적 변이 • 의미 단위	• 깊이 있는 글쓰기 • 정향화 (Orientation) • 사려깊음 (Thoughtful ness)	• 배경 (Background) • 사례 (Exemplars) • 패러다임 사례 (Paradigm case)	• 이중해석학 (Double hermeneutic) • 개별적 (Idiographic) • 귀납적 (Inductive)

위 표에서 다음 몇 가지만 추가적으로 설명해보자.

a. 개별적idiographic: 주관적 경험을 활용하여 독특성을 인식하고, 개인적 특성에 집중하는 것을 의미하는 것. 이에 반해 객관적 지식을 활용하여 개량화되고 범주화될 수 있는 데이터와 객관적 지식을 활용하여 사람들을 일반화하여 분석하려는 일반적nomothetic 접근과 대비되는 방법이 있다.

b. 현상학적 환원Eidetic reduction: 현상학적 연구의 궁극적 목표인 본질 직관에 도달하기 위해선 참여자의 개별적 경험과 거기서 나오는 초월적 의미에 대한 해석을 시도해야 하는데, 이처럼 겉에 드러난 '표면적 현상'이 아니라 내면적으로 숨어있는 본질적 의미를 탐색하는 방향으로 귀결해야 된다는 의미에서 현상학적 '환원'이라는 용어를 사용한다.

c. 상상적 변이imaginative variation: 연구자의 해석은 각자가 연구현장이나 연구참여자에 대해 바라보는 입장, 연구참여자와의 교감의 정도, 그리고 연구자의 통찰력에 따라 달라질수 있으므로, 연구자의 창의성에 기반한 해석의 다양성이 얼마든지 존재할 수 있다.

d. 패러다임 사례paradigm case: 연구참여자들의 사례들 중에서 전체 현상을 대표적으로 설명할 수 있는 사례를 발굴하여 그에 대한 새로운 해석(패러다임의 전환)을 시도한다.

2) Giorgi(1960)의 방법

가. 개요

Amedeo Giorgi는 후설의 현상학적 방법론을 바탕으로 질적 연구방법을 개발하였다. Giorgi 방법론의 핵심은 '연구대상자의 기술에 대한 심층 연구를 통해 살아있는 경험의 의미를 밝히는 것'이고, 그 주요 단계는 다음과 같다(최영희, 1993).

a. 사고를 시작하고 끝내는 단위 즉, 대상자의 언어 그대로의 자신의 경험을 표현한 본래의 의미단위identifying natural meaning unit를 규명

b. 대상자의 언어로 표현된, 대상자의 경험을 나타내는 주제theme를 규명

c. 연구자의 언어로 주제를 구체화하여 대상자의 경험이 대상자에게 의미하는 중심의미focal meaning를 규명

d. 중심의미를 통합하여 연구대상자의 관점에서 파악된 경험의 의미인 상황적 구조적 기술situated structural description를 생성

e. 상황적 구조적 진술을 통해 전체 대상자의 관점에서 파악된 경험의 의미인 일반적 구조적 기술general structural description의 생성이 Giorgi 방법론의 특징은 분석결과에 대해 연구참여자로부터 피드백(확인)을 받는 절차는 불필요하다고 보았다는 점

나. 분석 사례

Giorgi 방법론을 적용한 실제 분석 사례는 다음과 같다.

연구자는 i) 인터뷰 응답들 중 의미있는 진술들significant statements

을 모두 추출해내고, ii) 그러한 진술들을 주제theme에 따라 범주화한다. iii) 분류된 각 범주의 주제들이 갖는 중심 의미focal meaning이 무엇인지를 기술하게 된다. iv) 마지막으로 이러한 주제들과 연관된 연구참여자들의 상황이나 경험들의 총체에 대한 구조적 기술을 제시하게 된다. 연구자는 이러한 상황적 구조적 기술이 연구하고자 하는 현상 전체에 걸쳐 몇 개로 이루어질 수 있는지를 인터뷰 결과를 놓고 판단해야 하고, 그러한 구조적 기술들이 모여서 연구대상 전체에 대한 체계적이고 설득력있는 설명이 이루어지게 되는 것이다.

significant statements	theme	focal meaning
"우선 핵가족 시대가 되니까 24시간 암환자를 돌봐야 합니다." "보호자가 24시간 커버해야 하는 일이지요" "간병하기는 힘들지만" "현재 핵가족이라 간호하기가 힘들어요." "옛날같이 자식이 6-7명이면 문제가 안 되는데"	핵가족으로 인한 부담감	부인이 말기 암환자이고 24시간 간호해주어야 하는 입장이라 부인간호에 있어서 많은 가족이 포함되어 간병해 줄 수 없고, 단산으로 인해 아들과 남편의 가족구성원이기 때문에 남편중심으로 부인을 돌봐야 하는 부담을 크게 가지고 있다.
"환자가 애 낳는 것을 굉장히 무서워했어요" "저는 아내가 낳기 싫다고 하니까 더 이상 낳을 수가 없었어요. 자식이 없는 사람들도 많은데"	단산에 대한 합리화와 부부역할에서의 남편의 수동적 역할	가족구조상 단산의 이유가 부인때문이라는 원망도 있으면서 자녀가 적은 것에 대한 현실을 합리화 하고자 하는 가족역할에 있어서 수동적인 태도를 알 수 있다.
"저는 머리를 집중하는 직업을 가져서 제가 집중력을 기르면서 간병하면서 할 수 있어요" "저는 공직생활을 20년 했어요" "나이가 54세에 간다는 것이 상당히 측은하다는 생각이나 불쌍하다는 생각이 들어서 내가 할 수 있는 일은 물질적이나 정신적이나 최선을 내가 이 일을 해야 하지 않겠어요"	부인간병에 대한 의지와 자긍심	남편은 공직생활을 20년 동안 한 한국의 표준형 남편이다. 남편으로서 종전의 부인이 건강할 때는 가정생활에 수동적인 태도를 보이다가 부인이 질병으로 자신이 해결할 수 없는 상황에 처하자 질병을 극복하는데 있어서 남편은 책임과 의무와 능동적인 태도를 가지려고 전환하고 있다.
"내가 파트너니까 나에게도 책임이 있죠"	심리적인 부담감	부인의 질병에 대해 남편인 자기가 인생의 동반자로서 아내의 병을 간호해야 된다는 책임감을 느끼고 있음을 알 수 있다.
"54세에 인생을 마감하는 것이 안쓰럽고 측은하죠"	죽음에 대한 인식과 안타까움	아내가 암으로 죽음을 피할 수 없다는 인식을 하고 있고 54세에 인생을 마감한다는 것에 대해 안타까움을 느끼고 있다.
상황적 구조적 기술	이 남편은 공무원인 남자로서 가정의 모든 일은 아내에게 맡기고 평범한 생활을 하던 사람 이었는데 아내가 갑자기 암으로 입원하게 되자 아내를 간병하는데 있어서 적은 가족들이 환자를 간병해야 하는 어려움을 느끼고 있었다. 요즈음은 옛날같이 자녀 수가 많지 않아서 핵가족으로 인한 간병의 부담감을 느끼고 있으며 한편으로는 자녀가 많았더라면 하는 바램을 가지고 있다. 그러면서도 아내가 아기 낳는 것을 굉장히 무서워해서 더 이상 낳을 수 없었다는 진술에서 부부역할에서 수동적인 역할 이었음을 엿볼 수 있고 또한 간병하기는 힘들지만 자신은 머리를 집중하는 직업을 가졌었고 공직생활을 20년이나 했기 때문에 아내 간병을 할 수 있다는 자신감도 나타내고 있다. 아내가 암으로 54세에 생을 마감해야 된다는 사실에서 안타까움과 측은함, 불쌍함을 느끼고 있었으며 그래서 자신이 물질적으로나 정신적으로 할 수 있는 일은 최선을 다해야 된다는 책임감도 느끼고 있었다.	

그림 6. Giorgi 방법론의 적용 사례 (김분한, 김금자, 박인숙 외, 1999, p. 1212)

3) Colaizzi(1978)의 방법론

가. 개요

Colaizzi의 방법론은 자료의 출처와 자료의 수집방법을 적절하게 일치시키는 것을 강조한 방법론이다. Colaizzi(1978)의 데이터 분석방법은 다음 7단계로 구분된다.

a. 자료에서 느낌을 얻기 위해 대상자의 기술protocols을 읽는다.
b. 탐구하는 현상을 포함하는 구, 문장으로부터 의미있는 진술significant statement을 도출한다.
c. 의미있는 진술에서 좀 더 일반적인 형태로 재진술general restatement한다.
d. 의미있는 진술과 재진술로부터 구성된 의미formulated meaning를 끌어낸다.
e. 도출된 의미를 주제themes, 주제모음theme clusters, 범주categories로 조직한다.
f. 주제를 관심있는 현상과 관련시켜 명확한 진술로 완전하게 최종적인 기술exhaustive description을 한다(김분한 외, 1996).

나. Colaizzi 방법론의 분석 과정과 특징

Wonjar & Swanson(2007, p. 117)은 Colaizzi의 분석단계와 그 목적을 다음 [표 9]와 같이 구분하기도 하였다. 즉, Colaizzi 방법론은 다음 [그림 7]과 같이, 순환적 피드백을 활발히 사용하면서, 특히 분석 결과를 참여자들에게 보여주고 그들로부터 확인받는 과정을 중요시한다.

표 9. Colaizzi의 분석단계와 그 목적(Wonjar & Swanson, 2007, p. 117)

분석 단계(Step)	작업 목표
1. 기술된 것을 반복해서 읽기	경험에 대한 일반적인 느낌을 얻기 위해
2. 의미 있는 진술 추출하기	연구하고자 하는 현상과 직접적으로 관련될만한 정보를 생성하기 위해
3. 의미를 형성하기	현상의 다양한 맥락들 속에 숨겨진 의미를 조명하기 위해
4. 주제 클러스터로 범주화 & 원래 텍스트와 타당화하기	모든 참여자들에게 공통적인 경험이 있다면, 그것을 구명하기 위해
5. 기술하기	이론적 모형을 위한 사례(prototype)를 생성하기 위해
6. 참여자에게 돌아가기	분석 결과의 타당성을 검증하기 위해
7. 참여자의 피드백에 따라 재통합하기	연구 현상의 보편적 특성들을 총체적으로 반영하는 이론적 모델을 제시하기 위해

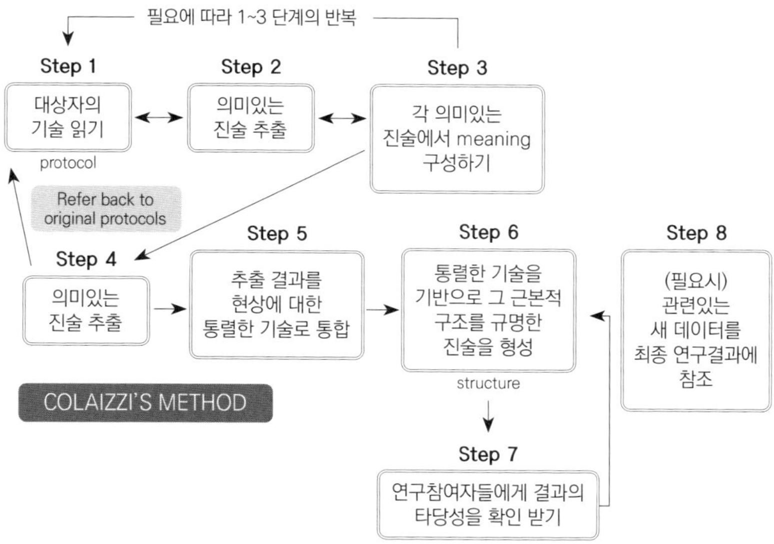

그림 7. Colaizzi 방법론의 단계별 중점 사항

다. 분석 사례

Colaizzi 방법론을 적용한 사례는 다음과 같다.

significant statements	fomulated meaning	theme	theme cluster	category
"보호자가 24시간 커버해야 해야하는 일이지요" "간병하기 힘들지만"	24시간 간병하기 힘들다			
"우선은 마음적으로 모두 힘들죠" "집안에 환자가 생기면 그것에 다 매달리니까." "엄마가 성격이 많이 변하셨어요. 외로움도 많이타시고"	집안에 환자가 생기면 심리적 부담감이 있다.			
"새벽 4시경에 출근을 하시니까 피곤하시고." "여기서 잠을 주무시니까 연세가 있으시니까 많이 지치시죠"	간병하기에 지쳐서 신체적으로 힘들다.			
"너나 나나 할 것 없이 다 나지빠졌어요" "아빠 건강도 걱정되고요"		간병하기 힘들다. 심리적 부담감이 크다. 경제적으로 부담된다. 핵가족시대라 힘들다. 인생마감이 안스럽고 측은하다. 병이 나을 것이라고 믿는다.	부담감	부정적 대처
"임대업이라 요즘 IMF라 모든 것이 어렵죠" "수술비로 어머님 드시고 싶은 것 다 드시게 하면... 어차피 위암말기라 토하고"	경제적으로 말기 암환자를 돌보기 어렵고 부담된다.			
"우선 핵가족 시대가 되니까 24시간을 암환자를 돌봐야 합니다." "현재 핵가족이라 간호하기 힘들어요" "옛날같이 자식이 6-7명이면 문제가 안되는데"	핵가족 시대라 24시간을 돌봐야 하니까 간호하기 더 힘들다			
"환자가 애낳는 것을 굉장히 무서워했어요" "저는아내가 낳기 싫다고 하니까 더 이상 낳을 수가 없었어요. 자식이 없는 사람들도 많은데"	가족구조가 핵가족화 되었다.			
"54세에 인생을 마감하는 것이 안스럽고 측은하다" "나이가 54세에 간다는 것이 상당히 측은하다는 생각이나 불쌍한 생각이 들어서 내가 할 수 있는 일은 물질적이나 정신적이나 최선을 내가 이일을 해야 하겠어요"	인생을 마감하는 것이 안스럽고 측은하다.			

그림 8-1. Colaizzi 분석 사례 (김분한, 김금자, 박인숙 외, 1999, p. 1215)

연구자는 먼저 응답들 중 i)의미있는 진술들을 추출해내고, ii) 이러한 진술들을 비슷한 주제와 연관된 것들끼리 묶어서 그 구성적 의미fomulated meaning가 무엇인지를 해석해낸다. iii) 이 구성적 의미들을 묶어서 주제theme를 형성하고, iv) 비슷한 내용의 주제들을 몇 개 묶어서 theme cluster 범주category를 구성한다. 위 [그림 8-1]에서는 참여자들의 응답을 모아 '부정적 대처'라는 주제로 범주화되고 있음을 보여준다.

[그림 8-2]는 앞선 분석과 같은 방식으로 의미있는 진술들 → 구성된 의미 → 주제 → 주제 묶음 → 긍정적 대처라는 범주로 이루어지는 분석의 사례를 보여주고 있다. 연구자의 해석에 따라 이러한 범주와의

"그래도 다들 오빠에게도 고맙고 아빠에게도 고맙고 다들 쉽게 지칠 것 같은데 포기하기 않고 다들 매달려서 고맙고 해요"	가족들이 지치지 않고 포기하지 않고 매달려서 고맙다.			
"아빠가 치료비를 다 감당하시고 큰 오빠가 조금씩 보태주고 하죠"				
"엄마가 얼마나 힘든지 아빠가 얼마나 힘든지 알 것 같고.."	가족들의 어려움을 이해한다.			
"저는 머리를 집중하는 직업을 가져서 집중력을 기르면서 간병 할수 있어요."	집중하여 간병할 수 있다.	가족들이 지치지 않아 고맙다. 간병할 수 있다. 책임이 있다. 소중함을 느낀다. 역할을 분담한다.	간병의지	긍정적 대처
"저는 공직생활을 20년 했어요"				
"아빠가 엄마랑 함께 계시고 엄마랑 밤새도록 함께 계시고."				
"내가 파트너니까 나에게도 책임이 있죠"	간병할 책임이 있다.			
"만일 엄마가 없다면 내가 좋기 위해서는 하는 일이지만 아무 소용이 없잖아요"	환자의 소중함을 느낀다.			
"작년에도 이런 일이 있었는데 학교를 다니니까 저녁에 와서 아빠식사를 차려드리고 했어요"	가족간에 역할을 분담하고 있다			
"저는 아빠가 오시면 그때 집에 가서 집안일하고 큰 오빠는 회사일 끝나면 아빠 저녁식사하러 집에 오시면 그때 엄마한테 있고."				

그림 8-2. Colaizzi 분석 사례 (김분한, 김금자, 박인숙 외, 1999, p. 1215)

결과들(긍정적 대처, 부정적 대처)이 몇 개 모여서 전체 연구주제에 대한 연구자의 설명이 완성되는 것이다.

4) Van Kaam(1969)의 심리현상학적PsychoPhenomenological방법론

가. 개요

Van Kaam은 Spiegelberg(1976)의 필수 활동과 일치되는 현상학적 분석을 다음과 같이 시도하였다(조영숙외, 1992).

(1) 녹음한 면담 내용을 여러 번 반복하여 들으면서 대상자의 말 그대로를 글로 옮겨 기록한다.

(2) 본 연구와 관련하여 의미있는 진술을 추출한다.

(3) 추출된 원자료raw data를 반복하여 읽으면서 각 진술에서 공통의 속성으로 묶어지도록 범주화 작업을 한다.

  a. 원자료raw data에서 공통적인 요소들끼리 모아서 부주제sub-theme를 정한다.

b. 비슷한 속성을 지닌 부주제들을 다시 주제theme로 모은 후 주제들의 속성을 전체적으로 통합하여 범주화category 한다.

c. 범주화된 자료에서 주제들은 자료의 우선 빈도별의 순위에 따라 나열한다.

(4) 분류된 범주화를 통해서 분석과 통합을 통해 현상에 대해 기술한다.

이러한 Van Kaam 방법론의 특징은 분석 결과를 외부 전문가들과 공유한 후, 그들과 같이 협의를 통해 최종적 해석 결과에 도달하는 간주관적intersubjective 해석을 시도한다는 것이다.

나. 분석 사례

Significant Statement	Subtheme	Theme	Categories
"만일 엄마가 없다면 내가 좋기 위해서 하는 일이지만 아무 소용이 없잖아요." "작년에도 이런 일이 있었는데 학교를 다니니까 저녁에 와서 아빠 식사를 차려 드리고 했어요." "엄마가 얼마나 힘든지 아빠도 얼마나 힘든지 알 것 같고." "그래도 다들 오빠에게도 고맙고, 아빠에게도 고맙고, 다들 쉽게 지칠 것 같은데 엄마에게 포기하지 않고 다들 매달려서 고맙고 해요." "아빠가 치료비를 다 감당하시고 큰 오빠가 조금씩 보태주고 하죠." "아빠가 엄마랑 함께 계시고 엄마랑 밤새도록 함께 계시고." "저는 아빠가 오시면 그때 집에가서 집안일 하고 큰 오빠는 회사 일찍 끝나면 아빠 저녁식사하러 집에 오시면 그때 엄마한테 있고."	결속강화 (7)	긍정적 태도 (9)	가족기능의 변화
"교회분들이나 친척분들이 많이 도와주셨어요." "교회분들이 많이 도와주세요."	지지망의 유지(2)		
"자기 친정 엄마가 아니니까 남이니까 그렇게 한다고 하죠." "가 있을 사람이 없어서 남편이 한달 동안 가있었어요." "아버님도 수술을 시키자고 허락을 했지만 다들 나지빠지니까 남편이 가 있었죠." "싸움도 많이 했어요."	책임회피 (4)	역할갈등(6)	
"제가 딸이니까 아들이면 모르겠는데 제가 딸이니까 조금만 도와드렸으면. 너무 죄송하죠." "나도 공부를 시작하려다가 엄마가 아프시니까 접어두고 그것이 마음에 걸려요."	양가감정 (2)		
"마음을 쑤어 달라는 것을 안 쑤어다 드렸더니 욕을 하면서 난리가 났어요." "죽어도 병원 음식은 못드신데요. 이제까지 해달라는대로 다 해 드렸는데 이제 버릇좀 고칠려고....."	지지 결여 (2)	부정적 태도 (5)	
"암진단을 받았을 때 사실 수술을 하지 않으려고 했어요." "수술하면 되는데 췌장이고 모두 퍼졌다는데.... 나 사실 욕 많이 먹었어요" "딸들이 입원시켰죠."	치료지시 거부(3)		
"저는 머리를 집중하는 직업을 가져서 제가 집중력을 기르면서 간병하면서 할 수 있어요." "저는 공직생활을 20년 했어요."	간병의지 (2)	적극적태도 (2)	

그림 10. Van Kaam분석 사례 (김분한, 김금자, 박인숙, 외, 1999, p. 1216)

위 사례에서 보듯이 Van Kaam의 분석과정은 i) 응답자의 의미있는 진술들이 몇 개 모여 이루어진 부주제sub-theme를 결정하고, ii) 이 부주제들을 묶어서 주제theme를 구성하며, iii) 관련 주제들을 묶어 범주들categories를 형성하는 방식이다. 현상학적 연구에서 유념할 점은 이러한 분류와 범주화의 과정은 연구자의 이해와 해석 즉 주관적 관점에 따라 달라질수도 있다는 것이다. 따라서 그러한 해석이 연구자의 편견이나 자의적 해석에 영향을 받지 않기 위해서 다른 연구자들에게 검토받는 간주간적 해석의 과정이 필요하다는 것이다.

5) Van Manen(2000)의 해석학적 현상학

가. 개요

Van Manen은 간호학 분야에서 많은 연구활동을 수행하면서, 환자들의 경험적 일화들experiential anecdotes의 의미를 탐색하였다. 환자들은 영지적 보살핌gnostic care과 고통에 대한 보살핌pathic care을 동시에 경험하는데, 진통의 보살핌은 질병과 치료과정의 정서적이고, 자각적은 측면을 가리킨다. 여기서 Van Manen은 치유의 과정에서 자아selfness를 회복하는 수단으로서 회고의 중요성 강조하였다.

Van Manen 방법론의 분석단계는 다음 [그림 11]과 같다.

Van Manen 방법론은 크게 체험의 본질에 집중하는 단계, 실존적 탐구 단계, 현상학적 반성의 단계, 그리고 현상학적 글쓰기 단계로 구분하여 총 10개의 단계로 세분화된다.

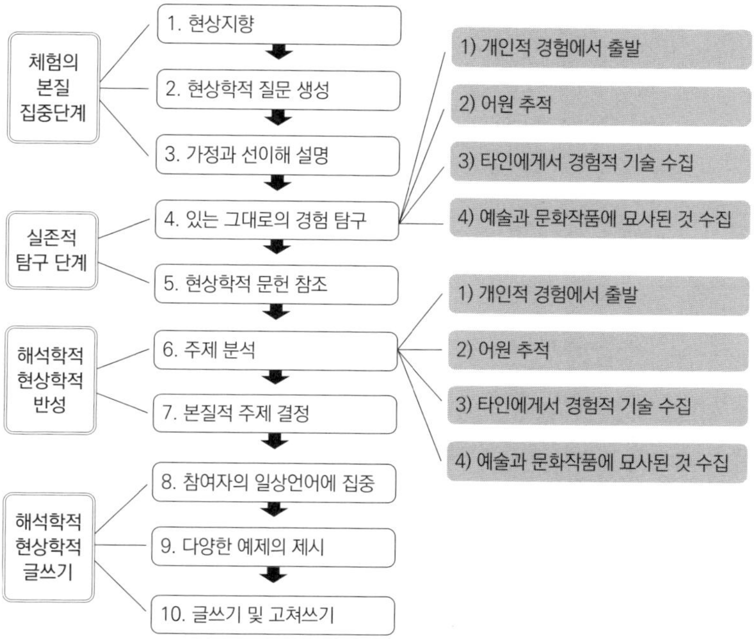

그림 11. Van Manen의 분석 단계

나. 분석 사례

위 10단계의 분석과정들을 다섯 단계로 나누어서 실제 연구사례(유혜령, 2015)를 중심으로 자세히 설명해본다.

(1) 현상지향과 현상학적 질문 생성

연구자는 자신이 연구하고자 하는 중심 현상이 무엇인지를 끊임없이 사색하면서(현상 지향), 그 현상의 본질(주제)을 연구참여자의 경험과 기억으로부터 추출해내기 위한 근본적인 질문(현상학적 질문)을 구상해내어야 한다. 위 그림의 오른쪽 하단에 연구자가 탐구하고자 하는 가장 중요한 현상학적 질문이 제시되어 있다.

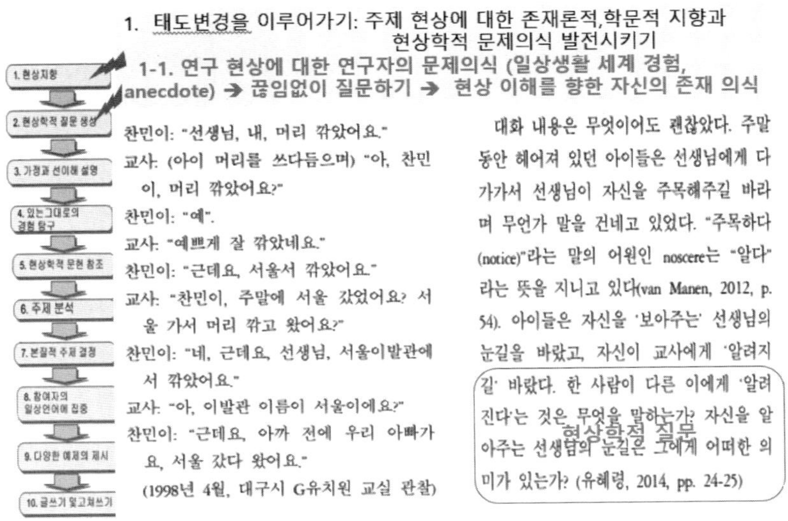

그림 12. Van Manen 분석단계의 현상지향과 현상학적 질문 생성

(2) 가정과 선이해 설명

연구자는 현상학적 질문을 생성 후, 이러한 질문을 통해 자신이 연구주제에 대해 깊이있고 편견없이 다룰수 있는가에 대한 자기점검을 해야 한다. 연구자가 자신의 '가정과 선이해'를 반성적으로 성찰하기 위해서는 판단중지epoch와 잘못된 태도나 마음가짐을 고치는 작업(태도변경)을 해야하고, 그러한 내용을 논문에 짜임새있게 기술하게 된다.

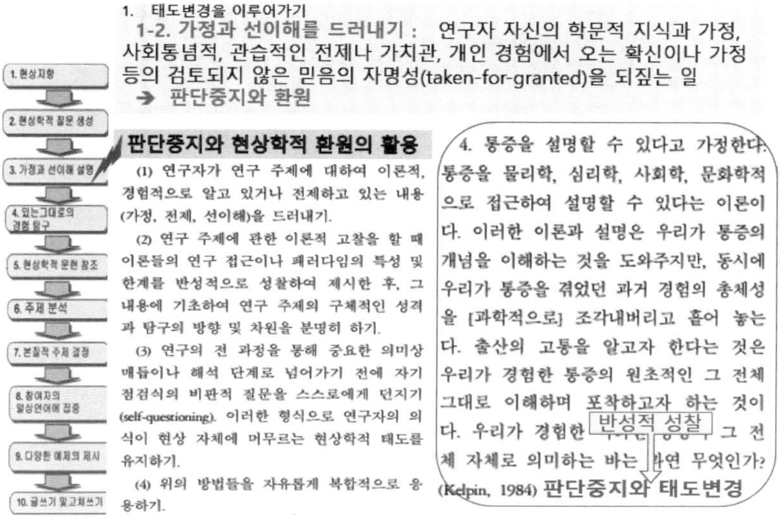

그림 13. Van Manen 분석단계의 가정과 선이해 설명

(3) '있는 그대로의' 경험 탐구와 현상학적 문헌 참조

이제는 연구참여자에게 집중하면서 연구참여자들의 '있는 그대로의' 경험이 무엇인지를 심층적 인터뷰를 통해 추출해내게 된다. 이 목적을 효과적으로 수행하기 위해 Van Manen은 다양한 문학작품, 예술적 작품, 민속적 이야기 등을 활용하기를 권하고 있는데, 이것이 바로 현상학적 문헌 참조이다. Van Manen이 현상학적 문헌 참조를 강조한 이유는 그러한 문헌들은 대부분의 사람들이 경험하고 공감하는 문화 예술적 가치들을 담고 있기 때문에, 그러한 내용들이 연구자, 연구참여자, 그리고 독자들 모두에게 공감과 설득력을 높여준다고 보았기 때문이다.

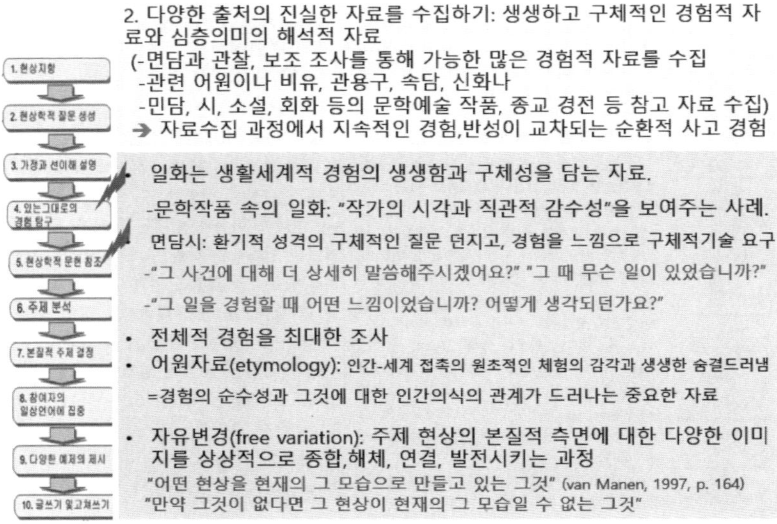

그림 14. Van Manen 분석단계 중 있는그대로의 경험 탐구와 현상학적 문헌 참조

(4) 주제분석과 본질적 주제 설정

주제분석과 본질적 주제 설정은 이 분석과정에서 가장 중요한 단계로서, 다른 방법론들의 주제 추출, 범주화, 그리고 핵심주제 설정과 유사한 단계이다. Van Manen(1977)은 주제를 선정하는 방법으로 크게 전체적 방법, 선택적 조명법, 세분법을 제시하고 있다. 간단히 설명하자면, 전체적 방법은 모든 응답들을 전체적으로 검토하여 중요한 주제들이라고 판단된 주제를 선별하여 포괄적으로 제시하는 것이고, 선택적 조명법은 연구자가 중요하다고 생각하는 특정 주제에 집중하여 소개하는 방식이다. 그리고 세분법은 모든 주제들을 세부적으로 분류하여 접근하는 것인데, 전체적 방법이 연역적top-down 접근법이라면 세분법은 귀납적bottom-up 접근법이라고 이해할 수 있다.

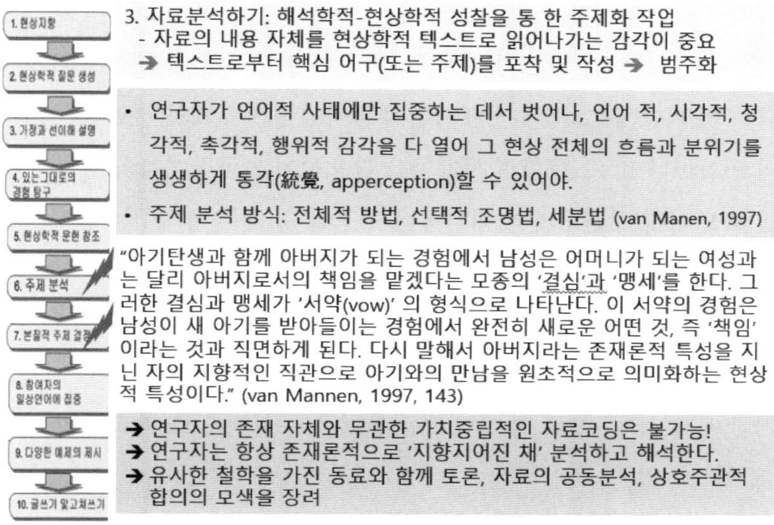

그림 15. Van Manen 분석단계 중 주제분석과 본질적 주제 설정

(5) 참여자에 집중과 글쓰기

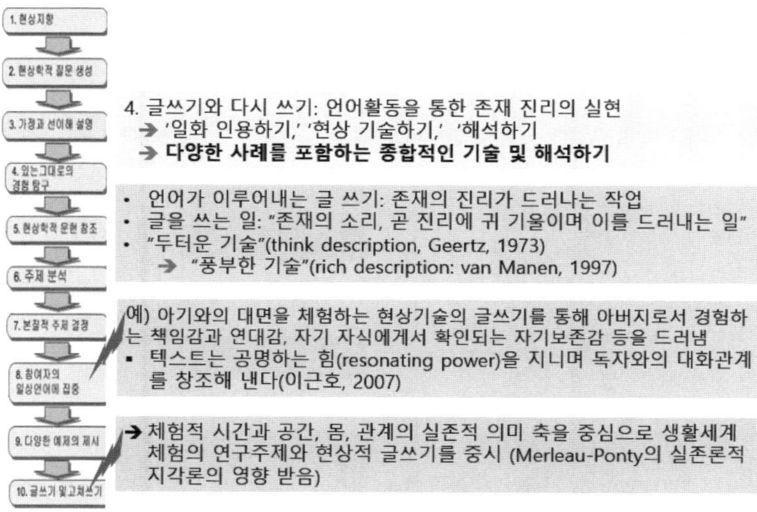

그림 16. Van Manen 분석단계 중 참여자에 집중과 글쓰기

마지막으로 참여자에 대한 집중과 글쓰기는 Van Manen 연구방법론의 특징인 문학적 글쓰기가 논문 속에서 잘 드러나도록 하는 과정이다. 연구자는 위 그림에서 제시된 내용처럼 연구주제와 부합하는 최적의 인용이나 비유, 문학적 사례들을 활용하여 연구참여자의 경험의 본질을 드러내고 연구자의 해석이나 주장을 잘 부각시켜주는 글쓰기를 시도해야 한다.

6) 현상학 연구방법론의 종합적 비교

지금까지 소개 한 네 가지의 분석방법을 종합적으로 비교하면 다음 [표 10]과 같다.

표 10. 현상학적 분석 방법들의 비교

Giorgi(1970): 심리학	Colaizzi(1978): 조직연구	Van Kaam(1969): 심리	Van Manen(1990): 교육
살아있는 경험의 의미 밝히기	적절한 자료출처→적절한 자료 수집방법과 일치 시키기	"현상 자체의 의심할 여지없는 해석으로서 드러나는 것"(Spiegelberg, 1991, p. 290)	현상기술적(descriptive) +의미 해석적(meaning interpretative)
i. 읽는 그대로 읽기/기술하기			
1. (대상자의 언어 그대로) 자신의 경험을 표현한 본래의 의미단위	1. 대상자의 기술(protocols)읽기: 자료에서 느낌을 얻기 위함	1. 반복 청취→대상자의 말 그대로를 글로 옮김	1. 태도변경을 이루기: 주제 현상에 대한 존재론적·학문적 지향과 **현상학적 문제의식** 발전시키기
2. 대상자의 경험을 나타내는 주제(theme)를 규명	2. 탐구하는 현상을 포함하는 구, 문장으로부터 의미있는 진술을 도출	ii. 주제규명/의미있는 진술추출 2. 의미있는 진술을 추출 iii. 범주화 작업	2. 다양한 출처의 진실한 자료 수집: **생생하고 구체적인 경험적 자료와 심층의미의 해석적 자료**
3. (연구자의 언어로) 주제를 구체화하여 대상자의 경험이 그에게 의미하는 중심의미를 규명	3. 좀 더 일반적인 형태로 재진술		
4. 중심의미를 통합하여 상황적·구조적 기술(연구 대상자의 관점에서 파악된 경험의 의미)하기	4. 구성된 의미(formulated meaning)를 끌어내기 5.주제, 주제모음(theme clusters), 범주로 조직	3. 각 진술이 공통의 속성으로 묶어지도록 **범주화 작업**: 원자료→부주제→주제→범주화→빈도순 나열	3. 자료분석하기: 해석학적–현상학적 성찰을 통한 **주제화 작업**

5. 일반적 구조적 기술(전체 대상자의 관점에서 파악된 경험의 의미)하기	6. 연구하는 현상과 관련시켜 명확한 진술로 완전하게 최정적인 기술하기	4. 분류된 범주화를 기반으로, 분석과 통합 iv. 현상에 대한 기술	4. 글쓰기와 다시 쓰기: 언어활동을 통한 존재 진리의 실현

위 네 가지 분석방법들의 공통된 특징은 i) 연구참여자의 응답을 '있는 그대로' 기술하거나 전사하는 단계, ii) 그 응답들 중에서 의미있는 진술을 추출하고 주제를 규명하는 단계, iii) 의미있는 진술들을 핵심주제에 따라 범주화하는 단계, 그리고 iv) 추출된 의미들의 범주화 결과로 나타난 핵심적인 혹은 구조적인 현상에 대한 해석과 설명을 바탕으로 현상학적 글쓰기를 하는 단계로 정리될 수 있다.

5. 현상학적 연구의 사례 분석

마지막으로 현상학적 실제 연구들의 세 가지 사례(아쉬운 사례, 일반적 사례, 우수한 사례)를 통해서 어떤 현상학적 연구가 바람직한 연구인지에 대해 살펴보자.

1) 아쉬운 사례

조울증 여성의 미술심리치료 경험에 대한 질적 사례연구(△△△, 2012)

위 연구가 채택한 방법론 상의 주요 내용을 정리하면 다음과 같다.

가. 연구 목적: 조울증 진단을 받았던 여성의 미술심리치료의 경험은 무엇이며 그 경험의 의미는 무엇인지를 이해하고자 하였다.

나. 연구 방법: 미술심리치료 과정에서의 그림들과 메모들을 활용하

였고, 3회의 심층 인터뷰(축어록과 이메일 자료들 포함)를 시도하였다.

다. **연구 결과**: 이 연구는 연구결과를 '희망이 보이다' / '나 자신과 싸우다' / '치료사와 함께 세상과 싸우다' / '새 옷을 만들다' / '세상과 더불다'의 5단계로 범주화하였다.

라. **분석방법**: 연구자가 제시한 현상학적 연구로서 핵심적 분석방법은 다음 세 가지이다.

a. 치료적 요인: 치료사와의 관계 경험(내담자가 외부세계에서 실제적인 시도를 할 수 있도록 탐색하고 연습)

b. 2단계의 극복요인: 치료동맹의 중요성(저항: 그녀의 분열된 내적세계가 심리치료현장에서 다시 재현되는 것/자신의 존재방식을 지키고자 하는 분투)

c. 내담자 스스로의 저항이 미치는 결과에 대한 자각과 수용, 그리고 스스로의 실천이 가장 큰 요인

마. **논문에 대한 총평**: 이 논문은 제목에서 나타났듯이 질적 사례연구이면서도 현상학적 연구의 형태를 띠고 있지만, 제대로된 현상학적 연구라고 보기에는 몇 가지 부족한 점이 있다. 즉, 현상학 연구의 형식을 보여주고 있고, 연구주제나 연구문제(여성의 미술심리치료의 경험은 무엇이며 그 경험의 의미는 무엇인지?)가 현상학적 연구주제에 해당한다. 그럼에도 불구하고, 현상학에 대한 이론적 배경 설명이나 특정 현상학적 방법론을 따르고 있지 않고, 연구결과로 제시된 네 가지 주제들이 현상학적 성찰이나 연구참여자의 본질 직관에서 비롯된 것인지에 대한 명확한 설명이나 분석의 방법론이 제시되어 있지 않다. 사실 이처럼 현

상학적 논문의 느낌을 주면서도 실제로는 명확한 현상학적 방법론을 따르거나, 심도있는 인터뷰 시행 및 체계적인 분석의 과정을 거치지 않고 연구자의 임의적 해석을 기반으로 나타난 결과를 제시하는 논문들이 상당히 많다.

2) 일반적 사례

학대받은 아동에 대한 연구(OOO, 2004)

가. **자료의 분석**: 구체적인 주제 분석 과정을 거침.

a. 자료수집 방법: 녹음된 테이프를 연구자가 여러 번 들으면서 전사된 내용과 얼마나 다른지를 찾아내면서 내용 확인. 전사본을 면담 당사자가 속한 기관에 보내 내용 검토

b. 연구팀의 역할: 연구자는 다른 연구원 2명이 함께 별개로 필사된 내용을 파악하고 세분법에 따라 문장 혹은 문장의 다발을 의미 구조 단위로 나눔. 부분의 의미에 대해 의견 교환

c. 세분법: 세분화된 자료는 분석 회의를 거쳐서 그 문장의 의미에 대한 진술들을 각 문장마다 적어 넣었고 그것을 공통된 주제별로 묶어내 따로 정리. 이러한 과정을 거쳐 현상에 대한 본질적 주제를 결정하고 이를 기술

나. **분석의 예**: [표 11]은 OOO (2004)의 분석 사례들 중의 일례인데, 세부적인 주제들을 추출하고 그중 유사한 주제들을 묶어 본질적 주제로 분류한 것을 보여준다. 그리고 이 주제들을 모은 중심주제들 중의 하나가 '부정적 감정들'이고, 그 중심주제(부정적 감정들)에 대해 연구자가 종합적 해석을 내린 문단을 보여주고 있다. 아울러 오른쪽 하단의 내용은 실제 연구참

여자들의 응답들 중에서 그들의 심정과 마음가짐 등을 보여주는 생생한 응답의 사례들이 어떤 것들이 있는지를 보여주는 사례들이다. 연구자는 수많은 인터뷰 응답들 중 이러한 생생하고 '있는 그대로의' 응답들을 잘 추출하여 주제별로 정리하고 그러한 주제들로부터 연구자가 얘기하고자 하는 현상(사건의 본질)에 대한 해석을 제시하는 것이 현상학적 연구의 핵심이다.

표 11. 분석 사례(OOO, 2004)

주제들	본질적 주제
• 부모(학대자 포함)에 대한 보호와 정당화 • 나의 잘못	나의 잘못
• 잘못한 내용을 잘 모름 • 학대를 유발하는 상황 • 부모의 부적절한 요구	예측 불가능
• 부정적 감정들 • 감정처리의 어려움 • 상대방의 감정을 모름	혼란스러운 감정
• 소망적 사고 • 모호한 사고	세계로부터의 도피
• 부정적 자아상 • 학대자의 기준으로 자신을 평가함	자존감의 박탈
• 친구들과의 차이 • 친구와의 불화 • 친구로부터의 고립	친구와의 갈등
• 반항하지 않음 • 침묵하기	혼자서 삭임
• 가정의 불화 • 가족에 대한 걱정 • 가족에 대한 희망	가족 지향적인 삶

(1) 부정적 감정들

학대에 관해 자신의 감정을 밝히는 것을 아동들은 매우 어려워한다. 우선 학대 사건 자체를 이해하기도 어렵고 그에 따른 복잡한 심정을 표현하기 어렵기 때문이다. 특히 사건에 대한 진술보다 그 사건으로 인해 느낀 감정을 표현하는 것이 더 어렵다. 질문을 받은 경우에 회피와 부정을 많이 했고, 주제를 바꾸려 한다. 그러나 몇몇 아동은 어느 정도 학대 문제에 대해 솔직한 감정 표현을 하는 경우도 있다. 그 중에 크게 두드러지는 것이 분하고 억울한 감정과 죽고 싶은 심정 등의 부정적 감정이다.

- 그때요? 누구 없을 때는 좀 분했어요.(참여자 1)
- 억울하고 짜증나요.(참여자 3)
- 나가고 싶지. 죽고 싶어.(참여자 2)
- 욕했어요. (속으로?) 네. (그때 매 맞고 혼나면 어떤 생각이 들었어?) 욕했어요.(무슨 욕을 어떻게 했어?) 개새끼(음, 또?) 몰라요. 욕한 것밖에 없어요.(참여자 10)
- 억울하다(참여자 9)

3) 우수한 사례

항암병동 간호사들의 돌봄 체험(□□□, 2017)

가. **연구설계**: 항암병동 간호사들의 돌봄 체험에 대한 본질을 심층적으로 이해 및 기술하기 위해 van Manen의 해석학적 현상학 적용하였다.

나. **연구자의 판단중지**: 체험의 본질을 향한 집중과 현상에 대한 지향성의 회고

이 논문에서는 간호계에 근문하는 연구자가 현장연구자로서 자신의 경험, 관점, 그리고 가능한 편견들을 다음과 같이 상세하게 기술하고 있다.

> 연구자는 간호사로서 여러 해 암 관련 내·외과 병동에 근무하였고, 종양전문간호사 자격, 다양한 치료 단계의 많은 암 환자 경험을 가지고 있다. 항암병동에서 환자들이 겪는 다양한 부작용과 급박한 응급상황에 부닥치면서 항암제를 투여하고 환자들을 돌보는 것이 점점 부담스러워지기 시작하였다. 그러던 중 업무에 대한 심한 부담과 긴장감을 체험한 바 있고, 근무 과정에서 개인적으로 가족이 암을 진단받고 치료를 받게 되어 보호자로서 가족을 돌보는 체험을 해왔다. 그러는 동안 암 환자들의 고통과 돌봄에 더욱 관심을 가지게 되었고, 자연스럽게 항암병동 간호사들의 돌봄 체험을 심층적으로 탐색하고자 현상학연구를 수행하게 되었다.

다. **현상학적 질문형성**: '항암치료를 받는 암 환자들을 돌보는 항암

병동 간호사들의 돌봄 체험의 본질과 그 의미는 무엇인가?' 여러 번 연구자 자신에게 이 질문을 던짐으로써 항암병동 간호사들의 돌봄 체험의 본질에 집중하고자 하였다.

라. 연구자의 가정과 선 이해: 판단중지를 위해 다음과 같은 연구에 대한 가정과 선 이해, 편견 등을 검토하였다.

a. 항암병동 간호사들의 돌봄 체험은 일반 암 환자의 돌봄 치료와는 차이가 있을 것이다.

b. 고위험 약물인 항암제 투여와 관련된 업무는 다른 투약간호 업무와는 다른 특수성과 어려움이 있을 것이다.

c. 완치 또는 증상완화 등 항암치료를 받는 목적이나 환자들이 겪는 항암치료의 부작용의 정도에 따라 암 환자를 돌보는 간호사들의 부담과 돌봄 체험은 다를 것이다.

d. 항암병동 간호사들은 항암치료로 인해 고통 받는 암 환자를 돌보면서 신체적, 정신적 소진을 경험할 것이다.

연구자는 연구 시작에서 완성 단계에 이르기까지 계속적으로 이러한 자신의 선입견들을 성찰하면서 이를 개인 일지에 지속적으로 기술하였다.

마. 어원 및 관용어구 추적

- 돌봄care은 돌보다의 명사형으로, '슬픔sorrow, 불안/염려anxiety, 비탄grief' 또는 '마음의 짐, 정신적으로 굉장히 신경을 쓰는 것 burden of mind; serious mental attention'을 뜻하는 고대 영어로부터 유래되었다. 즉, 돌봄이란 어원에는 상대방의 고통과 아픔에 부담이 될지라도 마음으로 신경을 쓰며 보호하고 돌보는 것이라는 의미가 내포된다.

- 돌봄과 관련된 관용어구의 사용: '긴 병에 효자 없다'는 오랜 돌봄으로 성의가 없어지거나 소홀해지는 것을 비유한다. 이는 돌봄으로 인한 소진을 함축하고 있다. 또 다른 예로 '아이를 키워봐야 어른이 된다'는 돌봄 행위를 통해 돌봄 제공자도 함께 성숙되어 간다는 의미를 내포한다.

바. **문학과 예술로부터의 경험적 묘사(van Manen식)**: 연구에 활용한 문학작품으로는 다음과 같은 것들이 있다: 영화「50/50」,「안녕, 헤이즐」,「카르페 디엠」, 에세이「살아온 기적, 살아갈 기적」, 웹툰집「오방떡 소녀의 행복한 날들」, 시집「보통 사람도 사랑을 꿈꾼다」& 소설「아내의 여행」. 이러한 작품 속에 표현된 묘사를 통해 항암치료과정을 겪는 암 환자들의 모습과 그들을 돌보는 간호사들의 체험에 대한 현상학적 통찰력을 갖고자 하였다.

사. **신뢰도와 타당도 확보**: 연구자는 신뢰도 및 타당도 확보를 위해 이를 평가하는 기준(Sandelowski, 2000)인 신뢰성credibility, 적합성fittingness, 감사가능성auditability, 확증성confirmability 등을 고려하였다고 밝히고 있다.

a. 신뢰성 확보: 연구참여자들의 경험을 잘 표현할 수 있도록 신뢰관계를 형성하며 편안한 분위기 속에서 면담이 진행하였다. 면담 이후 녹취된 자료를 반복해서 들으며 연구자가 직접 필사하였고, 자료가 누락되거나 왜곡되지 않도록 주의하였다.

b. 참여자 검증member check: 연구참여자 2명에게 연구결과를 보여준 뒤 참여자의 의도와 경험이 잘 전달되었는지 확인하였는데, 녹취된 자료와 체험 진술이 일치하였다.

c. 자료분석 타당성: 공동연구자와 의미 있는 텍스트를 분리하고 그 의미의 구조와 본질을 분석한 뒤, 같은 의미끼리 묶어 주제 진술을 도출하고 범주화하는 과정을 수차례 논의하였다. 간호사와 환자와의 상호관계 속의 돌봄 체험에 중점을 두었고, 논의 끝에 합의된 연구결과를 도출하여 연구결과의 신뢰성을 고취하였다.

d. 적합성 확보: 연구참여자들의 성별, 나이, 임상 경력 등을 기술/포화상태에 이를 때까지 자료 수집하였다. 참여자들의 공통적인 경험들을 도출하여 연구결과가 다른 맥락에서도 적용될 수 있도록 하였다.

e. 감사가능성확보: van Manen의 연구방법에 따라 충실히 진행/연구 진행 전 과정을 상세히 기록/본질적 주제와 그의 하위 주제를 표로 제시/분석의 근거가 되는 원자료를 인용문으로 삽입하였다.

f. 연구자의 중립성: 자료수집 전에 선 이해와 가정, 편견과 고정관념을 미리 밝히고 연구의 전 과정 동안 판단 중지와 괄호 치기bracketing를 시도하였다.

g. 신뢰성과 적합성, 감사가능성을 확립함으로써 확증성도 획득하였다.

아. **연구윤리 문제**: 마지막으로 연구자는 연구윤리의 점검을 어떻게 하였는지를 밝히고 있다. 연구윤리의 준거들 중에서 자료의 타당성 기준으로는 신뢰성credibility(참여자의 응답이 믿을만한가?), 전이가능성transferability(연구자의 해석이 다른 경우에도 적용되는가?), 의존가능성dependability(연구자의 연구행위가 신뢰할만한가?),

그리고 확증성conformability(연구결과가 확실하고 안정적인가?), 신뢰성Confidentiality(연구자료나 연구참여자의 프라이버시가 보안되는가?) 등이 있다.

현상학적 연구의 윤리성 점검에서 다음과 같은 사항의 점검이 필요하다.

a. 연구참여자와 공감대와 자료 공유의 신뢰성이 형성되었는가?
b. 연구참여자의 사생활privacy이 보호되었는가?
c. 연구 절차나 목적에 대해 명확히 알리고, 이해하고 있는가?
d. 정향성Orientation: 연구참여자의 세계와 이야기에 관여하는 수준이 공유되었는가?

아울러 Kafle(2011, p. 196)은 다음과 같은 연구결과의 질적 수준에 대한 공유가 필요함을 강조한 바 있다.

a. 강도Strength: 텍스트가 연구참여자의 스토리의 내면적 의미를 설득력있게 재현해내고 있는 정도
b. 풍부함Richness: 연구참여자가 느끼는 의미의 내러티브를 포함한 텍스트의 심미적 질aesthetic quality
c. 깊이Depth: 텍스트가 연구참여자의 의도를 최대한 꿰뚫고 표현해내는가?

정리하자면, 현상학적 연구는 여러 질적 연구들 중에서 철학적 토대나 이론적 배경이 분명하고, 연구주제에 대한 상당히 깊이 있는 통찰과 연구참여자에 대한 심층적 이해가 요구되고, 연구자의 해석의 수

준이나 논문의 글쓰기도 높은 수준의 문학적 통찰력이 요구되는 연구 방법론이다. 아울러 연구윤리의 고려에서도 드러나듯이, 상당한 수준의 윤리적 고려와 연구의 타당성 및 질적 고려가 요구되는 연구방법이므로 많은 공부와 방법론적 훈련이 필요한 영역임을 강조하지 않을 수 없다.

VI 근거이론 연구방법론Grounded Theory Methodology

1. 근거이론의 이해

1) 기본 개념

근거이론은 다음과 같은 목적으로 개발되었다.

a. 체계적으로 수집되고 분석된 데이터로부터 어떤 이론을 개발해내려는 노력임.

b. 귀납적 방법inductive: 자료수집과 자료분석 간의 지속적인 교호작용을 통해 어떤 이론을 발견해내려는 접근법을 활용함.

c. 현상에 대해 맥락기반context-based 및 과정 기반process-oriented으로 기술하고 설명하고자 할 때 활용함.

2) 정의

근거이론은 다음과 같이 정의된다.

a. 일련의 체계적인 (자료분석) 과정을 통하여 어떤 현상에 대해 귀납적으로 이끌어진 하나의 이론으로 발전시키는 질적 연구방법(Strauss & Corbin, 1990)

b. 현실에 기반된 (근거 있는) 이론을 통해서 현상을 설명하려는 시도

c. 논리적 근거: "자료로부터 나온 이론은 경험에 근거한 것(귀납)

으로 추론을 통해서 도출된 이론(연역)보다 더 현실을 잘 표현할 수 있다."

3) 근거이론의 연구 주제(대상)

근거이론의 연구 대상이 되는 '중심 현상'이 무엇인가? 즉 연구자가 연구하고자 하는 '현상'이 무엇인가?(자연적 현상보다는 주로 사회적 현상)를 명확히 확인해야 한다. 예를 들어, 왜 세계적으로 젊은이들이 방탄소년단에 열광하는가?라는 연구문제에서 연구하고자 하는 현상은 '방탄소년단의 인기'이다. 또한 학급의 학생들은 왜 수학을 포기했는가?라는 연구문제의 연구하고자 하는 현상은 '수학 포기' 혹은 소위 '수포자'의 등장이다.

근거이론은 '연구대상자의 표현data' 속에서 그들이 의미 있게 받아들이고 있는 주요 사건이나 문제점을 대상자의 관점에서 파악하려는 연구하고자 한다. 따라서 연구하고자 하는 영역에서 보여지는 행위의 다양성을 설명하고 해석할 수 있는 개념을 발견하고 이들 개념들 간의 관계를 만들어 내는 것이 목표이다.

4) 근거이론의 연구의 실제 사례(전공별)

다음은 근거이론방법론이 적용된 실제 연구의 제목이다.

- 대학생의 수업참여 특성(교육학)
- 언어치료사의 말더듬 아동 치료경험(특수교육)
- 광고카피의 산출과정(언론정보학, 커뮤니케이션)
- 간호사의 보완대체요법 수용과정(간호학)
- 소방공무원의 직무수행 행태(행정학)

- 노년기의 사회활동 경험(노인학)
- 지방정부 재난관리 기관의 재난대응 방식(행정학)
- 시설노인의 적응과정(노인학)
- 교육과정 재구성 저해요인(교육학)
- 중년여성의 폐경 경험(보건학)
- 결혼초기 부부의 적응과정에서 학습경험(가정학)
- 마을만들기 과정에서의 갈등(도시공학)

위 연구주제들을 참조하여 자신의 전공에 부합하는 연구주제를 생각해볼 필요가 있다.

2. 근거이론 연구의 배경

1) 이론적 배경: 상징적 상호작용론symbolic interactionism

근거이론의 기본 이론적 배경인 상징적 상호작용론은 G. H. Mead(1934)에 의해 체계화되어 제자인 Blumer(1969)가 발전시킨 이론이다. 상징적 상호작용론의 기본 근거는 다음과 같다.

- "인간의 상호작용에는 무언가 의미(상징)가 있다"
- "개인들이 의미를 생성하는 과정에서의 상호작용"이 이루어짐.
- 상징적 상호작용론을 바탕으로 사회 과정에서 일어나는 인간 행위의 의미를 설명하고자 함(예: 연예인 열광 이유, 수학 포기 이유…).

상징적 상호작용론은 다음 그림과 같이 개인들의 머릿속에서 일어나는 사고가 언어(상징)체계를 통해 상호작용을 하면서 의미를 형성해 나간다는 이론이다. 여기서 중요한 것은 객관적 실재가 존재한다기 보다는 세계 속에서 각 개인들의 경험이나 인식이 사고를 형성하고 그러한 사고의 교환과 의미 부여가 세상의 실재를 구성한다는 이론이다.

상징적 상호작용론의 기본 가정은 다음 세 가지이다.

a. 사람들은 주어진 상황 속에서 사물(환경/상황)의 의미에 기초하여 행동을 하며,

b. 상호작용의 목적은 그러한 의미의 공유: 사물(환경/상황)이 갖고 있는 의미는 사회적 과정을 통해서 형성되고, 변형되고 유지되며,

c. 사람들은 해석적 과정을 통해서 의미를 사용한다.

따라서, 인간의 모든 사회적 행위는 행위자가 자신을 둘러싸고 있는 상황을 주시하고 해석, 평가하는 과정을 통해 이루어진다고 보았다. 요컨대, 근거이론은 인간이 주변환경 및 상황을 어떻게 인식/해석하는가를 체계적으로 분석함으로써 그 환경과 상황의 본질을 연구하고자 한다.

2) 이론과 연구방법론의 연계

Blumer(1969)는 다음 [그림 1]과 같이 사회적 상호작용의 3가지 원리(Meaning, Language, Thought)에 주목하였다.

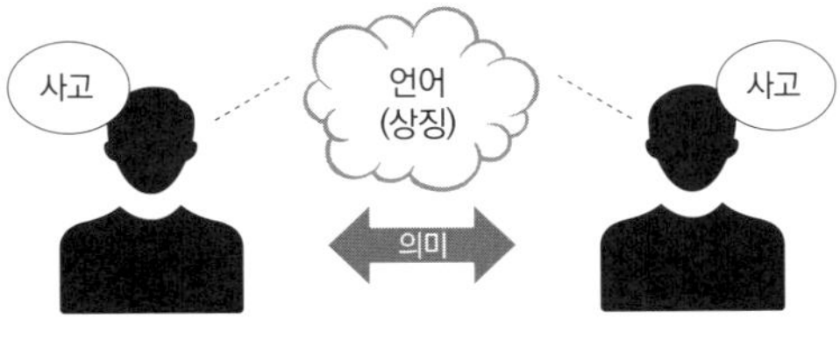

그림 1. 상징적 상호작용론의 개념 구조

Blumer는 위 세 원리를 바탕으로 개인의 자아가 창조되고, 보다 큰 공동체 속에서 사회화가 이루어진다고 보았다. 사람들의 인간 행위나 상호작용의 본질을 파악하고 개념화하기 위해서는 그들이 어떤 말과 행동에 의미를 부여하는가를 이해해야 한다고 보았다. 즉, 의미는 행동의 특별한 목표나 의도이고, 사람들의 상호작용의 기초가 된다는 것이다. 예를 들어, 어떤 사람이 "어, 좋아보이는데, 운동 좀 했어?"라고 말했을 때 그 의미는 어떻게 해석되어야 하는가?를 연구하는 것이다.

이 때 언어란 '상징의 통해서 의미가 협상되는 수단'이기 때문에, 상징적 상호작용은 인간이 의미(이름)을 인식하고, 담론을 만들어내며 의사소통을 시도하는 것이다. 그리고 인간의 사고는 상징을 해석(대화하는 동안 우리는 타인의 관점, 사고, 의미를 해석한다)하는 과정이다. 이러한 원리를 기반으로 Blumer는 인간이 사회적 상호작용 속에서 언어란 매개를 통해 사고하고 의미를 교환하는 과정을 연구하고자 하였다.

3) 근거이론 연구방법론의 개발

근거이론 연구방법론은 Glaser와 Strauss에 의해서 본격적으로 이루어진다. 우선 Strauss(1967)는 상호작용주의와 실용주의의 영향을 받아 Discovery of Grounded Theory(1967)란 책을 저술하였다. 아울러 Glaser(1978)는 "연구자는 근거이론방법론을 통하여 연구대상의 주요 문제를 찾아내고, 그들이 지속적으로 문제를 해결해나가는 기본적인 심리사회적 과정basic psychosocial process을 발견/이해할 수 있다." 라는 주장을 바탕으로 근거이론을 개발하였다. 그리고 Strauss는 Basics of Qualitative Research(1990)란 저서에서 "자료 수집은 현장(특히 사람들의 행동, 상호작용, 사회적 과정 등으로부터 수집된 자료)에 근거해야 한다."라고 주장하면서 근거이론 방법론의 기초를 다졌다. 정리하자면, 연구하고자 하는 현상의 맥락과 밀접하게 관련되는 이론을 개발/생성하는 것이 근거이론의 핵심이며, 그런 의미에서 '현실기반이론'이라고도 불린다.

Glaser와 Strauss의 근거이론 방법론의 차이를 비교하면 다음 [표 1]과 같다.

표 1. Glaser와 Strauss의 방법론 차이

구분	B. Glaser	A. Strauss (나중에+ Corbin이 합류)
학문적 배경	• 미. Columbia Univ. 강의 • P. F. Lazarsfeld (근거이론방법) • +R. K. Merton(이론구축법)의 영향	• 미. University of Chicago 강의 • 상징적 상호작용주의 & 실용주의 • UCSF. 간호대(1960~1987) + 제자 Corbin의 합류
공동 출발	『Awareness of Dying(1967)』 / 『The Discovery of Grounded Theory: Strategies for qualitative research』(1967)	
결별	『Doing Grounded Theory: Issues and Discussions』(1998): 차별화	Strauss & Corbin의 『Basics of Qualitative Research』(1990)
주제 선정	• 연구자의 관심이 아닌 연구 참여자의 진정한 관심에서 출발해야.	• 기존 문헌 속에서 후속 연구가 필요한 주제 선별 • 개인적 경험이나 전문가적 경험 속에서
	• 연구해 보고 싶었던 현장 속에 들어가 관찰 및 초기 면담	
면담 질문	• "What if?"는 연구자의 선입견을 반영하므로, 가급적 배제해야! 사람들이 일상생활의 문제를 해결해가는 과정 (표피적 질문) → 위 질문의 전복을 통해 그 일상이 진정 사람들에게 어떤 의미가 있는지를 탐색 (심층 질문) →	• **어떻게(how) 질문:** 요즘 어떻게 지내세요? 힘들 때는 어떻게 하세요? 동료에게 무시당했을 때 기분은 어땠나요? * **만약~한다면(what if) 질문:** 만약 취업을 했더라면 어땠을까요? 만일 돈이 많았다면, 달라졌을까요? 만일 친구가 무시한다면, 어떻게 하시겠어요?

Glaser와 Strauss는 학문적 배경에는 약간의 차이가 있으나, 1967년 두 저서를 통해 근거이론방법론의 공동개발에 참여하였다. 하지만, Strauss가 제자인 Corbin과 『*Basics of Qualitative Research*』(1990)을 공동저술하면서 방법론에서 약간의 차이가 발생하였고, 이를 동의할 수 없었던 Glaser는 『*Doing Grounded Theory: Issues and Discussions*』(1998)란 저술을 통해 차별화된 연구방법론을 강조하게 된다.

두 사람의 차이점은 연구주제의 선정에 있어서 '연구자의 관심이 아닌 연구참여자의 진정한 관심에서 출발해야 한다는 입장(Glaser)'과 기존 문헌 속에서 필요한 연구 주제를 추출하거나 연구자 개인적(전문가적) 경험 속에서 연구주제를 이끌어낼 수 있다(Strauss & Corbin)로 달라진다. 다만 양자는 연구해 보고 싶었던 현장 속에 들어가 관찰 및 초기 면담을 수행하는 것에는 동의하고 있다. 면담 질문에 있어서도 Glaser는 만약 이랬다면 어떨까요?(What if?)란 질문은 연구자의 선입견을 반영하므로, 가급적 배제해야한다고 보았고, Strauss측은 기본적 질문(how?)과 심층적 질문(what if?)의 차원에서 활용이 가능하다고 보았다.

표 2. Glaser와 Strauss의 방법론 차이(계속)

(계속)	B. Glaser	A. Strauss (후에 Corbin이 합류)
문헌 고찰	• 자료 속에서 핵심 범주가 발견되고 이론이 나타날 때까지 문헌고찰 자제 (연구자 선입견 개입, 자료 끼워 맞추기가 우려됨)	• 실제 자료 속에 담겨있는 의미를 파악할 수 있는 이론적 민감성을 발달시키기 위하여 지속적으로 문헌고찰을 해야함 • 괄호치기(bracketing)를 잘하면 됨
	* Hutchinson(1986)의 절충안: 참여자의 문제발견 〉〉 문헌고찰 〉〉 핵심범주 탐색	

참여자의 주된 문제?	기본적인 사회(심리적) 문제[Basic social-(psychosocial) problem]	"중심현상(central phenomenon)"
	→ 이를 바탕으로, 궁극적으로 핵심 범주(core category)를 수립하는 것	
중심현상 핵심범주 분석 예	• 치매 노인을 돌보는 간호사 경험: 중심현상 "안타까움" → "안타까움"을 다루어 나가는 핵심 범주는 "감싸 안음"(Kim, 2001) • 정신과 병동 환자의 사고와 관련된 정신간호사: 중심 현상 "고통" → "고통"을 다루어 나가는 핵심 범주: "고통을 견디어 냄"(Kim, 2000)	
분석 과정 (코딩)	• 개방 코딩 • 선택적 코딩 • 이론적 코딩(자료에서 나타난 범주들의 속성(property)간의 개념적 관계를 만드는 지속적인 비교 분석)	• 개방 코딩 • 선택적 코딩 • 축 코딩 (→패러다임 제시) → 분석한 자료를 이론으로 통합
주의 사항 (공통)	• (연구자가 설정한) 축 코딩이나 이론적 코딩에 자료를 끼워맞추지 말고, → 자료의 의미에 맞게 축 코딩이나 이론적 코딩을 생성해야 함. • 자료에 근거하여 계속적인 비교 분석을 해나가면서 개념을 추출해내고, 개념 간의 관계를 발견한 후에 그 가설적 유형에 맞게 축 혹은 이론적 코딩을 선택해야 함	

문헌고찰의 방법에 있어서 Glaser는 연구자의 선입견이 개입될 위험이 있으므로 자료 속에서 핵심 범주가 발견되고 이론이 나타날 때까지 문헌고찰을 자제해야한다고 보았다. 반면, Strauss측은 이론적 민감성을 발달시키기 위하여 지속적으로 문헌고찰을 해야하고, 다만 연구자의 선입견을 배제하기 위해 괄호치기bracketing를 잘할 필요가 있다고 보았다. 아울러 Glaser는 주된 연구의 목적이 근거이론 초기의 접근이었던 기본적인 사회(심리적) 문제를 확인하는 것으로 삼았고, Strauss는 좀 더 발전된 형태인 중심현상을 파악하는 것으로 삼았다.

그리고 분석과정에서도 두 사람은 약간의 차이를 보이는데, Glaser는 개방 코딩, 선택적 코딩, 이론적 코딩을 중심으로 하였다면, Strauss측은 개방 코딩, 선택적 코딩, 축 코딩을 중심으로 하였다. 이 코딩 방법에 대해서는 뒤쪽에서 자세히 설명하도록 한다.

4) 근거이론 방법론의 개요

근거이론 방법론의 개요를 정리하여 표현하면 다음 [그림 2]와 같다.

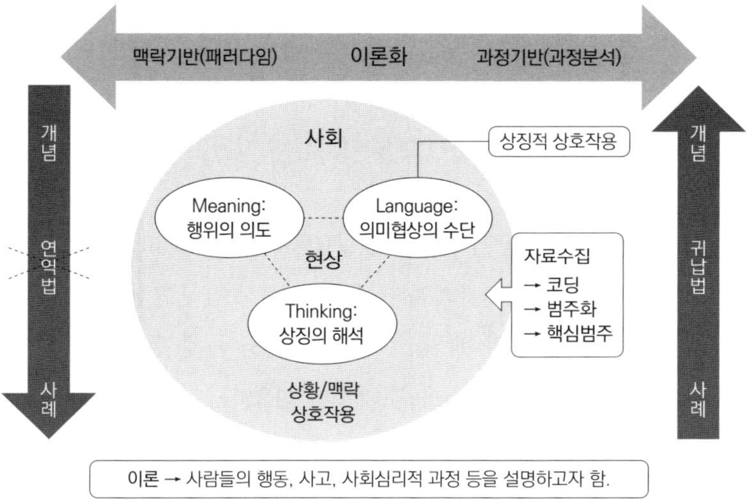

그림 2. 근거이론 연구방법론의 개요

위 그림은 지금까지 설명한 근거이론의 기본 원리를 표현하고 있다.

a. 근거이론은 특정 상황에 관련된 어떤 이론(즉 어떤 현상에 대한 추상적 분석적 구조)을 생성하거나 발견하려는 연구이다.

b. 사람들은 어떤 상황/맥락 속에서 상호작용하면서, 행동(의도)하거나 언어(의미)를 사용한다. 즉, 개인이 어떤 현상에 반응하여 행동하고 상호작용하면서 하나의 과정에 관여하는 것이다.

c. 근거이론은 사람들이 '현상'에 대하여 어떻게 반응하고 행동하는지를 연구한다. 이를 위해 면접자료 수집, 현장 방문, 정보의 범주 개발 및 상호관련, 이론적 명제/가설을 쓰거나 이론에 대한 시

각적 그림을 맥락기반 패러다임과 과정기반 모형으로 제시하게 된다.

d. 중심현상(연구관심의 초점)에 참여한 20-30명 정도의 연구참여자들과 면접 및 관찰을 통해 자료를 수집한다.
e. 근거이론은 이론으로 설명하려는 연역법의 접근이 아니라, 실제적 사례의 종합을 통해 이론화를 시키는 귀납법의 접근을 취한다.

5) 문화기술지에서의 근거이론적 연구(Charmaz & Mitchell, 2001)

문화인류학자인 Charmaz(2006)는 문화기술지 연구현장 속에서 공동체 구성원들이 어떤 말과 행위, 그리고 그것을 통해 생성하는 의미가 무엇인지를 근거이론 방법론을 통해 연구하였다. 그 연구과정을 정리하면 다음 [그림 3]과 같다.

그림 3. 문화기술지에서의 근거이론연구 작성 과정(Charmaz, 2006)

[그림 3]에서 연구현장에서 자료를 수집하는 방법이 문화기술지 연구현장의 특성을 반영하여 형식적인 인터뷰나 공식적인 자료수집 보다는 현장 속에 자연스럽게 스며든 연구자가 'memo'를 통해 연구참여자들의 말이나 행동을 기록한 후, 그것을 체계적으로 정리한다는 점을 주목할 필요가 있다. 아울러 5)단계에서 메모된 내용들을 분류함에 있어 수집된 장면의 데이터를 이해하기 위해 그 주제나 현상을 설명하는 기존의 이론을 참조하여 그 이론의 설명에 준하는 방식으로 메모를 작성하거나 메모를 분류할 필요가 있다는 것이다.

위와 같이 메모로 수집된 데이터들은 코딩을 통해 그 데이터를 분류하거나 구조화하는 과정이 필요한데, 이것이 코딩에서 이론을 생성하는 과정이다. 이 과정이 Charmaz의 연구방법론의 하나로서 '코딩으로부터의 이론 생성'인데, 이를 도식화하면 다음 [그림 4]와 같다.

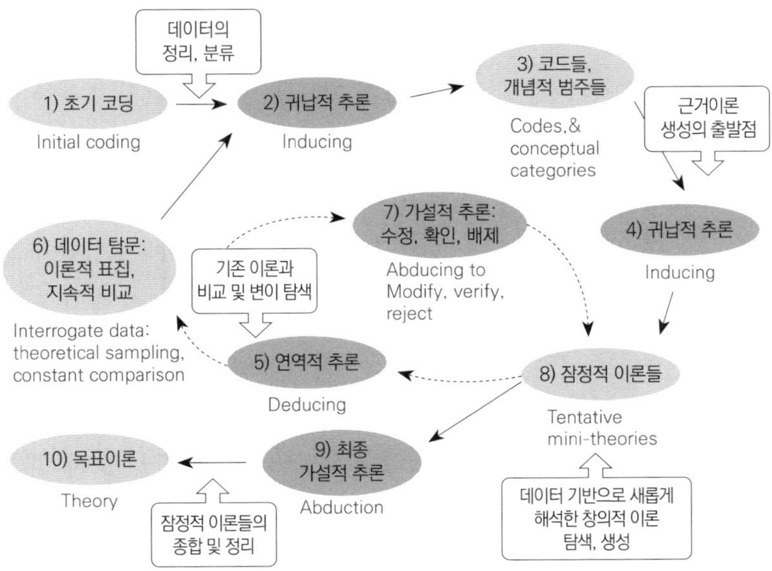

그림 4. 코딩된 자료들에서 이론을 생성하는 과정 개념도

[그림 4]처럼, 다음과 같은 절차를 통해 코딩 자료를 바탕으로 이론화가 이루어진다.

첫째, 초기 코딩(1)을 통해 데이터를 일차적으로 정리 및 분류하는데, 이 과정은 귀납적 추론(2)을 통해 이루어진다.

둘째, 코드들이 개념이나 의미에 따라 범주를 형성하게 되는데(3), 이 범주의 형성에도 데이터 자체에 집중하면서 그 의미를 파악하는 과정 즉, 귀납적 추론(4)이 필요하고 이를 통해 잠정적 이론(8)이 생성될 수 있다.

셋째, 하지만 이 잠정적 이론(8)은 완성단계가 아니기 때문에, 계속 새로운 데이터를 수집하면서, 연구하려는 현상에 대해 설명하고 있는 기존의 이론과 비교하는 과정이 뒤따르는데, 이것이 연역적 추론(5)이다.

넷째, 연역적 추론을 통해 지속적으로 이론적 표집을 통해 데이터를 수집하고 기존의 분류된 데이터와 비교하면서(6) 새로운 이론화의 가능성을 탐색하게 되는데, 이것이 가설적 추론(7)이다.

다섯째, 가설적 추론을 전체 분류된 데이터들을 통해 확인하면서 잠정적 이론(8)은 최종적인 가설적 추론(9)에 도달하게 되고, 이러한 잠정적 이론들을 종합하여 정리한 후에 목표 이론을 수립하게 된다(10).

마지막으로 지금까지 소개한 Glaser, Strauss & Cobin, 그리고 Chamaz의 근거이론 연구방법론을 비교하여 정리하면 다음 [표 3]과 같다.

표 3. Glaser, Strauss & Cobin, Chamaz의 근거이론 방법론 비교

구분	Glaser	Strauss & Cobin	Chamaz
철학	연구자의 영향력 배제	연구자의 영향력 인정	연구자의 영향&가치 용인
초점	연구자는 객관성 유지	데이터나 분석으로부터 거리두기	연구자는 열정적으로 개입
	모든 데이터를 설명하는 이론 개발하고자 함	조직적이고 세밀한 근거 이론을 개발하고자 함	사람들의 경험과 해석의 이론적 이해를 공동-구성
연구 맥락	학술적 담론 고려 ×	적절한 학술적 담론 선정	학술적 담론에 귀기울이기
	맥락-독립적 데이터 (보다 일반적 맥락을 위한 이론 탐색)	보다 일반적 맥락으로 일반화할 수 있는 지역적 이슈를 탐색	지역적 맥락에서의 지역적 이슈를 탐색하고자 함
분석 스타일	생성적 데이터에 관심이 적음	구조화된 절차를 통해 실행기반 micro분석 집중	연구자의 창의적 해석을 적극적으로 활용함
활용 방법	핵심 범주에 지속적 비교, 연역적 접근, 개방&선택 코팅 위주	중심 범주를 선정하기 위해 지속적 비교, 연역적 및 귀납적 접근, 개방, 축&선택 코팅	관련 범주의 지속적 비교, 연역적, 귀납적, 가추적 접근, 초기&초점 코팅
	보편적 영역에 적용 가능한 보다 광범위한 이론 개발에 적합	광범위한 변수들을 설명하여 이론적 타당성을 높이는데 적합	특정 맥락에서의 경험에 대한 넓고 깊은 이론 개발

먼저 초기 모형에 가까운 Glaser는 가급적 연구자의 편견이나 영향력을 배재하고 연구참여자로부터도 맥락에서 독립적인 데이터를 통해서 연구하는 주제에 대해 일반화를 시키려는 경향이 강하다. 그래서 현장 생성적(예상에서 벗어나는 독특한) 데이터 보다는 연역적 접근을 선호하고, 보편화시킬수 있는 설명방식(이론)을 찾아내고자 한다.

다음으로 개량형 연구방식이라고 볼 수 있는 Strauss & Corbin은 연구자의 해석이나 영향력을 인정하면서 데이터에만 의존하지 않고, 보다 체계적인 연구방법론을 개발하고자 하였다. 따라서 구조화된 자

료수집과 수집된 자료들에 대해 세밀하고 지속적인micro 분석을 통해 중심범주(중심현상)를 선별하는 것에 중점을 두었다.

마지막으로 Charmaz의 방식은 문화기술지 전문연구자답게 연구자의 영향력이나 열정적 개입을 기반으로 연구대상자들의 생생한 경험과 연구자의 해석의 상호작용을 권장한다. 그리고 연구주제도 문화기술지의 성격에 따라 지역적 이슈에 관심을 갖고, 그에 대한 연구결과를 일반화하려기 보다는 연구현장의 특정 맥락이 갖는 심층적 의미를 발굴하는데 최선을 다한다.

3. 근거이론 연구절차

1) 근거이론의 핵심 과정 및 절차

근거이론 연구방법론의 기본적인 분석과정은 다음과 같다.

a. 경험적 자료(관찰, 문서, 면접,…)의 체계적 수집(데이터 수집)
b. 유의미한 데이터를 통해 개념을 추출함(의미있는 개념의 생성)
c. 개념들의 수정,통합을 통한 범주화(중심현상의 발견)
d. 자료를 종합하여 구체적 이론의 개발(패러다임, 과정분석 모형 수립)
e. 연구 보고서/논문 작성(근거이론의 탄생)

근거이론은 위와 같은 연구의 핵심과정에 따라, 다음과 같은 구체적 절차를 따른다.

a. 연구주제 선정

b. 연구대상 Pool 선정(이론적 표집)

- 분석 자료 선정(관찰, 상담, 경험적 자료): 지그재그식/지속적 비교
- 실제적 면접 대상과 분석할 자료의 선정

c. 자료수집(심층 면담): 이론(연역적 접근)을 토대로 면담 질문 작성

d. 자료 분석(개방-, 축-, 선택-코딩): 이론을 통한 범주화(이론적 포화)

e. 패러다임(정적) 모형 작성: 원인상황, 현상, 맥락, 매개요인, 상호작용 전략, 결과

f. 과정 분석(동적: 근거이론 작동의 매커니즘) 모형 작성(핵심 범주를 바탕으로)

이 절차를 도식으로 표현하면 다음 [그림 5]과 같다.

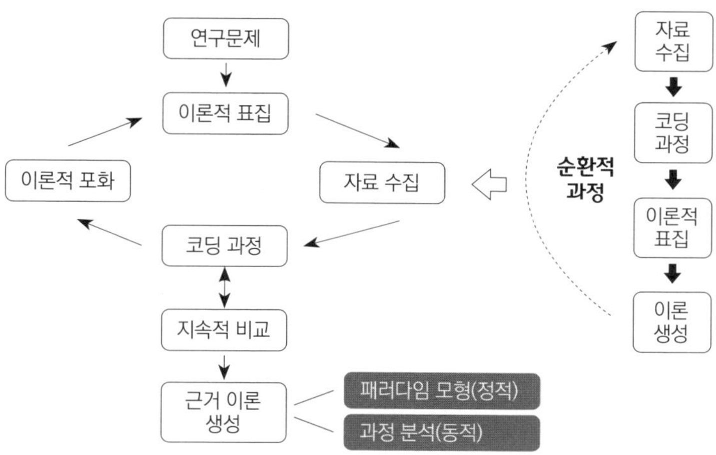

그림 5. 근거이론 연구의 일반적 절차

2) 연구문제의 설정

근거이론의 연구문제가 시작되는 출발은 연구자의 관심(문제의식)과 선행연구 리뷰의 두 가지이다. 우선 연구자의 관심에 따른 연구문제 생성은 연구자 자신의 전문성이나 직업적 경험에서 생성된 연구문제를 설정하는 것이고, 이 때 그 경험의 본질을 숙고하여 연구문제를 추출한다. 다음으로 선행연구 분석을 바탕으로 연구문제 생성은 말 그대로 연구주제와 비슷한 선행연구에서 연구자가 연구하고자 하는 구체적 연구문제를 차용하거나 변형하는 것이다. 예를 들어, 카피라이팅 copywriting 과정에 대한 연구를 한다면, 다음 [표 4]과 같은 연구들이나 이론들에서 연구문제를 생성할 수 있다.

표 4. 카피라이팅 과정에 대한 근거이론 연구의 연구문제 사례

이론적 배경	연구문제
• 카피라이팅 단계에 관한 연구 • 커뮤니케이션 과정의 연구 • 메시지 산출 이론 • 메시지 행위 이론 • 깔데기모델 접근	가. 최종적 카피를 산출하기까지 카피라이터는 어떤 인지적, 태도적, 행동적 과정을 경험하는가? 나. 광고카피 산출 과정은 어떻게 패러다임화되는가? 다. 광고카피 산출 과정의 핵심범주는 무엇인가?

3) 연구대상 선정sampling: 이론적 표집

근거이론에서 연구대상을 표집하는 가장 대표적 방법이 이론적 표집인데, 이는 연구자가 자료의 수집과 분석을 하면서 다음에 어떤 자료를 수집하고 또 어디서 그것들을 발견할 것인지를 결정하는 (근거)이론 생성을 위한 자료수집 과정이다.

가. 이론적 표집

이론적 표집이란 양적 연구의 무선적random 확률표집과 달리, 연구자가 개발하고자 하는 이론을 가장 잘 드러내줄 수 있는 동질적 성격을 가진 표본을 구성하는 것이다. 이를 위해 연구자는 스스로 연구목적에 가장 적절하다고 판단되는 표본을 의도적으로purposeful 선택하면 된다.

나. 연구 대상

연구대상은 다음과 같은 기준을 참조하여 선정한다.

a. 연구가 주목하는 전형적 현상으로 판단되는 사례(Glaser & Strauss, 1967)
b. 연구문제나 이론, 설명의 형태와 관련하여 의미 있는 비교를 가능하게 하는 사례
c. 면접 대상: 연구자가 이론을 가장 잘 형성하도록 돕기 위해 이론에 근거하여 선택
d. 표본 숫자: 연구범위, 집단 규모와 동질성, 연구설계의 복잡성, 자료의 질에 따라 결정
e. 개방형 표집: 정확한 규모를 미리 설정하지 않고 시작(Sandelowski, 1995).

4) 현장 자료 수집: 심층 면담in-depth interview

근거 이론의 주된 자료수집 방법은 체계적으로 구성된 질문을 활용하면서도, 인터뷰 진행과정에서 예측을 넘어 등장하는 응답들을 수용하는 개방형 질문open-ended question을 토대로한 심층면담이다. 예를 들어, 위에서 소개한 카피라이팅 연구에서 심층인터뷰 질문들protocol은

다음과 같은 광고이론의 세부적 사항들을 바탕으로 구성될 수 있다.

표 5. 광고이론의 선행연구 분석을 통해 정리된 심층인터뷰 질문들

▪ **항목**

1. 인터뷰대상자의 일반적 사항
- 연령, 성별, 학력, 직종, 직위, 경력

2. 카피라이터로서의 자기 인식
- 카피라이터의 역할과 기능은 무엇이라고 생각하는가?

3. 카피라이팅의 시계열적 단계
- 카피라이팅과 연동하여 일어나느 제작회의 순서
- 제작회의와 연관해서 카피라이터가 행하는 세부적 작업의 단계
- 카피라이팅과 관련된 리뷰 종류
- 오리엔테이션에서 얻는 정보의 종류 및 카피라이팅과 관련된 의미
- 표현컨셉트 도출의 시점, 방식, 주체
- 아이디에이션을 위한 독특한 개별적 방법 및 순서
- 러프카피 라이팅의 물리적 방법, 순서, 결과물 제시 방법

4. 카피라이팅에 대한 통제요인
1) 조직차원의 통제
   - 카피라이팅 통제의 유형
   - 카피결과물에 대한 비판, 지적, 수정, 재작성 요구의 시점, 방식 ,주체
   - 각 통제주체별 통제 양상의 유사점과 차이점
   - 카피라이팅 통제가 카피결과물에 미치는 구체적 영향
2) 개인 내부 차원의 통제
   - 개인적 선호도 · 가치 · 신념 · 성별 · 도덕 및 정치적 입장이 카피라이팅에 미치는 영향
   - 근무환경 및 임금 만족도가 카피라이팅에 미치는 영향
   - 업무 파트너에 대한 만족도가 카피라이팅에 미치는 영향
   - 육체적 · 정신적 컨디션 정도가 카피라이팅에 미치는 영향

5. 승낙획득적략 구사
- 카피결과물에 대한 설득의 유형
- 카피결과물의 설득 대상 및 시점
- 카피라이팅 세부작업 단계별 설득방법과 강도의 차이
- 카피 설득을 위한 독특한 방법 및 순서

6. 기타
- 카피라이터와 각 협력직종과의 상호작용적 관계

즉, [표 5]와 같은 이론적 내용들이 연구참여자에게 묻는 심층질문들의 밑그림이 되는 것이다. 아울러 심층인터뷰는 다음과 같은 조건들을 고려하여 실시될 필요가 있다.

a. 참여자가 편안함을 느끼는 장소
b. 면담 초기에 일반적, 구체적이지 않은 일상의 대화
c. 대화가 진행되고 신뢰 형성되면 심층면담
d. 자료가 포화될 때 까지 면담지속
e. 녹음 후 필사: 참여자가 표현한 '언어 그대로verbatim'
f. 반복하여 들으면서 원 자료의 내용과 비교검토

물론 근거이론을 위한 자료수집은 심층면담 이외에도 현장관찰, 일기, 편지, 자서전, 전기, 역사적 유물, 대중매체 등의 다양한 경험적 자료를 활용이 가능하다.

5) 자료수집 전략

가. 지그재그zigzag식

현장으로 나가서 정보를 수집하고, 자료를 분석하고, 다시 현장으로 나가서 더 많은 정보를 수집, 자료분석하는 과정을 반복하는 것이다.

나. 지속적 비교

자료수집에 의한 정보들을 가지고 비교하여 범주화시키는 과정을 말하는데, 그 구체적 전략은 다음과 같다.

- 수집된 면접자료로 잠정적 개념이나 범주 구성
- 개념, 범주로 새로운 자료에 적용하여 자료를 잘 설명하는지 확인
- 개념, 범주의 수정

• 새로운 자료에 적용

다. 자료수집 및 메모

근거이론을 위해 자료(메모 포함)를 수집할 때는 다음과 같은 정보를 포함시킨다(Charmaz & Belgrave, 2012, p. 163).

- 코드나 범주에 대한 (임시) 개념정의
- 데이터들 간이나 코드와 범주들 간의 비교
- 범주들 간의 갭이나 모호한 사항들
- 확인이 필요한 직감, 의문들, 의혹들: 실증적 분석을 통해 조사할 필요가 있는 것들
- 참신한 아이디어나 새롭게 창조된 개념들
- 범주들 간의 개연성 있는 관계를 조사해볼 만한 이론적 코드의 범주· 어떻게 범주들이 수정 가능한 근거이론으로 통합될 수 있는지?
- 관련 연구물들과의 비교나 연결점들

라. 인터뷰 전략

근거이론을 위한 인터뷰를 위해서는 다음과 같은 전략을 염두에 둔다.

- 연구자와 자료 간의 상호작용이 중요
- '응답'의 범주화: 자료해석의 다양한 가능성을 열어 두고, 적절한 범주를 창의적으로 생성한다.
- 면접시 가능한 한 다양한 응답을 끌어낼 수 있도록 하고, 전체적 도식을 추출한다.
- 이를 위해선 이론적 틀을 이해하고 있어야 함(Strauss: 자료 수집과정에서 계속 이론을 참조한다). 이는 Glaser가 마지막에 이론을 검

토하는 것과는 다른 접근이다.

• 범주들이 포화될(더 이상 추가정보가 발견되지 않을)때까지 면접 자료를 수집한다.

여기서 범주란 정보의 한 묶음(사건, 의견, 행동, 해프닝, 사례들…)을 의미한다.

6) 근거이론 질문(Charmaz & Belgrave, 2012)

근거이론 연구에서는 단계별로 다음 [표 6]과 같은 질문의 형태를 활용할 수 있다.

표 6. 근거이론 연구에서의 단계별 질문의 대표적 예

단계	질문의 예
도입 질문 (Warming-up)	1. 어떤 일이 일어났는지/그렇게 됐는지? 그 일을 처음 겪은 게 언제인지? 2. 어떤 생각이 들었고, 어쩌다 그렇게 행동했는지, 누구의 영향을 받았는지? 3. 당시의 일이 삶에 어떤 영향을 주었고, 삶이 어떻게 바뀌었는지? 4. 당신의 관점이 어떻게 변했는지? 5. 당시의 자신의 모습을 어떻게 묘사할수있는지?
본 질문 (Focusing-on)	1. 그것에 대해 알게 되었을 때 느꼈던 생각이나 느낌은? 그때 누가 어떤 방식으로 관여하였는지? 2. 그 이후로 당신의 생각이나 느낌이 어떻게 변했는지? 3. 그런 일을 다루는 방법을 어떻게 배우게 되었는지? 4. 당신이 그러한 일을 겪은 전형적 하루는 어땠는지? 5. 당신이 지금은 어떤 사람인지 묘사해보세요. 이러한 변화에 가장 크게 기여한 사람이나 요인은 무엇인지?
마무리 질문 (Reflecting-over)	1. 그 경험을 통해서 가장 중요하게 얻은 교훈은? 2. 그 일은 겪은 후로 당신의 관점이 어떻게 변했는지? 3. 그런 이후로 어떤 사람으로 성장했는지? 스스로 발견한 장점이나 발전한 모습은? 지금의 모습에 가장 가치를 부여하고 싶은 것은? 4. 이번 경험을 되돌아보았을 때, 추가적으로 언급하고 싶은 내용은? 5. 혹시 본 연구자에게 물어보고 싶은 것이 있다면?

위와 같은 질문들을 연구대상자들에게 개별적으로 1~2시간 동안 실시하되, 상대방의 반응이나 주변 환경의 분위기에 따라 면담의 깊이를 조절해가면 융통적으로 실시한다.

4. 근거이론을 위한 자료 분석

1) 코딩 과정

가. 코딩의 개요

수집된 정보나 자료를 분류하고 분석하는 과정을 코딩coding이라고 한다. 근거이론연구를 위한 코딩의 표준적 형식은 개방코딩, 축코딩, 선택코딩인데(Strauss & Corbin 방식), 각 코딩의 목적과 구조 및 역할은 다음 [표 7]과 같이 정리될 수 있다.

표 7. 세 가지 코딩방식의 목적과 역할

종류	주요 목적	특성 및 역할
개방코딩 (open coding)	범주화를 위한 기초 작업	• 정보의 범주를 창출하는 것. • 원자료로부터 개념들을 추출하여 범주화: 각 범주는 속성(properties: 성격)과 차원(dimensions: 수준)으로 이루어지며, 범주들은 지속적 비교를 통해 수정된다. • 면밀한 자료 검토를 통해 현상을 발견하고 명명하고 범주화시키는 분석작업이다. • 개방코딩을 통해 개념(concepts)을 도출 하고, 유사한 개념을 정련하고 통합하면서, 추상성이 증가하는 하위범주, 범주를 도출한다.
축 코딩 (axial coding)	패러다임 모형작성에 활용	패러다임 모형(중심 현상에 영향을 미치는 사회적, 역사적, 경제적 조건을 밝히는 조건 매트릭스 도식화)은 범주들 간의 관계를 설정하는 작업으로 다음 요소로 이루어진다.

축 코딩 (axial coding)	패러다임 모형작성에 활용	• 중심현상이 되는 범주를 확인 • 중심현상에 영향을 주는 인과조건과 현상을 설명하는 (상호작용) 전략 • 전략을 형성하는 맥락과 중재조건 • 전략을 수행한 결과를 설정하여 찾기 • 범주들간의 관계에 대한 이론적 모형 생성
선택코딩 (selective coding)	과정분석을 위해 활용	• 범주들을 연결하는 이야기를 구성하는 것 • 이론을 통합하고 정교화하는 과정 • 이론을 형성하는 차원화의 단계를 따라 범주를 정렬하고 통합하고 관계에 대한 통합과 진술의 근거를 확실하게 하는 과정 • 예) 글쓰기(소설): 자료에서 얻은 이야기를 명확히 하고 쉽게 이해하기 위해 이야기 윤곽을 개발하여 분석적인 이야기로 기술

이러한 세 가지 대표적인 코딩의 방식을 도식화하여 나타내면 다음 [그림 6]과 같다.

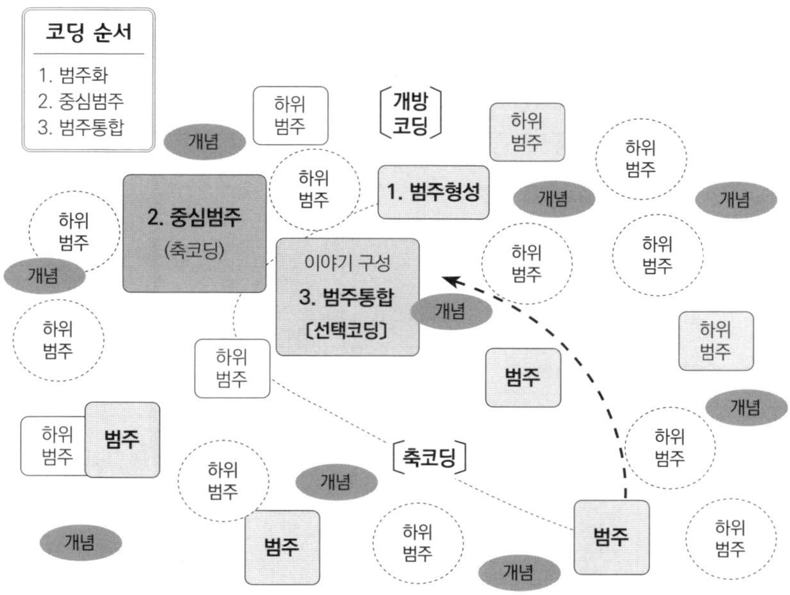

그림 6. 개방코딩, 축코딩, 선택코딩의 과정 개념도

위 그림에서 개념들이 묶여서 하위범주가 되고, 하위범주가 모여서 범주가 된다(동그라미들: 개방코딩). 그리고 여러 가지의 범주들(네모들) 중에서 중심범주가 무엇인지를 결정하고, 그 중심범주를 중심으로 범주들 간의 관계성을 설정하는 것(패러다임의 구조화)이 축코딩이다. 마지막으로 여러 범주들을 모아 하나의 흐름이 되는 이야기를 구성하는 것이 범주통합의 과정(화살표의 흐름: 선택코딩)이고, 이를 통해 과정모형을 구상하게 된다.

나. 개방코딩

정보를 구분하여 연구하고자 하는 현상에 대한 정보의 초기 범주 형

표 7. 이론을 바탕으로 한 범주화에서의 속성과 차원 (김동규, 2006, p. 127)

범주의 질적 특성을 명확히 하고자

범주	하위범주	속성	차원
개인적 배경	취업 동기	체계성	높음-낮음
	경력 특성	지속성	길-짧음
	자기인식	역할	독립적-기능적
	카피라이팅과정에 대한 인식	개인성	높음-낮음
작업 여건	조직문화	수준	자율적-수동적
	파트너와의 관계	수준	객관적-주관적
	프로젝트 성격	중요도	높음-낮음
	광고제품 유형	관여도	높음-낮음

〈표 4〉 중심현상의 속성과 차원

범주	하위범주	속성	차원
준비 작업	출발점	자발성	
	자료 수집	적극성	
	목표고객 이해	접촉성	
	방향 설정	적극성	
창조적 발상	착상	의도성	
	포착	체계성	높음-낮음
	발현	언어성	높음-낮음
메시지 구체화	기록	도구성	강함-약함
	정교화	도구성	강함-약함

이론적 엄밀성, 계량화
➔ 차후 연구활용

성하고, 각각의 범주 내에서 속성 또는 하위 범주를 찾아내며, 차원화하게 된다. 개방코딩은 다음 [표 7]에 나타난 것처럼 속성과 차원에 따른 '이론을 통한 범주화'(Glaser, 1978)라고도 불리운다.

[표 7]에서 범주는 하위범주로 나누어지고, 각 하위범주는 속성(범주의 성격)과 차원(범주의 정도에 대한 척도)으로 설명될 수 있다. 이 속성이나 범주가 필요한 이유는 범주가 하나의 변인이 될 수 있다는 것이고, 차원은 양적 척도(예: 1~5단계)로 나누어져서 후에 양적 자료로 활용될 수 있다는 것이다. 즉, 개방코딩은 전사된 인터뷰 자료들 중 의미있는 것을 선별하여 개념을 부여하는 작업(범주화)을 의미한다.

다. 축코딩

축코딩은 개방코딩된 자료들을 코딩 패러다임 또는 논리적 다이어그램을 사용하여 제시하는 과정이다. 이 축코딩에서는 중심 현상을 확인하고, 인과조건을 탐색하며, 전략을 구체화하고 맥락, 중재조건을 확인하며 현상의 결과를 묘사하는 작업을 수행하게 된다. 다음 [그림 6]은 개방코딩을 통해 연구자가 의미가 있다고 판단한 응답들(의미 단위)을 유사한 것끼리 범주화하여 핵심범주를 형성하는 축코딩의 사례를 보여주고 있다.

[그림 6]은 개방코딩을 통한 의미부여를 기반으로 이러한 의미들의 묶음인 범주화를 시도하고, 이 범주들 중에서 핵심범주를 형성(축코딩)하는 과정을 보여준다.

즉, 축 코딩은 개방코딩의 연장으로서 개방코딩 동안에 발견되는 범주들과 하위 범주들을 구체적으로 연결시키고 그것들의 변화와 과정의 증거를 찾는 과정으로, 다음에 이어질 '패러다임 모형' 구축의 기초가 된다.

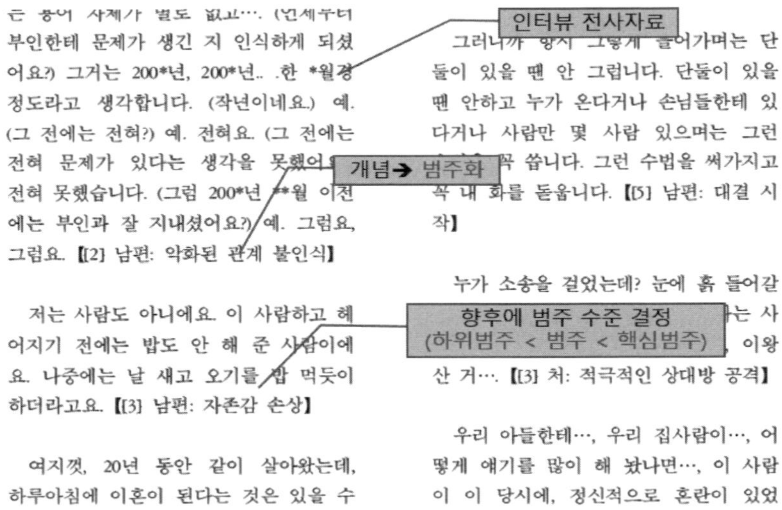

그림 6. 인터뷰 자료의 개념추출(범주화)을 통해 핵심범주를 만드는 과정

라. 선택코딩

선택코딩은 하나의 이야기 줄거리를 확인하고 축코딩 모델에 있는 범주들을 통합하는 이야기로 서술하는 단계이다. 이러한 설명(이야기)이 가능한 조건(조건적 명제)를 제시할 필요가 있다. 예를 들어, 아래 [그림 7]에서는 의미부여된 개념을 하위 범주로 명명하고, 이를 묶어서 범주화를 시킨 다음, 그 내용에 따라 패러다임 모형의 한 요소(인과적 조건)으로 구조화하는 작업을 보여준다.

[그림 7]은 범주화 결과의 한 사례로서 패러다임의 한 요소인 인과적 조건의 범주화를 보여준다. 각 하위범주들은 그 범주의 의미(개념)을 갖고, 논문의 전체 자료에서 하나의 변수 역할을 한다. 맨 오른쪽의 개념들은 상대적으로 객관적 의미를 포함하는 범주들이라면, 이러한 하위범주들이 모여 범주와 패러다임의 구조를 형성하는데, 왼쪽으로 갈

수록 그러한 구조화는 연구자의 주관적 해석이나 판단이 개입할 수 있음을 주목할 필요가 있다.

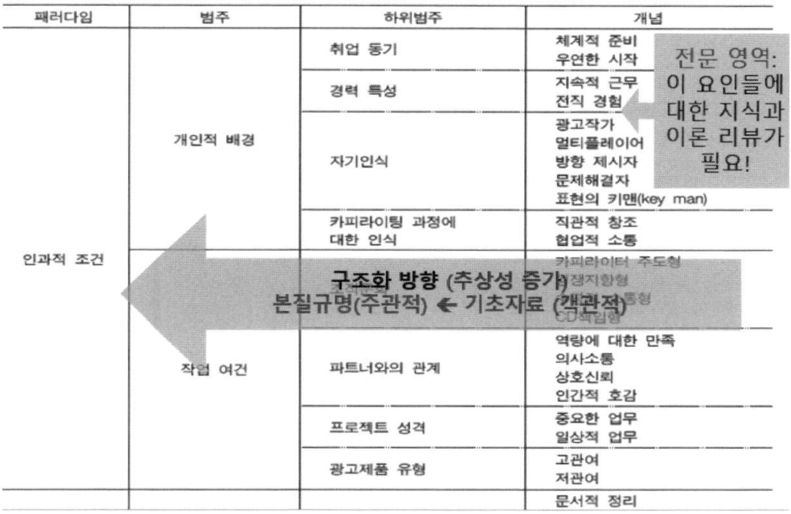

그림 7. 근거자료의 범주화 내용(김동규, 2006, p. 136)

범주화 결과를 바탕으로 선택코딩 작업의 또 다른 예는 다음 [그림 8]와 같다.

[그림 8]에서 참여자들의 응답들 중에서 의미있는 것으로 판단되어 연구자가 세세하게 개념을 부여(코딩)한 내용들은 하위범주를 구성하고, 그 하위범주가 모여 범주와 패러다임을 형성한다. 위 사례에선 이혼을 초래하게된 패러다임의 한 요소인 '원인적 조건'에 '경제적 어려움', '폭력적 행동' 등이 포함되어 있는 것을 보여준다. 이 사례에서는 연구자가 개념에서 패러다임으로 구조화되는 방향을 왼쪽에서 오른쪽 방향으로 표를 구성한 것의 차이가 있을 뿐이다. 이처럼 선택코딩

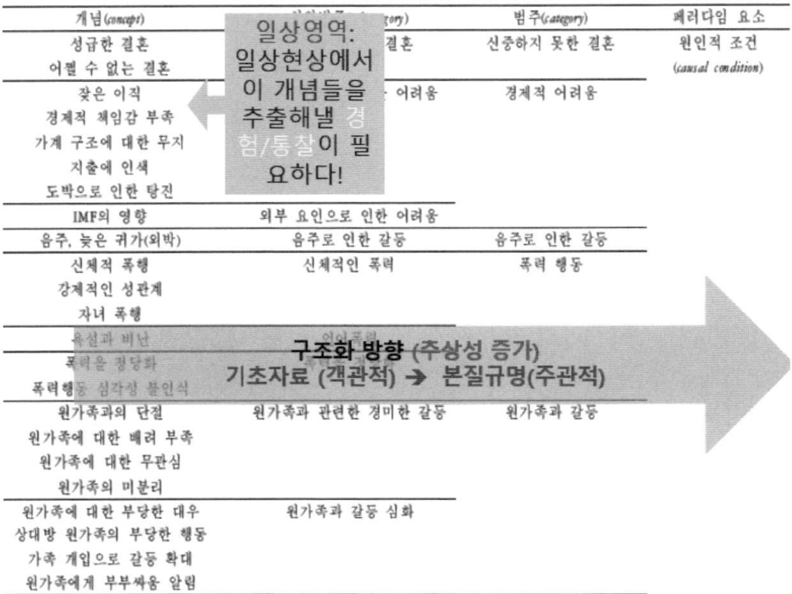

그림 8. 이혼 연구에서의 패러다임 요소와 범주(김요완, 2009, p. 567)

은 여러 범주화된 코딩들 중에서 연구자의 통찰력에 따라 현상을 잘 설명할 수 있는 이야기(논리적이고 설득력 있는 설명)를 구성해야 하기 때문에, 이 과정에서는 연구자의 상상력과 창의성이 중요한 역할을 하게 된다.

마. 문화인류학적 근거이론의 코딩 전략

코딩 전략은 이론적 모형에 따라 약간씩 다른 전략을 취할 수 있는데, 문화인류학자에 기반한 근거이론에서는 다음 [그림 9]과 같이 초기 코딩, 일반화 코딩으로 구별하기도 하였다(Charmaz, 2008). 여기서 초기 코딩은 의미가 있는 각각의 자료들을 선별하여 개념을 설정하는 과정이고, 일반화 코딩은 그러한 초기 코딩들을 공통적인 주제를 중심으로 그룹화하는 과정을 의미한다.

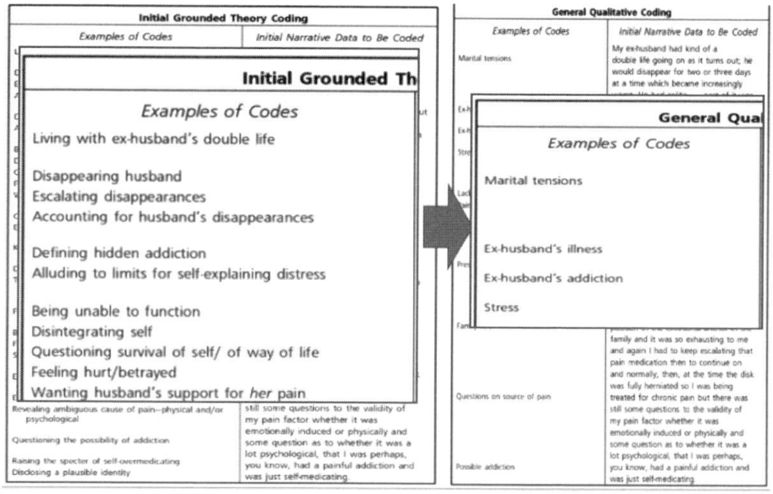

그림 9. Charmaz는 초기 코딩에서 일반화 코딩으로의 전개 과정

바. 이론적 코딩(Thornberg & Charmaz, 2014, p. 160)

참고적으로 근거이론의 초기 창시자인 Glaser(1978; 1998)는 근거이론을 체계화하기 위해 다양한 변수들(요인들)을 코딩의 체계에 포함시킨 코딩 군coding families을 제시하였다. Glaser는 이러한 코딩 군을 참조하여 연구자의 연구주제에 따라 필요한 코딩 군을 선택하고 그 요소들을 중심으로 체계적으로 코딩할 것을 주문하였다.

연구 주제나 현상에 맞게 택일!
• 6C: 원인, 맥락, 개연성, 결과, 공변수(작용-상호작용), 조건

- 과정: 국면, 진보, 경과, 변화, 경력, 사이클...
- 기초 사회적(심리적)과정, 구조적 조건 등
- 문화 계열: 문화적 규범, 사회적 가치, 사회적 신념 등
- 전략 계열: 전술, 조작, 다루기, 입장, 지배력 등
- 정도 계열: 한계, 범주, 정도, 지속성, 수준 등
- 유형 계열: 종류, 스타일, 집단 ,장르 등
- 차원 계열: 차원, 계파, 양상, 구역 등
- 정체성-자신 계열: 자기개념, 자존감, 자기가치화, 자아-변화, -실현
- 협의 계열: 동의, 계약, 확인, 동일성, 이질성, 갈등, 부동의 등
- 반대쌍 계열: 명시적-암시적, 내부자-외부자, 공식-비공식 등
- 단속 계열: 경계, 전환점, 단속점, 저지선, 이탈 등

그림 10. Glaser(1978;1998)의 코딩 군(families)

이처럼 이론적 코딩은 어떤 현상을 설명하는 기존의 이론의 틀에 맞추어 코딩을 수행하는 것으로, 이렇게 기존 이론을 충분히 이해하고 그 틀을 잘 따르는 연구를 이론적 민감성theoretical sensitivitiy이 높은 연구라고 부를 수 있다.

마지막으로 근거이론의 코딩에서는 이론적 포화Theoretical saturation라는 개념이 사용된다. 이론적 포화란 자료를 코딩한 결과들이 더 이상 새로운 주제나 의미를 산출하지 못하는 상태, 즉 더 이상의 코딩이 불필요한 상태를 의미한다. 이론적 포화에 도달하였는지 여부는 다음의 기준을 참조하여 연구자가 판단한다.

a. 범주에 관하여 더 이상 새롭거나 관련있는 자료가 나타나지 않을 것처럼 보일 때
b. 변이와 과정에 따라 모든 패러다임요소들을 설명할 수 있는 범주들의 발전이 밀도 있게 짜여 질 때
c. 범주 사이의 관계들이 잘 설정되고 근거가 타당하다고 생각될 때

3) 근거이론 분석의 핵심 요소: 핵심 범주, 패러다임 모형, 과정 분석

이 절에서는 근거이론 분석의 핵심요소들인 핵심 범주, 패러다임 모형, 과정 분석에 대해 하나씩 설명해보고자 한다.

가. 핵심 범주core concept

핵심 범주는 범주화를 바탕으로 패러다임 모형과 과정분석을 구상하기 위한 핵심 요소로서 다음의 특성을 갖는다.

a. 연구 현상을 대표할 수 있는 개념임.
b. 핵심범주는 연구 내용이 무엇이며 발견한 것이 무엇인가를 설명할 수 있도록 분석의 산물을 추상적인 용어로 농축시켜 놓은 것.
c. 핵심 범주는 가장 중심적이어서 다른 주요 범주들이 이것에 연관될 수 있어야 하며, 자료에서 빈번하게 나타나야 함.
d. 조건매트릭스: 광범위한 수준을 분석하면서 연구자는 중심현상과 관련된 조건들과 그 결과를 시각화하는 조건적 매트릭스를 발전
e. 조건 매트릭스가 모여 패러다임 모형을 구성함.

나. 패러다임 모형

패러다임 모형은 Strauss와 Corbin(1990)에 의해 제안된 근거이론의 결과를 형상화하기 위한 수단으로 범주들 간의 복잡한 관련성을 구조적으로 설명하기 위한 것. 패러다임 모형은 대체로 다음 여섯 가지 요소들로 구성된다.

a. 원인적 상황/인과적 조건causal conditions
b. (중심) 현상phenomenon
c. 맥락/상황context

d. 매개요인/중재적 조건intervening conditions

e. 상호/작용 전략inter/action strategies

f. 결과consequences의 모형으로 설명할 것

사실 이 여섯 가지 요소들은 Glaser(1978)의 이론적 모형에서 소개된 6 C(Causes, Contexts, Contingencies, Consequences, Covariances, Conditions)를 변형한 것이다. 다음 [그림 11]은 패러다임 모형의 요소들과 구성 방식을 보여주는 일례다.

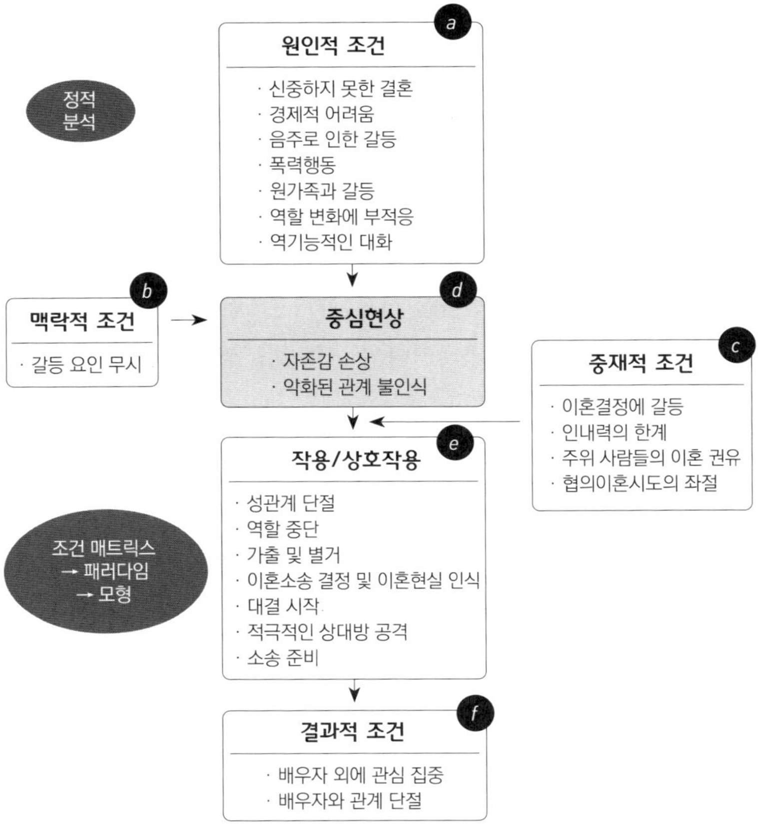

그림 11. 패러다임 요소와 범주와의 관계(김요완, 2009, p. 572)

위 그림은 부부관계가 파국에 이르게 되는 과정에 대한 연구(김요완, 2009)의 사례들에서 수집되고 분석된 의미들의 범주화를 바탕으로, 그 범주를 패러다임 모형에 입각하여 여섯 가지—원인적 조건(a), 맥락적 조건(b), 중재적 조건(c), 중심현상(d), 작용/상호작용(e), 결과적 조건(f)—로 분류한 결과를 보여준다. 이를 패러다임 모형의 구성이라고 부르고, 그것이 범주들 간의 구조적 관계성을 보여주는 것이기 때문에 정적static 분석이라고 부르는 것이다.

다. 과정분석

과정분석은 코딩된 자료를 바탕으로 점차 연구대상과 상황과의 작용/상호작용 과정을 분석하는 것이다. 과정 분석은 다음과 같은 질문들(예)의 응답을 분석하여 구성한다.

a. 왜 그리고 어떻게 작용/상호작용이 변화하고, 그대로 지속하고 또는 역행하는가?
b. 어떻게 사건의 발전이 이루어졌는가?
c. 무엇이 상황의 변화에 맞서 작용/상호작용의 지속성을 가능하게 하였는가?
d. 그 결과를 주목함으로써 전개되는 사건들의 본질이 무엇인가?

위와 같은 질문들에 대한 응답자료를 분류하여 다음 [그림 12]와 같은 과정분석의 결과를 보여주게 된다.

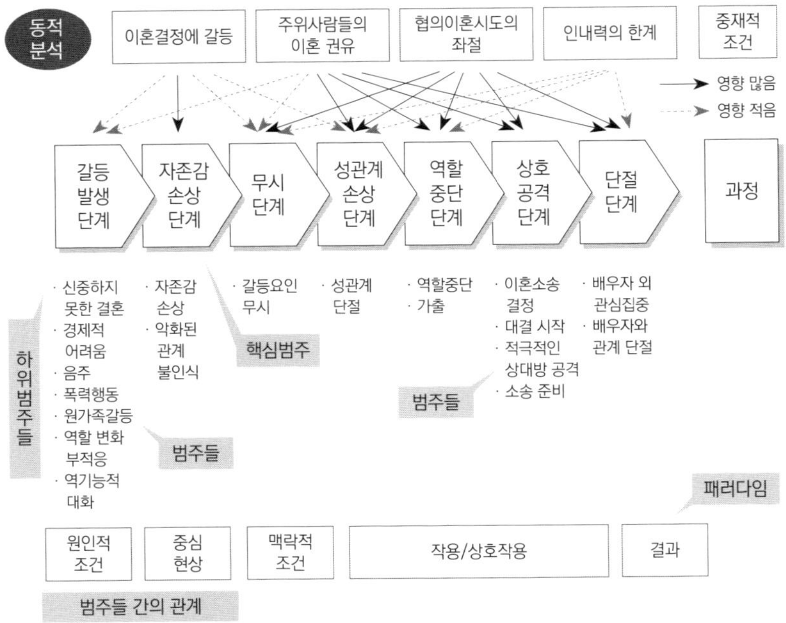

그림 12. 과정분석으로 나타난 범주들간의 관계(김요완, 2009, p. 573)

과정분석은 핵심범주를 둘러싼 여러 범주들이 어떤 요인으로서 역할을 함으로써, 연구하고자 하는 결과를 낳게 되었는지의 역동적 dynamic 과정을 보여주고자 하는 것이다. 위 사례에서는 중심범주인 자존감 손상이 결혼관계를 파국으로 몰고가는 중심현상이라고 해석하고 있고, 다른 범주들은 그러한 결과에 영향을 미치는 부수적으로 요인들로 파악되고 있다.

이러한 과정분석의 모형은 연구자가 면담자료를 어떻게 해석하고, 그 원인들을 어떻게 구명하고 있으며, 원인들(범주들) 간의 관계성을 어떻게 구조화하고 있는가에 따라 매우 다양한 방식으로 개념화(도식화)될 수 있다. 다음 [그림 13]은 그러한 과정분석의 또 다른 예이다.

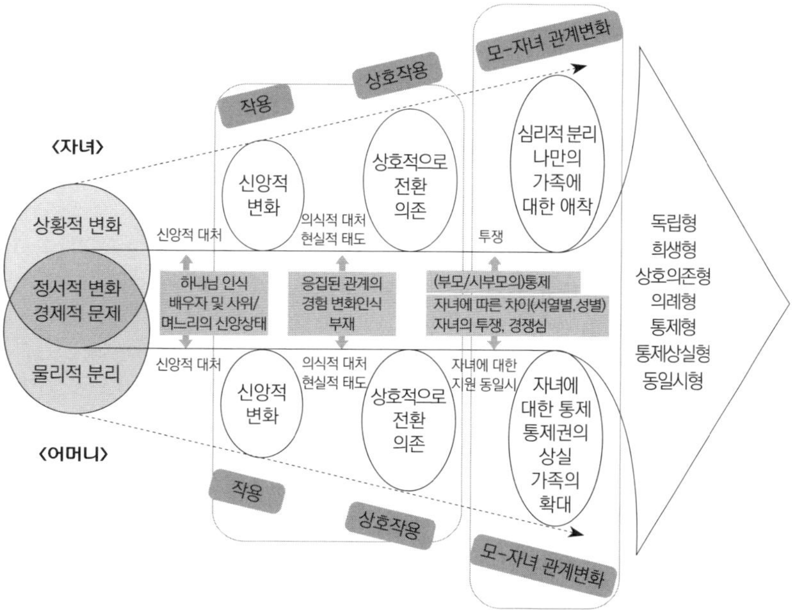

그림 13. 상황모형과 과정분석의 예 (최지영, 2009)

최지영(2009)의 연구에서는 결혼으로 인해 어머니와 딸의 관계성이 어떻게 변화하게 되며, 그 이유가 무엇인가를 근거이론적 방법론으로 분석한 연구이다. 그리고 연구결과 관계성의 변화과정과 그것에 기여하는 여러 요인들을 위와 같은 과정모형으로 표현하게 된 것이다. 따라서 이러한 모형을 구상하고 그 원인들을 이론화시켜 설명하는 방식은 전적으로 연구자의 역할이며, 그러한 방식의 타당성과 설득력에 따라 좋은 연구로 인정될 수도 있고, 그렇게 만들어진 이론적 모형이 학술적 가치가 있게 되는 것이다.

4) 근거이론 방법론에 대한 평가

마지막으로 근거이론의 연구방법론의 질적 수준을 평가하는 몇 가지 준거들이 있다.

가. 근거이론 방법론의 평가기준

Glaser(1978)는 근거이론 방법론의 적절성이 다음과 같은 기준에 의해 평가되어야 한다고 보았다.

a. 적합성fit: 연구주제에 맞는 연구참여자, 연구질문, 자료수집 방식, 결론 작성이 이루어지고 있는가?

b. 타당성work: 연구주제와 방법론에 맞게 연구가 실질적으로 수행되었는가?

c. 관련성relevance: 연구 내용이나 결과가 연구주제나 현장의 상황에 맞게 작성되었는가?

d. 수정가능성modifiability: 연구내용이나 결과가 현장의 상황에 따라 융통성을 가지며, 잘못된 내용들이 수정될 수 있는가?

나. 분석결과의 타당성을 기술한 연구 사례

Guba & Lincoln(1981)은 질적 연구의 분석결과가 다음 준거(사실적 가치, 적용가능성, 일관성, 중립성)들에 의해 타당성을 검토할 필요가 있다고 강조하였다.

a. 사실적 가치: 무례함을 경험한 간호대학생을 목적적으로 선정/참여자가 무례함에 대한 자신의 경험을 충분히 진술할 수 있도록 함/면담 직후 면담 내용을 요약, 설명하여 참여자에게 자신의 경험과 동일한지를 확인/최종 분석 자료를 연구 참여자 3인에게 보

여주어 참여자의 의도를 반영했는지 확인

b. 적용가능성: 의도적으로 다양한 참여자를 선정/포화상태 될 때까지 자료를 수집/또한 본 연구의 참여자가 아닌 임상실습에서 무례함을 경험한 학생 3인에게 연구결과를 보여주어 자신의 경험에 적용이 가능한지를 확인

c. 일관성: 연구진행 동안 주질문을 계속 생각하면서 자료수집과 분석과정이 순환적으로 이루어지도록 함/근거이론 연구 수행 경험이 풍부한 간호학 교수 2인에게 자료수집과 분석과정에 관해 지속적으로 자문을 구함

d. 중립성: 본 연구주제와 관련된 연구자의 편견을 배제하고자 연구에 대한 선이해, 가정, 편견 등을 개인일지에 기술하는 과정을 연구시작~종료시까지 계속하였음

다. 기존 연구의 근거이론 연구방법 적용의 적합성 검토

마지막으로 근거이론에 적합한 연구주제와 그렇지 않는 연구주제가 있다. 다음에 열거된 실제 연구 사례의 제목들 중에서 어떤 연구주제가 근거이론에 부/적합한지 생각해보자.

- 노인의 은퇴 후 삶의 적응에 대한 Glaser의 근거이론적 접근
- 여성출소자의 사회재진입 경험에 관한 근거이론 연구
- 임신기 부부의 첫 부모됨 적응과정에 대한 근거이론 연구
- 근거이론을 통한 국내 Z세대의 모바일 동영상 이용행태에 대한 연구: 유튜브 중심으로
- 근거이론적 접근을 통한 대학생들의 '대2병' 경험 분석 연구
- 대학생의 취업스트레스 경험에 관한 연구: 근거이론을 중심

- 가상현실 교육에서 몰입의 생태: 근거이론적 접근을 중심으로
- 근거 이론을 적용한 가상 비서의 사용자 경험 분석: SKT 가상비서 'NUGU' 중심으로

근거이론은 현상학적 연구와 유사하게 인터뷰를 통해 자료를 분석 정리하고, 그 범주화된 내용들을 바탕으로 핵심적 의미를 도출해내는 작업이다. 하지만 양자는 연구방법론상 매우 큰 차이점을 지닌다. 현상학적 연구는 비교적 소수의 연구대상을 중심으로 연구문제와 관련된 본질적 의미나 현상을 보다 깊이있게 탐구하고 해석해내는 과정을 포함하고, 현상학 이론을 기반으로 하기 때문에 연구자의 철학적 및 이론적 이해와 성찰, 그리고 연구참여자와의 관계성 형성이 매우 중요하다. 반면 근거이론은 상대적으로 많은 연구대상자를 상대로 연구주제를 설명할 수 있는 설명요인 및 중심현상을 보다 객관적이고 체계적인 발굴하여 이를 일반화할 수 있는 이론을 구성하는 것이 목표이다. 그런 의미에서, 깊이있는 성찰이나 해석 보다는 가능한 많은 참여자로부터 명확한 질문과 응답을 확보하여 그 내용을 체계적으로 정리하여 설득력있는 이론체계를 만드는 것이 중요하다. 이러한 근거이론의 성겨게 맞게 위와 같은 연구주제들의 적절성과 타당성이 판단될 필요가 있는 것이다.

라. 근거이론 연구의 유의사항

마지막으로 근거이론 연구를 수행할시의 유의사항에는 다음과 같은 것들이 있다.

a. 연구자가 조사한 데이터의 해석에 대한 책임감을 갖기

b. 가능한 한 이론적 아이디어나 관념들을 배제하기
c. 자료분석에 있어 구체적인 단계를 통해 체계적으로 접근하기
d. 범주들이 언제 포화되었는지, 이론이 언제 충분히 구체화되었는지 결정하기
e. 근거이론연구는 일차적으로 구체적인 구성요소(중심현상, 인과조건, 전략, 조건과 맥락, 결과)를 추출해내는 작업임을 인식하기

정리하자면, 근거이론방법론은 경험적 세계를 바탕으로 하여 이론을 형성하는 귀납적 방법론을 적용하기 때문에 방법론적 가치의 유용성이 인정되고, 근거이론이 실제 영역에 대한 지식 체계의 개발에 유용한 연구방법론이다.

VII 시각 자료 연구Visual Research Method

1. 시각 자료visual data와 질적 연구

질적 연구는 넓은 의미로 데이터를 계량화하지 않는 모든 연구방법을 포괄하고, 그런 의미에서 시각적 자료도 질적 연구의 중요한 데이터가 된다.

1) 시각 자료의 중요성

다음과 같은 이유들로 인해 시각 자료를 데이터로서 활용하는 연구는 큰 가능성을 갖는다.

a. 천 마디의 말보다 그림 한 장이 더 명확하다(A picture may tell thousand words).

b. 지금까지 사회과학 연구의 대부분은 언어나 숫자를 통해 이루어졌고, 그 이외의 다른 감각(시각, 청각, 촉각 등)적 자료를 기반으로 한 연구는 드물었다.

c. 우리의 경험과 사회적 행동의 상당 부분이 시각적 경험에 의존하고 있고, 시각적 인식은 물리적일 뿐 아니라 사회적이다(예: 눈 맞춤eye contact · 미소의 사회학).

d. "사람의 눈은 특별한 감각기관으로써 독특한 사회적 기능을 가지

고 있다. 개인들의 만남과 상호작용은 상호 조응mutual glances을 기반으로 한다(Goffman, 1963, p. 93)."

e. 사회적 관계성은 사회적 상호작용을 보여주는 시각적 요소들을 바탕으로 분석될 수 있다.
f. 문자의 시대에서 감각의 시대Sensory Turn로의 전환(Oliver & Roos, 2007). 문화인류학자 David Howes는 1970년대가 텍스트 혁명textual revolution의 시대라면, 21C는 감각 혁명sensorial revolution의 시대라고 주장하였다.
g. 학습의 매체도 지금까지의 Logos(언어) 시대에서 시각적visual 시대로 전환되고 있다(예: 유튜브와 같은 동영상 학습은 기존의 문자학습 방식보다 학습효과가 뛰어나다).
h. 사회과학의 환원주의적reductive 경향을 극복할 수 있다. 예를 들어 양적 연구는 통계적 데이터로의 환원주의에 기반한 연구이고, 질적 연구는 언어 및 논리적 진술로의 환원주의적 연구이다. 하지만 시각적 연구는 시각적 자료를 직접적으로 분석할 수 있다, 다만 이러한 분석은 시각자료(이미지)를 상징물로서 분석하는 것이고 그 해석을 위해 기호학 이론의 도움이 필요할 수도 있다.

요컨대, 사회과학 분야에서도 점점 시각적 데이터에 관심을 갖기 시작했다. 즉, 기존의 사회과학 연구는 단순한 사진이나 이미지에 대한 연구가 대부분이었지만, 시각적 문화기술지visual ethnography와 시각적 사회학visual sociology이 발전하면서 사진이나 이미지 등과 같은 시각자료의 의미나 역할에 대해 더 큰 관심을 갖기 시작하였다.

2) 시각적 사회학Visual sociology

시각적 사회학은 시각적 경험의 모든 영역을 연구의 대상에 포함한다. 이때 시각적visual 경험은 신체와 감각senses, 공간과 물질성materiality, 그리고 문화와 의미meaning의 영역을 모두 포함해서 이루어진다.

시각적 자료Visual data는 다음과 같이 매우 다양한 형태를 띠고 있다.

• 사진 • 지도 • 각종 사인들 • 주거 환경 • 디스플레이 • 동상/조각 • 신문/잡지의 삽화. • 미술 작품 • 신체 이미지 • 상점 인테리어 • 타투(tattoos) • 의류 • 만화 • 헤어 스타일 • 손짓/몸짓 • 도시 건물 • 얼굴 표정 • 정원 조경

시각 자료를 활용한 연구 분야에는 아동학, 사회학(미디어,광고학), 심리학(정신분석, 행동주의, 동물행동학), 영상학, 시각예술, 민속학/인

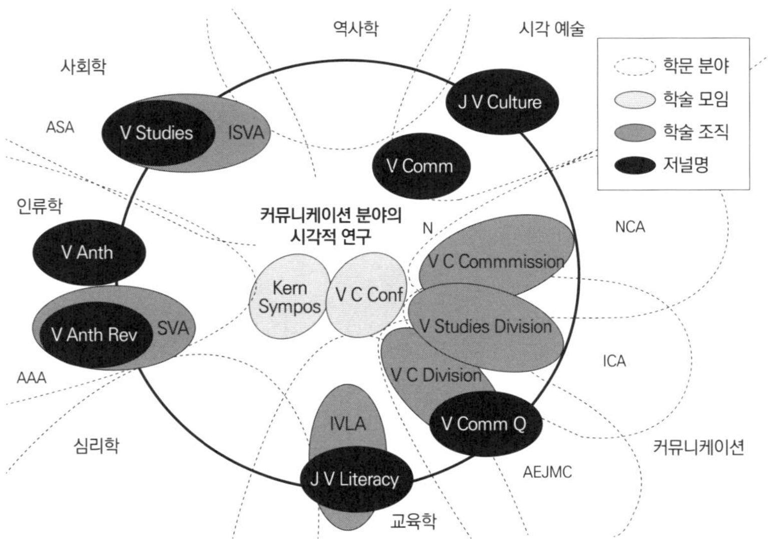

그림 1. 커뮤니케이션 분야의 시각적 연구의 학문적 연계성

류학, 디자인, 건축학, 도시공학 등이 있다. 이처럼 시각 자료가 얼마나 다양한 학문분야에서 어떻게 활용되고 있는지는 커뮤니케이션 영역에 대한 다음 [그림 1]이 잘 보여주고 있다(Barnhurst, Vari, & Rodrígue, 2006).

[그림 1]에 나타나듯이, 시각적 자료는 사회학, 역사학, 시각 예술, 커뮤니케이션이론, 교육학, 심리학, 인류학 등의 여러 학문영역에서 연구자료로 활용되고 있으며, 시각자료를 활용한 연구들이 관련된 주요 학술지(Visual Studies, Journal of Visual Culture, Visual Communications, Visual Communication Quarterly, Jouranl of Visual Literacy, Visual Anthropology Review 등)에 게재되고 있다.

3) 시각적 데이터의 중요성

시각적 데이터가 왜 질적 연구에서 중요한지는 포스트모던적 근거와 인류학적 근거로 설명할 수 있다.

가. 포스트모던적 근거

a. 현대는 시각 정보가 훨씬 사회적 삶에 중요한 영향을 미치는 시대이다.
b. 문자와 인쇄술의 발전이 관료주의적 산업사회를 촉발하였다(B. Anderson, 1991).
c. 글쓰기(문자)는 모던사회의 요소인 반면, 시각적 이미지는 포스트모던의 핵심이다.
d. 포스트모더니즘은 시각적 감각sensibility이 문자/텍스트를 대체하고 있다(Lash, 1988).

Scott Lash는 'spectacle'이라는 개념을 통해 현대인은 영상기반image-based 문화 속에 살고 있음을 강조하였다. 여기서 'Spectacle'

이란 용어는 인간의 의식에 영향을 미치는 강력한 시각적 자극을 의미하는 것으로, 언어로 매개되는 의미와 근본적인 차이가 있다. Walter Benjamin(1985, p. 243)은 "사진을 통해서, 인간 의식의 정보공간은 인간 무의식의 정보 공간에 자리를 내준다."라고 강조하면서 Benjamin은 시각적 사회를 이해하기 위해서는 시각적 데이터와 연구방법론 활용해야 한다고 주장하였다. 특히 최근의 영상 매체(예: YouTube)나 뉴미디어(SNS)의 영향력은 오늘날 소통과 학습의 주도하는 매체가 문자에서 영상으로 바뀌고 있음을 잘 보여준다.

나. 존재론적(인류학적) 근거

시각적 경험은 사회적 삶과 인간 문화들 속에서 항상 중심적 요소였다. 전통 사회를 연구해온 문화인류학자들은 시각적 소통visual communication이 제사적, 상징적, 토템적, 그리고 일상적 삶 속에서 핵심적 요소가 되어왔음을 강조한다. 예를 들어 Richard Sennett(1977)는 근세 유럽의 대중의 삶이 정체성, 지위와 신념, 의복, 화장, 훈장 등의 시각적 표지visible markers로 둘러싸여 있다고 주장하였다. 전통사회의 시각적 유산들을 보여주는 사례는 다음 [그림 2]와 같다.

그림 2. 전통사회의 시각적 유산들

2. 시각 데이터Visual data의 종류

1) 2차원적 시각 데이터

가. 기존의Existing 이미지: 사진, 그림과 스케치, 그림 일기visual diaries 등과 같은 이미 존재하는 이미지existing images들이 연구의 대상이 된다. 주로 연구참여자들의 과거의 삶 속에서 생성된 이미지들(예: 오래된 앨범 속 사진들)이 여기에 해당된다.

그림 3. 기존에 있던 이미지들

위와 같은 기존의 이미지를 연구할 때 주로 제기하는 연구질문으로는 "연구참여자의 생애사biography, 정체성identity, 그리고 세계관이 그들이 제작, 보관, 공유하는 이미지에 어떻게 드러나거나 재구성될 수 있는가?"라는 질문에서 시작할 수 있다.

나. 연구자가 직접 제작한 이미지들

연구자는 다음 두 가지 목적을 위해 직접 이미지를 제작한다.

a. 연구결과물의 일부로서, 연구 결과를 대중에게 소개하기 위한 용도:

논문에 차트나 표, 그래프 등이 들어가듯이, 연구에는 사진이나 그림이 활용될 수 있다.

b. 문서화documentation나 자료 수집의 차원·필드노트나 음성녹음의 보조적 수단(예: 인테리어, 도시 공간, 연구참여자의 얼굴 등도 포함)으로 이미지를 제작한다. 이때 윤리적 및 법적인 고려는 필수다.

이러한 연구자가 자체적으로 제작한 이미지는 현장노트나 녹음의 보조자료의 역할로서 연구자의 해석에 도움을 주고, 더 나아가 글쓰기 및 제시된 논문에 삽입되어 설명을 보조하기도 한다. 그리고 연구에 참여하면서 만들어낸 이미지들(그림일기, 낙서장 등)은 연구자와 연구참여자 간의 협동적 관계를 쌓거나, 연구참여자에게 용기를 주고, 의미있는 데이터를 생성하는데 도움이 되기도 한다.

연구자가 생성한 이미지들을 통해 연구참여자들의 사회적 세계에 대한 이해를 넓힐 수 있다. 그렇다면 어떻게 연구참여자들이 생성하거나 간직하거나 공유하는 이미지들을 통해 그들의 일생, 정체성, 세계관이 재현될 수 있는가를 다음 [그림 4]의 예를 통해 생각해보자.

연구참여자의 인물사진　　사회참여미술에서의 커뮤니티 벽화 제작 장면

그림 4. 연구자 제작 이미지사진, 벽화, 그림 등)의 사례

연구자가 만일 어떤 토속민이나 사회 속의 소외된 집단들에 대해 연구한다면, 그들 중 여러 사람들을 만나 면담하고 그들의 삶과 생각에 대한 이야기를 듣게 된다. 이때 그들에 대한 이야기를 글로만 표현하는 것과는 달리, 그들의 실생활의 모습이나 얼굴 사진(그림4 좌) 등을 곁들이는 것은 연구자 자신, 연구참여자, 그리고 독자들 모두에게 매우 새로운 자극과 상상의 기회를 제공할 수 있다. 즉, 연구자가 연구참여자들의 잠재적, 의식적 관점들을 들여다보고, 그들에 대해 더욱 총체적이고 복합적인 이해를 할수 있도록 돕는다.

미술작품이 낭만주의나 초현실주의와 같이 현실과 동떨어진 주제를 다루기도 하지만, [그림 5]와 같이 사회참여미술은 사람들이 살아가는 현실과 그 사람들의 삶의 모든 양상들에 선한 영향력을 행사할 수 있는 의미있는 미술 활동이 될 수 있다. 그런 의미에서 위 그림와 같은 미술을 통한 사회적 변화를 고려한 활동을 수행하고, 그 의미를 기술하는 것도 시각적 연구의 일례가 될 수 있다.

2) 3차원적 시각 자료

의미를 지닌 다양한 형태와 내용의 사물들 즉, 3차원적 사물들도 시각적 연구에 활용된다. 그러한 의미를 갖는 사물들의 유형을 소개하면 아래 [그림 5]와 같다.

이러한 일상적으로 의미를 가진 사물들을 연구하는 분야를 물질적 문화material culture 연구라고 부른다. 이는 사람들이 물건들을 어떻게 사용하는지 이해함으로써, 사회생활의 특정 현상을 이해하고자 하는 연구이다.

의미 갖는 사물들(material culture)

- 개인 소지품(personal possessions)
- 가정 내 물품(objects in the home)
- 동상/기념품(statues/memorials)
- 토속문화의 인공물(artifacts)
- 흔적(traces) (예, 사람들이 버린 물건들)

그림 5. 문화적 연구를 위한 원주민 인형

3) 생생한('Lived') 시각 자료

생생한 시각 자료의 연구대상은 다음과 같이 사회적 삶이 발생하는 공간, 환경, 그리고 지역을 모두 포괄한다.

- 건출물과 주변 환경(예: 도심 환경)
- 건물 내 인테리어의 모양과 구조, 배치 등(예: 거실 장면)
- 인공적으로 구조화된 자연constructed nature(예: 공원, 가든, 조경물 등)

그림 6. 생생한(livied) 시각 자료들

생생한 시각 자료는 위와 같이 사람들이 살아가는 공간을 구성하거나 그 속에서 자연스럽게 생성되는 모든 시각적 자료를 포함한다. 이 연구를 위한 질문들의 예는 다음과 같다.

- 공간과 환경은 풍부한 의미를 담고 있기에, 이것을 규명하고 분석할 필요가 있다.
- 이러한 시각적 환경들은 어떤 의미를 담고 있으며, 그것이 어떻게 소통되고 있는가?
- 그러한 시각적 공간이 어떻게 인간의 행위에 영향을 주거나 형성하고 있는가?

생생한 삶의 공간들이 어떤 풍부한 의미를 담고 있는지(즉, 공간의 문화적 함의가 무엇인지?, 사람들은 어떻게 그러한 공간 속에서 소통하는지? 등)를 연구하는 것이 생생한 시각 자료 연구이다.

4) 살아있는('Living') 시각 자료

살아있는 시각 자료는 물리적으로 지속성을 가지고 존재하는 것이 아니라, 사람들의 행동의 부산물로 나타났다 사라지는 자료를 의미한다.

신체, 움직임, 동작은 시각적 사회적 삶을 형성한다.

- 신체 언어(body–language) (예: 자세, 표정, 오른쪽 그림)
- 제스처와 움직임
- 의상 및 옷차림

살아있는 시각 자료에 대한 연구는 사회적 상호작용과 관계성이 시각적 표현visual display(의상, 신체언어, 시선접촉 등)의 규범에 구속된다는 이론에 기반하고 있다. 즉, 시각적 신호visual signals가 공공장소(직장, 휴게소, 공원, 대중교통 내)에서 사람들의 사회적 행위를 어떻게 규제하는

가 등을 연구하는 것이다. 그러한 사람들의 행동과 시선, 동작을 연구함으로써 어떤 사회적 규범과 암묵적 동의가 사람들의 사고와 행동에 영향을 미치는지 이해하고자 한다.

3. 시각적 연구 방법론

그렇다면 시각적 자료Visual Data를 어떻게 질적 연구에 활용할 수 있을까?

1) 이미지 활용 연구의 방식

사회과학적 연구에서 이미지를 활용하는 방식은 크게 세 가지가 있다(Banks, 2007).

a. 사회를 연구하기 위한 이미지의 활용the use of images to study society
b. 이미지 자체에 대한 사회학적 연구sociological study of images
c. 연구자-연구대상의 협동적 이미지collaborative image 제작

연구자는 이 세 가지 방식 중에서 자신의 연구가 어떤 성격을 갖게 될지를 명확히 이해할 필요가 있다.

2) 시각 자료의 분석 방식

사회과학 연구에서 시각 자료는 다음과 같은 분석 방식 중 하나로 활용된다.

a. 글쓰기 + (연구자에 의한) 이미지(사진, 도표, 그림 등)의 생성과 활용
  : 일반적인 논문의 형식에 다양한 시작적 자료를 주장의 근거나 설

명의 도구로 활용하는 방식이다.

b. 상업용 이미지나 광고에 나타난 숨겨진 이데올로기나 문화적 의미 분석: 기존의 이미지를 수집하여 이미지 자체에 대한 분석을 목표로 하는 연구이다.

c. 여러 상황에서 시각적 재현visual representations이 활용되는 방식 분석: 사회나 사람들의 삶에서 나타난(재현된) 비공식적 이미지가 갖는 의미를 분석하고 이해하려는 연구이다.

d. 사회적 상호작용의 사진 및 비디오 기록(문화인류학에서의 문화기술지): 사람들의 일상적 상호작용을 사진이나 동영상으로 찍어 분석하는 방식이다.

3) 시각적 연구에서 분석을 위한 접근법

연구자는 다음 두 가지 상이한 접근법 중에서 자신의 연구성향에 맞는 접근법을 선택하여 분석한다.

가. **형식적/실증적 분석 방식**: 데이터가 독자적으로 존재한다고 보고 객관적이고 독립적으로 데이터를 수집하여 분석한다.

나. **해석적 분석 방식**: 데이터가 연구행위에 의해 구성되어질 수 있다고 보고, 의미를 가진 기호(데이터)의 발견과 해석에 집중한다.

즉, 실증적·객관적 분석을 선호하는 연구자와 기호학적·해석학적 분석을 선호하는 연구자로 구분된다. 또한 두 가지 접근의 선택은 기존에 존재하는 이미지를 분석하느냐, 아니면 분석을 위해 새로운 이미지를 창출해내느냐에 따라 달라진다.

가. **기존에 존재하는 이미지 분석**: 의사소통연구, 문화 및 미디어 연

구, 정보설계 연구 등의 분야에서 주로 활용된다.

나. **새로운 이미지의 생성**: 사회연구, 인류학적 연구에서 주로 사용하되, 발달연구, 심리학, 사회지리학, & 교육학 연구등에서도 활용된다.

4) 시각적 연구의 핵심용어

시각자료 연구는 다음과 같은 핵심적 용어를 중심으로 분석이 이루어진다.

가. **주체성**agency: 사회과학 연구의 전통에서 주체성은 행위능력을 가지고 다른 사람이나 어떤 사회적 관계에 영향을 미칠 수 있는 능력을 가진 존재에게 부여된다. 이 주체성 개념은 다음과 같은 분석에서 중요하다.

- 사회구조 속에서 사회적 주체들 사이의 권력관계 묘사
- "이 그림들이 원하는 게 도대체 무엇인가?"(사물 주체)
- 이미지가 주체성을 가지고 어떤 작용을 하는가?

나. **데이타**data: 앞서 설명했듯이 시각자료의 데이터는 다음 두 가지 성격을 갖는다.

- 실증주의적 관점: 외부에 실존하면서 연구자에 의해 발견되기를 바라는 어떤 사실들
- 해석적 관점: 탐색inquiry의 과정을 통해 존재가 드러나는 그 무엇을 탐구한다.

다. **다큐멘터리**documentary: 이 용어는 John Girerson이 1920년대 후반경 "사회적 이슈와 그 의미를 보다 의미있게 극화함으로써 시민들이 급격한 사회적 변화와 불확실성으로부터 인도하기

위한" 목적으로 개발된 장르를 일컫는다. 다큐멘터리 장르는 사물, 사람, 사건 등의 재현을 통해서 사회와 시민들의 삶을 설명하기 위한 작업에 활용되어 왔다.

라. 대상figure/focus과 배경background

- 대상은 그림이나 사진의 주된 주체이고, 배경은 그 이외의 모든 것이다. 연구의 대상 중 가장 의미있는 대상과 우연적 혹은 부수적으로 이미지에 포함된 대상을 구분하는 차원에서 필요한 개념이다.

마. 프레임frame: 사회과학적 연구에서 프레임은 해당 연구(자)의 이론적 및 개념적 기반이 무엇인가 하는 문제와, 그 프레임에 따라 어떻게 자료를 해석할지 그리고 어떤 변인을 분석에 포함시킬 것인지를 결정하는 기준으로 활용된다.

바. 내러티브narrative: 연구자가 해당 이미지를 통해서 말하고자 하는 메시지가 무엇인가를 가리킬 때 사용된다. 내러티브에는 다음과 같은 요소들이 포함되므로, 이를 분석에 활용해야 한다.

- 그러한 이미지들이 말하고자 하는 '이야기'가 무엇인가?
- 내러티브 구조는 사람들의 삶의 경험과 문화적 전통에 의거해서 대체로 관습적으로 만들어진다.
- 내적 내러티브internal와 외적external 내러티브(Banks, 2001): 내적 내러티브는 이미지들 자체가 갖는 이야기의 흐름을 의미하고, 외적 내러티브는 이미지에 포함되지 않는 외부맥락, 촬영자, 구성원들의 관계성을 의미한다.

사. 관점perspective: 누구의 관점에 의한 기술, 묘사, 관찰, 해석인가?

- 관점은 같은 이야기를 주체에 따라 다르게 설명·해석할 수 있

게 하는 중요한 요소이다.

- 기술적인 의미(이미지의 구도, 초점, 배치 등과 같은 technical한 요소들) vs. 은유적인 의미(참여자들의 입장 차이)

아. **회고성**reflectivity: 연구자 자신의 역할에 대한 자각이다.

- 이 개념은 연구자 자신의 편견이나 주관성subjectivities에서부터 온전히 자서전적 연구의 방식에 이르기까지 광범위하게 적용된다.
- 회고성은 탐구의 방식과 분석하고자 하는 데이터의 종류에 이르기까지 다양하게 영향을 미친다.

5) 시각적 방법론과 현장 연구

(1) 기존에 존재하는 이미지들에 대한 분석

연구현장에서 발견하게 된 이미지들은 대체로 그 자체가 이력을 가지고 있는데(Appadurai, 1986), 이로써 세 가지 사회적 함축성에 대한 분석이 요구된다.

a. 원본 이미지가 어떤 맥락 속에서 생산되었나?
b. 어떤 과정을 거쳐 연구자에게 들어오게 되었는가?
c. 이미지를 인터뷰 과정에 사용하려는 연구 외 목적은 무엇인가?

(2) 현장에서 생성한 이미지의 분석

연구자가 실생활의 현장 속에서 이미지를 직접 생성하는 것은 그러한 이미지들이 연구의 중요한 자료가 될 수 있기 때문이다. 또한 연구 참여자들이 해당 이미지들에 대한 어떤 생각을 갖고 있는지 조사하기 위해 이미지를 활용하기도 한다. 예를 들어, 박물관 인류학자museum ethnographers들은 정보원으로부터 응답을 이끌어내기 위해 유물이나 문화적 산물을 보여주면서 인터뷰를 시도하는 방법을 사용한다.

이미지의 분석은 어떤 단일한 해석 방식에 의존하는 것이 아니라, 4절에서 설명하듯이 다양한 해석적 방법론을 활용한다. 그러므로 어떤 연구 주제도 이미지 분석을 활용하여 탐색적 연구를 시도할 수 있다.

6) 이미지 활용 연구

이미지를 활용한 연구에는 다음과 같은 다양한 유형과 연구경향성을 갖는다.

• 이미지 활용 연구의 유형	• 주요 연구경향
a. 영상물 소비(consumption) 연구 b. 영상물 산출(production) 연구 c. 시청자 반응 연구 d. 사진유도법(photo-elicitation) e. 공동(collaborative) 프로젝트	a. 사회활동을 문서화하기 위한 사진 제작/활용 b. 광고이미지 분석을 통한 이데올로기나 문화적 미의 분석 c. 시각적 재현물(다이아그램, 차트, 스케치 등)의 활용에 대한 분석 d. 사회적 상호작용에 대한 비디오촬영 후 분석

커뮤니케이션 연구의 초기에는 영상물 소비에 대한 연구가 많았으나, 점차 뉴미디어 시대로 바뀌면서 다양한 사람들이 여러 목적으로 가지고 이미지를 산출하는 방식에 대한 연구가 늘어나고 있다. 또한 사진유도법이란 연구참여자들에게 사진을 보여주면서, 그 사진을 보고 회상되거나 생각나는 관념, 의견, 느낌 등을 분석하는 연구방법론인데, 뒤에서 좀더 자세히 다루게 된다.

최근의 사회과학 연구에서 시각적 자료들이 어떻게 분석에 활용되는지 이해하기 위해 다음 [표 1]에 제시된 연구주제들을 통해 확인해 보자.

표 1. 시각자료 활용 연구방법과 실제 연구사례들

연구 방법	연구 주제 사례	관련 시각자료
전문가 인터뷰 + 자료 분석	• 상업가로 활성화를 위한 도시설계 방안 연구 • 근린재생을 위한 도시내 유휴공간 활용 정책방안 연구 • 현대 한옥기술의 변화와 전망 • 한옥문화의 세계화를 위한 인문학적 가치 발굴	도시설계도 실외디자인 건축설계도
주민인터뷰 + 참여관찰 + 사례연구	• 주민주도형 안심마을 조성 시범사업 모니터링~ • 주거다양성을 위한 단독주택지의 계획적 조성 정책 • 저소득층 주거환경개선센터 구축 및 운영방안 • 생활환경 개선을 위한 주민주도형 건축협정 제도 • 국공립어린이집의 양적 확충 및 질적 향상 제도 개선	마을배치도 마을경관사진 주거배치도 인테리어디자인
사례연구 + 시각 자료 + 주민인터뷰	• 한옥마을 우수경관 사례 연구(Visual study) • 노후주거지의 기초생활인프라 공급 현황 및 수준 분석 • 도시재생 활성화를 위한 지원체계 구축 및 운영 사례 • 장소중심의 공간계획을 위한 인터넷사진정보 활용방안 • 건강개념에 대응하는 근린환경 조성 정책 연구 • 보행중심도시 조성정책 및 제도 연구 • 한옥학교의 운영실태 및 교육현황 조사(참여관찰) • 최근 한옥입주자 특성 및 한옥수요 조사(참여관찰) • 농어촌 경관관리체계 개선을 위한 정책방향 연구	마을 배치도 도시계획도 인터넷이미지 근린환경사진 농촌 경관 사진

[표 1]에서 제시 연구들은 건축학이나 도시공학 분야에서 실제 출판된 연구들로써, 그 연구들 속에 주제와 관련된 다양한 시각자료들이 필수적으로 사용되고 있었다.

4. 시각 이미지visual images 분석의 방법

시각 이미지의 구체적인 분석방법에는 여러 가지가 있지만 크게 다음

[표 2]와 같이 정리될 수 있다.

표 2. 이미지 자체의 분석방식과 이미지의 내용(활용) 차원의 분석

이미지 자체의 내용 분석	이미지의 활용 차원의 분석
1) 사진(Photo) 분석 2) 기호학적(Semiotic) 분석 3) 내용(Content) 분석 4) 비디오(video) 분석	• 그러한 이미지들이 왜 생성되었는가? • 그 이미지들이 일상속에서 어떻게 활용되고 있는가? • 사람들은 그 이미지들에 대해 어떻게 이야기하는가? • 사람들이 다른 주제를 언급하면서 그 이미지들을 어떻게 활용하고 있는가?

위 표에 제시된 것처럼 이미지 분석 연구는 이미지의 형태(좌)에 따라 달라지며, 그러한 이미지를 사람들은 어떻게 활용하거나 어떤 영향을 받는가의 차원(우)에서 연구된다. 이중 사진유도법, 기호학적 분석· 내용분석에 대해 좀 더 자세히 설명해 보자.

1) 사진 유도법Photo-elicitation(사진-회상 면접법)

사진유도법은 다음과 같은 이론적 관점을 기반으로 연구방법론으로 활용되고 있다.

- "사진을 보면 기억이 갑작스레 되살아나면서 스릴이 느껴진다(Berger, 1992, p. 192)."
- 사진 유도법은 기존 실증적 연구의 가능성을 넓혀준다(Harper, 2002).
- 이미지는 언어보다 더욱더 인간 의식의 내면적 요소를 일깨워준다.
- 틀 깨기breaking frames: 사진들은 사람들로 하여금 자신들의 사회적 존재성에 대한 새로운 각성으로 이끌어준다.

사진 분석법Photo-analysis을 위한 주요 질문들에는 다음과 같은 것들이 포함된다.

- 어떻게/왜 이 이미지가 만들어졌나요?
- 이때 무슨 일이 있었던 거죠?
- 어떤 행동/사건이 묘사될 수 있나요?
- 이 이미지 속에 누가/무엇이 포함되어 있나요?, 프레임 밖에 있는 존재는 누구인가요?
- 이 이미지와 관련된 관계는 무엇인가요?
- 배경에는 무엇이 있나요? 이것은 의도적인 건가요, 아니면 우연히 된 것인가요?
- 이 응답 속에서 언급된 것은 무엇인가? 혹은 숨겨진 메시지는 무엇인가?

2) 기호학적 분석Semiotic Analysis

기호학적 분석은 이미지가 상징적symbolic의 매개체이므로, 이미지 분석은 기호학적 이론을 기반으로 이루어지기 때문에 붙여진 이름이다. 기호언어학자인 F. de Saussure의 구조주의는 다음과 같은 기호학 이론의 근간이 되었다.

- 언어는 기호 시스템이다Saussure.
- 언어/기호의 의미는 전체 의미(사회)시스템에 따라 결정된다.
- 언어는 기표Signifier(언어 자체)와 기의Signified(아이디어나 관념)로 구분된다.
- 시각적 이미지visual images도 언어기호와 같은 원리로 분석될 수 있다.
- 이미지들도 의미 시스템 속에서의 기표들로 이해되어야 한다.

소쉬르의 이론에 영향을 받아 기호문화학(모드의 체계)을 창시한 Roland Barthes는 구조주의 기호학의 관점을 따르고 있다. 이 구조주의 기호학을 기반으로 이미지 분석은 다음 두 가지 종위로 이루어진다.

• 명시적denotative 수준: 표면적 수준에서 명시적 혹은 드러난 의미
• 함축적connotative 수준: 깊은 수준에 숨겨진 혹은 암묵적/이념적 의미(관찰자에게 분명히 드러나지 않지만, 의식 이면의 시스템 전체 차원에서 작동하는 메시지).

위와 같은 상징성을 지닌 이미지의 특성으로 인해 다음 [그림 7]과 같은 광고이미지에 대한 분석이 흔히 커뮤니케이션 연구영역에서 많이 활용되었다. 예를 들어, 비판적 광고연구를 주로 다루는 캐나다 저널인 Ad-Busters는 스스로를 '정신 환경에 대한 저널'이라고 부르며, 기호학을바탕으로 광고의 선정성, 자본성, 중독성을 비판하고 있다. 즉, 대중 광고들을 전복하는sub-verts 기법을 활용하여, 광고이미지들을 풍자함으로써 상업주의 문화를 비판하고 있는 것이다.

그림 7. 광고속의 이미지들과 광고의 기호학

3) 내용 분석Content Analysis

내용분석은 신문이나 TV등의 대중매체에 등장하는 이미지들에 대한 내용적 분석을 통해 연구자가 말하고자 하는 메시지나 주장을 드러내는 연구를 수행한다. 예를 들어, The Glasgow 대학 미디어그룹의 나

뿐 뉴스들Bad News에 대한 연구는 TV 뉴스프로그램들을 대상으로 뉴스에서 다루는 사회 경제적 이슈들에 집중한다. 그리하여 뉴스 보도에서 어떻게 이야기들이 조합되고, 어떤 표현이 사용되고, 어떤 시각 이미지들이 보여지는지를 비판적으로 분석하는 것이다. 일례로, 이 연구팀은 1980~1990년대 BBC뉴스에서는 당시의 노조활동들에 대한 보수적이고 편파적인 보도들이 주로 다루어졌음을 비판적으로 분석한 바 있다.

그림 8. 내용분석이냐 기호분석이냐: 뉴스 이미지의 분석

[그림 8]과 같은 이미지 분석에서 기호학적 분석과 내용분석은 명확하게 구별되지 않을 수도 있다. 예를 들어 내용분석에서는 대중매체에서 위와 같은 이미지들이 소개될 때, 관련된 사건들을 언론사가 어떤 메시지(보도 방침, 관점) 차원에서 다루고 있으며, 그러한 메시지를 전달하기 위해서 어떤 사진을 어떤 논점이나 주장을 강조하기 위해 활용하는지의 내용적 부분에 초점을 맞춘다. 반면 기호학적 분석에서는 그러한 논점을 전달하는데 수반되는 매체(이미지)의 형식적 측면(크기, 각도, 프레임, 이미지 처리 방식)이 어떤 상징성을 지니면 의미를 강조,

확대, 왜곡하고 있는지 등을 분석하게 된다.

4) 시각적 연구의 유의 사항

시각적 연구를 시도할 때는 시각 자료의 다음과 같은 특성을 유의할 필요가 있다.

- 시각 데이터의 모호성Ambiguity
  - 사회과학에서 시각자료를 증거로 인정하는게 쉽지 않다.
  - '시각 데이터visual data'에 포함되는 범주에 대한 의견이 분분하다.
  - 시각 데이터를 학문적 분석 방법으로 포함시키는데 이견이 존재한다.
- 시각적 자료에 대한 근본적 질문들
  - 시각 데이터는 근본적으로 질적인가, 아니면 계량화될 수 있는가?
  - 연구자 자신이 생성한 이미지도 포함시킬 것인가, 아니면 기존의 이미지에 집중해야 할 것인가?
- 시각 자료 연구시 고려사항들
  - 사진 데이타는 익명으로 처리하기 힘들다.
  - 어떤 사진들은 생산적이지 않다./사진찍기 어려운 경우도 많다.
  - 출판에 비용이 많이 든다./이미지 재활용을 허가받기 곤란하다.
  - 법적, 윤리적 이슈가 더 복잡하다.

정리하자면, 오늘날은 문자의 시대가 아니라 영상 및 이미지의 시대라고 불리우는 만큼, 이미지 자료에 대한 연구의 필요성은 점점 커질 수밖에 없다. 기존에 방송 및 커뮤니케이션 분야에서 이미지를 활용한 연구가 주로 이루어졌다면, 앞으로는 교육학, 상담학, 심리학, 역사학 등에서도 많은 연구가 등장할 것으로 보인다. 특히 인공지능의 발달과 빅데이터의 시대를 맞이하여 이미지에 대한 분석을 기술적 수단을 활용하여 시도할 수 있기 때문에, 이미지 연구는 점차 사회과학 및 인문학 영역에서 중요한 역할을 하게 될 것이다.

VIII 담론(담화) 분석 연구 Discourse Analysis

1. 담론discourse의 이해

1) 담론이란 무엇인가?

담론은 여러 사람들의 생각thought이 언어language의 형태로 사회적으로 전파 및 공유되면서 영향력power을 갖게 된 것을 말한다. 양적 연구자들은 "세상은 수로 이루어져있다"는 피타고라스의 말을 강조하지만, 언어학자나 담론을 연구하는 질적 연구자들은 "세상은 담론으로 이루어져있다"라는 말을 선호한다. 그만큼 담론은 세상(인간 관계)을 구성하는데 큰 영향력을 가진 사회적 요소이다. 예를 들어, 정치Politics란 서로 다른 정파들이 권력 획득의 가장 중요한 요소인 민심(여론)의 지지를 얻기 위해 정책policy 담론을 놓고 다투는 것이다. 즉, 정치는 담론들 간의 주도권 싸움으로, 담론을 장악한 개인이나 집단은 그 사회에서 다른 존재들을 통제할 수 있는 영향력(권력)을 갖게 된다.

담론들 간에는 권력power의 문제가 개입된다는 것은 담론이 중립적neutral이지 않음을 의미한다. 다음 [그림 1, 2]가 보여주는 것처럼, 사람들은 각자의 경험에 따라 세상을 바라보는 생각과 견해(말풍선)를 갖게 되고, 사람들은 자신의 생각을 다양한 목적으로 서로 공유한다.

그림 1. 담론의 형성과 공유

그림 2. 교화: 이념화된 담론의 전파

즉, 담론은 개인의 의견 차원에 머무는 것이 아니라, 집단으로 확대되면서 이념화ideology(어떤 생각이나 사상이 자기충족적 방식으로 강화되어 사람들이 진리 처럼 받아들이게 되는 것)되거나 교화edification(특정한 방향으로 의도된 교육)의 형태로 다른 집단이나 세대에게 전파되기도 한다. 즉, 담론은 중립적이지neutral 않다는 것이다.

2) 담론 이론과 담론 분석

담론 이론discourse theory은 주체성subjectivity, 지식knowledge, 그리고 권력power이란 세 가지 요소를 통해 담론이 어떻게 형성되고 그 형태와 영향력이 무엇인지를 이해하는 것이다. 주체성은 담론이 팽배한 세상 속의 한 행위자로서 개인의 입장을 의미하고, 지식은 각 개인들이 세상을 어떻게 이해하고 바라보고 있는가(세계관)를 의미하며, 권력은 그러한 입장과 세계관들 간에 존재하는 힘의 역학관계를 의미한다. 이 세 가지는 철학의 세 가지 분류인 존재론ontology(인간이란 어떤 존재인가?), 인식론epistemology(세상을 어떻게 이해할 것인가?), 가치론oxiology(진, 선, 미란 어떤 것인가?)의 구조와 일치하는 것으로, 아래 [그림 3]과 같은 삼각관계를 형성하고 있다.

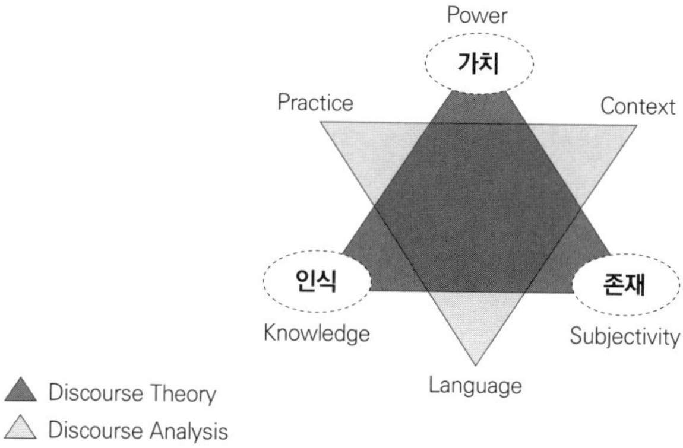

그림 3. 담론의 구조: 존재–인식–권력의 삼각형과 맥락–언어–실천의 역삼각형

위와 같은 담론의 형성 구조과 그 영향력을 분석하는 것이 담론 분석discourse으로, 담론 분석의 세 요소는 담론의 형태인 언어language, 담론의 구현 방식인 실천practice, 그리고 담론의 의미와 영향력을 결정하는 맥락성context을 분석하는 것이다. 즉, 다음 [그림 4]와 같이 사회의 현실은 사람들 간의 상호작용과 권력관계를 포함하고 있으며, 그러한 현실 속에서 사람들은 세상에 대해 의미를 부여한다.

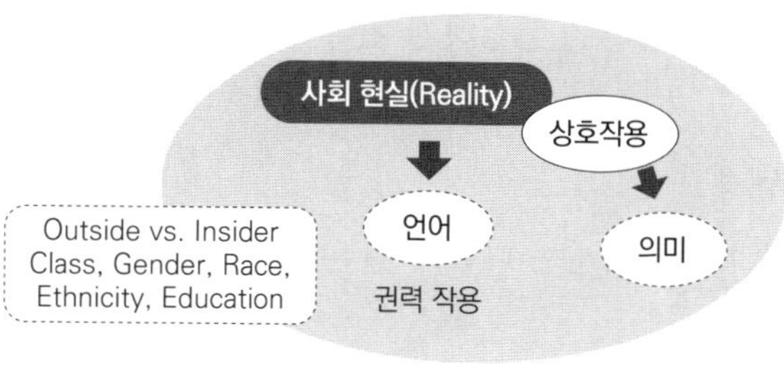

그림 4. 실재, 언어, 권력의 관계성

예를 들어, 자본주의 사회는 자본의 영향력이 큰 사회이고, 그 속에서 사람들은 "돈이 최고야!"라는 생각과 믿음을 가지기 때문에 '황금만능주의'적 담론이 세상을 지배하게 된다. 자본주의적 세상 속에 살아가는 사람들은 자본에 대한 믿음을 가지고, '재태크'에 삶의 의미를 부여하는 등과 같은 자본주의를 옹호하는 사고와 언행을 삶 속에서 실천하게 되면서 다시금 자본주의적 사회 구조를 강화시킨다.

담론은 사회적 현실/실재reality과 같은 힘의 작용power에 영향을 받을 뿐만 아니라, 다시 사회적 실재를 강화하는데 영향을 주므로 담론은 결코 중립적이지 않다. 사람들은 이러한 권력작용이 편재ubiquitous한 사회 속에 살면서 다른 사람들과 상호작용을 수행하기 때문에, 그러한 담론을 이해하고 해석하는 것은 객관성이나 중립성 보다는 다양한 사회경제적 지위, 신체적 조건, 환경 및 상황적 여건에 따라 사람들이 어떻게 상호작용하고 있는지를 (간)주관적으로 분석해야 한다. 즉, 담론은 담론을 생성하는 사람들의 계급class, 성별, 인종, 교육정도, 사회적 지위 등의 변수들이 갖는 사회적 특권prestige의 여부에 따라 내부자insider(특권 소유 계층)와 외부자outsider(특권 소외 계층)나 나뉘고, 자신의 지위나 신분에 따라 세상을 바라보는 시각이 다르기 때문에, 세상에 대한 상이한 담론을 형성하게 된다.

3) 담론의 성격

담론을 이해하기 위해서는 다음과 같은 담론의 성격을 이해할 필요가 있다.

첫째, 담론이란 사회적 현실이 언어사용에 드러나는 것(Fairclough, 1992)이라는 정의와 같이, 담론은 사회적 현실reality을 반영한다. 즉,

어떤 사회적 현실의 토대가 없이 순수하게 관념적인 담론은 생성되지 않는다는 것이다. 즉, 담론을 분석하고자 하는 연구자들은 항상 분석하려는 담론이 어떤 사회적 현실과 연관이 있는지에 대한 통찰력을 가져야 한다.

둘째, 담론은 객관적인 것이 아니라, 자신의 입장에 따라 서로 다른 담론을 생성하며 옹호한다. 이것이 담론의 계급성인데, 사람들의 사회적 계층이나 계급에 따라 상이한 담론들이 생성, 전파, 공유된다는 것이다. 즉, 어떤 사회 현상에 대해 사람들은 자신의 입장(경험, 사회적 지위, 역할 등)에 따라 전혀 다른 해석과 주장을 한다는 것이다. 따라서 담론 연구는 '객관적' 해석이 아니라, 누구의 입장에서 그러한 해석이 내려지고 있는지를 주목해야 한다.

셋째, 담론은 사회권력의 분배양상이나 사회의 위계적 질서구조와 밀접하게 관련되어있다(Gee, 1996)라는 주장처럼, 담론은 중립적이지 않고, 항상 권력의 영향을 받는다. 담론분석의 궁극적 목표중의 하나가 바로 그러한 권력의 영향력을 밝히는 것이다. 예를 들어, 학자들의 연구결과나 사람들의 경험이 축적된 지식은 절대적인 것이 아니라, 상대적인 것이고 언제든지 변경가능한 것이다. 우리가 어떤 지식을 진리처럼 받아들이는 것은 그 지식이 어떤 사회나 시대의 지식 생태계 속에서 권위authority를 획득했기 때문이지, 영구불변한 진리이기 때문이 아니다. 그런 의미에서 학계도 논문이나 저서와 같은 연구결과를 바탕으로 이루어지는 '학문적 담론의 놀이터'라고 간주될 수 있다.

넷째, 담론은 인간의 '언어'를 매개로 하고 있기 때문에, 언어, 사고, 상징/맥락성, 의미 등의 상호관련성에 대해 잘 이해해야 한다. 한 문장으로 정리하자면, 인간의 경험은 사고를 형성하고, 사고는 언어로 표출되며, 언어는 상징성을 지니고, 어떤 맥락 속에서 사회적인 의미를 갖는가를 이해해야 한다. 담론 분석은 이러한 용어들 간의 관련성을 분석하고 해석하는 작업이다.

4) 담론의 구조

담론이 어떤 내적 구조를 갖는지에 대해서는 여러 이론들이 있지만, 크게 통시적diachrony 차원과 공시적synchrony 차원으로 구분해볼 수 있다. 담론의 통시적 차원은 바흐친Bahktin의 상호텍스트성intertextuality 개념을 통해 설명될 수 있는데(Bahktin, 1981), 어떤 담론과 관련된 사회적 담론들의 시간적 선후 관계에서 나타나는 불/연속성의 문제를 의미한다. 예를 들어, 과거의 '교실 붕괴' 담론(학교교육의 무기력화)은 '교실 탈출'의 담론을 낳고, 이후 사회 전반적인 '홈스쿨링' 열풍을 낳게 되었는데, 이때 '홈스쿨링' 담론은 기존의 '교실붕괴' 담론과 통시적인 상호텍스트적 관계에 있다고 보는 것이다(서덕희, 2003).

또한 담론의 공시적 차원은 특정 담론과 그 담론을 둘러싼 비담론적 요인들과의 맥락적 상호작용성을 의미한다. 담론은 비담론적 환경과의 상호작용 속에서 형성 및 유포되면서 영향력을 발휘하기 때문에, 담론의 공시적 성격을 이해해야 한다는 것이다. 예를 들어, 사회적 담론들은 다양한 언론 및 미디어들(Facebook, Instagram, SNS, YouTube, Tiktok 등)을 통해 대중들에게 더 큰 파급력을 갖게 된다. 따라서, 담론의 형성과 전파는 어떤 제도와 어떤 매체를 통해 어떤 표현양식으로 드러나느냐에 따라 크게 달라진다는 것을 염두에 두어야 한다.

이러한 담론의 통시성과 공시성을 다음과 같은 [그림 5]를 통해 요약적으로 다시 설명해보자.

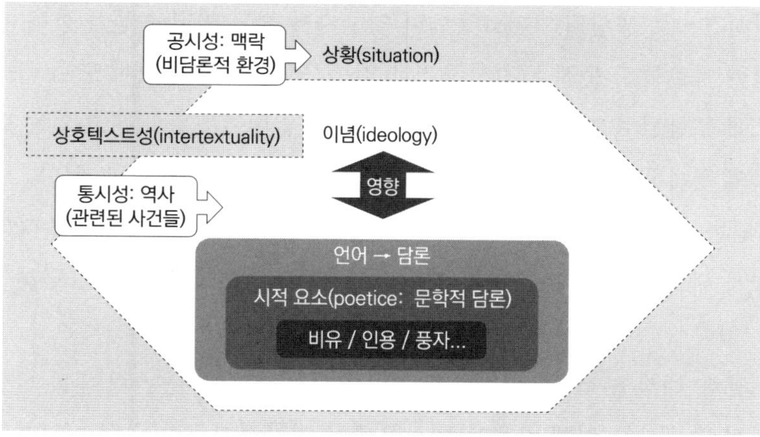

그림 5. 담론의 통시적, 공시적 구조

담론은 언어의 형태를 띠고 있기 때문에, 다양한 언어적 표현poetics이나 수사학적 요소들allusions, quotations, parody를 포함할 수 있다. 그리고 담론은 그 담론 전후의 다른 담론들과의 텍스트적 연관성(통시성), 즉 상호텍스트성intertextuality을 가질 수 있다. 또한 담론은 그 담론이 발생하는 사회적 상황 및 이념적 환경 속에서 의미를 갖기 때문에, 그러한 비담론적 환경에 대해 충분히 이해하고 해석할 필요가 있다.

5) 담론분석의 접근들

앞서 소개하였지만, 담론은 언어의 형태를 띤 사람들의 생각이나 견해이므로, 이에 해당하는 모든 자료들은 담론 분석의 대상이 된다. 이때 담론 분석의 대상이 되는 자료를 일반적으로 텍스트text라고 부르는데, 이 텍스트는 문어적 텍스트(문서, 기록, 도큐멘터리, 저널 등) 뿐만 아니라 구어적verbal 텍스트를 모두 포함한다. 아울러 언론이나 방송에서 실시간으로 생성되는 자료들이나 연구자가 직접 인터뷰 등을 통해 수집한 자료들도 문서로 전사하거나 기록하느냐에 관계없이 모두 텍스트에 포함될 수 있다. 결국 연구자는 사회적 현실을 드러내고 있는 언어의 형태를 띤 모든 자료들을 담론 분석의 자료로 이해할 수 있다.

담론 분석은 분석의 대상이 되는 '언어'를 어떻게 이해하느냐에 따라 크게 세 가지-대화분석, 담론분석, 비판적 담론분석-방법으로 구분될 수 있다.

첫째, 대화 분석Conversation Analysis: CA은 주로 사람들 간의 대화 상황에서 발생하는 언어 자료를 대상으로 언어학적이고 기술적technical인 분석을 시도하는 연구이다. 언어학은 음운론, 형태론, 구문론, 의미론, 화용론 등으로 구분되는데, 그러한 언어학적 구분이 설명하는 이론적 틀에 의해 대화 자료를 분석하고 그 의미를 이끌어내는 연구를 수행한다면 그것은 대화분석에 해당한다.

둘째, 담론 분석Discourse Analysis: DA은 단순한 대화 차원에서 발생하는 언어가 아니라 사회 속에서 생성되는 다양한 담론 자료에 대한 사회(과학)적 분석을 시도하는 것이다. 따라서, 사람들 간의 대화 뿐 아니라, 연구자가 연구하고자 하는 주제와 관련한 모든 언어적 자료(방송/뉴스, 강연, SNS자료, 각종 게시글, 인터넷 댓글, 카페 대화, 화장실 낙서 등)가 분석의 대상에 포함된다.

셋째, 비판적 담론 분석Critical Discourse Analysis: CDA은 담론 분석에 포함되지만, 연구의 이론적 배경이 비판이론critical theories의 여러 관점들을 기반으로 이루어진 연구를 구분하여 가리키는 분야이다. 담론 분석 연구에서 이념적, 정치적, 해석적, 이론적 분석을 주로 시도하는데, 이 분야의 연구가 많이 수행되고 있으므로 별도로 분류되어 설명되고 있다.

아울러 담론 분석은 분석 자료의 범주에 따라 다음 [그림 6]과 같이 사회적 분석, 맥락적 분석, 그리고 텍스트분석으로 구분될 수 있다. 이 세 가지 접근법은 분석의 범위나 형태에 따라 이해를 돕기 위한 편의적 구분일 뿐이고, 절대적 차이점이나 상호배타적 성격을 갖는 것은 아니다.

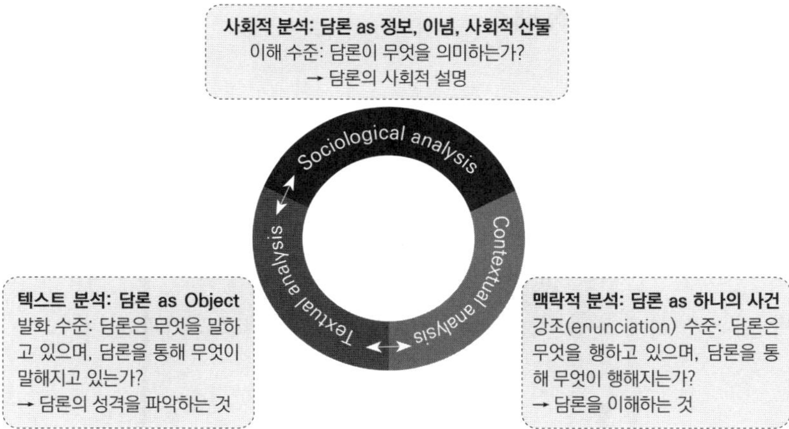

그림 6. 담론분석의 세 가지 접근

사회적 분석은 거시적macro 분석으로서 담론을 정보, 이념, 사회적 산물의 차원에서 이해하고, 그 담론들이 어떤 사회적 함의가 있는지를 분석하고자 한다. 맥락적 분석은 중간적meso 수준의 분석으로 담론을 하나의 사건으로 보고, 분석하고자 하는 특정 사건(현상)을 둘러싸고 일어난 담론자료들을 모아 그 사건을 해석하고 이해하려는 분석이다. 텍스트 분석은 미시적micro 분석으로 담론을 하나의 사물(언어적 증거)로 보고, 그 작은 언어적 증거들이 사람들의 생각, 행동, 경험, 그리고 그 사람들의 특성 등에 대해 어떤 것을 설명하고 있는가를 분석하고자 한다. 정리하자면, 이 세 가지 구분은 연구자가 자신의 연구 주제를 드러낼 수 있는 담론을 어떤 수준에서 이해할 것인가를 판단하고, 그 수준에 해당하는 담론을 수집하여 분석하는 양상에 대한 구분으로 이해하면 된다.

2. 담론 분석의 이론적 배경

담론분석은 여러 가지 이론적 배경을 기반으로 이루어지고 있는데, 그 중 대표적인 것들로는 대화 분석, 행위망 분석, 구성원범주 분석, 비판적 심리학, 상호작용적 사회언어학, 의사소통적 문화기술지, 푸코 연구 등이 있다. 이러한 연구분야들은 그 분석의 대상이 담론이기 때문에 모두 담론 분석에 해당되는데, 이를 정리하면 다음 [그림 7]과 같다.

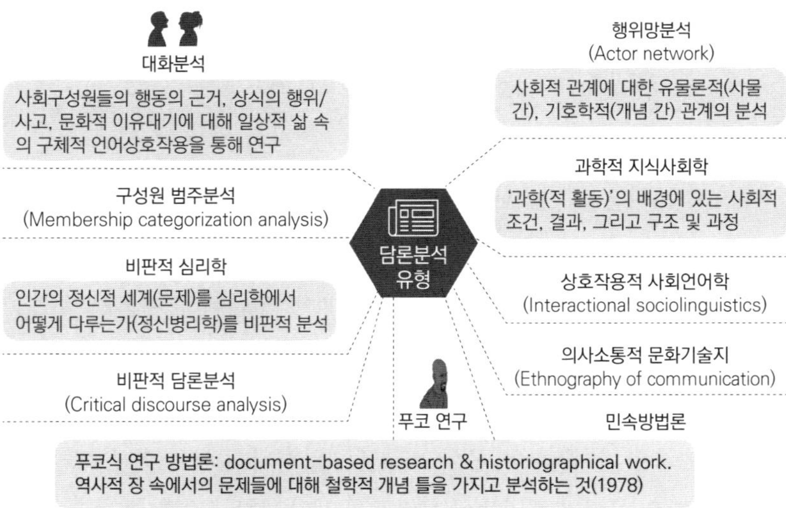

그림 7. 학문적 배경에 따른 담론 분석의 유형

위와 같은 다양한 담론 분석의 이론적 배경 중에서 연구자가 자신의 이론적 관점이 무엇인지 결정한 다음에, 그 이론을 부각시켜줄 수 있는 주제와 담론의 형태를 판단하여 연구를 개시해야 한다. 위 여러 담론 분석의 유형들 중에서 행위자-망, 상호작용적 사회언어학, 푸코식 담론분석 세 가지 접근법에 대해 설명해보자.

1) 행위자-망actor-network 분석

(1) 행위자-망 분석의 개념

행위자-망 이론은 Bruno Latour, Michel Callon, 그리고 John Law 등의 학자들에 의해 개발된 사회학 이론중의 하나로, 미디어 연구Media Studies의 네트워크적 확장과 Niklas Luhmann's 시스템 이론이 결합되어 이루어진 이론이다. 미디어 이론Media theory은 인간의 사고와 행위가 미디어에 의해 어떻게 생성되고, 전달되고, 재현될 수 있는가를 연구함으로써, 미디어가 갖는 사회적 매개체로서의 영향력을 연구하는 분야이다. 미디어 연구는 능동성Agency, 행위자actor, 권력Power, 매체Media, 매개mediation 등의 용어들이 핵심어가 된다.

원래 미디어 연구에서는 인간만이 메시지의 발신자 및 수신자로서 의사소통의 행위자로 간주되었고, 다른 모든 요소들은 존재들은 하나의 배경이나 수단으로 간주되었다. 반면 행위자-망 이론은 인간만이 아니라 모든 사물들에게 능동성을 부여함으로써, 사물들도 행위자가 될 수 있다는 물질주의적 일원론에 기반하여 세상의 모든 사물들 간의 관계성과 상호작용을 설명하고자 하는 이론이다. 예를 들어, 행위자-망 이론은 어떻게 인간과 비인간 행위자들 간에 능동성이 결정되고 분배되는가? 등의 주제를 가지고 사물들 간의 관계성을 연구하게 된다. 따라서, 지식사회학sociology of knowledge의 경우, 학계 전반 혹은 각 학문의 영역 속에서 어떤 요소들이 지식의 생성에 관여하는가를 논의하면서 지식 형성에 기여하는 인간(학자)의 역할 뿐만 아니라 다른 모든 사회적, 물질적 환경 요소들(예: 지식의 형성이 어떤 데이터 처리과정의 기술적 조건들에 의해 결정되는가?)에 대해서도 탐구하게 된다.

(2) 행위자-망 분석의 사례

행위자-망 분석을 기반으로 이루어진 연구의 사례를 통해 설명해보자. Broadbent & Vaughter(2014)는 기후 변화란 이슈를 둘러싸고 여러 사회적 기관들이 어떤 태도를 보이는가를 미디어 기사(2007~8년 사이의 뉴질랜드 언론)에 대한 담론분석을 시도한 바 있다. 이 연구에서는 다양한 주체들(정부기관, 시민단체, 언론 등)이 행위자actors로 간주하였고, 그러한 주체들은 '기후 변화'란 주제에 대해 다양한 입장과 태도를 보여주고 있는지를 분석하였다. 그 분석의 방법은 다음 [그림 8]과 같이 다양한 행위자들이 기후변화에 대해 어떤 개념적 인식을 가지고 있으며, 이러한 인식의 망이 어떻게 행위자 망과 상호작용하면서 기후변화란 글로벌 이슈에 대응하고 있는가를 분석했던 것이다.

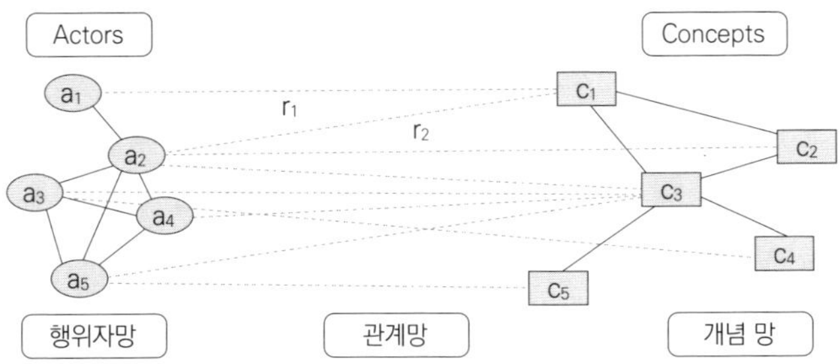

그림 8. 행위자-망 분석의 기본 구조(예)

위와 같은 분석의 틀을 통해 Broadbent & Vaughter(2014)는 다음 [그림 9]와 같은 기후 변화에 대한 사회적 대응 모형이라는 이론을 제시하게 되었다.

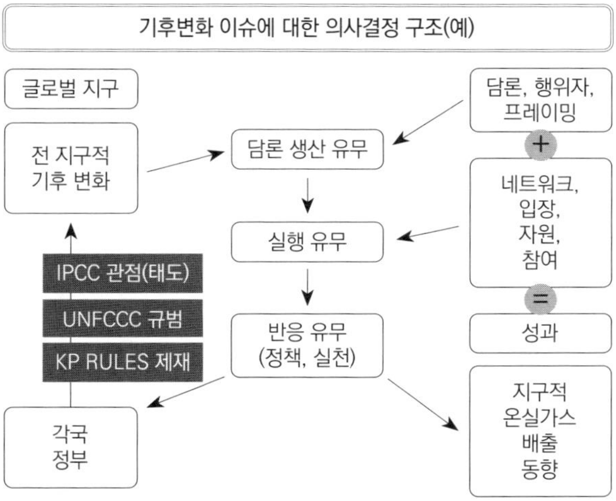

그림 9. 기후 변화에 대한 사회적 대응 모형
(2007–2008 사이의 New Zealand 언론의 담론 네트워크)

위 도식을 간단히 설명하자면, 글로벌 기후변화 이슈를 둘러싸고 여러 담론, 인식의 틀framing, 그리고 행위자actors가 등장하는데, 이러한 행위자들은 기후변화 문제를 두고 다양한 이해관계newtorks, 지지 혹은 무관심한 태도stances, 대응을 위한 자원resources, 그리고 참여 정도participation의 차이를 보이고 있으며, 그에 따라 실제적인 정책적 대응response 방식들이 나타나게 된다는 것이다. 이러한 분석은 기후 변화란 이슈에 대한 어떤 정책 당국의 입장이 얼마나 다양하고 복잡한 변수들의 영향과 복잡한 과정을 걸쳐 결정되게 되는가를 잘 보여줄수 있다는 의미를 갖는다.

2) 상호작용적 사회언어학interactional sociolinguistics

상호작용적 사회언어학은 언어사용자가 사회적 상호작용 속에서 어떻게 의미를 생성하는가를 담론분석을 통해서 연구하는 언어학의 한 갈래이다. 그 연구 주제들은 다음 그림과 같이 경어법politeness 연구, 언어의 의미를 결정하는 맥락적 요소 연구, 인식의 틀framing 연구, 대화적 참조conversatonal inference 연구, 간문화적 의사소통 차이 연구 등으로 이루어져 있다.

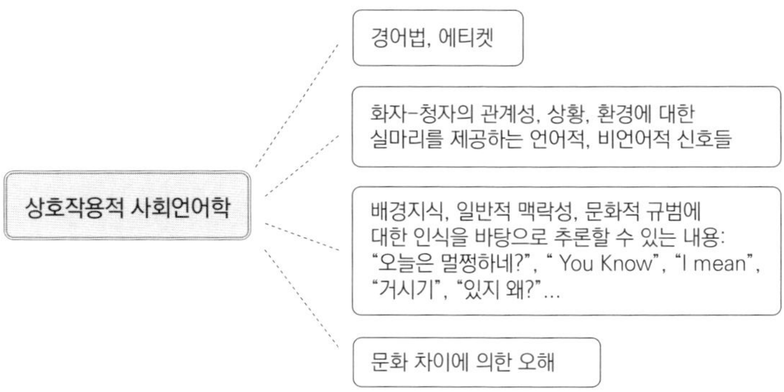

그림 10. 상호작용적 사회언어학 연구의 주요 주제

이러한 다양한 사회언어학적 연구의 갈래 속에서 사람들이 생성하는 언어 자료들이 어떤 담론적 성격이나 의미를 갖는가를 연구함으로써, 사회 집단과 그 구성원들의 사고, 태도, 인식, 그리고 사회구조의 본질적 특성 등에 대해 이해하고자 하는 것이다.

3) 푸코식 담론분석법Foucaultian Discourse Analysis: FDA

가. FDA의 기본 이해

사회정치학자인 푸코Michel Foucault의 이론과 비판적 관점을 기반으로 담론 분석을 위한 연구방법론으로 개발된 것이 푸코식 담론분석법이다. FAD 방법론의 이론적 위상은 다음 그림에서와 같이 사실주의보다는 상대주의적relativism, 실증주의보다는 사회적 구성주의social constructionism, 양적 연구 보다는 질적 연구의 성격을 띠고 있다.

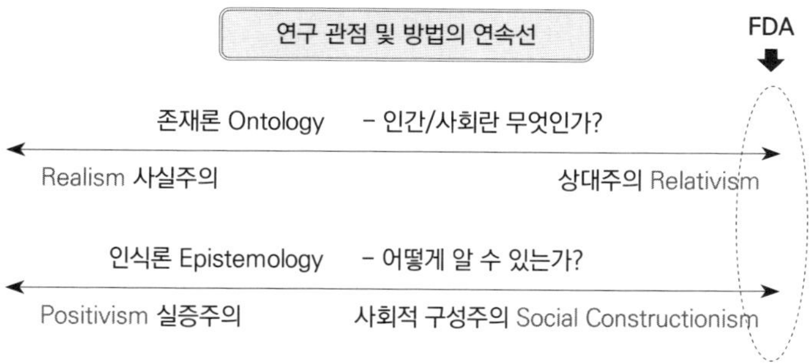

그림 11. 푸코식 담론분석(FDA)의 성격

Foucault는 사회는 다양한 위계적 권력 관계로 구성되어 있고, 그 속에서 권력자authority들은 자신의 지배성dominance을 드러내고, 복종obedience이나 존중을 유발하기 위해 담론을 활용한다고 주장한 바 있는데, 이것이 바로 푸코의 훈육적 관계성disciplinary interaction의 개념이다. Foucault의 이론에 따르면, 권력은 다양한 세력들 사이의 관계성으로 형성되며, 고정적이지 않고 권력에 대한 저항 속에서 유동성을 갖고 있다. 그로 인해 담론은 복잡한 권력 관계 속에서 생성되는데, 이

때 행위자나 기관은 그러한 권력의 실재에 대한 지배적인 해석(즉, 그러한 권력을 정당화하는 담론)을 수립하는 것이다. 따라서 담론분석은 그러한 권력을 정당화하는 논리taken-for-granted knowledge의 근저에 있는 암묵적 가치value나 숨겨진 가정을 드러내는 것을 목적으로 한다. 요컨대 담론 분석은 세상에 팽배한 사회적 기관들(정부, 의회, 기업들, 언론사, 법원, 학교, 병원, 교정시설 등)의 불공평한 실천들을 정당화하는 지식(이념, 규범, 상식, 편견 등)에 대해 비판적으로 논의하는 것이다.

나. FDA 연구를 위한 연구문제

FDA는 일반적으로 다음과 같은 두 가지 연구문제를 중심으로 담론을 분석한다.

i) 담론을 통해 어떤 주체들이 생성되는가?(각 주체들은 어떤 담론을 생성하는가?)

ii) 사람들이 살아가는 담론적 세계를 만들어내는 원인은 무엇이고, 그 살아가는 방식은 어떤 의미를 함축하고 있는가?

FDA는 담론이 현실을 구성하고constitute, 사람들에게 지위를 부여하고positioning, 사람들의 말, 사고, 감정, 행위를 조장하는construct 영향력을 분석하는 것이다. 이러한 분석을 위해 어떤 담론, 즉, 구체적으로 어떤 'text'를 선정해야 할 것인가에 대해서는 연구자가 자신의 주제를 놓고 고민할 필요가 있지만, 기본적으로 "의미가 발생하는 어떤 텍스트라도"("wherever there is meaning": Parker, 1999) 담론 분석의 대상이 될 수 있다.

Kendall & Wickham(1999)은 [Using Foucault's Methods]에서 FDA의 분석을 위한 기초 질문을 위해 다음 다섯 가지를 고려해야 한

다고 주장한 바 있다.

첫째, 담론이란 정기적이고 체계적으로 조직화되는 진술들의 덩어리body of statements임을 인식할 필요가 있다. 담론은 한 두 마디의 언어적 표현으로 대표될 수 있는 것이 아니라, 사회적 실재의 전 모습을 드러낼 수 있을 만큼 상당한 분량의 언어적 증거들을 포함할 필요가 있다. 다만, 연구자는 그러한 빅 데이터를 모두 분석하기 어렵기 때문에 "가장 의미있고, 가장 강력한 형태의, 가장 전형적인" 데이터를 분석의 대상으로 선택하는 것이다.

둘째, 어떻게 그러한 진술들이 생성되는가에 주목하라. 사람들이 자신의 경험과 생각을 표현하는 과정, 절차, 형식 등에도 주의를 기울여야 한다. 예를 들어, 시민들의 여론이 공식적 채널(국민신문고, 민원접수 등)을 통해 표출되기도 하지만, 언론을 통해서나 소수 그룹들만이 공유하는 사적인 채팅방에서도 표현될 수 있다.

셋째, 어떤 얘기들이 언급되어지거나, 아니면 침묵되는가silenced를 확인하라. 인터뷰를 통해 명시적으로 드러나지 않는 숨은 의도, 소감, 인식 등을 발굴해낼 수 있어야 한다.

넷째, 새로운 진술들은 어떤 공간 속에서 생성되는가를 탐색하라. 담론들은 맥락적 상황에 의존해서 해석할 필요가 있고, 환경적 요소를 이해하는게 중요하다.

다섯째, 사회적 실천들practices(사람들의 말과 행동, 실질적 상호작용 등)은 물질적material이기도 하고 담론적discursive이기도 하다. 이 말은 사회적 현실이 물질적인 형태로 나타나기도 하고 추상적(담론적)인 방식으로 나타나기도 하는데, 물질적 형태로 드러나는 것은 주로 자연과학자들이 실증주의적 방법을 통해 연구하게 된다. 따라서 언어 자료를 분석하는 담론연구자들은 담론의 형태로 드러나는 사회적 실천들을 분석하되, 그것이 어떤 실재적인 의미를 내포하고 있는지에 주목하여 해석해야 한다는 것이다.

다. FDA 분석의 방법

Brunton, Todorova, & Petrova(2018)은 FDA식 담론 분석이 일반적으로 6 단계 - 1. 담론 형성Discursive Constructions 2. 담론 형태Discourses 3. 행위 정향성Action Orientation 4. 자리매김Positionings 5. 실천Practice 6. 주체성Subjectivity - 에 걸쳐 이루어질 수 있다고 설명하였다.

표 1. FDA식 담론 분석의 단계

구분	설명
1단계 **담론형성**	텍스트에 담론의 대상이 형성되는 다양한 방식을 규명(참조물의 사례들을 드러내는 단계)
2단계 **담론**	세상을 바라보는 다양한 방식들 혹은 광범위한 담론 속에서 담론적 형성 방식을 발견
3단계 **행위 정향성**	특정 담론이 언제 쓰이고 있으며, 그 목적은 무엇인가를 확인
4단계 **자리매김**	텍스트 안에 얼마나 다양한 사람들이 관련되어 있으며, 그들에게 부과된 권리나 의무는 무엇인가를 파악
5단계 **실천**	사람들은 자신에게 부여된 지위 속에서 어떤 사회적 행위들을 하거나, 혹은 하지 않는가의 문제를 확인
6단계 **주체성**	사람들이 사고하고, 느끼고, 경험하는 내용이 무엇인가를 확인함으로써, 어떤 사건에 대한 사람들의 입장, 관점, 태도가 무엇인지를 이해

[표 1]과 같은 분석이 이루어지는 과정에서 연구자는 분명한 연구 문제를 설정하고, 그 연구문제를 명확히 드러낼 수 있는 담론과 그 담론이 가장 잘 드러나는 현장 및 연구참여자를 선택해야 하며, 가장 적절한 담

론들을 체계적이고 진실되게 수집하며, 수집된 담론에 대해 심층적으로 해석하는 작업을 수행해야 한다. 이러한 과정을 염두에 두더라도 연구자의 분석 및 해석이 얼마나 타당한지에 대해 다시금 검토해야 하는데, 이를 위한 몇 가지 팁으로 '자신의 데이터에 친숙해지기', '반복적으로 읽기', '많은 데이터 속에서 패턴을 파악하기' 그리고 담론적 지형discursive terrain을 발견하기 등을 제시할 수 있다. 연구자가 이러한 팁을 효과적으로 활용하기 위해서는 질적 연구방법에 대한 전반적 이해도와 경험을 쌓아야 한다.

3. 담론분석의 일반적 방법론

담론분석의 방법론을 이해하기 위한 기본적인 내용을 설명해 보자.

1) 담론분석의 자료

담론 분석의 대상에는 다음과 같은 자료들이 포함될 수 있다.

- 각종 공문서(행정 지침, 공고문), 법령들, 국회회의록 등
- 각종 언론 매체의 보도자료(뉴스, 기사, 잡지, 기자의 인터뷰 등)
- 일상 대화, 작업장 잡담(일반 시민들이 일상생활 속에서 생성하는 언어들)
- 연구자가 직접 생성하는 인터뷰나 전문가집단면접Focus Gruup Interview 자료
- 문화기술지ethnography 현장에서 수집된 자료(인터뷰, 일기, 메모, artifacts)
- 온라인 자료(인터넷 채팅, 게시판 등)에 나타난 언어적 상호작용

연구자의 연구주제와 관련된다면, 위와 같은 모든 언어적 자료가 담론분석의 자료가 될 수 있다. 따라서 담론분석의 자료는 다음 [표 2]와 같은 원천에서 나오게 된다.

표 2. 담론분석 자료의 원천

구분	구체적 사례
문서기반 (document-based) 자료	• 신문, 잡지, 및 뉴스기사 • 정부 출판물이나 의회 보고서 등과 같은 공공자료 • 온라인 자료: 블로그(blog)나 트위터(twitter), 이메일, 인터넷게시판(internet bulletin), 뉴스그룹 기사
시청각 기반 (audio-, visual-based) 자료	• 라디오 및 TV 프로그램 • 뉴스 인터뷰, 대담자료, 토론자료, • 다큐멘터리 프로그램, 토크쇼, 연예프로그램
자연적으로 생성되는 (naturally occurring) 자료	• 기차역, 터미날에서의 대화, 커피숍에서의 일상적 대화 • 공공장소(백화점, 관공서)에서의 안내방송 • 사람들의 일상적 메모, 화장실 낙서, 골목 낙서 등 • 각종 인터넷 게시판, 인터넷 토론장, 뉴미디어(SNS, 블로그)

즉, 사람들의 자연스러운 사회적 상호작용 속에서 등장했다 사라지는 자료를 연구자가 직접 수집하게 된다면 담론분석의 자료가 될수 있다. 특히 최근 디지털 환경에서는 인터넷 게시판, 포털사이트 및 다양한 상호작용 플랫폼, 가상공간 등에서 사람들의 의견이나 목소리가 자연스럽게 생성되고 소비될 수 있는데, 이러한 디지털 공간에서의 자료도 담론분석의 중요한 원천이 된다. 그리고 비언어적 자료들(사진, 그림, 동영상, 사물들)도 그 자료들이 인간의 언어, 사고, 문화, 실천적 함의을 갖는다면, 언어적 분석이 아닌 상징적 분석을 통해서도 담론분석의 대상이 될 수 있는데, 이는 다음 장의 '시각적 분석'에서 자세히 다루게 된다.

2) 담론 자료의 수집

담론분석은 연구자가 원하는 주제에 부합하는 담론 자료를 수집해야 되기 때문에, 상당수의 담론분석 연구가 연구자의 직접 인터뷰에 의해 이루어지게 된다. 그런 의미에서 인터뷰를 통하 자료수집의 방법에 대해 간단히 살펴보자.

가. 면접interview 자료수집의 실제적 팁

첫째, 참여자 모집에서 유의할 사항은 다음과 같다.

- 연구주제에 대한 가장 적합하고 풍부한 응답을 할만한 사람을 찾자.
- 연구참여자가 어떤 다양한 의견, 관점을 가질 것인가에 대비해야 한다.
- 연구 과정에서 새롭게 떠오르는 주제(주장, 관점)이 있으면, 참여자를 확장하자.
- 연구수행 여건에 따라 효율적, 생산적인 참여자들로 최종 참여자를 결정하자.

둘째, 참여자 선정한 후에는 구체적인 연구 주제의 리스트에 따라 질문을 만들어야는데, 다음은 질문을 구성할 때의 중요한 고려사항이다.

- 연구자의 주장이나 논점을 중심으로 질문의 리스트를 체계적으로 정리한다.
- 연구자는 각 질문들에 대한 응답자들의 응답을 가정해볼 수 있지만, 동시에 그러한 연구자의 가정(편견)에 구속되지 않도록 주의해야 한다.
- 인터뷰를 진행하는 과정에서 연구자는 자신의 가정과 응답자의

응답들을 끊임없이 비교하면서, 다음 질문들을 창의적으로 구상할 수 있어야 한다.

- 응답자들이 계속 자신의 가정에서 벗어나는 응답을 할 경우와, 반대로 자신의 가정에서 벗어나지 못한 너무 '뻔한' 응답을 할 경우에 어떻게 대처할지를 고민해야 한다.
- 위와 같은 질문들은 최종적으로 연구자가 주장(논증)하고자 하는 연구의 결론과 밀접한 논리적, 내용적 관련성이 있도록 구심점을 가지고 구성되어야 한다.

한편, 전문가 집단 면접focus-group interview: FGI의 경우 질문구성의 유의점은 다음과 같다.

- 인터뷰가 효율적으로 이루어질 수 있도록 주제리스트나 토론계획을 분명히 설정한다.
- 정교하게 고안된 질문들을 준비해야한다.
- 핵심적인 내용을 중심으로 토론이 집중적으로 이루어지도록 한다.
- FGI는 전문가들의 의견을 방향성을 가지고 체계적으로 수집하기 위한 방법이므로, 위와 같은 사항을 고려하지 않으면 인터뷰의 효과를 거두기 어렵다.

나. 연구 참여 현장의 파악

면접을 시행하기에 앞서 연구현장 및 연구참여자에 대한 다음과 같은 요소들을 점검하는 것이 중요하다.

첫째, 연구참여자들의 활동activities의 일상적 유형을 파악하고, 그 활동의 성격을 확인하기

둘째, 연구참여자가 사용하는 문서들을 보여줄수 있는지와 그 기록

의 사본을 얻을 수 있는지 문의하기

셋째, 연구참여자들의 활동, 과업, 상호작용이 어떤 시간적, 공간적 상황에서 발생하는지 확인하기

넷째, 연구참여자들이 활동 속에서 사용하는 전문용어나 신호들에 익숙해지기

다섯째, 기록을 위해 어떤 장비들이 필요하며 어디에 설치해야 하는지를 파악하기

3) 자료 전사 및 분석 방법

면접 자료는 체계적으로 기록하고 이를 총체적으로 검토하여 분석을 시작해야 한다. 면접 자료를 문서로 옮기는 일을 전사라고 하는데, 대표적으로 Poland(2002) 방식과 Jefferson(2004) 방식 두 가지가 많이 쓰이고 있다.

가. Poland(2002) 전사 규칙

표 3. Poland(2002)의 전사 규칙 사례

기호	의미	설명
(..) (...) (....)	멈춤 (pause)	대화의 멈춤을 마침표로 표시하되, 멈춤 시간의 길이에 따라 마침표의 수를 달리한다. 예를 들어, 1/2초는 (..), 1초는 (...), 1과 1/2초는 (....) 등으로 정한다. 이보다 더 길어지는 멈춤은 "(멈춤)"으로 표시한다.
(웃음), (기침) 등	웃음, 기침	괄호 안에 (웃음), (기침), (한숨), (재치기) 등으로 표시한다. 여러 사람이 한꺼번에 웃는 경우는 (동시웃음) 등으로 표시한다.
하이픈:"–"	끼어들기 (interruption)	한 사람의 말이 다른 사람이 중간에 끼어듦으로 해서 끊어졌을 경우는 그 끼어든 시점 이후에 "–"로 표시한다.

(겹침)	겹치는 대화 (overlapping speech)	한 사람(A)이 말하는 도중 다른 사람(B)이 끼어들어 동시에 말할 경우에는, A의 말 끝에는 하이픈(–)으로, 그리고 바로 그 지점에 B의 말 앞에 "(겹칩)"이라고 표시한다. [예] A: 그 때 걔가 들어왔– B: (겹침) 누가? 철수가? A: 아니, 영희가.
[ ] [?] [xxxx]	우물우물 불확실한 표현 (garbled speech)	이해불가능한(unintelligible) 말은 [ ]로, 연구자의 임의적 해석일 경우는 [——?], 전혀 알 수 없는 말은 [xxxx]로 표시한다.
WHO? 진하게	강조된 말 (emphasis)	강조되어 표현된 말은 영어 전사는 대문자로, 한국어 전사는 진하게 표시한다.
모음반복(영)/ 물결표 : "〜〜"	늘어진 소리 (Held sounds)	강조나 놀람 등을 늘어진 말의 경우는 영어 전사는 모음반복, 한국어 전사는 해당 음절을 반복해서 표기한다. [예] I n–e–e–ver did that. 내가 한게 절〜〜대 아니야.
인용표시 "(흉내)"	흉내,인용 (paraphrasing)	다른 사람의 말을 흉내내거나, 인용한 말의 경우는 인용표시 속에 괄호로 그 내용을 표시한다. [예] 그는 "내가 한게 아냐"(흉내내는 말)라고 오리발 내밀더라고.

이 Poland(2002) 방식과 다음에 소개할 Jefferson(2004)의 방식 중에서 어떤 방식을 사용하는지는 자신의 전공분야에서 일반적으로 통용되는 방식을 따르면 된다.

나. Jefferson(2004)의 전사 규칙

표 4. Jefferson(2004)의 전사 규칙 사례

기호	용례	설명
(0.6)	그게(0.6) 이상해?	멈춤 혹은 침묵의 시간을 괄호 안에 표시함
(.)	그래(.) 좋아!	수분의 1초처럼 짧은 침묵이나 휴지 시간
:::	난::: 잘 모르겠어.	음절이 늘어지는 표현 (늘어지는 길이만큼 콜론[:::]으로 표시함)
___	내가 제일잘났어.	화자에 의해 강조되는 말

[	A: 난 니가[그때.. B: [누가 그랬어?	겹치는 말의 위치
=	근데=난 사실 말이야	두 단어 사이에 거의 간격이 없는 표현
진하게	약 한 오천명쯤?	목소리가 커지거나 강조되는 표현 (영어는 대문자로, 한글 전사는 진하게)
° °	°아 그래요?°	주위의 말보다 작은 소리의 추임새 말
〉〈	〉잘 모르겠지만〈	주위의 말보다 빠른 템포의 말
〈 〉	〈글쎄요::〉	주위의 말보다 느린 템포의 말
?	정말요?	소리의 톤(tone)이 올라가는 말
.	그렇군요.	소리의 톤(tone)이 내려가는 말
.Hhh Hhh	내가 보긴엔 으흠	마침표 있는 Hhh는 숨 들이쉬기 마침표 없는 Hhh는 숨 내쉬기
( )	그 ( ) 같은 것이	괄호 안의 말은 못 알아들은 표현
(표현)	그 (얄궂은) 사람이	최대한 추측한 해석은 괄호 안에 표현함
(( ))	잘모르겠어요((기침))	이중괄호 안은 연구자의 상황묘사

위 Jefferson의 전사방식은 질적자료 분석프로그램으로 잘 알려진 NVivo의 전사방식으로 활용되기도 한다.

전사는 위와 같은 분명한 전사 규칙을 숙지하고, 그에 준하여 전사를 해야, 나중에 자료 분석시 데이터의 누락을 방지하고, 다양한 부언어적para-linguistic 신호를 해석해낼 수 있고, 응답의 세밀한 뉘앙스를 분석해낼 수 있다. 아울러 전사을 할 경우에는 응답 자체 뿐만 아니라 응답이 일어나게 된 배경, 상황, 혹은 이후에 일어날 사건에 대한 예측 등의 맥락적 요소들을 모두 기록해놓을 필요가 있다. 그리고 응답을 전사하는데에는 많은 시간이 걸린다는 점을 기억해서, 연구시간을 잘 준비해야 한다. 위와 같은 전사규칙을 정확히 지키며 전사할 경우, 보통 1시간 분량의 음성대화를 전사하는데 7~8시간 정도의 시간이 소요

된다는 점을 기억하자.

4. 비판적 담론분석

비판적 담론분석Critical Discourse Analysis: CDA은 비판이론을 기반으로 한 것으로, 그 이론적 배경을 명확히 이해하고 연구할 필요가 있다.

1) 비판적 담론 분석의 개관

가. 비판이론의 이해

비판적 담론분석CDA은 비판이론critical theory과 담론분석이 결합된 것으로, 많은 담론분석 연구들의 이론적 기초가 되고 있다. 따라서, 비판적 담론분석을 수행하려는 연구자들은 비판이론의 여러 갈래에 대한 이해가 필요하고, 스스로가 어떤 이론적 입장을 기반으로 연구를 수행할 것인가에 대한 분명한 개념적 틀conceptual framework을 가지고 있어야 한다.

비판이론은 18c 중후반 이후 헤겔과 마르크스와 같은 독일 철학자들이 제시한 역사적 및 사회경제적 유물론에서 출발하였고, 이것이 20세기 초반 독일의 프랑크푸르트 학파Frankfurt School의 학자들에 의해 현대 문명(미디어, 교육, 종교 및 예술)에 대한 비판의 차원에서 다양한 사회학 영역으로 확장되었다. 그러던 중 1, 2차 세계대전을 겪으면서 독일 나치즘의 정치적 압박을 피해 미국으로 망명한 학자들이 북미 사회과학계 전반에 걸쳐 자본주의와 현대사회를 비판하는 관점을 제시하면서, 20세기 후반을 대표하는 가장 영향력있는 사회과학 이론으로 자리잡게 되었다.

비판이론을 이해하기 위해서는 Hegel의 변증법적Dialectic 역사관을 이해해야 하는데, Hegel은 다음 그림에 표시되어 있듯이 역사는 정Thesis-반Anti-Thesis-합Synthesis이라는 역동적인 변증법적 변화과정을 통해 발전해왔다고 주장한다.

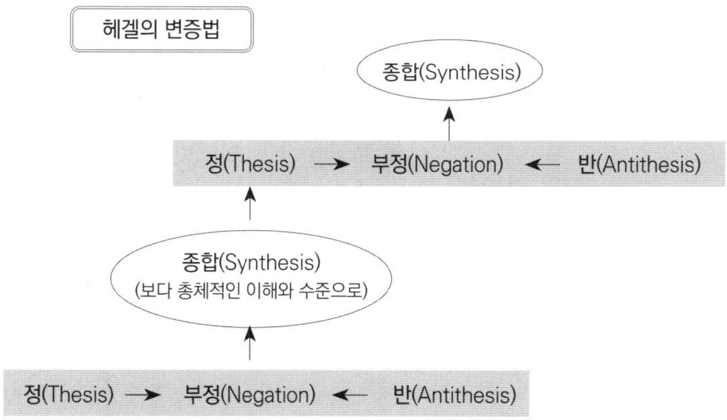

그림 12. 헤겔 변증법의 정–반–합 구조

여기서 핵심적 개념인 변증법이란 용어는 어떤 힘(정: Thesis)은 그 자체적 에너지 만으로는 생성되거나 확대되지 않으며, 반드시 그에 반하는 대립적 힘(반: Anti-Thesis)의 반응을 기반으로 존재하게 된다는 것이다. 이 두 가지 힘은 정지해있지 않고 세력의 주고받음을 통해 끊임없이 대치하고 있으므로 유동적이고, 어떤 작은 에너지에 의해서라도 힘의 변화나 힘의 역전이 가능하다는 것이다. 역사가 발전하기 위해서는 그러한 힘의 대립이 어떤 새로운 국면(합: Synthesis)을 생성했을 때 이루어질 수 있듯이, Hegel은 지금까지 모든 인류 사회의 발전은 어떤 하나의 세력만으로 유지되는 것이 아니라, 다른 힘들과의 끊임없는 경쟁과 대립의 관계성 속에서 새로운 해결책을 모색하면서 발전할 수 있었다고 보았다. 즉, 역사는 다음 [그림 13]과 같은 정(권력)-반(저항)-합(새로운 권력)의 끊임없는 변화의 과정으로 이루어진 결과인 것이다.

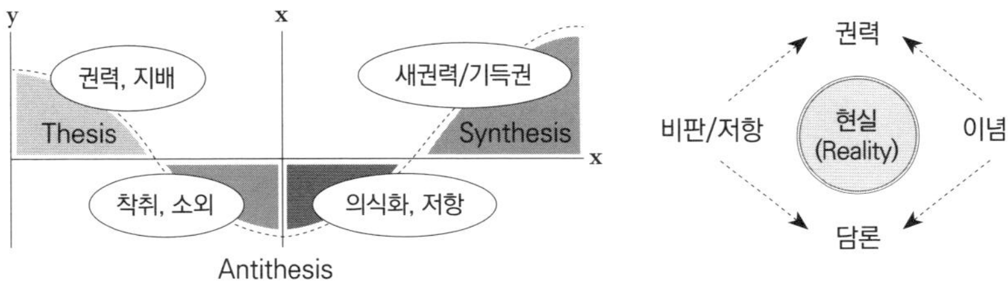

그림 13. 권력과 저항의 변증법적 관계성(좌)과 비판적 담론분석의 역동적 구조(우)

이것이 바로 인류역사를 이끌어온 정-반-합의 역동적 에너지의 흐름이고, 이를 변증법적 역사관이라고 이해할 수 있다. 모든 비판이론은 바로 이러한 변증법적 원리에 대한 믿음을 바탕으로 한 사회의 억압, 불공정, 부정의 등에 대한 비판적 통찰과 지적을 통해 그 사회의 변화를 모색하려는 노력의 일환으로 수행된다.

나. 비판적 담론 분석의 이해

비판적 담론분석CDA은 지배적 권력에 대한 비판을 그 권력관계를 반영하고 있는 담론에 대한 분석을 통해 명확히 드러내는 것을 목표로 한다. 따라서 비판적 연구Critical Research는 대부분 '기득권 사회의 권력과 구조에 대한 비판'을 연구 주제로 삼는데, 현대 사회에서 권력을 잡고 있는 주제인 근대성modernity, 자본주의capitalism, 관료주의bureaucracy, 문명civilization, 그리고 대중을 억압하거나 통제하는 것을 목적으로 존재하는 모든 정책, 기관, 문화적 양태, 그리고 비이성적인 행태 등을 비판의 대상으로 삼는다.

CDA는 다음과 같은 가정assume을 갖고 있다.

- 실재는 사람들에 의해 생산 혹은 재생산된다reproduced.
- 실재는 역사적으로 조성된다constituted.
- 개인의 가능성은 사회적, 문화적, 정치적 권력구조에 의해 제한될 수 있다restricted.

즉, 지배적인 권력은 본성적으로 모든 사회적 현실에 광범위한 영향력을 갖고, 그러한 사회적 권력이 스스로의 권력 구조를 재생산함으로써 끊임없이 유지되고, 그것이 개인들이나 소외된 집단의 가능성을 제한하고자 한다는 것이다.

따라서 CDA는 사회가 안고 있는 대립, 갈등, 모순 등의 문제에 주목하여, 그 속에 숨겨진 억압과 착취의 문제를 드러내고, 소외alienation와 지배domination의 원인들을 밝혀냄으로써 사회적 변화를 모색하려는 연구이다.

다. 비판적 담론분석의 이론적 지형도

담론분석은 언어에 대한 분석이기 때문에 구조주의 언어학에 기반한 분석, 후기구조주의적 분석, 그리고 비판이론적 분석이 있을 수 있는데, 비판적 담론분석은 그 용어가 암시하는 바와 같이 비판이론에 기반한 분석이다. 참고로 각 이론을 대표하는 핵심적 학자들을 정리하면 다음 [표 5]와 같다.

표 5. 비판적 담론분석의 이론적 기반

구조주의 학자	후기구조주의 학자	Frankfurt 학파(비판이론)
F. Saussure(언어) N. Chomsky(언어,인지) C. Lévi-Strauss(문화인류학) J. Lacan(심리학)	R. Barthes (문화) M. Foucault (역사, 정치, 제도) L. Althusser (맑스적) J. Derrida/G. Deleuze(해체주의) J. Butler/J. Baudrillard(문화비평)	CDA / 비판적 Literacy Norman Fairclough Teun A. van Dijk Ruth Wodak James Paul Gee Gunther Kress

즉, 구조주의적 언어분석을 하는 담론분석은 담론이 갖는 언어적 특성이나 기표-기의 라고 하는 기본적 언어학적 구조를 바탕으로 담론분석을 시도한다. 그리고 후기구조주의적 담론 분석은 언어 자료의 구조 자체에 구속된 해석보다는 담론의 맥락성과 의미에 대해 기존의 구조주의적 해석을 벗어난 관점을 바탕으로 문화 및 역사성에 대한 이해와 관련시켜 다양한 해석을 시도하는 분석법이다. 한편, 비판적 담론분석은 리터러시 연구, 문화 연구Cultural Studies, 비판적 사회학, 비판적 교육학 등에 대해 비판이론을 기반으로 한 분석을 시도하는 것이다. 이때 그 중심 주제가 기득권의 불공정한 권력 작용이 야기하는 소외나 지배의 문제를 드러내기 위해, 다양한 계급들 간의 대립, 갈등, 모순 등의 문제를 분석함으로써 사회적 변혁을 시도하려는 것이 비판적 담론 분석의 기본 목표이다.

이러한 담론 분석의 다양한 이론적 접근을 Phillips & Hardy(2002)는 다음 [그림 14]와 같은 네 가지로 구분하였다.

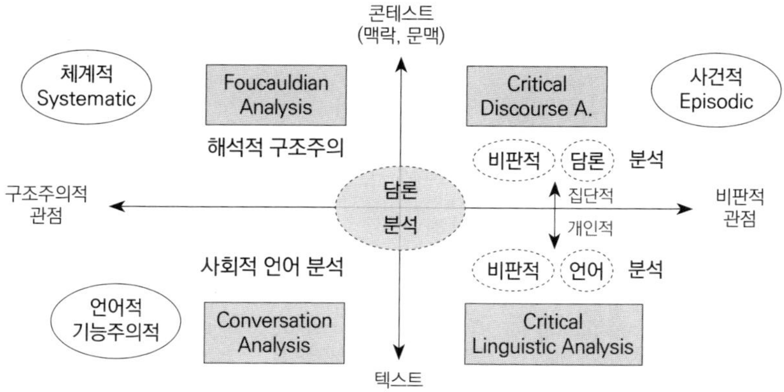

그림 14. 담론분석의 다양한 접근법(Phillips & Hardy, 2002)를 참조

담론분석은 구조주의적 분석을 하느냐 비판이론적 분석을 하느냐에 따라 가로축으로 구분될 수 있고, 텍스트 위주의 분석을 하느냐 콘텍스트(맥락적) 분석을 하느냐에 따라 세로축으로 나누어질 수 있다. 그에 따라 구조적, 맥락적 분석을 하는 해석적 구조주의(체계적 분석), 구조적 텍스트분석을 하는 사회적 언어분석(언어기능주의적 분석), 맥락에 기반하여 비판적 분석을 하는 비판적 담론분석(사건한 심층적 분석), 그리고 텍스트에 기반하여 비판적 분석을 하는 비판적 언어분석(텍스트 자료에 대한 심층 분석)으로 구분된다. 위와 같은 담론 분석의 지형도에 따라 비판적 담론분석은 어떤 주제(사건)를 둘러싸고 발생하는 담론에 대해 그 맥락에 집중하여 비판적 해석을 시도하는 담론분석이라고 이해할 수 있다.

2) 비판적 담론분석의 이론적 토대

가. 담론 개념의 이론적 지형도

다음 [그림 15]는 담론 개념의 이론적 지형도를 나타낸 것인데, 그림에 표현된 내용들을 간단히 설명해보자.

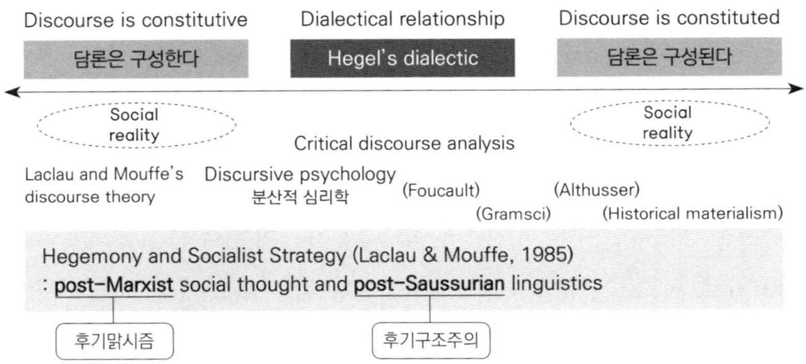

그림 15. 담론 개념의 지형도

- "담론은 구성한다": 담론은 실재reality(사회적 현실)에 영향을 미친다. 이는 담론이론의 출발점이었던 Laclau & Mouffe(1985)의 주된 주장이었다. 이러한 Laclau & Mouffe의 담론 이론은 후기-맑시즘적 관점과 후기구조주의적 언어학을 결합시킨 것으로, 언어, 문화, 종교와 같은 상부구조의 요소들이 인간의 사고와 사회적 의식에 중요한 영향을 미칠 수 있음을 강조한 것이다.
- "담론은 구성된다": 담론은 실재에 의해 형성된다(사회의 현실적 조건들이 담론형성에 영향을 미친다). 이 관점은 Foucault, Gramsci, Althusser 등의 학자들의 관점과 역사적 유물론 등에 의해 강조되었다.

• Hegel의 변증법: 위 두 가지 담론과 현실의 관련성은 상호형성적인mutual constructive 변증법적 관계를 가지고 있다.

• 담론과 현실의 변증법적 관계성을 바탕으로 인간의 심리를 설명하고 있는 것이 분산적 심리학이다. 분산적 심리학은 개인주의 심리학과는 달리 인간의 심리(사고)가 개인의 수준에서 주로 결정되는 것이 아니라, 사회적 관계성이나 집단적 경험에 크게 영향을 받아 형성된다고 본다. 따라서 담론은 개인적 의식이나 사고의 결과라기보다는 집단적 심리(소문, 이념, 평판, 인기도 등)에 의해 영향을 받는다.

• 결론적으로 담론을 분석한다는 것은 단순히 언어로 나타난 사람들의 심리나 감정을 분석하는 것이 아니라, 사회적 현실을 분석한다는 것이라는 의미이다.

위와 같은 담론의 성격을 제대로 이해하기 위해서는 맑시즘의 기본 개념을 이해할 필요가 있는데, 이를 간단히 정리한 다음 [그림 16]을 통해 설명해보자.

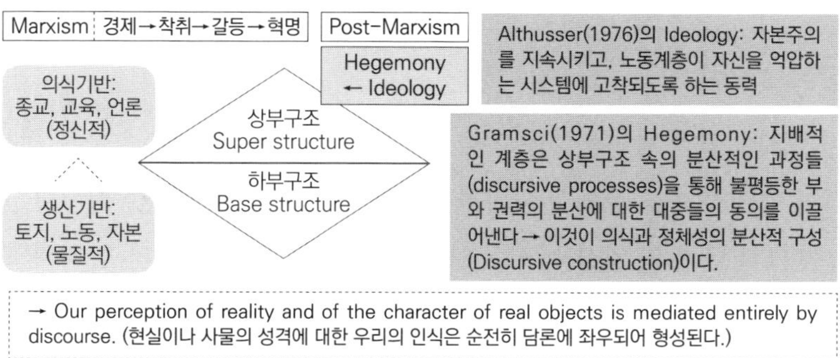

그림 16. 맑시즘 이론과 담론 이론의 관련성

- 초기 맑시즘은 하부구조인 물질적 생산 양식(토지, 노동, 자본 등)이 세계를 구성하는 가장 중요한 요인이라고 보았고, 이러한 생산과정에서 자본가가 육체노동자의 노동력을 지속적으로 착취하면서, 계급적(경제적) 불평등성이 지속되고 이것이 갈등요인이 되어 (프롤레타리아 계급에 의한) 혁명이 일어날 수밖에 없다고 보았다.
- 하지만 후기 맑시즘post-Marxism은 상부구조(정치, 종교, 언론, 교육 등)에서 작동하는 헤게모니Gramsci(1971)와 이데올로기Althusser(1976) 작용으로 인해, 하부구조의 문제로 인한 갈등이 혁명으로 이어지기 쉽지 않다고 보았다.
- 상부구조에 속한 정치, 종교, 언론, 교육이 실질적으로 작용하는 것이 바로 담론의 역할과 영향력인데, 앞서 설명한 담론과 현실의 변증법적 관계성과 담론의 분산적 성격(예: 이념이 사회에 분산적으로 형성되고 전파되면서 사람들의 생각과 행동에 영향을 미친다.)이 그것을 잘 보여준다.

요컨대, 담론은 인간이 경험하는 현실과 사물들에 대한 인식에 영향을 미치고, 동시에 그러한 현실들이 다시 담론의 형성과 전파에 영향을 주게 된다.

한편, 비판적 담론분석은 다음 [그림 17]과 같이 미시적 수준과 거시적 수준의 연속성 상에서 다양하게 분포된 담론을 분석하는 것이다.

미시적 담론은 일상적 담론이라고도 하는데, 대중들의 심리와 그것이 드러나는 언어나 행동 하나하나의 수준에서 나타나는 담론이다. 이러한 미시적 담론 분석을 위한 데이터는 일반인들의 일상적 생

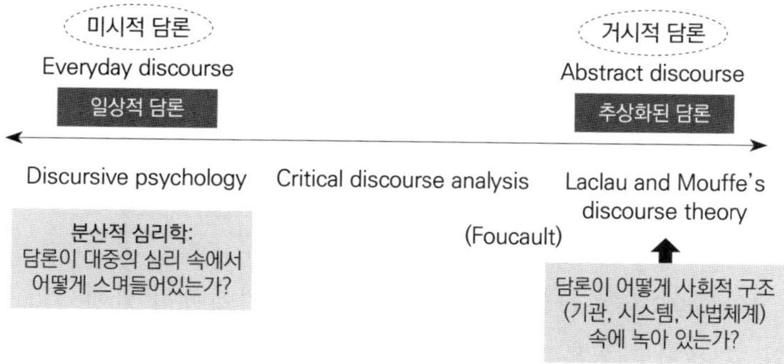

그림 17. 라클라우 & 모페의 담론이론

활 속에서 등장하는 언어들을 수집하여 분석할 수 있다. 반면, 거시적 담론은 추상화된 담론이라고도 하는데, 보다 큰 사회적 구조 속에 드러나는 담론을 분석하는 것이다. 예들 들어, 다양한 사회적 기관들 institutions(입법 기관, 언론 기관, 사법 기관, 행정 기관, 교육기관, 교정 기관 등)이 산출하는 공적인 자료들 속에 스며있는 이념, 가치, 규범, 규제 등이 녹아있는지를 분석하는 것이다.

나. 비판적 담론분석의 구조

본 절에서는 N. Fairclough(2003)의 담론분석 방법론을 중심으로 비판적 담론분석이 어떤 구조를 가지고 이루어질 수 있는지 살펴보자.

Fairclough는 담론이 사회 구성원들의 정체성과 사회적 관계성, 그리고 그러한 요소들이 구성원들의 사회에 대한 인식(즉, 지식)과 태도(삶을 수행하는 방식)에 영향을 미친다는 사실에 주목하였다. 그래서 다음 [표 6]과 같이 정체성, 관계성, 그리고 사회적 실천, 세 가지를 비판적 담론분석의 핵심적 구조로 보았다.

표 6. 담론의 세 가지 수준

담론의 수준	담론의 형태	담론의 성격
텍스트적 실천(미시적 수준)	언어적 표현 자체	개인의 정체성
담론적 실천(중간적 수준)	언어의 소통/교환(담론의생산/소비)	사회적 관계성
사회적 실천(거시적 수준)	언어의 의미와 사회적 영향력	지식과 의미의 체계

Fairclough의 담론분석이론 및 방법론을 이해하기 위해서는 담론이 위 세 가지 층위를 가지고 작동한다는 것을 이해하는 것이 중요하므로, 이를 다음 [그림 18]을 통해 좀 더 자세히 설명해보자.

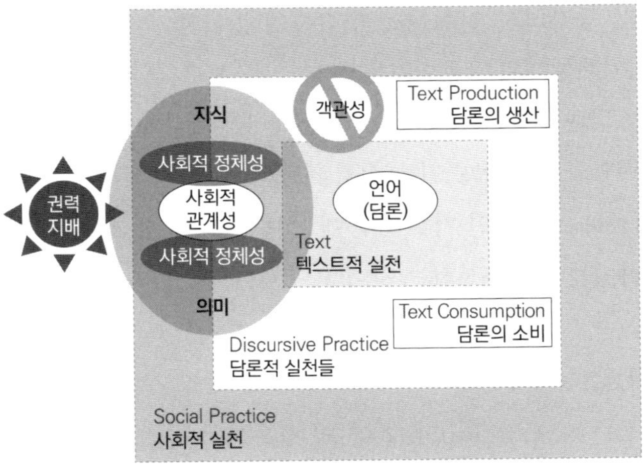

그림 18. Fairclough의 비판적 담론분석의 세 가지 차원

위 그림을 보면 담론은 담론(언어적 표현) 그 자체와 담론이 생산되고 소비되는 방식(담론의 실천), 그리고 담론이 갖는 사회적 의미(담론의 영향력)으로 구분하여 이해할 필요가 있다. 가장 미시적인 수준인 담론 그 자체는 그 담론을 산출하는 사람들의 정체성social identities을 드

러내고, 담론이 생산되고 소비되는 방식은 그 담론을 둘러싼 사람들의 사회적 관계성social relations을 보여주며, 가장 거시적인 담론의 사회적 실천은 담론이 갖는 지식과 의미의 체제systems of knowledge & meaning라는 것이 Fairclough 담론이론의 핵심이다.

Fairclough는 처음에는 위와 같이 텍스트적 실천, 담론적 실천, 사회적 실천의 세 차원에서 담론이 작동한다고 설명하면서, 미시적인 담론적 실천(사람들이 표출하는 언어들)이 어떻게 거시적인 사회구조의 헤게모니를 드러내고 있는지를 분석하고자 하였다. Fairclough는 이를 좀 더 발전시켜 텍스트적 실천을 텍스트들의 내적 관계 분석으로, 담론적 실천을 텍스트의 외적 관계 분석으로, 그리고 사회적 실천을 그 둘을 매개하는 담론 수준의 분석으로 재구조화하였다.

첫째, 미시적 담론인 텍스트의 내적 관계 분석은 구체적으로 표현된 언어들의 어휘적, 문법적, 의미론적, 그리고 음성학적 관계를 분석하는 것으로 설정하였다.

표 7. Fairclough의 텍스트의 내적 관계(미시적: 텍스트적 실천) 분석의 요소

어휘적 관계분석	문법적 관계분석	의미론적 관계분석
특정 현상을 지시하는데 어떤 단어를 쓰느냐	각 어휘들을 어떤 형태로 그리고 어떤 동사로 결합하느냐	'그러므로', '그러나'와 같은 접속사를 통하여 문장들을 어떻게 구조화하는가

위 요소들 중 음성학적 관계는 처음에는 설정하였으나, 그 구체적인 분석이 쉽지 않아 점차 실제 분석에서는 제외되었고, 나머지 세 가지(어휘적, 문법적, 의미론적) 요소들의 분석을 통해 텍스트의 내적 관계성을 이해하고자 하였다.

둘째, 중간 수준인 담론적 실천들에 대한 분석은 개인들이 어떤 상호작용의 관계성 속에서 담론을 생산하고 소비하는가를 분석하는 것인데, 이를 다음 [표 8]를 통해 좀 더 자세히 설명해보자.

표 8. Fairclough의 담론분석의 3단계 핵심 요소

담론의 수준	분석 대상	분석 단계	담론의 가치	담론의 내용	담론의 형식
사회적 실천 (Macro)	사회적 맥락 ⇒	3. 설명 (Explanation)	경험적 (Experiential)	의미(Meaning) : 구성원의 인식 (지식과 신념)	장르Genre (Ways of interacting)
담론적 실천 (Meso)	상호작용 ⇒	2. 해석 (Interpretation)	관계적 (Relational)	관계(Relations) : 사회적 관계성 (권력 관계)	담론Discourse (Ways of representing)
텍스트적 실천 (Micro)	텍스트 ⇒	1. 묘사 (Description)	표현적 (Expressive)	주체(Subjects) : 개인의 정체성 (발화자의 입장)	스타일Style (Ways of Being)

위 표는 실제 담론분석의 구조가 세 가지 담론의 수준들을 통해 어떻게 이루어질수 있는지를 한 눈에 보여준다. 담론의 구조는 한마디로, 연구자들이 분석하려는 실제 분석자료들text은 텍스트적 실천을 보여주는 것이고, 그 텍스트들을 산출하는 사람들(주체들: identities)은 담론적 상호작용을 하는 것이며, 그 상호작용은 사회적 맥락 속에서 어떤 의미나 영향력을 가지고 있다는 것이다. 이를 분석하기 위해서 연구자들은 i) 텍스트를 자세히 묘사description하고, ii) 그 텍스트들을 산출하는 사람들 간의 관계성이나 상호작용을 해석interpretation하며, 마지막으로 iii) 그러한 담론의 상호작용이 어떤 사회적 맥락 속에서 일어나고 있는지를 설명explanation해야 한다. 즉, 텍스트(언어 자료)의 묘사, 상호작용의 해석, 그리고 사회적 의미를 설명하는 작업을 단

계적으로 수행하거나 혹은 거의 동시에 이루어지도록 하는 것이 담론 분석인 것이다.

또한 각각의 담론의 단계에서 텍스트는 담론이 어떻게 구체적 언어로 표현되는가(표현적 가치), 담론을 둘러싸고 개인들은 어떤 상호작용을 맺고 있는가(관계적 가치), 그리고 그러한 담론은 어떤 사회적 맥락 속에서 발생하고 있는가(경험적 가치)와 같은 다른 층위의 가치를 갖는다. 따라서 그 수준에 따라 개인들의 표현(텍스트)는 개인의 정체성(주체)을 드러내고, 담론을 둘러싼 개인들의 관계성은 사회적 권력관계를 드러내며, 담론의 경험적 의미는 그러한 담론을 개인들이 어떻게 인식하고 수용하느냐(지식과 신념)의 문제를 드러내는 것이다.

셋째, 텍스트의 외적 관계분석(거시적 차원의 사회적 실천)은 아래 [그림 19]과 같이 미시적 차원에서 이루어진 텍스트적 실천이 담론 수준의 분석을 통하여 현존하는 헤게모니를 어떻게 재구성하고 재구조화하는지를 분석하는 것이다.

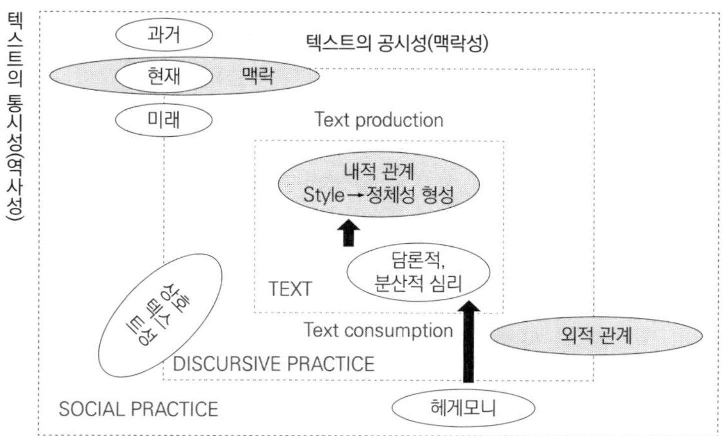

그림 19. Fairclough(1992b, 73)의 비판적 담론 분석 3차원 모델

바흐친Bakhtin(1981)은 '상호텍스트성intertextuality'이라는 개념을 통해 텍스트의 생산, 분배, 소비 과정이 '사회인지적socio-cognitive'차원서 이루어지며, "모든 발화는 언어 의사소통의 연쇄 속의 한 고리"일 뿐이라고 주장하였다. 따라서, 언어 사용자들은 이미 존재하는 담론의 질서(쟝르들, 담론들, 스타일들)를 따르면서, 자신이 하나의 '말하는 주체'로써 다른 사람들에게 혹은 독자들에게 말을 걸 수 있게 되는 것이다.

Fairclough는 이러한 바흐친의 담론 이론에다 거시적 사회적 헤게모니의 영향력을추가한 비판이론의 관점을 추가한 것으로 이해할 수 있다. 정리하자면, 담론분석은 전체 사회적 실천들(현실)속에 팽배해 있는 헤게모니가 사람들 간의 담론적 실천에 어떻게 영향을 미치고, 그것이 동시에 담론을 산출하는 개인들의 정체성 형성에 어떤 영향을 미치고 있는지 분석하는 것이다. 이는 역으로 개인들의 언어에 나타난 스타일이 담론의 생산과 소비, 그리고 사회적 헤게모니를 어떻게 드러내고 있는지를 분석한다는 것과 같은 의미이다. 이를 Fairclough는 장르, 담론, 스타일 차원의 분석이라고 이름 붙인 것이다.

다. 분석의 기본 틀: 장르genres, 담론들discourses, 스타일styles

Fairclough는 위에서 설명한 세 가지 담론의 수준을 각각 스타일, 담론, 그리고 장르에 대한 분석으로 설명하였다. 즉, 발화된 언어(텍스트)의 내용이나 형식은 그 발화자의 존재 방식(스타일)을 통해 알수 있고, 발화자들 간의 상호작용은 그들이 재현 방식(담론)을 통해 이해할 수 있으며, 텍스트의 사회적 맥락성은 그 텍스트가 다루어지는 방식(장르)의 형태로 확인할 수 있다는 것이다. 이를 다음과 같이 정리해보자.

(1) 장르

- 텍스트 전체가 어떤 '행위'를 수행하는가를 드러낼 수 있는 범주
- 장르는 지속적인 언어놀이에의 참여를 통해 행위의 틀이 내면화된 것으로 텍스트의 생산자와 해석자 모두 그 틀의 제약을 받음
- 특정한 장르를 택하고 인습적으로 받아들여지고 있는 장르에 독자를 초대함으로써 그 권력관계 내에 들어와 반응하도록 하는 것
- 예: 신문기사, 공적 문서, 문학작품(소설, 시, 수필), 학술자료(논문, 보고서…)

(2) 담론들

- 동일한 현상 혹은 사물에 대해 서로 다르게 표상representation하는 방식
- 담론들에 대한 분석은 동일한 현상에 대한 상이한 '표상'에 대한 분석
- 이제까지 이루어져온 의미론적 차원의 '이데올로기' 비판과 유사
- 예: 동아일보 vs. 한겨레의 차이점- 표상 방식(이데올로기)의 차이
- 기자가 말을 거는 대상이 다름(서로 다른 표상/이데올로기)

(3) 스타일

- 텍스트의 생산자가 스스로에게 어떤 정체성을 부여하는가, 즉 '동일시'하고자 하는가를 분석하는 틀
- 스타일은 저자의 관점에서 보면, 하나의 '존재방식ways of being'으로서, 텍스트 내적 관계의 대상인 어휘, 문법 등이 특정한 양상을 이룰 때를 뜻함
- 예: 사투리나 은어의 사용과 같은 위상어register의 활용, 대명사 혹은 수동태, 능동태의 활용, 발화 텍스트인 경우에는 억양이 모두

가 하나의 특정한 양상을 이룰 때, 그 스타일이 무엇을 드러내고자 하는가를 분석하고자 하는 것

- 스타일(어휘, 문법, 표현 등): 서로 다른 위상어register를 활용하여 기사의 '존재방식framing'을 서로 다르게 설정

위 모든 것들이 texts가 사건events과 사회적 관계social relations를 다루는 방식을 보여주고, 그럼으로써 특정한 버전의 실재reality, 사회적 정체성social identities, 사회적 관계성social relations을 구성한다.

(4) 텍스트 분석의 방법(Fairclough, 2003)

Fairclough(2003)은 비판적 담론분석을 위한 구체적 질문을 다음과 같이 제시한 바 있다.

- 상호작용의 통제interactional control: 화자들 간의 관계(누가 어젠다를 설정하는가?)
- 에토스ethos: 어떻게 언어/신체적 태도에서 정체성이 형성되는가?
- 메타포metaphors: 어떤 비유/은유를 사용하는가?
- 표현wording: 어떤 표현/문구를 사용하는가?
- 문법grammar: 어떤 문법적 규칙을 활용하는가?
- 담론의 질서Orders of discourses: 텍스트, 사회적 실천, 정체성들 간의 관계성을 보여주는 해석학적 방법.
- 장르Genre: Ways of interacting: 담론이 어떻게 소통, 상호작용되는가?(설교, 강의, 잡담, 랩송 등)
- 담론Discourse: ways of representing: 주제의 체계적인 묶음(주제가 어떻게 체계적으로 발현되는가?).
- 정체성Style: ways of being: 사람들이 어떻게 사회적 구조에 포섭되거

나 만들어가는가?를 드러내는 것. 이는 text의 문법적 요소(명령문, 가정법, 직설법, 수동태 등)를 포함한다.

- 학습(Learning): 위 세 가지(interacting, representing, & being)가 시간과 맥락에 따라 이동해가는 것.

연구자는 위와 같은 질문들을 체계적으로 던지면서, 담론 자료를 분석함으로써 사람들의 정체성, 사회적 관계성, 그리고 사회적 실천에 스며진 담론의 영향력을 분석해야 하는 것이다.

5. 담론 분석 사례: 국내 연구

1) 타 연구자 연구사례 분석

가. 홍정화(2013). 비판적담론분석CDA 방법의 적용 가능성 탐색

(1) 분석 주제(대상): 육아휴직 정책분석(육아휴직정책에 관한 정책담론들)

(2) 정책담론의 출처: 육아휴직정책과 관련한 모든 기호화된 자료들(국회회의록 + 보도자료)

(3) 분석 방향: 정책 분석 과정에서 정책 환류를 위한 가치의 문제에 접근

(4) 이론적 기저: 푸코의 담론, 권력 개념

"담론분석은 주로 사회적 현상과 이에 의해 기호화 된 담화들을 분석하여, 사회적·정치적·경제적 맥락과 서로간의 상호작용, 사회구조의 질서와 변동을 이해하려는 접근이다."

- 담론: 대화의 상호작용, 문서화된 텍스트, 관련된 동작들(몸짓),

체면차리는 행위face work, 인쇄상의 배치typographical layout, 이미지들, 그리고 기호적semiotic 또는 매체전달적 여러 차원의 표시들(van Dijk, 2001, p. 98).

- 지배dominance와 담론 간의 복합적 관계성의 분석에 초점
- 대중매체와 국회 논쟁에 대한 연구: 인종주의와 외국인혐오xenophobia(Wodak, 2006)

(5) 연구문제

1) CDA를 통해서 정책과 그 정책을 통한 다양한 제반 사회현상에 내재되어 있는 권력기제와 억압적인 부분들을 드러내는 시도는 어떻게 이루어질 수 있는지?
2) 정책분석방법이 객관성을 담보 하기 위해서 어떤 절차를 가져야 하는지?
3) 한국의 정책상황에도 적용가능성이 있는 것인지?

(6) **분석 방법**: 담론-인식-사회의 이론적 삼각구도(van Dijk, 2001: 97-98)

- van Dijk의 6단계 분석 방법

① 언어의 거시구조 분석 : 주제와 거대 제안들macro-proposition
② 함축적이거나 간접적인 의미 형태의 국소적 의미 분석 : 함의, 암시, 생략, 대립
③ 모호한 형식구조의 분석 : 담화자의 강조, 인토네이션, 단어규칙, 토픽 선택, 대화 행태
④ 포괄적, 국소적 담화의 형태 분석
⑤ 특수한 언어적 실현의 분석 : 과장법, 곡언법
⑥ 맥락의 분석

(7) **분석의 틀:** 공공 담론의 통제방식(권력집단의 공공담론에 대한 배타적 통제권)

- 통제: 학자들-학문적(지식) 담론 / 언론인-매체적 담론 / 법률가-법적 담론 / 정치인-정책담론
  담론이 복합적 의사소통 상황이라면, 접근과 통제는 맥락과 텍스트 및 담화의 구조로서 설명된다.
- 맥락: 담화의 생산과 함축 상황, 시간, 장소, 담론의 장르, 참여자, 사회적·제도적 역할, 그 외 정신적 부분으로서 목표, 지식, 견해, 태도 등과 같은 것들이 담화의 생산과 함축에 관여한다(van Dijk, 2003). 예를 들어 발화자의 지위, 금지 혹은 강제되는 전통적 스키마, 그리고 주제 선정에 대한 통제 권력 등이 발화자의 공공 담론 통제 능력과 관련된다.
- 사람의 생각을 통제Mind control: 지배와 헤게모니를 재생산하는 근본적 방식(van Dijk, 2003).
- 청자는 권위 있고 믿을 만하며 신뢰가 가는 자원인 학자, 전문가, 믿을 만한 매체를 통해서 생산된 신념, 지식, 그리고 의견을 받아들이려는 경향이 있다.
- 담론의 형태에 따른 강제: 매체나 공공담론에서는 대안적 신념을 가져올 수 있는 정보를 제공하지 않는다.
- 생각의 통제(맥락에 기반된 통제)는 텍스트나 담화talk 뿐만 아니라 의사소통 상황을 통해 이루어진다.
- 광범위한 단계에서 제시된 주제는 사람들에게 노출되어 강조되며, 생각의 통제를 강화한다.

(8) 논문의 주요 내용

a. 정책담론, 비판이론, 그리고 CDA 방법에 대하여 논의함.

b. CDA 의 대상이 되는 정책으로서 한국의 육아휴직정책을 제시하며, 이를 비판적 접근방식으로 정책분석을 시도함.

c. CDA 방법에 의한 정책담론분석 결과를 제시하며, 이 과정에서 주관성을 최대한 배제하기 위한 시도를 개념 틀을 통해서 확인함.

d. 정책담론분석에서의 비판적 접근을 시도하는 것이 의미있음을 강조함.

비판 이론적 접근 : 반 다이크van Dijk

(9) **CDA의 단점**

이와 같은 비판적 담론분석 CDA에도 두 가지 한계점이 존재한다.

첫째, 사회 구조가 담론구조에 어떻게 영향을 미치는지?를 명확히 증명하기 어렵다.

둘째, 사회구조가 텍스트text와 언어talk로서 어떻게 제정, 설립, 법제화, 비준, 혹은 도전되는지를 충분히 보여주지 못한다(Wodak, 2006:14).

그로 인해, 한 가지 대안적 방법으로 사회심리학적socio-psychological 요인들을 분석에 활용하기도 한다.

나. 신예원 & 마동훈(2019). 국내 미디어에 재현된 '예멘 난민'의 양면

(1) 이론적 배경과 선행연구 검토

a. 한국의 다문화주의와 미디어에서 재현되는 다문화

b. 반다문화 담론의 부상과 한국형 반다문화주의

(2) 연구문제 및 연구방법

a. 연구문제: 두 언론사(한겨레와 조선일보)가 '예멘 난민'사건을 다루는 방식을 페어클로프의 CDA(Fairclough, 1995)로 비교분석

① 제주 예멘 난민 문제를 재현할 때(4가지 사회문화적 요소), 어떠한 텍스트 전개방식을 보이고 있는가?

② 어떠한 담화 관습을 보이고 있는가?

③ 두 언론사가 지향하고 있는 이데올로기는 어떻게 나타나는가?

b. 연구방법

① 어휘 측면: ⅰ) 단어들의 경험적 가치 분석(반복 어휘, 과 도한 어휘 표현, 단어 간 동의·반의·하의 관계 등) ⅱ) 단어들의 관계적 가치 분석(격식적, 비격식적 단어, 완곡한 표현) ⅲ) 단어들의 표현적 가치 분석(비유, 대조 등의 표현) ⅳ) 은유 표현 분석 등

② 문법 측면: ⅰ) 문법의 경험적 가치 분석(능동/수동, 긍정/부정 등), ⅱ) 문법의 관계적 가치 분석(서술문/의문문/명령문 등)을 제시

③ 문장 측면: ⅰ) 문장의 연결적 가치 분석(접속사), ⅱ) 상호작용적 분석(발언기회를 얻어내기/통제하기), 그리고 ⅲ) 텍스트의 거시적 구조를 주요 분석 요소로 삼음(최윤선, 2014).

다. 이민경(2010). 한국 다문화교육정책 전개과정: 교과부의 다문화가정 자녀 교육 지원정책(2006-2009)을 중심으로.

(1) 선행연구 분석: '다문화' 관련 개념정의와 주제 관련 연구

(2) 연구범위와 대상: 교과부의 2006년에서 2009년까지의 "다문화가

정 자녀교육 지원계획”에 근거한 정책(문서)

(3) **논문 내용:** 다문화가정 자녀교육 지원정책의 전개

a. 교과부의 다문화가정 자녀교육 지원정책의 전개와 특성

b. 다문화가정 자녀 지원정책의 쟁점

(4) **다문화교육 정책 담론에 대한 비판적 분석**

a. 문화기반 담론

b. 온정주의

c. 글로벌 인적자원

d. 정체성 담론

e. 인권기반 담론

(5) **논의 및 제언**

라. 홍지아(2010). 젠더적 시각에서 본 한국 언론의 다문화담론: 경향, 동아, 조선, 한겨레 기사분석을 중심으로.

(1) **이론적 배경:** a. 젠더화된 역사적 경험, b. 재현의 정치학

(2) **연구대상:** 페어클라우(Fairclough, 2004)는 구체적 인 미디어 텍스트의 담론분석이 개별적 텍스트의 발화 못지않게 특정 시기의 담론질서에 대한 통찰을 병행하여야 비판적 담론분석Critical Discourse Analysis으로서의 깊이를 확보할 수 있음(p. 655).

(3) **연구방법:** 비판적 담론 분석에 대한 푸코와 페어클라우의 방법론적 제안을 토대로 한국사회 다문화담론의 정치학을 분석하기 위해 2000년 1월~2010년 2월에 걸쳐 경향, 동아, 조선, 한겨레의 결혼이주여성 관련 기사를 분석함

(4) **분석 내용**

a. 결혼이주 여성의 행복한 결혼생활: "이 주제별 기사의 주된 내용은 결혼이주여성이 행복하고 원만하게 결혼생활을 하는 모습을 소개하는 것이다."

b. 결혼이주 여성의 사회참여: 결혼이주여성들이 가정에서 주부, 어머니, 며느리, 아내로서의 역할을 넘어 보다 다양한 사회활동을 하는 모습을 소개한다.

c. 결혼이주 여성의 고통: 한국남성과 결혼한 결혼이주여성이 겪는 현실 적 어려움에 대한 내용을 다룬다.

d. 다문화갈등의 원인 및 해결책 진단: 주로 사설, 기자 및 외부자 칼럼, 투고, 전문가 좌담의 형식에 해당하는 기사로 결혼이주여성와 연관된 다문화 갈등의 원인과 현상을 지적하고 이에 대한 해결책을 제시하는 내용을 담고 있다.

(5) 논의 내용

a. 가부장적 성역할 수행자에 주목한 차별적 수용의 담론

b. 말하지 못하는 객체로서 결혼이주여성과 한국인의 주체화 담론

c. 진보와 보수 언론, 절반의 차이와 절반의 연대

마. 유정원(2018). 무슬림여성 이민자들을 이등시민으로 낙인 찍는 영어 정책: 영국 신문기사 비판적 담론분석

(1) 이론적 배경

a. 비판적 담론분석 : Fairclough(2012)의 방법론

b. 언어, (무슬림 여성)이민자, 시민권에 관한 비판적 담론

(2) 연구/분석 대상: 무슬림여성 이민자들의 이등시민 담론을 촉발한 캐머런 총리의 2016년 1월 17일 타임스지 기사를 비롯하여

2016년 1월 26일까지의 총 18건의 영국 신문기사

(3) **자료수집 방법**: Google에서 '무슬림 여성 이민자', '영어', '시험', '다문화', '캐머런 총리'라는 용어가 포함된 키워드를 중심으로 2016. 1. 17~26까지의 기사를 검색

- 성향에 따라 영국의 주요 언론사 홈페 이지에서 언급한 키워드로 다시 기사를 검색
- 수집 기사(총 18건): 진보성향인 Guardian(3), Daily Mirror(1) // (중도)보수성향인 Times(1), Independent(4), Telegraph(3), Daily Mail(3), The Sun(1)

(4) 분석 결과

a. 텍스트 실천: 블레츨리 파크의 여성으로 낙인 찍기

b. 담론적 실천

① 통일된 언어로 정체성 확립 vs 정쟁의 수단이 된 언어의 이질성

② 영어능력향상은 경제적 권한부여 vs 모순된 영어(지원)정책의 식민주의 페미니즘

c. 사회적 실천: 페미니즘이 접합된 신자유주의 언어 정책

① 표준적 언어 시험을 통해 강화되는 국민국가 언어의 부활

② 페미니즘이 접합된 신자유주의 언어 정책

2) 저자의 연구 사례: (비판적) 담론 분석

가. 세계화시대의 영어학습 열기에 대한 비판적 담론분석: 사회적 기호화과정의 탐색(박휴용, 2006)

(1) 분석 주제: 신자유주의적 세계화, '영어공용어화'를 둘러싼 사회적 담론 비판

(2) 분석의 이론적 틀: 사회적 기호화social symbolization 이론

- Simon(2004): 기호의 의미형성과정을 '상징적 상호작용론symbolic interactionism'을 통해 설명: 사회적 담론이 이를 보여주는 대표적 예
- Bourdieu(1991): 상징적 권력symbolic power으로서의 언어.
  예) 표준어와 사투리dialect 중에서 표준어는 사투리보다 사회적 영향력이 크다.
- 모든 의미는 사회적 맥락context을 통해 창조되며, 이러한 사회적 맥락은 권력의 작용으로부터 자유롭지 못하다.
- 언어는 의미를 창조하고 사람들의 반응을 유발시키는 힘을 지닌다. 그로 인해 언어는 사회적 권력작용의 주요한 매개체가 된다(예: 언론의 역할).

(3) 분석 대상: '영어마을'을 둘러싼 사회적 담론의 구조

표 9. '영어마을'을 둘러싼 사회적 담론의 구조

담론	근거(rationale)	수단(mean)		목표
세계화	(국가경쟁력)	영 어		국가교육 목표
지구촌 세계시민	글로벌 인재 국제적 엘리트	국제공용어 현대어	⇨	선진국 세계일류
교육목표의 방향성(이념): 미래사회, 정보화시대				

a. 사회적 기호화과정: 위 담론적 구조 속에서 드러나는 한국 사회의 영어, 영어교육, 영어능력, 국제경쟁력 등의 관념들의 실상/허상이 무엇인지를 드러내는 작업

b. 분석 자료: 개인/집단인터뷰, 미디어자료, 온라인포럼, 영어교육 관련 공적 문서

c. 분석 결과의 도식화visualization

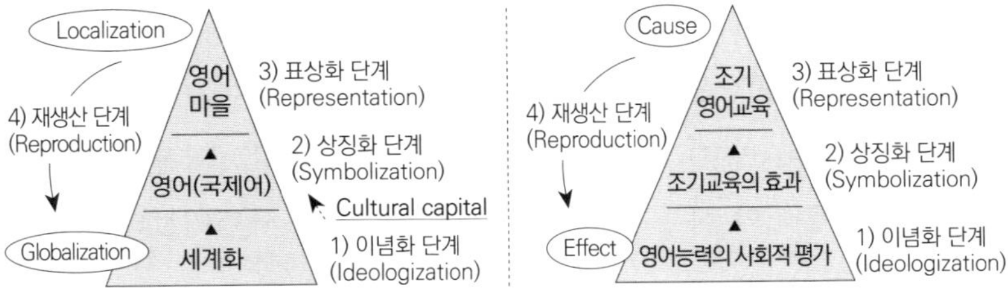

그림 20. 영어마을(좌)과 조기영어교육(우) 담론의 사회적 기호화과정에 대한 도식화

자료의 분석결과를 구체적인 사례와 논리적 흐름에 따라 명확히 설명해야하고, 위 그림과 같이 도식화하여 보여주면 독자들의 설득력과 이해도를 높일 수 있다.

나. 영어교육에 있어서 비판적 응용언어학의 도입: 후기식민주의적 관점(박휴용, 2009).

(1) 이론적 배경: 후기식민주의적 비판postcolonial criticism, 비판적응용언어학Critical Applied Linguistics

(2)선행연구 분석: 세계화와 관련한 영어교육 현황에 대한 literature review

a. 이론적 논의의 내용: 우리나라 영어교육의 성격

1) 영어교육의 목적에 내재된 엘리트주의elitism

2) 방법론적 측면의 시장-소비자주의market-consumerism

3) 결과적 영어교육의 양극화education divide

b. 분석을 위한 개념적 틀: 우리나라의 영어교육을 둘러싼 담론체계

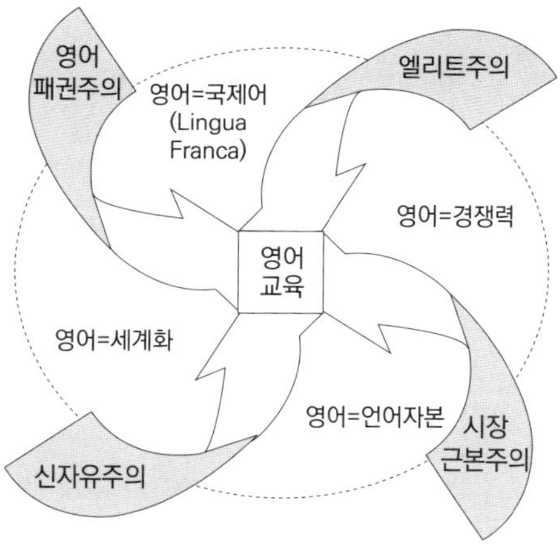

그림 21. 분석의 개념적 틀(conceptual framework)

담론 분석에서는 연구자가 어떤 이론적 관점을 기반으로 분석하려는 것인지를 명확히 밝히는 것이 매우 중요하다. 분석의 이론적 틀을 제시하지 않으면, 연구자의 주관적이고 자의적인 해석이 될 수밖에 없다.

(3) 분석 자료Data

a. 영어 관련 논문의 주제들에 대한 분석

표 10. 영어교육 논문들의 주요 주제별 논문수

연구주제 분류	논문수	연구주제별(Key words) 논문수
교육과정 및 평가 관련	68	개발 및 평가(26), 학생 및 수업평가(assessment)(16), 프로그램 분석(13), 목표분석(4), 교육과정 연계성(3) 등
교육방법론 관련	66	교육방법응용(18), 문학(Storytelling, discourse, plays)활용(11), 의사소통(9), 수준별/개별화수업(7), 몰입교육(5), 인지 및 다중지능(5), 연구방법(3), 실용영어(2), 학습전략(2), 교실영어 등
교육공학(컴퓨터, 다중매체) 관련	55	인터넷활용(16), 멀티미디어활용(14), 교육공학응용(11), 컴퓨터활용(CALL)(6), 온라인교육(4) 등
언어기능(four skills) 활용 관련	47	어휘(9), 발음(9), 철자(5), 청취(4), 번역(4), 읽기(3), 쓰기(3), 문법, 독해, 회화행등
교육주체관련	31	교사교육(23), 학습자역할(5), 학부모역할(3)
교육정책 관련	25	교육정책동향 및 방향(16), 열린교육(4), 패러다임분석, 질적제고, 정보화사회, 교육개혁, 조기영어교육 등
교재 및 기타	10	교재 및 교과서분석(6), 기타(4)
총 계	302	

b. 제7차(최근) 초중등 영어과 교육과정의 목적 및 교육(교과)목표

- 목적: 세계화, 정보화, 학생중심, 의사소통능력, 활동/과업중심, 사고력과 창의력
- 목표
  ① 영어에 흥미와 자신감을 가지며, 의사소통 기본능력 다짐(초등) / 일상생활, 일반적 화제에 관한 자연스러운 의사소통 가능(중~고1)
  ② 외국의 다양한 정보의 이해 및 활용 능력 고취(중등~고1)
  ③ 외국문화 이해를 바탕으로 우리 문화의 인식 및 올바른 가치관 함양(초등~고1)
- 분석 결과: 언어에 대한 분석적, 기능주의적, 도구주의적 이해

의 패러다임. 즉, 목적과 목표는 바람직하나, 교수방법의 적용 및 실제수업은 교육목적과는 어긋남.

c. 시대적 흐름에 따른 영어과 교육과정의 변화 양상

본 연구에선 영어과 교육과정의 목표가 어떻게 변해왔는지를 과거 국가교육과정에서의 교과(영어) 목표에 대한 문헌 분석의 결과를 다음 [표 11]과 같이 제시하였다.

표 11. 국가교육과정의 변천에 따른 영어과 교육과정 성격의 변화

교육과정(시기)	시대적 흐름	교수법: 이론적 배경	교육방법의 지향점
1차 (1954–1963)	미국 진보주의 교육사조에 따른 전통적 교수법 개혁	청화식(audio-lingual method) 교수법: 행동주의	– 언어의 4가지 기능의 통합적 지도 – 영어에 관한 지식습득
2차 (1963–1973)	합리적 사고, 생산성, 유용성 강조	청각구두/시청각 교수법: 인지주의	– 영어수행/능력 구별 – 듣기, 말하기, 읽기, 쓰기로 구분
3차 (1973–1981)	국가주의 영어교육 출발 (1972년: 영어시범학교)	문법중심 언어교수법: 태생주의(nativism)	– 문법에 초점
4차 (1981–1987)	1981년: 특별활동 내 영어교육 허용	의사소통중심 언어교수법: 구성주의, 실용주의	– 듣기, 말하기, 읽기, 쓰기로 구분 – 회화의 중요성 인식
5차 (1987–1992)	베이비붐 세대의 대입경쟁 심화	지필고사중점 교수법: 입시위주	– 문법, 어휘, 독해 위주의 교육
6차 (1992–1999)	1994년: 세계화추진위 1997년: 초등영어 교육과정 속에 채택	수행기반 교수법: 구성주의	– 초등영어교육 시작 – 의사소통 강조
7차 (1999–2008)	세계화, 정보화시대	과업중심, 의사소통중심: 문화적 상대주의	– 의사소통능력, 사고력, 창의력, 문화적 이해

(4) 논의 및 제언

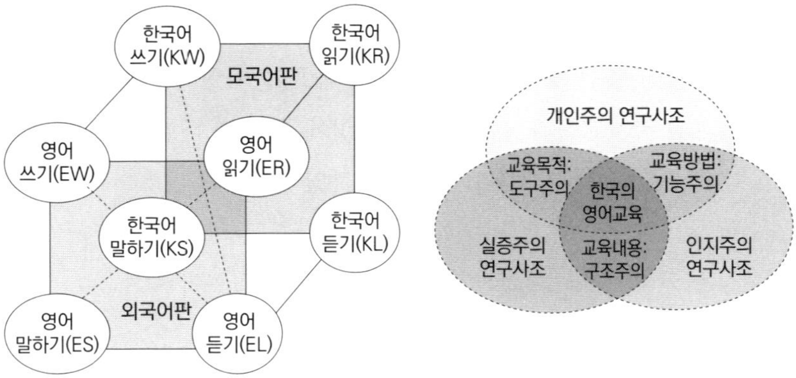

그림 22. 언어기능에 대한 다차원적 접근(좌)과 영어교육의 식민주의 패러다임(우)

본 연구는 마지막으로 위 그림과 같이 언어 기능에 대한 다차원적 접근이 가능함을 설명하면서, 기존의 우리나라 영어교육과 관련한 연구들이 매우 편협한 영역과 차별적 비중(문법>어휘>읽기>쓰기>듣기>말하기)에 국한되어 이루어졌음을 지적하고, 그 근본적인 이유가 바로 식민주의적 외국어교육 패러다임에 갇혀있었기 때문이라고 주장하였다.

다. 교육과정 이념으로서의 세계시민주의에 대한 비판적 담론분석(Park, 2010)

(1) 이론적 배경: 세계시민주의Cosmopolitanism에 대한 개념적 이해, 분석 및 논의

- 세계시민주의의 세 가지 성격(모더니즘, 이성주의, 개인주의)에 대한 비평

(2) 분석 대상: Text 분석-세계 각국의 교육과정 목표 진술curriculum statements

표 12. 세계 주요 국가의 교육과정 목표진술 속에 나타난 시민교육의 이념

출처	국가 교육과정 진술에 나타난 **시민의식** (National Curriculum Statement)	핵심어
프랑스(2009) : 고등학교 교육과정	"프랑스국민들은 고등학교 교육의 목적으로 지식 전수, **시민의식 교육**, 직업 및 사회 준비 교육이라는 전통적인 3가지 목적에 대체로 동의하고 있다." (**시민의식 교육**은 문화, 예술, 스포츠, 민간단체 활동, 사회봉사 활동 등의 다양한 방법을 통해 이루어지고, 시민 교육을 위해 석사과정 대학생들을 투입하여 튜터제 교육을 실시한다.)	지식 전수, 시민성 교육, 직업 및 사회 준비
호주(2009): [신세대를 위한 교육목적 선언]	"첫째, 모든 호주의 젊은이들이 성공적인 학습자, 자신감이 있는 창의적인 개인, 그리고 적극적이며 정보를 갖춘 **시민**이 되도록 지원하고, ..." – 국가수준 교육과정 개발의 원칙과 지침: "교육과정은 모든 젊은이들이 개인의 목표를 성취할 수 있는 **유능한 시민**이 되도록 도울 수 있어야 한다."	성공적인 학습자, 창의적인 개안, 정보를 갖춘 시민, 교육의 평등 및 수월성 진작
독일(2009): [Berlin Cosmopolitan School]의 교육이념	"우리는 학생들이 능동적이고 책임감있는 **세계의 시민**이 되기를 촉구한다. ... 이에 따라 지적, 정신적, 신체적으로 균형 잡힌 학생을 양성하기 위한 개별화교육을 실시한다."	학업능력, 다언어구사, 사회적 간문화적 기술의 계발
미국(2009): 언방교육위원회 교육표준 (K–12, 시민의식 교육 부문)	**시민의식교육**(Citizenship education)은 학생들이 원칙을 준수하는 효율적인 시민이 되도록 노력한다. 시민의식교육은 역사와 정부에 대한 교육, **민주사회의 시민(citizen in an democracy)**으로서의 권리와 의무에 관한 공민교육, 사회현안에 대한 토론, 모의법정 및 모의선거, 인성교육 등을 포함한다.	역사 및 정부학습, 민주주의 시민, 모의법정 · 선거, 인성교육, 학생회조직, 지역공동체 참여
남아프리카 공화국(2002): 국가교육과정	"우리가 추구하는 학습자상은 **민주주의**, 평등, 인간의 존엄성, 사회적 정의에 대한 존중을 바탕으로 하여 사회적 이익을 위해 행동할 수 있는 사람이다."	기본적 문해·기술 터득, 비판적·능동적 시민

(3) 분석 방법: 민주시민, 인권, 평생학습 세 가지 키워드Key words 분석

표 13. 우리나라 국가교육과정 속에 나타난 시민교육 관련 목표들

교육과정기 구분	정치적 이념적 목표	기타 교육과정 목표제1차
제1차(1954년~1963년)	반공교육	도의교육, 실업교육
제2차(1963년~1974년)	반공정신, 민주적 신념/생활	자주성, 생산성, 유용성 (정서교육, 실천교육, 과학적 태도)
제3차(1974년~1981년)	국가발전 및 민주적 가치	인간교육(자아실현), 지식기술교육
제4차(1981년~1987년)	국민정신교육, 민족공동체의식	전인교육, 과학기술교육, 지력과 기술, 도덕적 인격
제5차(1987년~1992년)	–	건강인, 자주인, 창조인, 도덕인 (기초교육강화, 정보화 사회 대응)
제6차(1992년~1997년)	민주시민 (도덕성, 공동체의식)	건강한 사람, 자주적인 사람, 창조적인 사람, 도덕적인 사람
제7차(1997년~2007년)	민주시민의식 (공동체발전)	개성의 추구, 창의적 능력 발휘, 진로를 개척, 새로운 가치 창조

(4) 분석 및 논의

- 대안제시: 비판적 세계시민주의의 개념과 전략을 대안으로 제시
- 대안 전략의 이론적 배경: 비판이론critical theory
- 대안적 실천 방법론: 생태주의 교육과정

라. 교육과정 이념으로서의 다문화주의와 지속가능발전교육론에 대한 비판적 논의(박휴용, 2012)

(1) 연구 주제: 교육과정 이념으로서의 다문화주의multiculturalism와 지속가능발전교육론Education for Sustainable Development에 대한 비판적 담론 분석

(2) 분석 대상

a. 국내의 여러 기관들이 추진하는 다문화교육 관련 목표 및 이념들

b. 지속가능발전교육론을 지향하는 교육적 담론에 대한 비판적

분석

(3) 분석 자료

a. 교육적 담론: 교육기관들의 다문화교육 관련 교육목표 진술들 statements[표 14]

표 14. 다문화교육 관련 목표 진술(교육적 담론: 교육목표)에 대한 분석

대상 및 출처	다문화교육 관련 목표 진술
외국어교육 (KICE, 2003)	세계관이 확장될 뿐 아니라 타문화를 이해하며 평화공존의 지혜를 터득하게 되어 언어와 문화의 발달에 기여할 수 있게 된다.
유아다문화교육 (양욕승, 2010)	궁극적 목적은 자유선택 능력의 개발, 공동체 의식의 기초형성, 문화적 감수성 및 다문화 이해의 기초함양, 창의력 향상 등이 될 수 있다.
D대학 연계전공 '다문화사회' 교육과정	간문학적 접근을 통해 다문화주의에 관련된 쟁점과 문제를 체계적으로 교육함으로써 다문화주의 사회에 대한 전문적인 소양과 지식을 갖춘 인재를 배양하는 것이다.

b. 학술적 담론: 지속가능발전교육론에 대한 연구물들에 대한 메타 분석[표 15]

표 15. 지속가능교육을 위한 방법론과 관련한 연구결과(학술적 담론)에 대한 분석

학자	교육적 방법론
최도성 (2005)	– 국가교육과정에 포함하여 유치원에서부터 대학까지 모든 단계에 핵심적인 목표와 내용으로 적용 – 지속발전교육의 정착을 위한 법적 및 제도적 토대가 마련되어야 – 여러 과목과 분야의 협력관계 구축을 통한 체계적이고 통합적 접근 – 관련 문제들을 교육자료나 학습과정에 포함(정보네트워크 구축 및 확대)
DES (2007)	– 학교교육과정과 교사교육에 지속발전교육 개념 적용 – 경영전문가 훈련 등을 포함한 고등교육정책에 적용 – 심화학습, 성인학습, 지정규학교 부문에 적용 – 대중매체 등을 통해 지속발전교육에 대한 대중의 인식과 이해를 증진 – 지속발전과 관련한 교육연구 개발 장려
이삼열 (2007)	– 기존의 개발관행에 대한 비판적 인식 토대 – 새로운 시스템으로의 변화를 위해 총체적 접근과 통합적인 반성 필요

이삼열 (2007)	– 미러지향적인 비전과 장기적인 안목을 바탕 – 국제사회에 대한 이해와 세계시민의식 등의 고취
Thomas (2010)	– 지식습득 보다는 학습의 과정(processes of learning)에 집중 – 간학문적 사고(interdisciplinary thinking) 및 총체적 사고 등을 훈련 – 문제해결능력, 협동작업을 바탕으로 학생들이 보다 적응적, 혁신적, 창의적으로 새로운 변화에 대처할 수 있는 능력

c. 사회적 담론: 지속발전가능론에 대한 학자들의 입장의 사회적 분류[표 16]

표 16. 지속발전가능론과 관련한 여러 학자들의 입장(사회적 담론)

구분한 학자	소극적 / 보수적	적극적 / 급진적
Shrivastava (1955)	기술중심적 (rechnocratic)	생태중심적(ecological)
Purser, park & Montuori (1955)	인류중심적 (anthropocentric)	생물중심적(biocentric)
Fill & Muhauser (2001)	개발주의자 (exploitationist)	보전주의자 (conservationist)
Hoffman & Ventresca (2002)	물질적(material)	상징적(symbolic)
Laufer (2003)	녹색제거주의자 (greenwashing)	녹색주의자(greening)

정리하자면 위 [표 14, 15, 16]의 사례가 보여주는 것과 다문화주의와 지속가능발전론을 둘러싼 교육적 목표, 학술적 논의, 사회적 관점(방향성)들을 담론으로 간주하고, 그 내용에 대한 비판적 분석을 전개하였다.

마. "You Are Confusing!": Tensions between Teachers' and Students' Discourses in Classroom(Park, 2008)

(1) **연구 주제:** 교사-학생의 상호작용 속에 내재된 권력과 갈등 관계에 대한 분석

(2) **이론적 배경:** 학교교육 담론Pedagogic Discourse에 대한Bernstein(1996)의 이론들

(3) **분석의 방법론적 틀:** 비판적 담론분석Critical Discourse Analysis

- Rogers(2004)의 교실 내 갈등이론: 순응Alignment과 갈등Conflict
- Castells(2004)의 정체성의 3 유형: 합법적Legitimizing, 지향적Project, 저항적Resistance 정체성

(4) **분석 대상:** 교실 내 대화Oral text 분석, 미시적 상호작용 분석micro analysis

(5) **분석의 구조(키워드):** 학교교육 참여자들(교사, 학생)은 교실 수업 속에서 어떤 다양한 정체성Identity을 드러내고 있고, 이러한 상이한 정체성들이 교실 내 역학관계와 상호작용 속에서 어떻게 동조Alignment하거나 갈등Conflict을 빚는가를 분석하였다.

- 연구자는 이론적 배경에서 논의한 Rogers(2004)와 Castells(2004)의 이론을 바탕으로 다음 그림과 같은 교실 담론의 구조를 도식화하여 분석에 활용하였다.

그림 23. 교육 참여자들(교사, 학생, 학부모)의 정체성의 유형과 그 상호작용 구조

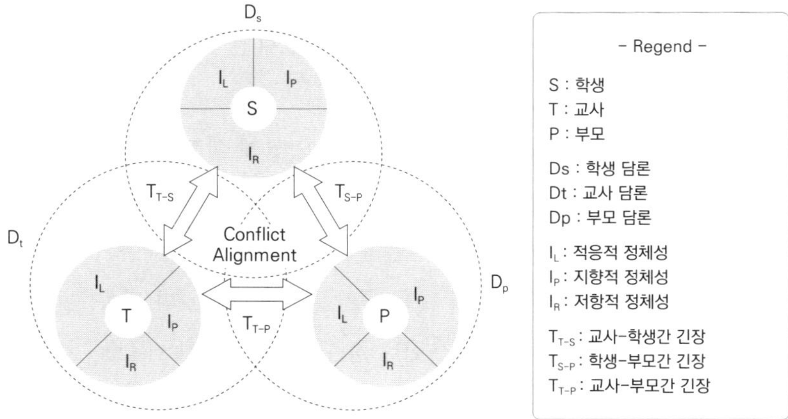

(6) 자료 분석의 예

연구자는 수업 중 교사와 학생들 간의 일련의 수업 중 대화내용을 녹음한 후, 그러한 언어적 상호작용 속에서 교사와 학생들의 어떤 정체성들이 어떻게 발현되면서 서로 긴장, 갈등, 그리고 협상을 벌여 나가는가를 분석하였다.

표 17. 교사의 학생 통제 전략들과 교사 담론의 성격

교사 담론	교사의 전략들	발화 사례 (행 화자: 발언)	동조 발언	갈등 발언
합법화 정체성 (IL)	선택하기 규칙 수립 〃 위협하기 훈계하기	9/T: J, you try it. 13/T: Can you wait until the class finished? 57/T: Do you like it? But, not during the lesson! 40–1/T: H, you keep talking about candies. That's why you got cavity! 44–46/T: Patience will make you a great person! If you eat them after class, you can feel yourself more accomplished, right?	J: 8	H:11–2 J: 56 H: 42 H: 43

합법화 정체성 (IL)	학생간 비교하기 시험 출제 점수주기 자원 통제	135/T: G, your mom's sharpened your pencils, hasn't she? 213/T: Look, No.1. It's a test. 257/T: (Teacher was grading what the students were assigned) 273/T: I won't give this to whom are not here	J: 8	H: 134 H: 212 G: 256 G: 271
지향적 정체성 (IP)	목표세우기 이유 대기 언어적 보상 관심 분산(농담) 화제돌리기 미끼던지기	5/T: (Speak) in Korean! 14/T: Because if you chew something, you can't talk. 29/T: I can't believe you did that by yourself! Good job! 106/T: Is this blood? 119/T: Then, next chapter is... 121/T: These hand-outs are only for who listening to me	G: 28 J: 105 H: 129	H: 6 H:11-2 All: 117 All: 120 All: 162

위 [표 17]은 교실 내 교사-학생의 상호작용 중에서 특정 에피소드를 둘러싼 대화의 사례를 발췌한 것이다. 위 표에는 교사가 수업을 운영하는 과정에서 학생들을 통제하기 위한 다양한 전략들을 구사하고 있으며, 그 전략들에 대해 학생들도 마찬가지로 다양한 대응전략(동조와 갈등)을 보이고 있음을 보여준다. 위 표는 학교교육 담론pedagogic discourses의 틀 속에서 교사의 적응적 정체성IL: Legitimizing identity(학생들을 학교교육의 규범적 틀 속에 묶어두려는 의도)과 지향적 정체성IP: Project identity(학생들의 교육적 목표나 미래를 위해 준비시키려는 태도)이 어떻게 드러나고 있는지를 구체적으로 보여주고 있다.

IX 기타 자료 수집법: 인터뷰법, 사례연구, 문헌연구

본 장에서는 질적 연구에서 흔히 활용되는 연구방법인 인터뷰(면접)법, 사례연구법, 그리고 문헌연구법에 대해 종합적으로 소개해보고자 한다.

1. 인터뷰법(심층인터뷰, FGI, 프로젝티브 기법)

인터뷰법은 크게 개별인터뷰(심층인터뷰)와 집단인터뷰FGI: Focus Group Interview로 나뉜다. 인터뷰법의 인식론적 기초는 상징적 상호작용론symbolic interactionism이라고 볼 수 있는데, 이는 사람들이 자신의 삶에 대해 회고하고 그것을 통해 핵심 주제를 이해하는 방식으로 의미를 창조해나가는 과정을 설명하는 이론이다. 상징적 상호작용론이 인터뷰법의 이론적 기초가 될수 있는 것은 사람들의 발화나 언어적 상호작용은 그 사람의 경험과 인식, 그리고 삶의 조건(현실)을 잘 드러내기 때문에, 연구자의 연구 질문에 대한 사람들의 응답을 분석함으로써 그들의 인식과 사회적 현실을 잘 이해할 수 있다는 것이다.

1) 인터뷰의 유형

인터뷰의 유형은 다음과 같이 다양한 형태로 이루어질 수 있다.

가. 인터뷰 질문의 수준

- 기초질문: 주로 무엇what, 어떻게how 등 사실적 내용에 대한 질문을 한다.
- 심층질문: 위 기초질문을 바탕으로 이유why, 원인cause를 탐색하는 질문을 한다.

나. 인터뷰의 공식성 여부

- 공식적: 시간과 장소, 내용 등이 사전 준비된 절차에 따라 진행되는 인터뷰
- 비공식적: 형식에 구애받지 않은 자유로운 대화, 담화, 토론을 통한 인터뷰

질적 연구는 연구주제나 학문분야의 성격에 따라 공식적 인터뷰와 비공식적 인터뷰를 선택하여 할 수 있다. 보통 본 연구에 들어가기 전의 사전 연구pilot study에서는 비공식적 인터뷰를 많이 하고, 본 연구에서는 공식적 인터뷰의 형태로 진행한다. 이 공식적 인터뷰는 다음에 설명하는 구조화 수준과는 약간 개념이 다르다. 즉, 공식적 인터뷰라고 해서 반드시 인터뷰의 형식이 구조화될 필요는 없다는 것이다.

다. 인터뷰의 구조화 수준

- 비구조화: 연구참여자의 주도에 의해 상황 및 분위기에 따라 면담을 지속(예: 문화기술지 연구에서의 면담, 심층면접)
- 반구조화: 인터뷰의 미리 준비된 질문이나 가이드라인을 참조해서 진행하되, 상황에 맞게 융통성 있게 진행하는 것
- 구조화: 사전 계획된 면접 틀, 시간, 질문들에 의거 일률적으로 진

행한다(예: 면대면Face-to-face 인터뷰/ 자기주도 설문응답/ 전화인터뷰)

질적 연구의 인터뷰 형식은 대체로 비구조화나 반구조화의 형식으로 진행되는데, 가장 흔히 쓰이는 방식이 반구조화 인터뷰이다.

라. 인터뷰의 직접/간접성 여부

- 직접법: 응답자에게 연구의 목적을 알려주거나, 응답과정에서 응답자가 자연스럽게 연구의 목적을 알아버리는 경우.
- 간접법: 응답자에게 연구목적을 알려주지 않고 인터뷰를 진행하는 경우.

간접법이 필요한 경우는 상담이나 심리학적 연구에서 인터뷰 대상이 연구목적을 인지하게 되면, 응답에 영향을 미치기 때문이다. 이런 인터뷰기법을 프로젝티브(투사적) 기법이라고 부른다.

질적 연구의 인터뷰는 주로 심층in-depth 인터뷰를 통해 이루어지는데, 그 외에도 다음 [그림 1]과 같이 주제집단인터뷰focus group와 프로젝티브 기법이 있다.

그림 1. 질적 연구에서의 인터뷰법의 유형

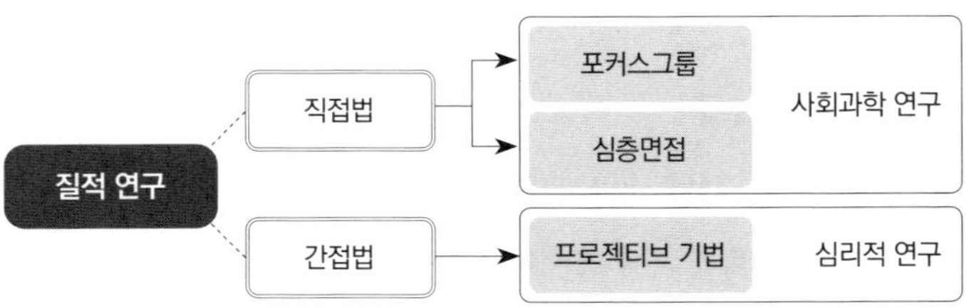

마. 관심집단 인터뷰Focus Group Interview: FGI: 연구주제와 관련한 특성을 지닌 특정집단을 대상으로 한 집단 면접(분석 방법: 관련 내용 언급

빈도, 토론 대응 빈도, 세부적 진술의 정도, 다양한 감정/정서의 응답, 특정 이슈에 관한 관심도).

바. 투사 기법 인터뷰Projective interview: 심리학적 인터뷰로 응답자의 심리적, 내면적 세계를 이해하고자 할 때 활용한다.

2) 인터뷰법의 유형과 유의사항

가. 인터뷰 유형의 비교

사회과학 질적 연구에서 흔히 쓰이는 관심집단인터뷰FGI와 심층면접법, 그리고 상담심리연구에서 주로 활용되는 프로젝티브법을 비교하면 다음 [표 1]과 같다.

표 1. 세 가지 인터뷰법(포커스그룹, 심층면접, 프로젝티브법)의 특징 비교

특징	포커스그룹(FGI)	심층면접	프로젝티브법
구조화의 정도	높음	중 간	낮음
심층적 응답 정도	낮음(집단)	높음(개별)	중간(심리)
사회자에 의한 편견 가능성	중간	높음	낮거나 높음
결과해석에의 편견(해석)가능성	낮음	중간	높음
숨겨진 의도 노출 가능성	낮음	중간이나 높음 (연구의 방향성 유)	높음 (유도질문 가능)
새로운 아이디어에 대한 발견	높음 (brainstorming)	중간 (심층 의미 발견)	낮음 (심리 노출)
민감한 질문에 대한 응답	낮음	중간 (개인사탐색)	높음 (심리, 정서 문제)

비정상적인 행동에 대한 질문	가능하지 않음	제한적임	가능함
활용성	매우 유용함	유용함	제한적으로 유용

위 표는 세 가지 인터뷰의 유형별 특징의 정도를 상대적으로 비교한 것이다. 예를 들어, 인터뷰 구조화(구조적, 개방적, 심층적 등)의 정도가 각 인터뷰의 형식에 따라 다르고, 심층적 응답의 정도도 각 인터뷰법마다 차이가 난다. 연구자는 전공분야나 연구주제에 따라 이중 어느 한 인터뷰법을 주로 사용하게 되므로, 자신의 연구분야에 해당하는 인터뷰법의 성격을 숙지하고 다른 인터뷰법과의 차이점을 인식하면 된다.

나. 인터뷰법 수행시 유의사항

인터뷰법은 일반적으로 다음의 사항에 유의하면서 실시해야 한다.

(1) 표집sampling: 유목적적 표집을 통해 가장 적합한 인터뷰 대상자를 선정한다.

(2) 인터뷰 내용의 비교 및 분석을 위한 체계적 방법/전략을 구상한다.

(3) 인터뷰 대상의 확장여부를 인터뷰를 진행하는 과정에서 검토한다.

(4) 삼각검증Triangulation을 고려하여, 인터뷰 내용의 타당성을 확인한다.

(5) 소통적 타당성communicative validation(유도질문, 편향성, 일방적 강요 등을 하는 것이 아니라 편안한 분위기에서 솔직하고 내면적 응답을 하였는지를 검토함)을 충분히 고려한다.

(6) 내부자 검토member check(공동연구, 면담관련자 확인)를 반드시 거친다.

(7) 인터뷰 자료를 논문에 어떻게 활용할지를(어떤 인터뷰를 인용할지)

생각한다.

(8) 연구윤리의 검토: 연구동의서consent form 점검 등을 실시한다.

3) 심층면접법

가. 심층면접법의 특징

구조화되지 않은 직접법을 주로 사용하는데, 완전히 형식적 틀에서 자유로운 비구조화 보다는 주로 반구조화된(미리 준비된 형식을 참조하지만 구애받지 않는) 형식으로 진행한다.

a. 심층면접은 숙달된 연구자가 더 효과적으로 활용할 수 있다.
b. 응답자의 숨겨진 의도나 신념, 태도, 느낌 등을 조사할 때 사용한다.
c. 집단면접 보다는 주로 개별면접에서 활용한다.

나. 심층면접의 주요 기법

(1) **래더링laddering**: 연속적인 일련의 질문을 통하여 환경이나 응답자의 특성을 파악하는 기법.

(2) **숨겨진 내용 질문**: 개인적으로 가슴 깊이 느끼고 있는 가슴 아픈 부분을 파악하는 심층면접 기법.

(3) **상징적인 기법**: 어떠한 분석 대상과 반대되는 개념에 대한 이해를 통하여 대상에 대하여 비교하고 분석하는 기법(Projective 기법과 유사하며, 전문상담가가 주로 활용한다).

일반적으로 심층면접을 진행할 때는 위와 같은 기법을 염두에 두고 진행하는 것이 아니라, 최대한 자연스럽고 융통성있게 연구참여자의 관심도, 상태, 현장 상황에 따라 진행해야 한다. 그렇게 진행하는 과정에서 연구자가 어떤 의도에 따라 위와 같은 면접 기법을 활용할 수 있다는 것이다.

다. 심층면접의 장점과 단점

(1) 장점

첫째, 응답자의 상당히 깊은 내용까지 파악할 수 있다.

둘째, 누가 무슨 얘기를 했는지 정확하게 알 수 있다(일대일 면접의 경우).

셋째, 자유스럽게 개인적인 의견이 교환될 수 있다.

(2) 단점

첫째, 숙련된 면접자의 역할에 의해 면접의 성패가 갈린다.

둘째, 면접을 통하여 얻은 자료를 분석, 해석하는 것이 어렵다.

셋째, 전문성을 가진 심리상담가나 숙련된 면접자가 필요하다.

넷째, 인터뷰 수행과 분석에 비용이나 시간이 많이 소요될 수 있다.

심층인터뷰는 장단점이 있지만, 질적 연구의 가장 기본적이면서도 중요한 자료수집 기법이므로 그 원리와 방법론에 대해 많은 경험을 통해 익숙해질 필요가 있다.

4) 관심집단인터뷰 Focus Group Interview

가. 관심집단인터뷰의 이해

관심집단인터뷰는 다음과 같은 취지를 기반으로 개발되었다.

a. 특정 집단을 반드시 대표한다고 할 수는 없더라도 목적의식이 분

명한purposive 인터뷰 참가자들을 대상으로 심도있는In-depth 그룹 인터뷰를 활용한다.

b. 주어진 주제topic와 관련있는 사람들을 대상으로 집중적인focused 논의의 장을 제공한다.

c. 인터뷰의 참가자: 특정 주제의 전문가나 그에 대한 '경험이 있는' 사람들을 모집한다.

d. 특정 주제와의 관련성으로 인해 집단적 유사성(연령, 직업, 경력, 사고방식 등)을 갖는다는 사실을 참고한다.

e. 비슷한 사회적 특성을 가지고 있어서, 서로 대화하는데 편안함을 느낄 수 있도록 선정되어야 한다.

나. 대상자 선정

(1) **채택타당성applicability을 가장 우선적으로 고려한다.**

- Q: 연구 주제와 관련한 지식,의견, 입장을 가졌는가?
- 대상자를 선정하는데 시간과 노력이 필요하다.

(2) **집단 역학Group Dynamics의 활용**: FGI로 수집되는 데이터의 종류와 범위가 그룹 구성원간의 상호작용을 통해서 형성되므로, 집단 역할을 고려한다.

- 일대일 인터뷰보다 더 깊고 풍부한 정보를 얻을 수 있다.
- 그룹 내 상호작용을 통해서 데이터를 생성emerging할 수 있다. 이를 위해 그룹 멤버들이 서로 편안하게 대화할 수 있는 조건이 필요하다.

(3) **참여자의 다양성**

FGI는 집단인터뷰이므로 그룹을 어떻게 형성하느냐가 중요하다. 왜

냐하면, "어떤 사람들은 자신을 드러내는 것self-disclosure이 자연스럽고 편안하지만, 다른 사람들은 이 과정에 신뢰와 노력이 필요할 수도 있기"(Krueger & Casey, 2000) 때문이다. 참여자를 구성하는 원칙에는 학자들마다 선호하는 방식이 다른데, 크게 균일집단, 이질집단, 기성집단 선호론으로 나누어진다.

a. 균일한homogeneous 집단 선호론

- "풍부한 데이터는 그룹을 이루고 있는 개개인이 토론에 온전히 참여할 준비가 되었을 때만이 얻어질 수 있다"(Krueger)
- 참여자들은 비슷한 특성(성별, 연령, 인종, 사회적 배경)을 가져야 한다(Burrows & Kendall, 1997).

b. 이질적heterogeneous 집단 선호론

- 참여자들이 서로서로 잘 모른다면, 더 솔직하고 자발적인 표현이 가능하고, 더 광범위한 응답을 얻을 수 있다.
- 기존에 참여자들이 가지고 있던 관계나 리더쉽의 패턴이 인터뷰에 개입하는 것을 방지하는 효과도 있다.

c. 기성 집단 선호론(Kitzinger,1994)

- 이미 서로를 알고 있으면, 서로에 대한 코멘트를 해주거나, 서로 자유롭게 의견을 나누는 것이 더 용이하다.
- 민감하고 개인적인 문제일수록 구성원 간에 이미 신뢰가 깔려 있기 때문에, 자기 의견을 더 자유롭게 표출할 수 있다.

(4) 면접 참여자의 역할 배분

- 그룹 촉진자facilitator 혹은 조절자moderator(사회자)의 역할: 참가자들이 기존에 가지고 있던 관계를 잘 조절함으로써 서로를 몰랐던 참가자들도 편하게 말할 수 있는 환경을 조성하고, 감정과 생각,

아이디어를 공유할 수 있는 환경을 만들어줄 수 있어야 한다.

• 기록자: 비언어적 상호작용을 관찰하여, 집단 역학의 영향을 기록하고, 관점의 변화나 교환, 토론의 주제에 따른 영향을 살피는 역할을 한다(Kitzinger, 1994, 1995).

다. FGI의 특징과 유의사항

(1) FGI 연구의 특징

• 관심 집단FG에게서는 특정한 이슈에 대한 다양한 범위의 정보와 개개인의 감정에 대한 정보를 얻을 수 있으며, 그룹간의 차이도 조명해 볼 수 있다.

• FG를 통해서 비교적 짧은 시간 내에 많은 양의 정보를 수집할 수 있으며, 이러한 정보는 양적 연구를 위해서 사용될 수도 있다.

• 일대일 인터뷰와 마찬가지로, FGI의 결과는 참가자 말을 인용함으로써 일상적 용어로 제시될 수 있다.

• 내용적 포화 : 어떠한 분명한 패턴이 떠오르고, 추가적인 FG에서 반복적으로 동일한 내용이 언급될 때까지 FGI를 반복해야 한다.

• 간단한 연구 주제라면, 3~4회의 FGI로 충분하다(Burrows & Kendall, 1997). 참고로 국내에서 이루어지는 연구의 경우, FGI는 개인연구로는 거의 이루어지지 않는다. 왜냐하면, 연구주제에 부합하는 포커스 그룹이 주로 전문가집단인데, 이러한 전문가 집단을 연구대상으로 섭외하는 것은 많은 비용을 필요로하기 때문에다. 따라서, 주로 연구기관에 속한 연구자들이 연구비 지원을 기반으로 FGI를 수행하게 되는데, 이 경우에도 연구대상인 전문가들을 대상으로 3~4회의 집단인터뷰를 소집하는 것도 쉽지 않은 것이

다. 그래서 대부분 FGI연구는 1~2회의 인터뷰로 그치게 된다.

(2) **FGI 연구의 규모와 운영방식**

- 이상적 참가자 수는 6~8명 정도이다(Krueger & Casey, 2000).
- 불참자를 고려하여 계획된 인원보다 10~25% 정도 더 많은 참여자를 모집 필요
- 참석률: 미리 모두가 동의하는 날짜를 얻어서 며칠 전에 미리 확인한다.
- 각각의 그룹 인터뷰는 1~2시간 정도 소요되는데, 주제, 질문의 복잡성, 질문 수, 참여자 수에 따라 달라진다.

관심집단인터뷰FGI의 일반적 규모와 운영방식을 정리하면 다음 [표 2]와 같다.

표 2. 관심집단인터뷰(FGI)의 규모와 운영방식

그룹의 크기	소그룹(4~6명) / 중그룹(8~12명)
그룹 구성원	기준을 마련하여 선별하여야 함. 대체로 동질적인 구성원으로 구성
토의 환경	편안하고 자연스러운 분위기
토의 시간	1~3시간 이내 (90분 정도가 집중도 최적)
토의 기록	녹음기나 비디오 카메라를 사용
사회자	의사소통 능력이나 경험, 주제에 대한 사전지식이 풍부한 사람

라. FGI의 형식

FGI의 형식은 메타적, 양방향적, 사회자개입, 소그룹, 온라인으로 구별된다.

(1) **메타 포커스그룹**: 어떠한 주제에 대하여 토의하는 그룹과 그 그룹

의 토의 내용을 듣고 배우는 다른 그룹으로 구성된다.

(2) **양방향 포커스그룹**: 다음과 같이 두 명의 사회자를 중심으로, 동시에 진행된다.

- 사회자 A (토론의 진행) + 사회자 B (토론 내용의 감독)
- 사회자 A (X의 입장 대표) + 사회자 B (Y의 입장 대표)

(3) **참여자가 사회자 역할을 동시에 수행하는 경우**: 참여자 중 하나가 사회자가 되어 진행한다(연구자 개입을 최소화할 때).

(4) **소그룹 인터뷰**: 주제의 내용이나 상황(참여자의 집중도)에 따라 4~5명 구성원으로 그룹을 형성한다.

(5) **온라인 포커스그룹**: 비대면, 온라인 매체Zoom를 이용하기도 한다.

마. FGI의 질문 구조와 진행절차

(1) **FGI의 질문 구조**

다음 [표 3]은 관심집단 인터뷰에서 어떤 질문이 어떤 순서대로 제시될 수 있는지를 구체적으로 보여주는 사례이다.

표 3. 관심집단 인터뷰의 질문의 구조와 내용(최선남·박미형, 2015)

질문과정	적용	발문
시작 질문 (Opening Questions)	참여자들이 편안한 느낌을 가지고 토의에 임하도록 유도하기 위하여 인터뷰 주제와 관련한 쉬운 질문으로 시작하였다.	– 각자의 소개로 토론을 열어갈까요? – 이 토론에 참여한 계기는 무엇인가요?
도입 질문 (Introductory Questions)	주제의 방향을 참여자들이 알 수 있게하고, 참여자들이 어떻게 이해하고 있는지 알 수 있는 기회가 되도록 하고 참여자의 생각을 이야기 할 수 있게 했다.	– 미술치료 집단 수퍼비전에 참여한 계기와 동기는 무엇인가요? – 미술치료 집단 수퍼비전에서 기억에 남는 것은 무엇인가요?

전환 질문 (Transition Questions)	본 연구의 주제와 관련된 생각들을 자유롭게 이끌어 내도록 유도하였다.	- 미술치료 집단수퍼비젼에 참여한 경험은 미술치료사로서 어떤 의미였나요?
주 질문 (Key Questions)	연구의 핵심을 이루는 질문들로서 자료분석 시에 집중적으로 다루어지게 되는 질문들이므로 다른 질문들보다 시간을 여유 있게 배분하여 참여자들이 자신의 생각이나 경험을 충분하게 토론할 수 있도록 하였다.	- 축어록, 녹음, 비디오 등의 발표에서 어떤 것이 효과적이라고 느끼셨나요? - 미술치료 집단 수퍼비젼과 개인 수퍼비젼의 차이점은 무엇이라고 생각하나요? - 미술치료 집단 수퍼비젼을 경험한 후에 미술치료과정에 변화와 영향이 있었나요?
마무리 질문 (Ending Questions)	토의가 끝난 후 토의되었던 내용을 짧게 요약하고, 참가자들에게 빠진 사항이나 추가할 사항이 있는지 확인을 하였다.	- 미술치료 집단 수퍼비젼에 보완하고 싶은 점이 있나요? - 토론한 내용정리와 요약이 적절한가요? - 빠진 부분이나 추가할 내용이 있나요?

위 질문의 단계의 핵심은 긴장 풀기, 연구의 배경 이해, 연구의 주제 이해, 연구 문제 집중, 그리고 연구함의 도출로 요약된다고 이해할 수 있다.

(2) FGI의 진행 절차

FGI를 진행하는 일반적인 과정은 다음 [그림 2]에 정리되어 있다.

1. 연구목적을 파악하기 → 연구문제 설정하기 → 질적 연구에 적합한 연구목적을 구체화하기
2. 포커스그룹 인터뷰의 목적에 맞게 질문들을 정리하기
3. 진행자는 인터뷰의 진행방식을 계획하여 결정하기
4. 계획된 절차에 의거하여 인터뷰를 실행하기
5. 인터뷰 내용을 검토하며 분석하기
6. 분석 결과 정리하고 추가적 연구 계획하기

그림 2. FGI 연구의 일반적 진행 절차

FGI는 일반적으로 6~12명의 전문가들이 집단적 토론을 하는 것이다. 따라서, 인터뷰에 참가하는 여러 전문가들의 다양한 의견이 충분히 개진되고 논의될 수 있도록 인터뷰의 분위기, 토론의 형식, 참여자의 다양한 성격이 반영될 수 있도록 준비가 필요하다.

- 토론이 무질서해지거나 분절화fragmented되지 않아야 한다.
- 자신감, 자존감이 낮은 참가자는 그룹 토의에 참여 꺼려할 수 있으므로 주의하자.
- 특정 참가자의 의견이 과잉대표되거나, 논의가 치우쳐지지 않도록 조절이 필요하다.

5) 투사 인터뷰projective interview 기법

가. 투사인터뷰의 유형

투사적 인터뷰 기법은 참여자의 동기나 신념, 태도나 느낌이 올바르게 표현될 수 있도록 비구조화된 간접인터뷰이다. 그 대표적 기법에는 다음 네 가지가 있다.

(1) **연상기법**: 어떠한 대상을 보여주거나 자극을 주어 첫 번째로 연상되는 느낌이나 대상을 표현하도록 하는 것.

(2) **완성기법**: 불완전한 상황이나 문장을 보여주고, 나머지 부분을 채우도록 요구하는 것.

(3) **구성기법**: 스토리나 대화 또는 어떠한 대상을 설명하는 형태의 응답을 요구하는 것.

(4) **표현기법**: 어떠한 상황을 구두로 설명하거나 그림으로 설명하고, 이러한 상황에 대하여 다른 사람이 느끼는 감정이나 태도를 설명

하도록 요구하는 것.

위와 같은 투사인터뷰 기법을 그림으로 간단히 정리하면 다음 [그림 3]과 같다.

그림 3. 투사인터뷰의 기법

나. 투사인터뷰 기법의 장점과 단점

(1) 투사인터뷰의 장점

- 연구 주제를 알리지 않은 채 응답자의 반응을 보고자 할 때 유용하다.
- 응답자의 잠재의식에서 나타나는 숨겨진 동기나 신념, 느낌이나 태도를 파악하고자 하는 경우에 유용하다.

(2) 투사인터뷰의 단점

- 개별면담의 형태를 취하기 때문에, 숙련된 면접자와 분석가가 필요하다.
- 비용이 많이 소요되고, 결과해석에 있어서 높은 편견에 노출될 위험이 있다.

2. 사례연구Case study

1) 사례연구의 개념

사례연구는 소수의 사례를 대상으로 질적 자료를 중심으로 분석하기 때문에 질적 연구의 한 종류라고 인식되고 있지만, 사실 그 용어에 드러난 바와 같이 사례연구는 질적 연구냐 양적 연구냐와는 무관하게 이루어질 수 있다. 다음 [그림 4]와 같이, 양적 연구는 다수의 데이터를 가지고 어떤 주제(대상)의 표면적인 특성을 비교분석하는 것이라면, 사례연구는 소수의 연구대상에 대해 깊이 있게 분석하는 것으로 주로 질적 분석을 시도하는 것일 뿐이다. 그리고 그러한 소수의 사례들에 대한 연구가 모여서 집단 전체에 대한 깊이 있는 이해가 완성되는 것이다.

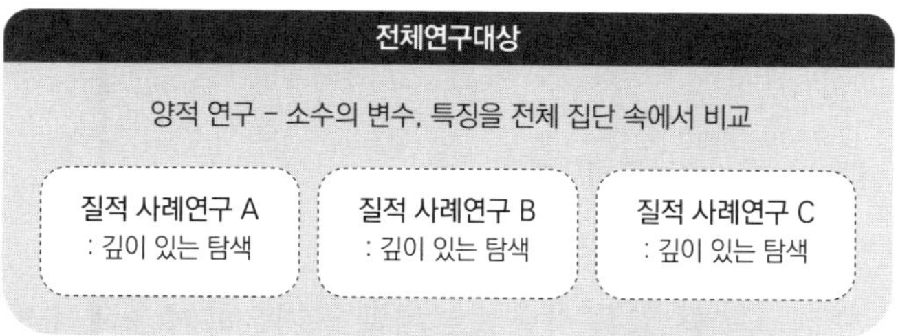

그림 4. 양적 연구와 질적 사례연구의 비교

또한 사례 연구는 다음 [그림 5]와 같이 질적 연구의 주된 방법론중의 하나로서, 연구 대상이 어떤 집단일 경우(예: 문화기술지), 그 속에서도 특히 흥미롭거나 연구주제를 가장 잘 드러낼 수 있는 개인들을 중심으로 심층적 분석을 시도할 경우 사례연구에 해당하게 된다.

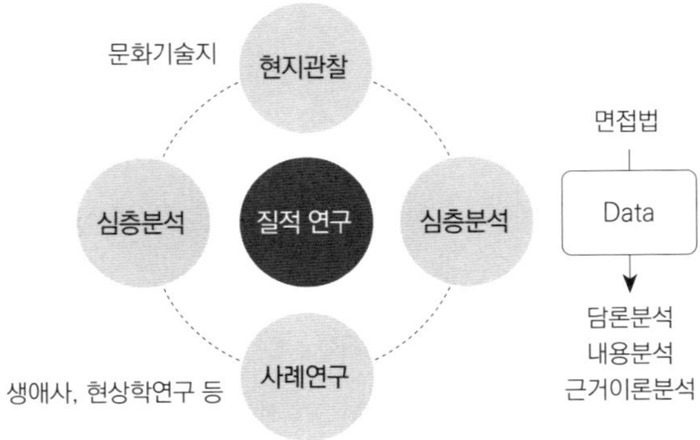

그림 5. 질적 연구에서 사례 연구의 성격과 역할

따라서 사례 연구의 목적은 연구대상으로 선정된 개인이나 현상에 대한 심층적인 기술을 바탕으로, 그것에 대한 독자의 깊이 있는 이해를 돕는 것으로, 질적 연구 중에서도 생애사 연구나, 현상학적 연구들이 주로 사례 연구를 수행한다.

2) 사례연구의 일반적 특징

사례연구는 다음과 같은 특징들을 갖는다.

첫째, 수집된 증거자료를 바탕으로 사례를 기술하거나 해석 및 논의한다. 즉, 귀납적 추리에 의존한다.

둘째, 선행 연구결과나 기초이론의 크게 의존하지 않고, 실제적 사례들을 통해서 새로운 통찰을 얻고자 한다.

셋째, 일반적인 원리나 보편적인 사실을 이끌어 내려하기보다는, 특정 연구대상이나 현장집단의 특성이나 문제를 구체적으로 기술하고 해석하고자 한다.

넷째, 사례연구로 밝혀진 것은 개별적 사례의 경우이므로 이를 일반화하는데는 한계가 있지만, 그 사례를 통해서 현상의 단면과 그 구체적인 파편들을 이해함으로써 전체 현상을 보다 깊이 이해하려는 시도이다.

3) 사례연구의 활용

다음과 같은 경우에 사례연구를 시도하게 된다.

첫째, 특정 개인이나 집단의 특성이나 문제를 진단하거나 평가할 때
둘째, 집단의 문제를 해결을 위한 개별적 사례를 탐색하고자 할 때
셋째, 수집된 자료를 바탕으로 상담의 기초자료로 활용하고자 할 때
넷째, 사례연구에서 발견된 사실fact finding을 바탕으로 이론구성이나 체계화, 실용화에 활용하는 경우
다섯째, 연구자가 연구대상과 빈번하게 접촉하는 과정에서 생겨나는 상호이해를 통해 간접적인 문제해결을 모색하는 경우

4) 사례연구의 목적에 따른 종류

연구자는 자신이 연구하고자 하는 사례가 사례분석의 목적에 해당하는 다음 여섯 가지 중에서 어디에 해당하는지를 분명히 인식하고 있어야 한다.

(1) **내재적innate 사례연구**: 연구자가 특정 사례를 보다 잘 이해하기 위해 그 자체를 목적으로 하는 연구. 이는 연구하는 사례 자체가 지닌 본질적인 면을 깊이 이해하고자 하는 경우이다.

(2) **도구적instrumental 사례연구**: 다른 그 무엇을 이해하기 위한 도구로 사례 연구를 활용하는 것. 다른 사례에 대한 이해 혹은 나아가 어떤 쟁점에 대한 통찰을 제공하기 위하여 활용된다.

(3) **집합적**collective **사례연구**(중다 사례연구): 다수의 사례를 연구하여 어떤 현상이나 집단 혹은 상황, 사상들에 대한 보다 강한 이해를 도모하려는 연구이다.

(4) **탐색적**explorative **사례연구**: 사회연구를 위한 일종의 사전 연구pilot study의 경우. 어떤 현상에 대하여 '무엇'이 일어나고 있는지에 대해 새로운 시각으로 탐색하고자 하는 경우이다.

(5) **설명적**explanatory **사례연구**: 현상에 대해 '어떻게', '왜'라는 질문을 던지고, 그 질문을 통하여 현상 간의 패턴을 발견하여 설명하고자 하는 경우이다.

(6) **기술적**descriptive **사례연구**: 연구문제에서 제기된 사례, 상황, 사상에 대한 정확한 기술에 초점을 둔다. 사례에 관한 정보를 수집하기 위해서는 연구주제에 대한 폭넓은 지식이 필요하다.

위와 같은 여섯 가지 사례연구의 종류들을 종합하여 정리하면 다음 [그림 6]과 같다.

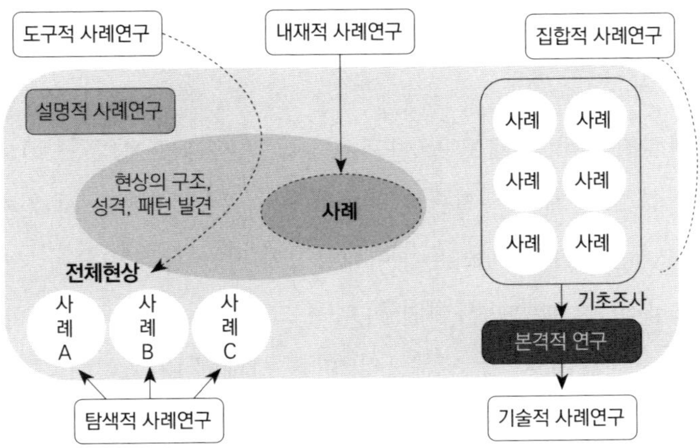

그림 6. 사례연구의 방식에 대한 도식화

정리하자면, 사례연구는 사례 그 자체에 대한 연구목적이거나(내재적), 전체를 연구하기 전의 준비단계이거나(도구적), 다양한 사례들을 연구하기 위한 일부이거나(집합적), 색다른 사례들을 탐색적으로 비교하기 위한 것이거나(탐색적), 연구자가 설정한 가설/이론을 잘 설명해주는 사례를 발견하기 위한 것이거나(설명적), 연구문제와 관련된 사례를 자세히 묘사함으로써 연구주제를 잘 이해하기 위해서(기술적) 수행하게 된다.

5) 사례연구의 절차

사례 연구는 일반적인 연구 절차와 유사하게 다음과 같은 절차를 통해 이루어진다.

a. 연구문제의 확인
b. 명제(가설, 주장, 관점, 논리)의 진술
c. 사례의 선택 (표집과정)
d. 표집된 사례에 대한 자료의 수집
e. 자료의 분석

여기서 자료의 종류와 '자료수집'을 위한 준비사항은 다음 [표 4]와 같다.

표 4. 자료의 종류와 자료수집시 준비사항

자료의 종류	자료수집을 위한 준비사항
• 문서자료 • 공문서기록 • 면접(인터뷰) • 직접관찰 • 참여관찰 • 인공물(artifacts)	a. 자료수집 도구와 자료수집의 범주(자료의 출처)를 설정 b. 자료구축을 위한 데이터베이스 구성 c. 연구자(분석보조원) 훈련: 기록물의 수집, 면접, 관찰 d. 예비연구 수행 e. 최종 사례와 분석(논문)에 포함될 자료의 확정

6) 자료분석의 전략 및 방법

가. 자료분석 전략

자료 분석의 일반적 전략은 다음과 같다.

- 자료를 배열화, 범주화, 도표화, 흐름도 등을 통해 자료를 통합한다.
- 구체적인 분석전략
  - a. 패턴 매칭: 배열, 범주화, 도표화한 자료들에서 발견할 수 있는 패턴이 기설정된 명제와 얼마나 잘 일치하는지를 검토
  - b. 설명 구축: 패턴매칭 방법의 한 형태로 설명적 사례연구에 사용
  - c. 시계열 분석: 현상 간의 관계 패턴이나 인과 패턴을 알고자할 때 사용

위 세 가지 분석전략은 분석의 일부 방법을 소개한 것일 뿐이고, 실제로 어떤 분석을 수행할 것인가는 연구주제나 자료의 특성에 따라 연구자가 결정해야 한다.

나. 자료분석 방법

자료 분석의 방법은 다음 세 가지로 구분된다.

- a. 해석적 분석: 질적자료의 부호화와 분류를 통하여 그 사이에 어떤 중요한 구조나, 주제, 패턴이 나타나는지를 살펴보는 방법
- b. 구조적 분석: 해석적 분석과는 달리 자료를 통하여 어떤 유추나 해석을 하는 것이 아니라 자료에 내재하는 특징들을 객관적으로 그대로 제시하는 방법
- c. 반영적 분석: 말 그대로 수집된 자료의 분석을 위하여 주로 연구자 자신의 직관과 판단을 반영하여 분석하는 방법

연구자는 일반적으로 위 세 가지 분석 방법 중에서 한두 가지를 선택하여 분석을 시도하게 된다. 자료의 성격에 따라 어느 한 가지 분석의 방식을 전적으로 적용할 수도 있다. 하지만, 위 세 가지 방법을 한 논문에 모두 적용하려는 것은 현실적으로 적절하지 않다.

7) 사례연구의 장점 및 단점

가. 사례연구의 장점

사례연구는 다음과 같은 장점을 지닌다.

첫째, 다양한 자료출처를 통하여 현상을 여러 측면에서 심층적이고도 종합적으로 연구하므로 보다 풍부하고 의미 있는 정보를 제공해 줄 수 있다.

둘째, 탐색적, 설명적, 기술적, 평가적 연구유형과 같이 다양한 목적의 연구가 가능하여 교육분야와 같은 연구에 적절한 연구설계를 제공해 준다.

셋째, 현상과 맥락을 통합적으로 이해함으로써 보다 생태학적인 접근을 가능하게 한다.

나. 사례연구의 단점

사례연구는 다음과 같은 단점도 가지고 있다.

첫째, 특정 사례에 관한 연구이므로 연구결과를 일반화시키기 어렵다.

둘째, 연구참여자의 개별적 상황이나 특별한 환경에 치중하여 일반적인 현실문제에 대한 구체적인 처방책을 제공하기 어렵다.

셋째, 자료수집에 치우친 나머지 보다 중요한 사례연구 결과에 대한 타당도와 신뢰도를 점검하는 것을 소홀할 수 있다.

넷째, 단일사례를 연구대상으로 삼는다 해도 엄청난 양의 자료수집 및 많은 경비와 시간이 소모된다.

다섯째, 사례연구를 성공적으로 수행하기 위해서는 연구자의 전문적인 식견과 경험, 통찰력이 필요하다.

3. 문헌 고찰 및 내용분석법

담론분석과 내용분석은 둘 다 언어적 자료를 분석하는 것이지만, 엄밀히 얘기하면 전혀 다르다. 담론분석은 이론적 틀과 분석 방법을 포괄하고 있는 방법론methodology이지만, 내용 분석은 단순히 하나의 연구 방법method으로서 내용을 분석한다는 의미에 불과하다. 아울러 문헌 고찰literature review과도 혼동하는 경우가 많은데, 문헌 고찰은 연구의 한 구성요소로서 연구의 이론적 틀과 선행연구에 대한 정리를 수행하는 것이다. 문헌 고찰과 내용분석에 대해 하나씩 살펴보자.

1) 문헌고찰Lit. Review

가. 문헌 고찰의 성격과 목적

문헌 고찰은 연구의 주제를 확정하기 전에 관심 주제와 관련한 선행 연구들literature(문헌)을 숙독함으로써 연구주제를 구체화하는 과정으로써, 연구문제의 선정과 문헌고찰은 순환적인 관계를 갖는다. 문헌

고찰은 두 가지 주된 목적을 갖는다.

첫째, 연구주제의 분석을 위한 이론적 근거나 개념적 틀conceptual framework를 제시하는 것이다. 즉, 모든 학술적 연구는 기존 이론들이나 연구결과를 바탕으로 연구자의 연구결과를 해석하여 제시하는 것이다. 따라서 논문에 제시된 분석이나 연구 결과가 얼마나 기존 이론의 틀위에 굳건히 자리잡고 있는가가 논문의 질적 타당성을 판단하는데 가장 중요한 기준이 되는데, 이를 문헌 고찰을 통해 보여준다는 것이다.

둘째, 연구 주제나 결론과 관련한 선행 연구의 내용들을 체계적으로 정리함으로써, 본 연구가 기존 연구들과 어떤 차별성이나 참신성이 있는지를 보여주는 것이다. 이를 위해 관련 선행연구들을 연구에 사용된 핵심 개념, 변수, 주장, 그리고 차이점 등을 중심으로 정리하여 제시하는 것이다.

나. 문헌 고찰의 역할

문헌고찰은 연구의 수행과정에서 다음과 같은 역할을 한다.

(1) **새로운 연구주제의 발견**: 관심있는 영역의 문헌을 섭렵하면 새로운 연구의 필요성을 깨닫게 되고 연구문제를 구체화할 수 있다.

(2) **효율적인 연구수행의 가이드 제공**: 관심있는 영역에 대한 문헌의 고찰은 이미 밝혀진 지식의 윤곽을 파악하게 해준다.

(3) **연구방법론에 대한 통찰**: 연구의 방법에 대한 정보를 획득할 수 있다.

(4) **결과해석의 근거**: 연구결과의 산출 및 연구결과 해석의 근거가 된다.

다. 문헌 자료의 종류

(1) 문헌 자료의 종류

문헌자료는 연구논문들의 리스트에 해당하는 예비자료(색인, 초록, 서지자료)가 있고, 이 예비자료를 검색하여 관련 연구들을 추출해냄으로써 문헌 고찰을 시작한다. 이 중 논문작성을 위해 연구자가 직접 관찰하거나 기록하여 수집한 자료는 1차 자료이고, 다른 논문이나 연구결과에서 채집하여 비교하고 해석하며, 종합하여 검토한 후 논문에 적용한 자료는 2차 자료이다.

다시 2차 자료 중에서도 직접 인용과 간접인용이 있는데, 원전에서 직접 인용quotation한 경우는 직접 인용이라하고, 원전을 인용한 다른 연구논문의 내용을 재인용한 경우를 간접 인용이라고 한다.

(2) 문헌 자료의 분석

자료를 분석하는 방식도 다음 [표 5]와 같이 여러 가지로 나뉜다.

표 5. 자료분석 방식의 종류

구분	설명
1차 분석 연구	원자료를 바탕으로 한 분석으로 결론을 내리는 연구
2차 분석 연구	1차 분석과 유사한 연구문제이지만, 상이한 방법으로 확대하여 분석하는 연구
모방(replication) 연구	특정 연구결과가 다시 나오는지를 확인하기 위해 모든 연구조건을 동일하게 세팅하여 반복검증하는 연구
메타분석 연구	개별적 연구사례들을 종합하여 연구경향, 장단점 등을 분석하고, 보다 포괄적, 거시적, 종합적 결론을 내리려는 연구

(3) 문헌고찰의 절차

문헌고찰의 기본적 절차는 다음과 같다.

a. 연구주제의 명료화: 연구주제를 분명히 하여 최적의 키워드를 선정 및 추출한다.

b. 핵심어, 주제어 목록: 핵심적 용어를 목록화하여 관련된 선정연구를 어디서 찾을지 생각한다.

c. 자료탐색(논문 abstract 검색, 핵심내용 요약…): 각종 학술적 DB를 검색하여 관련 논문을 찾아 핵심적 내용을 정리한다.

d. 자료요약 방법: 관련 내용을 체계적으로 정리하고 요약한다.

e. 자료의 종합 및 정리: 본인의 논문에 반드시 포함될 내용을 선별적으로 정리한다.

2) 내용 분석Content Analysis

가. 내용분석 개관

내용 분석이란 말 그대로 연구하고자 하는 주제와 관련된 텍스트의 내용적 요소들을 분석하여 결론을 내리는 연구방법이다. 이는 양적 내용분석과 질적 내용분석으로 나누어지는데, 분석하고자 하는 텍스트text를 수적 데이터로 전환하여quantify 통계적으로 기술하는 방법이 양적 내용분석이고, 텍스트의 내용을 범주화한 후, 그 범주적으로 구별된 의미를 있는 그대로 질적으로 해석하여 연구하는 것이 질적 내용분석이다.

나. 내용분석의 유형

내용 분석은 다음 [표 6]에 정리된 바와 같이 세 가지로 구분되어 연구되고 있는데(Hsieh & Shannon, 2005), 이를 기준으로 내용분석 방법을 설명해보자.

표 6. 내용 분석의 구조(Hsieh & Shannon, 2005)

내용분석(Content Analysis)의 유형		연구 시작	코드/키워드의 결정 시점	코드/키워드의 원천(source)
(1) 전통적 (Conventional)	현상의 묘사 (예: 환자의 감정)	관찰 개방형 질문	코드: 데이터 분석 과정	코드: (관찰) 데이터
(2) 직접적 (Directed)	기존 이론을 개념적으로 확장, 타당성 검증	이론	코드: 기존 연구의 코딩방식을 따라하거나 새롭게 설정	코드: 기존 이론이나 관련 연구결과
(3) 종합적 (Summative)	특정 단어나 내용의 맥락적 사용성을 이해하고자 단어를 검색하거나 수량화	키워드	키워드: 데이터 분석 이전이나 과정	키워드: 연구자의 흥미나 선행연구

(1) **전통적 내용분석**: 연구의 목적은 주로 연구 주제를 드러내는 어떤 현상을 자세히 설명하거나 묘사하는 것이다. 따라서 연구대상에 대한 집중적인 관찰로부터 연구를 시작하고, 연구대상들과 개방형 질문을 던지면서 인터뷰를 시작하게 된다. 질문들에 대한 응답들 중에서 연구주제를 드러내는 중요한 응답들을 코딩하고, 이를 분석하고 정리함으로써 결론을 내리게 된다.

(2) **직접적 내용분석**: 연구의 목적은 주로 기존 이론을 개념적으로 확장하거나, 결론의 타당성 검증하는 연구에서 활용되므로, 연구의 출발은 기존 연구나 이론에 대한 세밀한 검토에서 시작한

다. 기존의 이론(설명)과 관련된 연구대상들과의 인터뷰에서 나온 응답을 코딩하되, 코딩의 틀은 기존 연구의 틀을 그대로 사용할 수도 있고, 연구자 자신이 직접 수집한 응답들에서 새롭게 코딩의 틀을 생성할 수 있다.

(3) **종합적 내용분석**: 연구의 목적은 특정 단어나 내용의 맥락적 사용성을 이해하고자 단어를 검색하거나 수량화하려는 연구에서 활용된다. 따라서, 검색을 위한 용어나 개념(키워드)은 연구자들의 흥미나 가설을 기반으로 생성하거나 기존의 연구들에서 추출해내고, 그 키워드의 빈도나 맥락적 의미 분석 등을 통해 인터뷰 자료의 내용적 함의를 분석한다.

다. 내용분석의 구조

따라서, 내용분석은 공통적으로 다음과 같은 핵심적 과정을 기반으로 이루어진다.

(1) **범주화**categorization: 기본적으로 양적 분석이나 질적 분석을 위해서는 분석 대상 텍스트를 그 의미의 단위를 바탕으로 범주화하는 것이 필요하다.

(2) **코딩**coding: 범주화된 각각의 영역에 내용적으로 해당되는 데이터를 분배하는 것이 코딩이다. 범주화된 내용들의 구조가 바로 코딩의 틀frame이 될 수 있다.

(3) **키워드**key word: 범주를 구분하는 핵심 변인이나 그 범주의 특성을 설명할 수 있는 중심 용어들을 키워드라고 한다. 키워드가 논문의 주장이나 결론의 핵심적 요소를 이루게 된다.

위 세 가지 내용 분석의 접근법은 각각 범주의 생성 방식이 다른데,

그 장단점을 비교하면 다음 [표 7]과 같다.

표 7. 범주의 생성방식과 장단점

범주의 생성 방식		장점	단점
(1) 전통적	귀납적 범주 생성 (데이터에서 범주 생성) *보완: '선행연구리뷰'에서 기존의 이론과 비교	기존 범주나 이론적 관점에 얽매이지 않고 연구자가 생성	맥락에 대한 완벽한 이해나, 핵심범주를 놓칠 수도 있음
(2) 직접적	연역적 범주 생성(기존 연구에서 출발): 초기 코디–코딩 간 관계결정 *보완: '분석결과 고찰'에서 기존의 이론과 비교	'전통적'보다 더 구조화 기존 연구의 지지나확장 가능	기존 연구의 개념(초기 코딩 범주: 각 범주의 조작적 정의)에 국한됨
(3) 종합적	양적: 계량적 범주 생성 *보완: 질적 내용의 해석 과정(내용이 함축하는 의미에 초점) 포함	키워드의 사용례에 대한 기본적인 통찰 제공	신뢰성(Credibility: 내적 일관성) 확보 문제(텍스트적 근거가 필요함)

먼저, 전통적 내용분석은 귀납적 범주 생성, 즉 인터뷰 자료를 직접 리뷰하면서 범주를 생성해내는 방식이다. 근거이론이나 현상학에서 인터뷰 내용을 분석하면서 그 속에서 자연스럽게 드러나는emerging 범주를 통찰적으로 찾아내는 방식과 유사하다. 따라서, 기존 범주나 이론적 틀에 얽매이지 않고 범주를 창의적으로 생성해낼 수도 있는 반면, 기존의 이론적 틀을 통해 전체적인 맥락을 보지 못함으로써 핵심적 사항을 놓칠 수 있는 위험이 있다. 이를 방지하기 위해 '선행연구 고찰'에서 기존의 이론을 소개하고 이와 비교한 논의가 필요하다.

다음으로 직접적 내용분석은 연역적 범주 생성, 즉 기존 연구의 범주들에서 출발하는 방식이다. 전통적 방식보다 더 구조화된 범주의 틀을 만들 수 있고, 연구결과가 기존의 연구를 지지하거나 확장할 수 있다. 반면, 기존 연구의 개념(초기 코딩 범주)에 국한되어 새로운 관점을 제시하기 어렵기 때문에, 이를 보완하기 위해 논문 후반부의 '분석 결과 고찰'에서 본 연구와 기존 이론/연구의 차이점 등을 논의할 필요가 있다.

마지막으로 종합적 내용분석은 양적 범주 생성 즉, 통계적 분석을 위한 계량적 범주 생성의 방식이다. 장점은 키워드가 사용되는 사례에 대한 빈도나 집중도 등에 대한 통찰력을 제공해준다는 것인데, 단점은 그러한 빈도가 내용적 타당성이나 내적 일관성(어떤 맥락에서 그러한 키워드가 쓰이고 있으며, 그 의미가 일정한가?)을 보장하지 못한다는 것이다. 이를 보완하기 위해 내용이 함축하는 의미에 초점을 두는 질적 내용의 해석 과정을 분석에 포함하기도 한다.

라. 내용 분석의 과정

위에서 설명한 내용분석은 문서자료에 대한 분석에 대해서도 동일하게 적용된다. 여기서 설명하는 내용 분석의 과정은 인터뷰를 통한 연구에서 응답 자료를 수집하여 분석하는 경우를 놓고 설명해본다. 우선 내용 분석은 일반적으로 다음 [표 8]과 같이 7단계를 거쳐 이루어진다(Kaid, 1989).

표 8. 내용분석의 7단계

내용 분석 7단계	코딩 전략
a) 연구문제의 형성 b) 분석할 샘플(data)선정 c) 분류할 범주 결정 d) 코딩 과정을 준비하고, 코딩인력 훈련하기 e) 코딩 과정의 실행 f) 범주화된 코딩자료의 의미결정 g) 코딩 결과를 분석하기	• 기본적인 전략: 방대한 텍스트를 훨씬 적은 내용 카테고리로 줄이는 것 • 범주: 텍스트에서 직접적으로 드러나거나 분석을 통해 나타나는 패턴이나 주제 • 범주 간 관계 찾기: 코딩 결과 분석시 판단을 위한 코딩 스킴(coding scheme)을 개발해야 함 • 코딩 스킴: 데이터를 카테고리로 정리하기 위한 번역도구 • 좋은 코딩 스킴은 총체적/논리적/과학적으로 데이터 분석의 절차와 법칙을 담고 있어야 함(내용분석 연구의 신뢰성 확보 핵심요소)

(1) 전통적 내용분석

- 개방형 질문/탐색 질문: 기존의 이론에 대한 것이기보다는 개방형으로 더 자세한 답을 얻기 위해 사용한다.
- 데이터분석: 모든 자료를 반복적으로 읽고, 전체에 대한 파악을 시도한다.
- 개별 단어들의 코딩
  a. 텍스트에 원래 사용된 단어를 강조 → 핵심 사고와 개념 찾기
  b. 연구자들은 첫인상, 생각, 최초 분석에 대한 노트 작성
  c. 이 과정을 지속하면서 핵심 아이디어의 라벨 발견 → 초기 코딩의 윤곽scheme 생성
  d. 코딩된 자료 간의 관련성과 차별성에 따라 각 범주(의미 묶음)로 분류 및 그룹화cluster
- 클러스터의 수는 10~15개 정도(코딩 자료의 분량에 따라 확대)

(2) 직접적 내용분석

- 개방형 질문: 기존의 카테고리에 기반한 질문(예: 부정-분노-협상-우울-수용에 대한 참가자의 경험?)
- 두 가지 코딩 전략(자료와 연구목표에 따라 다름)
  a. 특정 현상에 대한 모든 상황을 범주화하는 경우: 모든 텍스트를 읽고 감정적 반응을 나타낸 내용을 모두 표시 → 표시된 모든 구절을 미리 정해진 코드에 입력(기존 코드에 범주화되지않는 텍스트는 새로운 코드를 부여)/만약 연구자가 현상의 모든 가능한 형태를 잡아내고 싶다면, 코딩없이 거기에 맞는 텍스트를 모두 형광표시하는 것이 신뢰성을 높일 수 있다.

b. 곧바로 미리 정해진 코드에 자료를 입력: 코딩 불가한 자료는 차후에 새로운 범주나 하위 범주에 들어갈지를 재검토 // 만약 연구자가 초기의 코딩 이후 관련 텍스트 분석을 편향되지 않게 할 것이라는 확신이 있다면 바로 코딩이 시작될 수 있다.

(3) 종합적 내용분석

- 인터뷰 질문은 내용적 질문을 던지고 그 응답 내용을 정리하는 일반적 형태를 취한다.
- 자료분석의 절차
  - a. 특정 단어가 얼마나 자주 등장하는지를 계산count
  - b. 단어 빈도 계산시 그 출처도 같이 기록
  - c. 데이터의 패턴을 찾아내고 코드를 맥락화contextualize하기 위해서 카운팅counting이 활용될 수 있다.
  - d. 맥락Context을 그 단어가 사용된 상황과 연관시켜서 해석할 수 있게 해준다. 단어의 사용에 대해서 찾아내고 일상적 상황에서 한 단어가 가질 수 있는 의미의 범위를 찾고자 이러한 접근법을 시도한다.

결론적으로 세 가지 내용분석 방법의 핵심적 차이는 “어떻게 초기 코드가 개발되는가?”의 문제이다. 전통적 내용분석은 범주는 데이터 분석 과정을 통해서 만들어진다고 보고, 이는 현상에 대한 더 풍요로운 이해를 가능케 해준다. 직접적 내용 분석은 데이터분석에 앞서 기존의 이론/연구를 통해 초기 코딩스킴을 개발하는 것이 핵심이다. 종합적 내용분석은 자료를 전체로서 분석하기보다는 특정 내용과의 관계 속에서 하나의 단어로서 텍스트를 바라본다. 그리고 패턴의 분석을 통해서 특정 단어나 내용의 맥락적 의미를 해석하고자 하는 것이 목적이다.

X 포스트휴먼적 질적 연구 Posthuman Qualitative Research

본 장에서는 포스트휴먼적 질적 연구란 무엇인가를 Ulmer(2017)의 관점을 중심으로, 목적론, 지식론, 주요 이론적 기반, 그리고 연구방법론의 측면에서 설명해본다.

1. 포스트휴먼적 질적 연구의 목표: 인본주의적 인식론의 해체

1) 포스트휴먼적 질적 연구의 배경

포스트휴먼적 사회의 등장은 학술적 탐구의 주제와 방법론에도 근본적인 변화를 가져오고 있다. 즉, 물질주의나 생명주의와 같은 철학적 관점이나 생태학, 식물학, 동물학, 기후학 등의 학문분야, 그리고 인간, 사물, 도구, 자원들 간의 상호연결성에 대해 보다 적극적인 관심을 갖게 되었고, 더 이상 인간만이 연구의 주체agency나 주제theme가 아니라는 것을 깨닫기 시작했다. 그로 인해 지정학geopolitics, 문화지리cultural geography, 생태여성주의 등의 분야에서부터 인간은 지구라는 거대한 생태계 속의 하나의 미약한 존재에 불과하다는 사실에 주목하기 시작했고, 특히 이러한 문제의식은 후기식민주의, 후기구조주의, 그리고 해체주의 등과 같은 비판이론적 관점을 중심으로 활발히 논의되고 있다(Alaimo, Hekman, & Hekman, 2008).

2) 포스트휴먼적 질적 연구의 목표

포스트휴먼적 질적 연구의 지향점은 미래의 포스트휴먼적 조건에서 살아가게 될 인간 존재의 역할과 의미를 생태주의적 관점에서 재점검하고자 하는 것이다. 인간은 지구생태계의 일부이기 때문에 인간이 생존하기 위해 지각하고 행동하는 모든 경험들은 인간이 살아가는 지역적 및 지구적 생태계의 영향력에서 벗어날 수 없고, 인간을 위해 그 이외의 존재들을 희생시키는 지식과 기술은 정의롭거나 완전하지 못한 지식이다. 특히 오늘날 지구가 경험하는 지속불가능한 현실을 고려한다면, 인류가 기술과 과학, 다른 동물 및 환경과 점점 더 복잡한 관계를 형성하게 될수록 지금까지의 인간중심적인 연구들은 더 이상 학문적 연구의 목적이나 동기가 되지 못할 것이다(Braidotti, 2016; Colebrook, 2014). 그런 의미에서 포스트휴머니즘 연구자들은 사회적 정의social justice를 더 이상 인간관계의 범주 내에 한정시키지 않고, 물질적, 생태학적, 지질학적, 지정학적, 그리고 지구철학적인 차원에서 새롭게 규정하고자 한다.

3) 포스트휴먼적 질적 연구의 성격

포스트휴먼적 질적 연구도 지금까지 논의한 인간중심주의의 비판(존재론적 반성), 인류중심적 세계관의 극복(인식론적 전환), 진보된 자본주의에 대한 저항(정치적 실천), 실증주의적 합리성의 탈피(연구방법론적 대안)를 추구하는 비판적 포스트휴머니즘의 지향성과 맥을 같이 한다. 특히 포스트휴먼적 질적 연구는 연구의 주제나 분석의 틀, 연구방법론적 측면에서 기존의 인본주의적 질적 연구와 전혀 다른 전략들을 개방적으로 탐색하고자 한다. 예를 들어, 인간의 잠재력에 대한 신뢰의 입장 — 예, 인류가 지구를 변형시킬만한 파괴력이 있는 만큼 지구를 다시금 잘 보존시킬 잠재력도 가지고 있음을 강조(Colebrook, 2014)하거나, 긍정적인 포스트휴먼 정치학affirmative politics을 통해 인류가 지속가능한 사회를 만들 수 있다는 주장(Braidotti 2011) — 도 있지만, 인간이 세상을 파멸시키거나 구원할 수 있다고 생각하는 것은 둘 다 인간의 영향력을 극대화하려는 지나친 인본주의적 사고라는 지적(Cohen & Duckert, 2015)도 있다.

4) 포스트휴먼적 질적 연구: 요약

포스트휴먼적 질적 연구의 목표는 포스트휴먼적 조건이 보편화된 미래의 기술정보화 사회에서 지식의 본질이 무엇인가에 대한 탐색뿐만 아니라, 그러한 기술적 환경 속에서 인간의 의미와 역할이 무엇인지를 비판적으로 탐색하려는 것이다. 여기서 포스트휴머니즘은 더 이상 인간이 지식을 생산할 수 있는 유일한 종species이라거나, 인간만이 다른 존재/사물/형태/객체/현상들에 대한 의미를 부여할 수 있다는 관념을 거부한다(Denzin & Giardina, 2016). 이때 기존의 인본주의적 연구의 핵심 매개였던 인간의 언어는 더 이상 미래 사회의 지식(정보)의 본질을 나타내는 충분한 증거로 인식되지 않을 수 있다(Pierre, 2016). 결국 포스트휴먼적 질적 연구는 기존의 연구방법론(인터뷰, 관찰, 그리고 텍스트)을 통해 생산된 연구결과나 지식에만 의존하지 않고, 인간 및 비인간적 존재들이 물질적 환경(즉 정책, 학교, 관계, 환경, 그리고 그 안에 들어 있는 모든 것들)속에서 어떻게 생존하고 상호작용하는지에 대해 언어적 및 비언어적 방법을 모두 동원하여 연구하게 될 것이다.

2. 포스트휴먼적 질적 연구의 지식관

포스트휴먼적 질적 연구의 방향을 설정하기 위해서는 포스트휴머니즘이 상정하는 지식이란 무엇인가를 정확히 이해할 필요가 있다. 포스트휴먼주의자들은 사회적 현상이 중첩적이며 주관적이고 복잡한 일련의 관계로부터 일어난다고 보기 때문에 특정 현상 그 자체만을 독립적으로 연구하려고 하지 않다.

1) 포스트휴먼적 지식관의 성격

포스트휴먼적 지식관은 물질적, 상호연결적, 과정적, 그리고 생기론적 특성을 가지고 있다.

가. 지식의 물질성

포스트휴머니즘은 '포스트휴먼적 조건들' 특히 트랜스휴먼적 세계에서 인간의 육체성이 물질들과 상호작용하는 방식에 대한 연구를 포함하는데, 그런 의미에서 포스트휴먼적 지식은 물질적, 체화적embodied, 개체 초월적transcorporeal 성격을 갖는다. 예를 들어, Alaimo(2016)는 물질적 지식이 인간, 비인간을 초월하여 넘나드는 현상을 개체초월성transcorporeality의 개념으로 설명하고 있는데, 여기서 물질에는 '인체, 비인간적인 생물, 생태계, 화학적 물질과 사물의 몸체' 등이 모두 포함된다. 기존의 휴머니즘적 지식은 위와 같은 물질들의 관계성 속에서, 교육에 의해 선별된 이성적 인간의 정신적 요소를 동물들이나 타자화된 인간(여성, 노예, 장애인 등), 그리고 인간의 비이성적 정신들(본능, 감정, 직관 등)에 비해 우선시하였다. 하지만, 포스트휴먼적 지식은 물질-

정신의 이원론적 구별에 얽매이지 않고, 물질-정신들 간의 불평등한 위계에서 탈피하여 모든 물질적 요소들 간의 상호작용 및 교류가 어떻게 노동과 생산의 구조 속에서 권력, 억압, 폭력, 소외를 낳고 있는가를 연구하려는 것이다.

나. 지식의 상호연결성

포스트휴머니즘의 연구대상인 인간적, 비인간적 존재들은 물질주의의 원리 하에 서로 연결되어 있기 때문에, 포스트휴먼적 지식은 상호연결적, 관계적, 그리고 횡단적이다. 예를 들어 Haraway(1985)는 인간과 기계의 혼합물이자 포스트휴먼적 존재를 상징하는 사이보그를 페미니즘적으로 해석하면서, 인간-비인간적 조립체, 유사 종이나 교차적 종trans-species, 그리고 형질 전환된 생물들에 대해 그들의 관계성을 상호 교차적으로 설명하고자 했다. 이 관점은 "생명체에 대한 생명주의적 접근은 동물과 인간의 구별화가 아닌 삶의 경계로 대체한다"고 선언한 Braidotti(2009, 2013)의 생기론vitalism에 기반하고 있는데, 지금까지의 종들의 범주화(인간/비인간, 자연/문화, 생물/비생물 등의 분열)에 대한 구별을 가로질러 재 연결하려는 철학인 것이다. 결국 이러한 종들 간의 횡적 관계성은 인간중심주의를 제거하고 모든 비인간적 종들이 그들의 물질적 환경 속에서 상호작용하며 살아가는 방식을 고려함으로써 탈-인류시대를 지향하는 것이다.

다. 과정적 지식

'삶'이 상호연결되고, 관계적이며, 횡적 소통을 이루기 위해서는 그것이 상호작용적이고 개방적인 과정으로 자리매김할 수 있어야 한다는 점에서 포스트휴먼적 지식은 과정적processual이다. 이는 모든 인간적/비인간적 존재들은 관계와 연결성의 범주 내에서 계속 움직이고 있다는 Whitehead(1978)와 Deleuze와 Guattari(1994)의 과정 철학적 존재론을 바탕으로 하는데, 그로 인해 포스트휴머니즘은 인간 혹은 비인간의 존재가 '어떤 존재인지what'를 규정하기 보다는 그들이 상호작용하고 '되어가는 방식how'에 더 관심을 둔다. 예를 들어, Deleuze와 Guattari가 창조적인 확신에 근거하여 끊임없이 실험적으로 사고하는 것이 올바른 지식에 다가가는 최선의 방법임을 강조한 것이 바로 이러한 포스트휴먼적 지식의 성격을 잘 보여주고 있다(Bogue, 2008).

라. 생기론적 지식관

포스트휴먼적 지식은 본질적으로 신물질주의(생기론적 물질주의)와 생태주의적 관점을 바탕으로 궁극적으로 삶에 대한 긍정적affirmative 태도를 취한다. 이를 대표하는 이론이 들뢰즈의 조에Zoe적 생명정치학biopolitics인데, 이는 조에Zoe적 본성인 생명이 갖는 생산적인 특성과 끊임없는 연장의 가능성을 인정하는 것이다(Braidotti, 2009). 따라서 Braidotti(2013)는 휴머니즘이 불러온 자연의 파국에 대해 비판적이면서도 창의적인 태도를 통해 대안을 모색하는 긍정적 정치학을 포스트휴머니즘의 주된 입장으로 강조한다. 이처럼 포스트휴머니즘에 기반한 긍정주의는 인류가 다른 종, 현상 및 요소들에 대해 기존과는 다른 어떤 새로운 태도를 보여줄 수 있는지를 논의함으로써, 인류의 존재 의미에 대해 다시 생각해보기를 요구하는 것이다.

요컨대, 지금까지 논의한 포스트휴먼적 지식의 네 가지 특징 — 물질적/체화적, 상호연결적/관계적, 과정적 그리고 생기론적 성격 — 은 포스트휴먼적 질적 연구의 성격과 방향이 무엇인지를 잘 보여주고 있다. 다음 절에서는 이러한 포스트휴먼적 지식을 탐구하는데 적합한 질적 연구의 대표적 두 가지 관점인 비대표성과 생기론에 대해 살펴보기로 한다.

2) 포스트휴먼적 질적 연구의 주요 관점

포스트휴먼적 질적 연구의 접근법(관점)은 크게 비대표성이론과 생기론에 근거한다.

가. 비대표적non-representative 연구

비대표성이론에 기반 한 질적 연구의 한 관점으로써, 존재(연구자), 사고(탐구), 앎(지식), 그리고 글쓰기에 있어서 자연과 문명 사이에 놓여진 인위적 경계를 허물고, 우리가 살고 있는 일상 환경 및 자연 현상 내에서 연구를 수행하려는 태도이다.

이 비대표적 연구의 성격에 대한 네 학자의 관점을 소개하면 다음과 같다.

(1) Lorimer(2005)의 관점

비대표적 연구는 기존의 연구방법론적 접근에 의문을 제기하는 것이라고 본다. 우선 기존의 사회과학의 범주는 인간 사회social만 포함하였고, 자연 생태계의 모든 존재들을 고려한 사회가 아니기 때문에, 포스트휴먼적 사회과학은 생물과 비생물의 사회성을 모두 포함하는 것이다. 또한 사회과학에서 다루고자 하는 인과론적 분석도 데카르트식의 결정론적 인과론에 의존하지 않고, 어떤 현상에 수많은 요소들이 모두 포함되기 때문에 원인과 결과가 서로 얽히고 불확실할 수밖에 없다고 본다. 그런 의미에서 Lorimer(2008)는 비대표적 연구의 특성을 공유된 경험, 일상생활, 일시적인 만남, 구체화된 행동, 실용적인 기술, 정서적인 강박, 지속적인 충동, 탁월한 상호작용 및 감각적인 처분들 속에서 삶이 어떻게 형성되고 표현되는가를 이해하는 것이라고 설명하고 있다.

(2) Ingold(2015)의 관점

비대표성 연구를 비형식적인 연구의 과정이자 실천으로 본다. 여기서 비형식적 연구란 미리 결정된 결론을 향해 탐구의 단계들을 정리해 놓은 것이 아니라, 과거에 대한 인식, 현재 상황의 고려, 그리고 미래의 가능성을 열어놓고 소외된 비인간적 존재들과 더불어 삶(경험)을 공유하면서 수행하는 연구를 가리킨다. 즉, 비대표적 연구는 인간이 만들어놓은 문명의 틀에 얽매이지 않고, 세상의 모든 존재들과의 관계성을 형성하고, 행동/경험하며 소통하려는 연구를 의미한다.

(3) Thrift(2008)의 관점

비대표성이론을 Whitehead(1978)가 말한 '상상력의 도약imaginative leap'처럼 다른 사고방식에 대한 개방성을 바탕으로 대안적인 사고를 탐색하는 연구방법으로 간주한다. 즉, 비대표적 사고는 지식 생성에 있어서 불확실성과 혼란을 부정적으로 간주하는 것이 아니라, 희망, 창조성, 그리고 상상력의 측면에서 새로운 기회이자 연구의 지속적인 동력인 것이다. 그런 의미에서 Thrift(2008)는 비대표적 사고가 기존 사고의 영향력에 구속되지 않고, 창조적이고 실용적이며 야생적인 성격을 갖는다고 말한다. 요컨대, 비대표적 연구는 기존의 인식틀에서 벗어나서 풍부한 상상력과 창의성을 통해 세상을 새롭게 이해하기 위해 다양한 이론적, 방법론적 시도를 포용하는 연구방법이라고 이해할 수 있다.

(4) Vannini(2015)의 관점

비대표성 연구는 그 명칭에 맞게 연구의 방법론에 있어서 지역성 locality을 강조하는데, 학자들이 벌떼에서부터 점균류에 이르기까지 무/유기 물질이 어떻게 사고하고, 정보를 처리하고, 행동하고, 반응하는지 연구함에 있어서, 지역적 생명체들의 생태학적 행동으로부터 직접적인 단서를 얻는다. Vannini(2015)는 이러한 지역성에 기반을 둔 연구가 '덧없고, 점성적이고, 구체적이고, 물질적이고, 복잡하고, 예측 불가능하지만', 이러한 지역성의 이해가 생태계에 대한 본질적 이해에 더 가까울 수 있다고 본다.

나. 생기론적 접근

생기론적 포스트휴머니즘이란 '인체에 서식하는 유기체로서의 인간'을 포함하여 다른 모든 비인간적 유기체들이 어떻게 서로 얽혀서 지구 생태계를 유지하고 있는지를 탐구하고자 한다.

(1) 생기론적 연구의 방향

첫째, 생기론자들은 연구자들이 생명으로 가득 찬 세상에 직접 참여하여, '생명과 함께 생각하도록' 요구한다. 이는 기존의 실증주의 과학처럼 자연을 분해하고 해체하려는 태도가 아니라, 다시금 종합하여 총체적인 생태계의 원리를 새롭게 이해하려는 시도를 말한다. 예를 들어, 원소, 기후, 동물, 식물, 박테리아 등에 대한 연구를 분과적으로 수행하는 것이 아니라, 생태학적 스펙트럼 전반을 가로지르며 개별적인 생명 존재들이 어떻게 전 지구적 생태계의 조화에 기여하고 있는가를 연구해야 한다는 것이다(Bennett, 2010).

둘째, 생기론적 연구는 '삶 세계'의 생동성animation을 되살리기 위해 환경에 대한 인간의 잘못된 행태와 사고방식을 깨우치는 것에서부터 시작한다. 즉, 자연 생명체들을 통제하고 인간을 위해 활용하기 위해 연구하는 것이 아니라, 그들을 통해 인간 사회의 문제점을 깨닫고 생태적 공존을 위한 가르침을 얻기 위한 것이라는 의미이다. 예를 들어, 조류에 대한 연구를 통해 집단성 속에서의 개체들의 자기 인식과 행동에 대한 이론을 사회생물학적으로 재정립하거나, 식물과 '함께' 생각하는 것이 식물에 대한 인간의 인식을 바꿀 수 있다는 믿음 하에 식물의 사고와 인간의 사고를 비교하는 연구를 한다. 또한 인류와 동반하는 종으로써 동물에 대한 논의를 시도하기도 하고, 움직이고 성장하면서 번식과 번영의 방향을 결정하는 슬라임 곰팡이, 박테리아 등에 대한 연구를 통해 비계획적으로 정보를 처리하고 환경에 반응하는 식물의 사전 인지 능력을 연구하기도 한다(Marder, 2013).

(2) 포스트휴먼 질적 연구

위와 같은 비대표적, 생기론적 연구들은 기존의 '인본주의적' 연구와는 달리 생명체의 사회에 대한 관심, 비형식적 연구, 창의적 상상력의 활용, 지역성을 중시하고, 생명체들과 '함께' 연구하면서, 자연을 이용하기 위한 연구가 아니라 인간의 행태를 반성하기 위한 연구를 수행하고자 하는데, 이러한 연구 관점이 바로 포스트휴먼적 질적 연구의 기본 태도이다.

본 장의 내용을 요약하여 [표 1]로 정리하면 다음과 같다.

[표 1]에 정리된 바와 같이 포스트휴먼 질적 연구는 비대표성이론과 생기론을 기반으로 하고 있다. 아직까지 이 연구방법은 이론적 방향성이나 개념적 틀에 대한 논의 외에 구체적인 방법론적 체계화는 충분히 이루어지지 못한 상태이다. 현재까지의 방법론적 전략은 다음 절에서 간단히 살펴보자.

표 1. 포스트휴먼적 질적 연구의 핵심 이론

<table>
<tr><th colspan="2">대표학자</th><th>비대표성의 개념</th><th>연구방법론적 전략</th></tr>
<tr><td rowspan="4">비대표성이론</td><td>Lorimer (2005)</td><td>정동적 affective 상태, 탈인본주의, 다양성의 강조</td><td>공유된 경험, 일상생활, 일시적인 만남, 구체화된 행동, 실용적인 기술, 정서적인 강박, 지속적인 충동, 탁월한 상호작용 및 감각적인 처분들의 수용</td></tr>
<tr><td>Ingold (2015)</td><td>비형식적인 연구의 과정이자 실천</td><td>과거에 대한 인식, 현재 상황의 고려, 그리고 미래의 가능성을 열어놓고 소외된 비인간적 존재들과 더불어 삶(경험)을 공유하면서 수행하는 연구</td></tr>
<tr><td>Thrift (2008)</td><td>대안적인 사고를 탐색</td><td>불확실성과 혼란은 부정적인 요소가 아니라, 희망, 창조성, 그리고 상상력의 측면에서 새로운 기회이자 연구의 지속적인 동력</td></tr>
<tr><td>Vannini (2015)</td><td>생태성과 지역성(locality)의 강조</td><td>지역성은 '덧없고, 점성적이고, 구체적이고, 물질적이고, 복잡하고, 예측 불가능'하지만, 생태계에 대한 본질적 이해와 유사</td></tr>
<tr><td rowspan="2">생기론</td><td>Bennett (2010)</td><td>생명과 함께 생각하기(생태계의 총체적 이해)</td><td>생태학적 스펙트럼 전반을 가로지르며 개별적인 생명 존재들이 어떻게 전 지구적 생태계의 조화에 기여하는지를 연구</td></tr>
<tr><td>Marder (2013)</td><td>삶 세계의 생동성(animation)을 되살리기</td><td>그들을 통해 인간 사회의 문제점을 깨닫고 생태적 공존을 위한 가르침을 얻기 위한 것</td></tr>
</table>

3. 포스트휴먼적 질적 연구의 방법론: 포스트-질적post-qualitative 연구

1) 포스트휴먼 질적 연구의 개념화

포스트휴먼적 질적 연구는 생생하고, 비대표적이며, 물질적이며, 긍정적이고, 지역기반적이며, 과정적이며, 상호연관성을 탐구하는 연구다. MacLure(2017)는 포스트휴먼적 질적 연구를 바람에 흔들리며 소리를 내는 크리스탈로 된 풍경wind bell과 같이 은은하고 자연스러운 멜로디를 내면서 배경 속으로 녹아드는 연구로 비유한 바 있다. 이 때 풍경이 생성해내는 개별 음을 분리하려고 한다면, 바람, 빛, 그리고 소리가 조화롭게 생성해내는 더 큰 창조성을 간과하는 것이다. 끊임없이 변하는 소리와 빛, 그리고 움직임, 그 자체가 아름다움을 완성하기 때문이다. 이러한 포스트휴먼적 연구의 성격을 가장 잘 드러내는 연구방법이 바로 포스트-질적 연구인데, Ulmer(2017, p. 842)는 이러한 포스트-질적 탐구의 다양한 접근방식을 다음 [표 2]와 같이 구문론적으로 정리하여 제시하고 있다.

표 2. 포스트휴먼 질적 연구의 개념화를 위한 표현들

연구의 주체, 개념	식물적–사고	연구 방식
자연	과 함께	글쓰기
환경(지구/공기/불/물)	과 함께	사고하기
들뢰즈/ 화이트헤드	적으로	사고하기
개념/이론	적으로/없이	사고하기
방법론	으로/없이	사고하기
방법론	을 거스르는	방법론
이름	없는	철학
자연/준거	없는	생태학

대표성	없는	연구
비대표적		연구 방법론

위 표가 보여주는 것처럼 포스트-질적 연구는 연구의 관점, 이론적 기반, 연구대상, 그리고 방법론의 차원에서 기존의 실증주의적, 인본주의적 연구의 접근과는 성격을 달리하고 있다. 이러한 포스트-질적 연구의 몇 가지 탐구방식들의 예를 들면 다음과 같다.

2) 포스트-질적 연구의 탐구방식

포스트-질적 연구의 탐구방식은 크게 세 가지로 논의되고 있다.

첫째, 없이 사고하기thinking without이다. '없이 사고하는 것'은 전형적인 비대표적인 사고로서, '표현하지 않고 연구하기', '방법 없는 사고', '적절한 이름이 없는 철학' 등이 여기에 속한다. 이 방법을 강조하는 학자들은 기존의 사회과학적 연구가 용어의 개념화나 연구 방법과 같은 고정된 구조로 인해 창의성을 제한하기 때문에, 그러한 형식을 재현하거나, 방법을 그대로 따르거나, 명칭에 의존해서는 안되고, 심지어는 연구방법론 자체를 제거할 것을 제안하기도 한다. 따라서 '없이 사고하는 것'은 연구의 개방성을 확대하기 위해 잠재적인 장벽을 제거하는 감쇄적 접근방식을 취하고, 이로써 학자들은 보다 자유로운 상상의 모험을 시작할 수 있게 되는 것이다.

둘째, 함께 사고하기thinking with이다. 포스트휴먼적 연구자들은 사물에 대한 사고, 동물/사물 자체, 혹은 기술 자체의 중요성을 강조한다. 그런 의미에서 그들은 생물에 대한 관찰과 기록, 동물 유전학 연구, 혹은 민속기술지를 수행할 때 동물이나 사물 등과 '함께' 수행할 것을 제안한다. 예를 들어, 유아교육 영역에서 바위, 돌, 물과 같은 요소들과 민속기술지 연구를 함께 할 것을 제안하는 것이다. 마찬가지로, 전통적 철학 영역에서 학자들은 단순히 이론적 차원에서만 논의하지만, 거기에 물질, 사물, 동물, 요소 및 이론을 함께 고려함으로써 연구방법론을 확장시킬 수 있다(Jackson & Mazzei, 2012). 그런 의미에서 일부 교육연구자들은 독창적인 실험, 걷기 방법론, 감각적 민족지 및 어린 시절 놀이에서부터 데이터를 수집하기도 한다. 이러한 방법론적 시도는 포스트휴먼적 연구방법론이 개방성을 가지고, 다르게 사고하고, 다시 생각하는 자생적인 연구방법으로 확장될 수 있도록 돕는 것이다.

셋째, 다르게 생각하기thinking differently이다. '다르게 생각하기'는 포스트-질적 연구의 지속성을 높여주는 원동력으로써, 포스트휴먼 연구에서 글쓰기, 표현, 이론화, 데이터 수집, 협업 등을 포함한 모든 방법론을 새롭게 시도하는 출발점이 될 수 있다. 실제로 '다르게 생각하기'는 포스트휴머니즘의 의미를 논의하는 여러 교육적 연구, 포럼, 프로젝트 등에서 즐겨 채택되고 있는 주제이기도 한데, 포스트-질적 연구에서 이러한 '다르게 생각하기'를 촉진할 수 있는 연구 방법론을 위한 용어들로 다음과 같은 것들이 있다(Ulmer, 2017, p. 844).

- 인류시대, 자본세Capitalocene, 식물세Plantationocene, 크툴루세Chthulucene, 생태세Ecocene, 남성세Manthropocene, 인류혐오세Misanthropocene
- ~이상의, 후기-, 탈-, 초월- 반-, 비-, 대항적-
- 이론/방법론/물질성과 '함께' 사고하기, 이론/방법론/물질성 '없이' 사고하기
- 기후, 환경, 날씨, 요소, 지리학, 지정학, 지형학, 가이아Gaia

- 생태학, 식물, 동물, 생동주의, 동반 종, 집합적, 무리/떼
- 대상, 사물, 관계, 과정 철학, 존재인식론
- 생동적인, 대리적인, 서로 얽힌, 기괴한, 상호 연관된, 체화된
- 맥락적, 생성적, 생산적, 긍정적, 전도적, 사색적, 수행적

따라서 포스트휴먼 연구자들은 위에서 제시된 용어들로부터 착안하여, 자신의 연구 주제나 대상을 선정할 수도 있고, 새로운 용어를 탐색하여 스스로의 만들어 냄으로써 '다르게 생각하기'를 실천할 수 있을 것이다.

3) 맺음말: 포스트휴먼적 질적 연구의 함의

포스트휴머니즘에 기반한 포스트휴먼적 연구 접근이 질적 연구 방법론에 주는 시사점은 다음과 같다.

첫째, 포스트휴먼적 존재로서의 인간은 비인간적 존재들(동식물, 사물, 도구, 기술 등)과 불가분리적 존재로서, 인간과 기술은 공진화해왔고 미래의 기술 중심 사회에서도 더욱 밀접한 관계를 맺으며 살아가게 될 것이다. 따라서, 미래의 포스트휴먼적 환경에서 인류가 제대로 적응해나가기 위해서는 기존의 인본주의적 관념에서 탈피하여 기술적 존재로서 인간의 의미와 역할을 반성적으로 성찰해야 한다.

둘째, 과거의 과학주의적 합리성과 인식주체-인식 대상을 구별하는 이원론적 관점에 토대한 인본주의적 지식관에서 벗어나서, 오늘날 디지털화, 빅데이터화, 정보화 사회의 성격에 부합하는 (포스트휴먼적) 지식의 탈체화성, 일원성, 네트워크성을 올바로 이해할 필요가 있다. 이를 위해서는 신물질주의적 존재-인식론의 관점이 필수적이며, 이에

기반 한 지식관의 수용과 학문적 탐구 방식의 변화가 필요할 것이다.

셋째, 포스트휴먼적 존재인식론적 기반이 되는 대표적 이론으로 신물질주의, 행위자-망이론, 객체지향 존재론, 그리고 비대표성이론이 있는데, 이 이론들의 공통적 특징은 인식 주체로서 인간-비인간, 생명체-사물, 주체-객체 등을 구별하지 않는 일원성(생기론적 물질주의)과 수평적 존재론(객체지향존재론)을 지지하고, 모든 존재들의 상호 연결되어 있으며(행위자-망이론), 따라서 세상에 대한 기존의 인본주의적이고 합리주의적인 인식의 틀을 거부하여 창의적, 생성적, 과정적인 지적 탐구를 시도한다(비대표성이론)는 것이다.

넷째, 이러한 포스트휴먼적 질적 연구의 주요 개념적 틀인 비판적 포스트휴머니즘은 페미니즘(남성중심주의 및 이성중심의 근대성에 대한 비판), 비판이론(권력, 편견, 사회구조적 폭력성에 대한 비판), 후기식민주의(서구문명의 역사적 지배에 대한 비판), 후기구조주의(계몽주의, 보편주의, 과학주의 등에 대한 비판), 그리고 신물질주의(마음-신체 이원론적 세계관과 인류중심주의에 대한 비판)적 이론들에 기반하고 있다. 비판적 포스트휴머니즘은 이러한 관점을 바탕으로 인류중심주의에 대한 반성적 성찰과 진보된 자본주의의 추동력에 대해 저항함으로써 새로운 인간상의 긍정적인 대안을 제시하려고 한다.

다섯째, 포스트휴먼적 질적 연구는 위와 같은 포스트휴먼적 존재인식론에 기반 하여 인본주의적 인식론을 해체하고, 체화적(물질적), 관계적(횡단적), 과정적, 그리고 긍정적인 방향에 터한 지식관을 갖는다. 또한 그 대표적인 연구 관점으로 비대표성이론을 바탕으로 한 일상적, 감각적, 비형식적, 개방적, 창의적, 그리고 지역적 연구를 수행하고자 하며, 생기론을 바탕으로 기존의 인간적(근대적, 합리적, 과학적)인 관념에 얽매이지 않고 다양한 비/생명적 존재들과 '함께' 연구하기를 시도한다. 마지막으로 포스트휴먼적 질적 연구의 대표적 전략으로 '없이 사고하기', '함께 사고하기', '다르게 생각하기' 등의 접근이 기존의 질적 연구를 포스트휴먼적 존재들을 대상으로 더욱 확장시킬 수 있는 의미 있는 시도가 될 것이다.

우리는 현대인들은 포스트휴먼적 조건(Papperell, 1995) 속에서 살아가고 있고, 머지않아 더 이상 학문 연구의 주제나 대상이 '인본주의적' 관점에서 자연, 물질, 세계, 지식 및 기술을 이해할 수 없는 시점이 올 것이다. 그런 의미에서 포스트휴먼적 질적 연구자들은 지식 탐구의 전혀 다른 방식을 시도해야만 하는 불확실성이나 두려움과 싸울 수밖에 없을 것이다(Vannini, 2015). 따라서, 포스트휴먼적 지식과 질적 연구의 방향에 대한 논의는 우리의 목전에 다가와 있는 포스트휴먼적 세계에서 연구자들이 어떤 학문적 지향성을 가져야될지에 대한 의미 있는 지침을 제공해줄 수 있을 것이다(Braidotti, 2015).

XI 질적 연구의 질 관리Quality Management

본 장에서는 지금까지 소개한 다양한 질적 연구방법론들에 기반한 논문들의 질적 수준을 어떻게 높일 수 있을 것인가에 대해 설명해보자. 질적 연구의 질적 제고의 문제는 질적 논문에서 가장 중요한 부분이자 논문의 완성도나 수준을 결정하는 핵심적 사항이다.

1. 질적 데이터qualitative data란?

1) 질적 데이터의 종류

질적 데이타에는 어떤 형태(문자, 청각, 시각)와 상관없이 인간의 의사소통, 행동, 상징, 문화적 산물 등을 담고 있는 자료가 모두 포함된다. 질적 데이터를 대표적으로 '텍스트'라고 하고, 여기에는 다음 [그림 1]과 같이 인터뷰 내용을 전사한 것이나 문화기술지 연구자들의 현장노트 등의 다양한 자료가 포함된다. 이 중 언어적 텍스트 자료는 체계적인 분석을 위해 전사transcription 과정이 필요하다.

전사는 기록(녹음)된 자료를 깔끔하게 정리하는 것이자, 발화speech를 문어written text로 변환하는 것이다. 하지만 전사는 단순히 기계적으로 '소리' 기호를 '문자' 기호로 옮기는 것이 아니라, 하나의 해석적interpretive 과정으로써 정확성, 신뢰성, 해석을 중점으로 매체medium를

그림 1. 질적 데이터의 종류

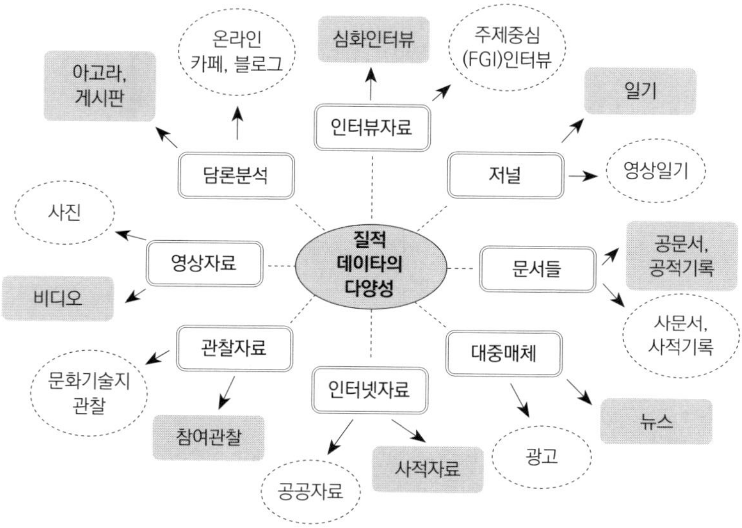

변화시키는 작업으로 이해할 필요가 있다. 따라서 전사시의 유의사항으로 피상적 코딩, 맥락에서의 이탈, 응답자의 설명 전후 내용에 대한 망실, 대화의 주제를 간과한 전사를 피해야 한다. 전사는 창의적 활동이므로 자료가 갖는 새로운 아이디어, 관찰내용에 대한 보조자료의 차원에서 융통성 있게 기록할 필요가 있다. 그런 의미에서 Mishler(1991)는 전사와 사진 촬영을 병행할 것을 제안하기도 했고, 그에 따라 발화나 수기기록, 현장노트 기록 등의 자료를 어떤 방식으로 전사할 것이냐를 결정하는 것이 관건이다.

표 1. 전사(transcription)의 전략들

전사의 목적	• 전사 자료를 인용하지 않거나, 전사과정 없이 기록된 녹음자료로부터 바로 해석하는 경우가 많다. • 큰 그림 그려내기를 권장한다. • 대화분석 및 담론분석 연구: 대화를 세밀히 전사한다. • 협동연구: 모든 연구자들이 자료를 공유하고, 동의하는 과정이 필요하다.
인터뷰 전사 전략	• 녹음된 인터뷰의 일부 선택 전사, 간단히 메모, 기록에서 직접 코딩이 가능하다. • 주제에 벗어난 응답 자료는 무시할 수 있다. • 전후 맥락을 놓치게 되어 해석에 어려움을 겪거나, 연구가 진행됨에 따라 다른 주제가 떠오르게 되면, 원자료를 찾아서 다시 전사해야 될 상황도 발생한다.
무기명/가명 표기	• 이름을 기억하기 쉬운 약자로 표시한다. • 이름표기 방식의 체계화가 필요하다. • 사생활 보호를 위해 전사가 끝난 즉시 참가자들을 무기명으로 변 경하여 보관한다. • 참여자, 출신지, 연구 현장명 등을 표시하지 않기 위해서 가명(psuedonym)을 사용한다. • 연구 자료를 나중에 영구보관할 때는 원래의 명칭이 포함된 자료를 보관한다.
전사의 수준	• 핵심내용만 전사할 것인가, 모든 발화된 내용을 꼼꼼히 전사할 것인가의 차이로써연구의 성격이나 주제에 따라 달라진다. • 사실적 내용 분석의 연구: 핵심적인 어휘, 표현방식, 의미 등에 중점을 둔다. • 대화분석 연구: 언어의 모든 양상을 세밀하게 전사하여 분석하는 것을 목표로 한다.

2) 질적 연구의 출발과 방법론

가. 질적 연구의 준비

질적 연구를 수행하기 위해서 연구자는 다음의 사항들을 결정해야 한다.

(1) 어떤 데이터를 조사할 것인가?

(2) 몇 가지의 실제적 활동을 통해서 어느 정도의 데이터를 조사하여 분석할 것인가?

(3) 그 데이터를 어떻게 기술할 것인가?

나. 질적 연구의 방법론적 특징

(1) 데이터 수집과 분석이 동시 가능

- 인터뷰, 현장기록, 자료 확보하면서 현장에서 바로 분석
- 융통성 있게 연구 진행
- 연구 문제를 데이터 수집 이후로 확정하는 경우도 있다.

(2) 풍부한 데이터를 적극적으로 모으는 것이 필요하다.

- 데이터의 양과 깊이를 고려한다.
- 요약문, 발췌, 메모, 노트, 초안 등의 다양한 텍스트 자료를 수집한다.

(3) 질적 방법론은 방대한 데이터를 어떻게 다룰 것인가의 문제와 관련이 있다.

- 코딩coding은 자료를 어떻게 조직 및 관리하느냐의 문제이다.
- 코드codes는 원자료에 해석과 이론을 덧붙이는 작업이다.
- 특정 자료에 대해 코드가 중복적으로 부여될 수 있다.

3) 질적 연구자의 관점lens

질적 연구는 연구자, 연구참여자, 그리고 외부인들의 관점(인식, 편견, 주장 등)을 이해하고 분석에 활용하는 것이 중요하다.

가. 연구자 렌즈

연구자의 관점은 질적 연구냐 양적 연구냐에 따라 다음과 같이 다를수 있다.

양적 연구자	심리(정신) 측정 도구의 검사결과로부터 생성된 구체적인 추론, 내 · 외적 타당도, 유사실험(quasi-experimental) 설계에 관심. (측정치, 검사도구, 연구 설계 등)
질적 연구자	자신의 분석 결과에서 도출된 주제, 분류, 설명, 해석들이 이해될 만한 것인가를 원자료를지속적으로 참조하며 검토(Patton, 1990) 연구자, 주제, 이해 가능하게 만드는 과정 등의 상호작용을 '반성적 설명으로서의 타당도'라고 함(Altheid& Johnson, 1998).

나. 연구참여자 렌즈

질적 연구의 패러다임에서 실제reality란 사회적으로 생성된 것, 또는 연구 참여자가 그럴 것이라고 지각하고 있는 것이라고 가정한다. 이 렌즈를 고용한 질적 연구자는 연구결과의 해석이 연구참여자들을 제대로 나타내고 있는지를 평가하기 위해 적극적으로 연구참여자들과 관계를 맺고 상호작용해야 한다.

다. 외부자 렌즈

연구와 직접적인 관련이 없는 외부 평가자의 검증은 연구자가 제시하는 기술·설명에 대한 신뢰성을 더해 주므로 타당도를 제고하는 데 기여할 수 있다. 다만 연구참여자나 외부자의 관점은 다음 두 가지 이유로 신중하게 적용되어야 한다(Hammersley, 1987; Morse et al, 2002).

첫째, 연구 참여자 확인 등에 의한 연구 결과를 개별 연구 참여자들이 자신들의 경험으로 인지할 수 없게 되는 문제 발생 가능성이 있다. 이는 연구결과는 개별 참여자들로부터 더 종합되고, 개별 맥락으로부터 떨어지게 되며 추상화되기 때문이다.

둘째, 개별 참여자들의 특정 관심영역을 다루고자 할 경우 연구자는 연구결과를 보다 설명적인 수준으로 만들도록 강요받게 된다. 이러한 요인은 오히려 질적 연구의 타당도를위협할 수 있기 때문에 유의해야 한다.

4) 질적 분석의 6가지 유형

질적 분석의 구성 요소에는 여러 가지가 있겠지만, 다음 [표 3]과 같은 여섯 가지 요소(Lofland & Lofland, 1995)가 포함될 수 있는데, 이를 아동 학대에 대한 연구의 예를 들어 설명해보자.

표 3. 질적 분석의 구성 요소(예: 아동학대 연구의 예)

요소	분석 내용
빈도 (frequency)	연구 지역에서 아동학대가 얼마나 자주 일어나는가?
크기/정도 (magnitudes)	학대의 수준은 어느 정도인가, 얼마나 잔인한가?
구조 (structures)	신체적 학대, 정신적 학대, 성적학대 등 학대의 유형은 무엇인가? 여러 학대의 유형이 특정한 방식으로 관련되어 있는가?
과정 (process)	구조의 요소 간에 어떤 순서가 있는가? (학대의 순서가 정서적, 신체적, 성적 학대 등으로 확장되는가? 아니면 다른 방식으로 일어나는가?)
원인 (causes)	아동학대의 원인은 무엇인가? (특정한 사회 계층, 특정 종교집단 또는 민족에 더 흔한가? / 아동학대가 좋은 시절과 나쁜 시절 중에 언제 더 자주 일어나는가?)
결과 (consequences)	아동학대가 단기 및 장기로 희생자에게 어떻게 영향을 미치는가? 아동학대가 학대자에게 어떤 변화를 야기하는가?

위와 같은 여러 내용적 요소들을 참조하여 질적 분석을 시도하되, 어떤 내용이 포함되어야 할 것인지는 연구자의 관심사나 연구의 주제 및 논점에 따라 선택될 수 있다.

5) 질적 연구의 핵심 요소

질적 연구의 완성도와 수준을 향상시키기 위해 주의해야 할 사항들은 다음 [표 4]와 같다.

표 4. 질적 연구의 질적 수준 제고를 위한 고려사항

핵심 전략	방법
풍부한 기술 (Rich/ Thick description)	• Geertz(1975)의 심도 깊은 기술(thick description)의 개념과 유사 • 현장의 상황을 자세히 묘사하면서 그 안에 포함된 사람들의 의도와 전략 들을 기술함으로써, 연구를 한 단계 진전시켜 현상에 대한 깊이 있는 설명이 가능
귀납(induction)–연역(deduction)의 조화	• 패턴을 찾아 설명 필요: 귀납적, 연역적 방법 모두 활용 • 귀납적 방법: 특이하고 유사한 상황들에 대한 축적 → 일반적 설명을 만들어내고 정당화하는 방식 • 연역적 방법: 어떤 상황에 대한 일반적 진술 → 특정한 장면 설명
공통성과 개별성 (nomothetic & idiographic)	• 공통성: 사람, 사건, 장면에 있어서 그 공통적인 특성을 설명 • 개별성: 개인, 장소, 사건 등을 하나의 독특한 사례로써 보통 사례연구의 조사를 통해 찾게 되고, 광범위한 맥락 속의 다른 요인들과 특징을 참조하여 이해하려는 것(사회적 현실의 총체적 본질 탐구)
연역적 분석의 단계적 전략 (Analytic induction strategy)	① 주제를 선정하고 가설을 개발 ② 설정한 가설에 부합할 만한 사례를 찾아 조사, 그 사례가 적절치 않다면, 가설을 재구성 ③ 해당 가설이 보다 정교화될 때까지 다른 사례들을 찾아 연구 ④ 가설을 부정할 만한 사례들(negative cases)를 찾아, 가설을 교정 ⑤ 적절한 가설을 만들어 낼 때까지 이러한 과정을 반복

질적 연구의 학술적 수준와 완성도를 높이기 위해서 연구자는 자신의 연구 주제나 연구현장의 특성을 감안하여 위의 전략들을 전체적으로 고려하되, 자신의 연구상황에 맞추어 적절히 취사선택하거나 어떤 특정 전략에 집중할 수도 있다.

2. 질적 연구에서의 질 관리

1) 질적 연구의 장점과 질 관리

질적 연구는 다음 [표 5]와 같은 장점으로 인해 연구방법론으로서 큰 의미를 갖는다.

표 5. 질적 연구의 연구방법론적 장점(나장함, 2006)

방법론적 측면	어떤 주제나 이슈를 보다 총체적인 관점에서 상세하게 기술하고, 그러한 분석의 방법과 절차가 틀에 얽매이지 않고 창의적이며 유목적이다.
해석적 측면	자료의 수집이나 분석, 해석 등에 있어서 연구자의 시각이나 주관을 바탕으로 연구대상에 대한 다양하고 맥락적인 해석을 이끌어낼 수 있다.
타당도/ 신뢰도 측면	연구의 의도, 연구자의 관점, 이론적 틀, 그리고 다양한 연구의 질적 제고 전략에 의거, 보다 연구문제의 본질에 접근하여 심도깊은 논의가 가능하다.

이러한 장점을 살리기 위해서는 연구의 질적 수준을 관리하는 것이 필수적인데, 질적 연구와 양적 연구는 다음과 같은 상이한 질 관리 기준을 가지고 있다.

양적 연구/ 표준화 연구	• 질을 제고하는 것은 연구의 표준화 및 통제와 밀접하게 관련 • 연구를 표준화하고 적절히 통제한다는 것은 연구자의 개인적 편견(bias)에 휩쓸리지 않고 연구의 핵심 문제에 접근해가면서 보다 타당하고 신뢰할만하고 객관적인(valid, reliable, objective) 연구결과를 도출해낸다는 것을 의미
질적 연구/ 사례 연구	• 질적 연구에서의 질(quality)은 표준화나 통제의 문제가 아니라 어떻게 연구를 수행해나가느냐의 문제 • 연구방법 적용의 엄밀성이나 연구 전체의 건실성(soundness) • 질적 연구 설계에서의 질 관리 영역: ① 연구 계획의 차원 ② 현장 접촉과 질적 데이터의 분석과 같은 연구 수행의 차원 ③ 연구참여자 및 대중들에게 다가가는 연구 보급의 차원

2) 질적 연구 설계에서의 질 관리(Flick, 2007)

그렇다면 질적 연구의 질적 수준을 높이기 위해 어떻게 질적 연구를 설계할 것인가? 설계시의 질 관리는 다음 여섯 가지 준거를 기준으로 이루어진다.

가. 드러냄: 특정 연구 방법에 대한 결정의 문제

- 연구의 방법, 접근법, 설계, 그리고 유형을 드러내는 것: 연구쟁점, 그와 연결된 연구 문제, 그에 대한 현 지식, 그리고 모집단 population에 대한 반추에 근거.
- 만일 특정한 연구의 방법이나 설계가 이러한 요소들에 비추어 타당하다면, 연구 설계를 명백히 드러내 보이는 것 자체가 연구의 질을 판단하는 준거가 된다.

나. 적절성: 특정 연구 방법, 설계가 연구 쟁점이나 현장에 적합한지 검토하는 문제

- 연구의 질적 제고를 위한 적절성: 연구자가 연구방법의 적용을 최대한 잘 준비하고 그 방법에 익숙해지는 것을 의미한다.
- 실제 인터뷰나 관찰에 앞서 미리 연습해보고, 단순히 연구방법론에만 집중하는 것이 아니라 연구 쟁점이나 대상과 보다 친숙해지는 것을 의미한다.

다. 다양성에 대한 개방

- 어떻게 많은 변수를 좁혀서 연구문제 및 설계로 구체화시킬 것인가?
- 동시에 어떻게 연구의 다양성을 유지할 것인가의 문제도 고려
- 어떻게 다양성이 연구 설계에 반영될 수 있을까? / 어떻게 연구자들은 표준에서 벗어나는 사례들을 미리 예측하여 대비할 수 있을까? / 어떻게 연구진 내외에서 연구에 대한 비판적인 조언을 얻어낼 수 있을까?
- 이러한 질문을 통해 연구의 가능한 모든 변수에 대비하여 연구를

관리해나가는 것

라. 엄밀성과 창의성

- 질적 연구의 질: 방법론적인 엄격성과 결과적 영향력consequence, 연구방법론의 적용에 있어서 창의성을 고려해야 한다.
- 엄밀성: 연구자가 연구방법을 적용하는데 있어 엄격하고 일관성 있는 태도를 취하면서 표집계획을 지키고, 데이터를 분석할 때에도 서두르지 않은 것이다.
- 창의성: 연구현장을 경험해 나가면서 새로운 통찰과 관점을 가지고 연구방법이나 계획을 현장에 적합하게 맞춰나가는 기술이다.
- 좋은 질적 연구: 현장을 통해서 새로운 통찰을 얻어내는 것이다.
- 질적 연구의 질은 이론적, 개념적, 실천적, 방법론적 창의성과 현상이나 참여자들을 연구하는데 있어서 엄밀한 방법론의 적용 사이의 긴장을 통해 얻어질 수 있다.

마. 일관성과 융통성

- 질적 연구의 질은 일관성과 융통성 사이의 긴장 속에서 얻어지는 것이지, 방법론의 적용에 있어서 어떤 '정답'이 있는 것이 아니다.
- 최소한의 일관성minimum of consistency 유지: 동일한 질문, 동일한 방식의 인터뷰를 시행한다.
- 좋은 인터뷰: 개별 연구참여자에게 적합한 방식으로 변화된 융통성 있는 인터뷰
- 민족지적 연구에서는 융통성 있는 연구방법론의 사용 자체가 하나의 준거로 여겨진다(Luders, 2004). 데이터나 사례, 자료들 사이

의 연결고리를 만들어나가는데 있어서도 마찬가지이다.

바. 준거와 전략

- 양적 연구의 준거(신뢰도, 타당도, 객관도 등)를 변용할 것인지 아니면 신뢰성credibility과 같은 새로운 준거를 개발할 것인지, 혹은 어느 정도가 최소 수준의 신뢰성인지 등에 대해서 학계에서 합의된 사항은 아직 없는 상태이다.
- 질적 제고를 위한 몇 가지 전략: 삼각검증triangulation, 분석적 추론analytic induction, 반례negative case의 고려, 연구과정의 엄밀한 관리 등(Flick, 2007).
- 명확하고 보편적인 전략이 있는 것은 아니지만, 연구의 준거들을 합리적으로 적용하는 것과 동시에 질적 제고를 위한 전략들을 활용하는 것 사이의 긴장을 유지하는 것이 중요하다.

3) 질적 수준 제고 전략

질적 연구의 수준을 제고하기 위한 대표적 전략 두 가지는 다음 [표 7]과 같다.

표 7. 질적 연구의 질 제고를 위한 두 가지 전략

다중적인 (multiple) 자료 수집	• 삼각검증을 통한 신뢰성 제고: 면접, 현장관찰, 문서의 조사를 통한 비교 • 추적 검사(audit trail): 원자료와 그에 대한 해석, 분석의 과정을 기록하는 것 – 제3자의 중립적 검토 • 동료 점검(member check): 다른 동료로부터의 리뷰와 검증 • 구술자 점검: 관찰 대상자에게 기록자료, 해석과 판단을 보여주고 확인받는 것 • 연구팀 협력: 연구진 상호견제를 통한 기록, 해석의 정확성 유지

항상적인 비교전략 (Constant Comparative Technique)	• 항상적 비교전략: 여러 연구방법론과 전략들을 항상 비교 검토할 수 있는 태도를 취해야 한다는 것 • 관찰된 사건들을 범주화시킬 때 다른 사례와 비교해가면서 분류하기 • 범주 자체의 구분에 있어서 세밀하고 정교한 분류 • 범주들 사이의 관계성이나 주제들에 대한 점검 • 데이터를 일관된 이론적 구조하에서 단순화하고 통합하기

다중적 자료수집은 다양한 대상과 경로를 통해 자료를 수집하고 검토하는 것을 의미한다. 그리고 항상적인 비교전략이란 한 두번의 자료수집이나 분석으로 결론을 내리는 것이 아니라 지속적이고 반복적으로 분석의 결과를 확인하고, 연구참여자의 특성이나 현장의 상황에 비추어 점검하는 전략을 의미한다. 물론 위와 같은 전략은 연구의 상황에 따라 선택적으로 적용할 수 있다.

4) 질적 연구의 보급disseminating

질적 연구의 결과가 학계나 일반에 공개되기 전에 다음 [표 8]의 세 가지 사항을 유의할 필요가 있다.

표 8. 질적 논문을 출판하기 전의 고려사항

유의점	내 용
투명성	• 연구의 과정과 결과가 투명하게 드러나야 한다. 독자들이 연구의 수행과 관련하여 연구의방법론, 유형 등에 대한 어떤 결정이 내려졌고, 예상치 못한 사례들에 대해 어떤 식으로 대처했으며, 어떠한 분석으로 통해 그러한 일반화가 내려졌는지를 이해할 필요가 있다.
투명성	• 연구의 과정 및 결과를 투명하게 제시하는 것은 독자들에게 충분한 정보를 제공하여 그 질적 수준을 판단하게끔 하는 것이다.
피드백과 자체점검	• 연구현장의 피드백은 소통적 타당성(communicative validation), 피드백 순환(feedback loops) 혹은 내부 점검(member check)을 통해 연구의 정확성과 적절성 점검을위한 정보를 제공하고 있느냐의 문제를 고려한다.

피드백과 자체점검	• 학문 영역의 피드백은 학계나 동료로부터 학회발표, 토론 등을 통해 심사나 검토를 받았느냐의 문제를 고려한다. • 이러한 피드백의 결과가 얼마나 논문의 개선에 활용되었는가가 중요하고, 외부적 시각을 반영함으로써 연구의 다양성을 확보하는데 기여할 수 있다.
독자 (audience) 의 고려	• 누가 과연 연구에 관심을 갖는 발표의 대상인가? • 보고서나 논문은 어떤 방식으로 기술되어야 독자들의 관심과 반응을 얻을 수 있는가? • 어떤 특정한 독자나 청중들에게 어떠한 글을 써서 연구의 결과를 전달할 것인가?

3. 질적 연구의 타당성

1) 질적 연구의 신뢰도와 타당도

양적 연구는 통계적 원리에 따라 타당도와 신뢰도를 판가름 할 수 있다. 양적 연구에서 신뢰도reliability란 우연에 의해서가 아니라 관찰대상의 특성자체를 바탕으로 드러난 유형을 일반화하고자 하기 때문에, 반복적 연구 혹은 타인의 연구를 통해서도 유사한 결론이 나올 수 있어야 한다. 하지만, 질적 연구는 신뢰도를 크게 중요시하지 않는다. 예를 들어, 질적인 관찰 연구에서 연구자가 취할 수 있는 과학적 신뢰도의 기준은 체계적인 방법으로 장기간 동안 정기적인 관찰을 통해 얻어진 자료가 비교점검을 통해 유사한 결과를 보여준다면 그것을 신뢰하는 정도이다.

대신 질적 연구에서는 내가 분석하고자 하는 자료나 증거가 연구주제와 얼마나 내용적(논리적, 실제적)으로 부합하는가의 문제인 타당도validity를 훨씬 중요시한다. 문제는 이러한 타당성의 보편적인 정의나 준거를 설정하기 어렵기 때문에 연구자 자신이나 전문가의 주관적 판단에 의존할 수밖에 없다는 것이다. 즉, 타당도는 연구자의 이론적 관점, 신념체계 및 세계관, 현장이나 데이터에 대한 이해도 등에 따라 주관적으로 판단되는 자료의 특성이다.

신뢰도와 타당도에 대한 정의를 종합해보면 다음 [표 9]와 같다.

표 9. 타당도와 신뢰도에 대한 학자들의 정의(Hammersly, 1987)

구분	정의
타당도	• 검사가 원래 의도한 것을 제대로 잘 측정하고 있는 정도(Black & champion, 1976) • (측정의) 정확성(accuracy)(Lehner, 1979) • 실제(reality)에 대한 근접 정도(Johnston & Pennypacker, 1980) • 생각하고 있는 것을 측정하고 있는 정도(Kerlinger, 1964) • 측정치(점수)에서의 차이가 실제적인 차이를 반증하는 정도(Hammersley, 1987)
신뢰도	• 지속적으로 검사 · 측정할 수 있는 역량(Black & champion, 1976) • 측정치의 안정성을 재현할 수 있는 정도(Lehner, 1979) • 동일한 측정 결과를 얻을 수 있는 역량(Johnston & Pennypacker, 1980) • 측정 도구의 정확성(accuracy), 정밀함(precision)(Kerlinger, 1964) • 한 대상에서 시행한 두 검사의 평균 측정치의 차이가 다른 대상에서 얻어진 측정치의 차이보다 적은 정도(Hammersley, 1987)

정리하자면, 타당도에 관한 집합적인 정의는 '정확성'에 관한 것이고, 신뢰도에 관한 집합적인 정의는 '반복·복제 가능성'에 관한 것으로 요약이 가능하다. 하지만, 질적 연구는 양적 연구식의 타당도와 신뢰도의 개념을 차용하지 않는데, 그 이유는 질적 연구가 세상을 바라보는 인식의 틀이 양적 연구와는 상당히 다르기 때문이다. 그로 인해 질적 연구는 자신만의 연구방법이나 타당도 확보방법 등을 발전시키면서 나름대로의 학문적 엄격성rigor을 추구해왔다.

2) 양질의 질적 연구의 기준

Guba & Lincoin(2005)은 양질의 질적 연구의 기준을 다음 [표 10]과 같이 제시하고 있다.

표 10. 양질의 질적 연구의 기준

질적 준거	양질의 연구가 되기 위해 극복해야 할 문제
객관성(objectivity) =확인가능성 (confirmability)	수집된 자료에 근거하여 가능한 한 객관성을 바탕으로 이루어졌는지 혹은 그것을 제3자도 확인가능한지의 문제
신뢰도(reliability) =검사가능성 (auditability)	해당 연구가 다른 연구자나 상이한 연구방법을 통해서도 유사한 결과가 나타날 정도로 일관성이 있고, 시간이 지나도 안정적 결과를 보여주는가의 문제
신뢰도(credivility) =신빙성 (authenticity)	연구의 결론이 연구참여자이나 독자의 관점에서 믿을 만한 것인지, 그리고 연구 자료나 정보원의 의견이 근거를 가진 확실한 것인지의 문제
전이가능성 (transferability) = 결론의 적합성 (fittingness)	연구의 결론이 해당 연구를 넘어선 다른 환경이 대상들에게도 적용할 수 있을 만한 것인지, 현실이나 맥락과 얼마나 실제적인 관련성을 갖고 있는지에 관한 문제
활용성(utilization) =적용가능성 (application)	해당 연구결과가 얼마나 현실 환경에 적용하거나 활용할 가치와 의의를 가지고 있는지의 문제와 연구윤리를 제대로 지키고 있는지의 문제

위 준거들의 관련성을 직관적으로 보여주기 위해 도식화하면, 다음 [그림 2]과 같다.

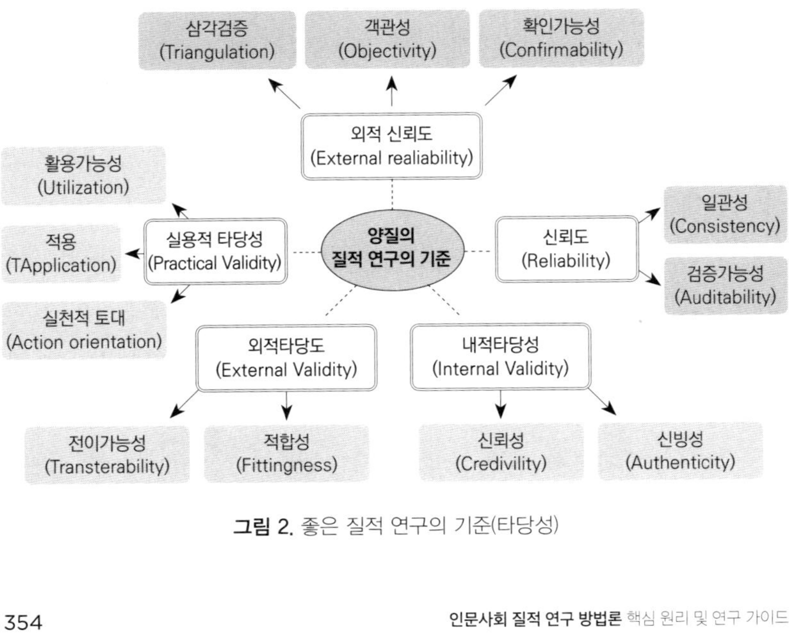

그림 2. 좋은 질적 연구의 기준(타당성)

이상의 다섯 가지 준거들의 차원에서 적절한 수준의 만족도를 보여주는 연구가 양질의 질적 연구로 판단될 수 있다.

3) 질적 연구 타당성 확인의 다섯 가지 준거

질적 연구는 타당성을 중요시하므로, 타당성을 확보할 수 있는 보편적인 절차들을 고안해왔다(Lincoln & Guba, 1985; Maxwell, 1996; Merriam, 1998). 그 대표적인 준거가 바로 다음 [표 11]에 설명된 참여자 확인, 삼각검증, 풍부한 기술, 동료검사, 그리고 외부 감사인데, 이 다섯 가지 준거를 통해 타당성을 높이도록 노력해야 한다는 것이다.

표 11. 질적 연구 타당성 제고를 위한 다섯 가지 전략

타당성 제고 전략	설명
참여자 확인 (member checking)	데이터나 분석 결과를 연구참여자로부터 확인받는것
삼각검증 (triangulation)	한 가지 방식으로의 분석이 아니라 다양한 연구자, 다양한 자료, 다양한 분석법을 통해 분석하여 그 결과들을 상호비교하는 방법
풍부한 기술 (thick description)	연구대상이나 현상 자체를 충분히 관찰하고 숙고하여 연구자의 주관적 해석과 통찰을 바탕으로 최대한 심도 깊게 기술하는 것
동료검사 (peer reviews)	공동연구자나 동료전문가를 동원하여 자료의 신빙성, 해석의 정확성 등을 확인하는 절차
외부 감사 (external audits)	연구방법, 예산의 적정성, 연구윤리 등의 문제를 외부의 독립된 기관이나 전문가로부터 검증받는 것

문제는 질적 연구의 타당도를 판단하는 문제에 있어서도 학자들에 따라 시각 차이가 존재한다는 것이다. 어떤 학자는 양적 연구와 질적 연구의 기본적인 인식론적, 존재론적 가정이 본질적으로 양립 불가능하므로, 양적 연구가 강조하는 신뢰도와 타당도의 개념이나 방법론을 질적 연구에서 차용할 수 없음을 강조하기도 했다(Smith, 1984). 따라

서, 질적 연구의 수준을 높이기 위해 타당도의 검토가 필요하다면 우선 그러한 타당도를 유지하는데 걸림돌이 될 수 있는 연구자의 편견, 자료의 선택적 수용, 표집과정의 비체계성 등을 인식하고, 그러한 걸림돌들을 효과적으로 제거할 수 있는 여러 가지 방법론들에 대해 반성적 논의와 대안적 탐색을 계속할 필요가 있다.

4) 질적 연구 타당도 판단의 유형

위와 같은 이유 때문에 몇몇 학자들은 이론적 배경이나 학자들의 관점에 따라 상이한 질적 연구의 타당도 기준을 제시하기도 했는데, 그 중 Maxwell(1992)의 세 가지 유형과 그에 대한 설명은 다음 [표 12]와 같다.

표 12. 타당도 판단의 세 가지 유형(Maxwell, 1992)

유형	설명
기술적 (descriptive) 타당도	• 연구현장의 상황이나 사건을 통해 관찰한 장면, 사건, 연구대상의 행동을 있는 얼마나 세밀하게 관찰하고 정확하게 기록하였는가의 문제 • 그 여부는 연구자의 경험과 숙련도에 따라 달라질 수 있다. • 기술적 타당도를 높이는 가장 일반적인 방법은 삼각검증이다. • 삼각검증(triangulation)은 한 사람 이상의 연구자들이 연구참여자의 행동과 사건을 관찰하고 기록한 후, 그 차이를 비교 검토하는 것이다 • 기술적 타당도를 높이기 위해서는 연구자들이 가진 이론적 틀, 관점, 연구의도에 있어 합의가 필요하고, 이를 바탕으로 관찰방법이나 해석의 방법에 있어 일관성을 갖추어야 하며, 통일된 입장에서 연구현장을 분석하고 해석해야 한다.
해석적 (hermeneutic) 타당도	• 연구자료를 분석하거나 연구참여자를 이해함에 있어서 얼마나 그 표면 아래 숨겨진 의미나 내면적 세계(관점, 사고, 감정, 의도, 경험 등)를 잘 묘사하고 드러낼 수 있느냐의 문제 • 해석은 연구참여자의 관점을 존중하면서 연구자와 연구참여자 간의 긴밀한 상호작용과 상호이해(Maxwell, 1992), 연구자에 의해 해석된 내용에 대한 동료 확인(peer review, Lincoln & Guba, 1985)을 바탕으로 연구결과가 종합적으로 다시 분석되고 재구성되어야 한다. • 연구참여자의 생생하고 직접적 표현들(verbatim)을 그대로 살린다면 독자들은 연구현장의 맥락과 연구참여자의 실제적 감정, 입장 등의 내면적 세계를 잘 이해할 수 있다(나장함, 2006).

이론적 (theoretical) 타당도	• 개념 자체의 타당성은 연구자가 사용하고자 하는 그 개념을 기존의 선행 연구들로부터 이론 및 실제적으로 얼마나 타당하게 끌어왔는가를 통해 확인될 수 있다. • 개념들 사이의 관계성의 타당도는 사용하는 개념들이 연구주제나 현상을 설명하는데 얼마나 논리 및 구성적으로 적절한가에 의해 판단된다. • 현장의 실제적 데이터가 얼마나 적절하게 연구보고서의 내용으로 재구성 될 수 있느냐의 문제이다. • 연구자는 연구 주제가 충분히 연구현장의 맥락 속에서 의미 있게 다루어 질 수 있도록 수집된 자료들을 개념화하고, 유형을 파악하고, 특징을 분석해내며, 그 결과들에 대한 논리적, 이론적 검토를 통해 의미 있는 설명을 이끌어내야 한다.

질적 연구의 타당도는 위와 같은 세 가지 유형의 차원에서 판단될 수 있는데, 경험이 충분치 않은 연구자들은 이를 실제 자신의 연구에 적용하기 쉽지 않다. 그런 의미에서 나장함(2006)은 질적 연구자들이 실질적으로 적용할 수 있는 타당도 확인의 기준을 다음 [표 13]와 같이 제시하였다.

표 13. 연구의 이론적 기반에 따른 타당도 기준(나장함, 2006)

패러다임 시각	후기실증주의	구성주의	비판적
연구자	삼각검증 (triangulation)	불일치 증거 (disconfirming evidence) 확인	연구자 반성 (reflection)
참여자	참여자 확인 (member check)	장기적 현장연구	협력 (collaboration)
평가자/독자	추적 검증 (audit trail)	심층적 기술 (deep description)	동료 검토 (peer debriefing)

예를 들어 후기실증주의적 패러다임에 입각한 질적 연구의 경우, 삼각검증(연구자 측면), 참여자 확인과정(참여자 측면), 자료나 분석방법 등에 대한 추적검증(외부 평가자나 독자의 측면)을 통해 타당도를 검증할 수 있다는 것이다. 또한 구성주의 패러다임에 입각한 질적 연구의

경우에는, 연구자의 관찰과 주장을 입증할 만한 증거뿐 아니라, 그러한 주장에 대한 반증이 될 수 있는 불일치 증거에 대한 논의(연구자 측면)가 필요하다. 또한 장기적이고 밀도 있는 현장 경험을 통해 결론을 내리면(참여자 측면) 해당 연구의 타당도가 높아질수 있다는 것이며, 해당 연구의 보고서가 연구현장, 연구참여자, 연구주제에 대한 보다 풍부하고 심도깊은 기술과 해석을 담고 있으면 평가자나 독자의 측면에서 그 연구의 타당성을 높아진다는 것이다. 마지막으로 비판적 패러다임에 입각한 질적 연구의 타당도는, 연구자의 편견, 신념 및 가정 등에 대한 반성적 검토를 통해서 확인될 수 있으며(연구자 측면), 또한 타당도는 연구자와 참여자가 얼마나 깊이 있는 상호이해와 연구에서의 협력이 이루어졌는가를 통해 판단될 수 있고(참여자의 측면), 맥락적, 본질적 의미의 검토를 통해서 해당 연구가 얼마나 이론과 현실의 차원에서 실천적, 소통적, 해방적 의의를 갖는지의 여부(평가자나 독자의 측면)에 따라 타당도가 판단될 수 있다는 것이다. 결론적으로 연구자는 자신의 연구가 위 세 가지 이론들 중 어떤 입장이냐에 따라 그 연구의 타당도 평가 기준에 유념하여 논문을 작성해야할 것이다.

5) 질적 연구자의 논리적 함정들

질적 연구자들은 다음과 같은 질적 연구가 갖는 한계점caveat들에 대해 유의해야 한다(Flick, 2007).

가. 지역주의

우리들 모두는 자신의 특별한 역사와 자신의 현재상황으로 만든 안경을 통해서 세계를 바라본다. 따라서 현장연구 조사자는 사람들의 행위를 자신의 관점에서 의미를 부여할 수 있는 위험이 언제나 존재한다.

나. 원주민화

연구조사자가 자신이 관찰하고 있는 문화와 과도하게 동일시하여, 그 결과 자신의 정체감과 분석적인 자세를 잃어버릴 때 일어난다. 현장연구 조사자는 한편으로 지역주의를 피해야 하고, 다른 한편으로 탐구하고자 하는 개념과 임시가설working hypothesis에 객관적으로 초점을 유지해야 하는 어려운 과제를 안고 있다. 현장연구 조사자들은 자신들이 관찰하는 것을 비판적으로 평가하며, 관찰을 이론적인 관점과 연관시키고, 지금까지의 해석을 바꾸도록 할 수 있는 새로운 관찰을 찾고 새로운 관찰에 마음을 열어 놓을 수 있는 연구자의 의무를 포기해서는 안 된다. 현장연구조사보고서를 쓸 때, 보고서에는 연구자의 해석과 다른 해석이 비판적인 관점에서 반영될 필요가 있다.

다. 감정적 반응

Gilgun(2005)은 연구대상에 대해 과도하게 동일시하거나 지나치게 분석적 태도로 대하게 되는 것은 관찰대상을 감정적으로 대할 경우 발생하기 쉽다고 지적한다. 즉 사회사업 연구자들은 보통 자신들이 돕고자 하는 대상에 대한 지나친 감정이입이나 이념적 태도를 가지기 쉬운 이슈 — 노숙, 아동학대, 아내 구타 또는 강간과 같은 쟁점 — 를 연구하게 된다. Gilgun은 팀 동료들이 연구자의 감정적 반응을 견제해줄 수 있기 때문에 팀웍을 통한 작업으로 이러한 위험을 줄일수 있다고 제안한다.

라. 성급한 결론

연구조사자는 자료를 해석할 때 해당 자료를 꼭 그렇게 밖에 해석할 수 없는지 신중한 태도를 가져야 한다. “이 결론이 근거 자료에 따라 본질적으로 불가피한가 아니면 다른 결론도 그와 마찬가지로 그럴 듯 한가?”라는 질문을 스스로에게 던질 필요가 있다.

마. 의심스러운 원인

‘X라는 요인 외에 다른 어떤 요인이 Y를 야기할 수 있는가?’ ‘무엇이 Y를 야기했을 수 있는가?’ 등의 질문을 던지고, 그 현상의 원인을 규명하고자 할 때에는 모든 가능성을 열어 놓고 다양한 원인들에 대해 탐색해 보아야 한다.

바. 보이지 않는 증거

현장연구 조사자는 직접관찰, 면접, 문헌조사 등을 통해서 많은 양의 정보를 모은다. 결론에 이르기 위해 정보를 골라낸 만큼 정보를 버릴 필요가 있다. 연구조사자는 ‘관련이 없는’ 정보를 버리게 될 것이며, 이는 명백히 연구자가 판단하고 결정할 문제이다. 관찰을 했다고 연구자가 합당하게 추정할 수 있으면서도 언급하지 않은 관찰뿐 아니라 결론에서 얘기하지 않은 관찰에도 주목하라.

사. 허위딜레마의 오류

일상의 의견처럼 연구조사의 결론이 많은 경우 여러 위치 중에서 하나를 선택하는 것이다. 하나를 선택하면 많은 경우 다른 모든 것을 배제하는 것처럼 보이지만 반드시 그런 것은 아니다. 예를 들어, “남성의 지배는 생물학적으로가 아니라 경제학적으로 설명할 수 있다"라는 주장이 있다면, 이러한 주장은 마치 정치, 교육, 관습, 종교와 같은 다른 요인들의 영향을 배제하는 것처럼 들릴 수 있다. 하지만 그 주장의 기본의미는 다른 영향요인을 부인하는 것이 아니라, 특정 요인을 더욱 강조하고자 한다.

4. 질적 연구의 윤리 문제

1) 연구 윤리의 기초

가. 연구윤리 문제의 출발

학술논문의 작성과 출판에서 연구윤리에 관심을 갖게 된 것도 그리 오래되지 않았는데, 다음과 같은 문제들이 연구윤리에 대한 학계의 관심을 불러일으켰다.

(1) **연구참의자의 기만**: Milgram(1974)의 실험의 실제 연구대상은 전기충격을 받는 역할을 했던 사람들이 아니라, 전기충격을 가하는 역할을 맡았던 사람들의 반응과 심리변화에 관한 것이었다. 따라서 이 실험은 진정한 연구목적을 속인 상태에서 참여자들의 반응을 확인하는 '연구참여자 기만'의 대표적 사례로 간주된다.

(2) **연구의 비윤리성**: 익명을 약속했던 연구참여자들의 신상이 연구보고서에서 드러나게 되는 일에서부터 독일의 난민수용소의 생체실험에 이르기까지 다양한 범주와 수준에 걸쳐서 비윤리성이

발생할수 있다. 이러한 프라이버시의 문제는 사람을 대상으로 한 연구human subject research에서 대표적으로 발생하는 문제이다.

(3) **실험 결과 조작**: 사람을 대상으로 하지 않는 연구에서는 의도적인 실험결과 조작(자연과학)이나 통계적 조작(사회과학), 그리고 연구영역에 상관없이 데이터 처리상의 부주의와 태만의 문제에 이르기까지 다양한 연구윤리의 문제가 발생할수 있다.

(4) **대학검토위원회institutional review boards나 윤리위원회ethics committees**: 연구윤리의 문제를 점검하기 위해 연구기관들은 연구윤리 확인 절차나 대인연구 검증절차human subject protocols의 통과를 의무화하고 있다.

나. 연구윤리 점검의 기본 원리

연구자는 다음과 같은 원리들에 주의하여 연구가 수행될 수 있도록 주의하여야 한다(Christian, 2005).

(1) **연구동의informed consent의 원리**: 자신이 연구참여자인 것을 모르거나, 연구참여를 거부할 수 있다는 사실을 분명히 인지하지 못한 사람을 연구에 참여시켜서는 안 된다는 원리

(2) **기만 금지의 원리**: 연구참여자를 몰래 관찰하거나 연구의 의도에 대해 그릇된 정보를 제공하는 식으로 그들을 기만deception하는 행위가 있어서는 안 된다는 원리

(3) **사생활 보장의 원리**: 연구참여자의 프라이버시privacy가 존중되어야 하고, 개인정보에 대한 비밀이 보장되고 유지되어야 된다는 원리

(4) **자료 진실성 유지의 원리**: 데이터의 정확한 운용과 그 해석에 있

어서의 정직성이 질적 연구의 가장 중요한 원칙 중의 하나이며, 데이터의 수집과 분석에 있어서도 내용의 누락이나 왜곡이 일어나서는 안 된다는 원리

(5) **연구참여자 존중의 원리**: 연구참여자들에 대한 존중respect과 신뢰성을 유지하여야 한다는 원리

(6) **혜택beneficence의 원리**: 연구참여자들이 연구참여로 인한 정신적, 물질적, 사회적으로 어떤 피해나 손해를 입어서는 안되고, 가능하다면 그들에게 적절한 보상이나 연구결과로 인한 혜택을 고려해야 한다는 원리

(7) **균형성의 원리**: 연구참여자들이 연구참여로 인해 느끼는 부담을 상쇄할 만한 혜택이 있어야 한다는 부담과 혜택의 균형이 정의justice로 와야 한다는 원리

다. 연구참여동의서consent form의 확보

연구자가 신경을 써야 하는 윤리적 문제들이 있는데 그 중 가장 우선적으로 고려할 사항은 바로 연구참여동의서를 받는 것이다. 질적 연구는 대체로 미개발 문화나 전통사회, 현대 사회의 노인, 어린이 등 사회적 취약집단의 공동체나 그 구성원들에 대한 연구를 수행할 때는 그들로부터 연구에 대한 자세한 정보를 제공하고 동의를 얻는 것이 질적 연구의 출발점이다. 연구참여동의서에는 다음과 같은 내용들이 포함되어야 한다.

(1) **연구절차 소개**: 연구목적 및 연구절차에 대한 간략한 소개

(2) **자세한 연락처**: 연구자와 연구후원기관의 신분을 알려줄 수 있는 정보, 추후연락을 위한 주소 및 전화번호

(3) **자발성 보장**: 연구참여는 자발적인 것이며, 언제든지 아무런 제재 없이 연구참여를 중단할 수 있다는 것을 보장하는 내용
(4) **비밀보장**: 연구참여로 인한 개인정보나 참여자의 응답이 전적으로 연구를 위해서만 사용되고, 외부적으로 비밀이 보장되어진다는 내용
(5) **위험 혹은 혜택**: 연구참여에 따라 발생할 수 있는 잠재적 위험이나 연구참여로 인해 얻게 될 수 있는 혜택에 대한 솔직한 설명
(6) **법률적 책임**: 미성년자나 법률적 보호를 필요로 하는 사람들의 경우에 그 법적 보호자에게 동의를 구하는 내용
(7) **문지기gatekeeper로부터 동의**: 연구대상 및 현장에 대한 접근을 허가할 수 있는 권한을 가진 사람들을 접촉하여 그들에게서 동의를 구하는 일

라. 연구현장에의 접근과 승인 절차

질적 연구를 위해서 연구참여자들을 사전에 만나고 연구에 대해 설명하고 연구참여의 동의를 얻는 것은 필수적인 과정이다. 연구참여자가 어린이나 환자 등과 같은 사회적 약자일 경우 연구윤리에 저촉될 가능성이 높으므로, 그에 따라 연구방법 등에 있어서 많은 사항들을 점검해야 한다. 연구현장을 책임지는 공식적 기관으로부터 연구승인을 받아야 할 경우, 과연 누구에게 어떤 과정을 통해서 승인받아야 하는지도 파악해야 하고, 그 승인과정이 길어질 수도 있기 때문에 연구계획에 따라 사전에 충분한 시간을 두고 승인절차를 준비해야 한다. 연구의 승인을 위해서는 연구의 목적뿐 만 아니라, 이론적·방법론적 성격을 분명히 밝혀야 하고, 데이터의 수집과 처리, 보관 방법에 관련한 세

부적 내용에 대해 자세히 알릴 수 있도록 미리 준비해야 한다.

연구승인 절차의 어려움에 대해 Wolff(2004)는 다음과 같이 설명하고 있다.

① 여러 단계에 걸친 협상의 과정

② 연구현장으로 부터의 거부반응을 극복해내는 과정

③ 연구자와 참여자 상호간의 인간적 신뢰관계를 형성해나가는 과정

④ 문지기gate-keeper 역할을 하는 인사들을 찾아 이방인의 접근에 대해 문호를 개방하도록 설득하는 과정

마. 질적 연구의 내용적 엄밀성

질적 연구를 수행함에 있어서 연구자의 윤리적 책임들 중 일부는 그 연구의 질적 수준 및 학문적 엄밀성을 유지하는 일이다. 질적 연구의 내용적 엄밀성이 왜 필요하고 중요한지는 다음과 같은 사항들을 통해 이해될 수 있다.

(1) 연구자의 연구 역량

질적 연구의 특징 중의 하나가 자료에 대한 분석이나 해석에 있어서 전형화된 규칙에 의해 지배를 받거나, 다른 연구에 의해 재생될 수 있는 연구가 아니기 때문에 연구 자체의 질적 수준은 많은 부분이 연구자의 경험과 재량에 의존할 수밖에 없다는 것이다.

(2) 연구자는 연구의 도구이다.

연구자 자신이 자료수집 및 해석의 도구가 되기 때문에 질적 연구자의 자질이 질적 연구의 질에 상당한 영향을 끼치게 된다.

(3) 연구자의 사전 경험

질적 연구는 연구자가 받은 사전 연구경험이나 훈련의 정도, 해당 연구현장에서 보낸 절대적인 시간 및 경험의 양, 연구자의 의사소통능력, 보고서 등과 같은 글을 쓰는 능력에 따라 질적 연구가 다른 평가를 받을 수 있다.

(4) 질적 연구의 신뢰성

신뢰성 있는 질적 연구는 편견이나 선입견에 입각하지 않은 공정하고 윤리적인 연구이면서, 연구참여자들의 삶의 모습을 깊이 있게 드러낼 수 있는 연구여야 한다.

(5) 연구자의 편견 제거

질적 연구의 질적 제고를 위한 전략으로는 연구자의 편견을 줄이는 것, 연구참여자들과 공감을 형성하는 것, 삼각검증triangluation을 통한 연구의 신뢰성 확보, 동료집단 및 연구참여자들로 부터의 피드백을 확보하는 것 등이 있다.

2) 질적 연구의 단계별 주의사항

마지막으로 질적 연구를 수행하는 단계별—연구준비, 연구문제 설정, 데이터 수집, 데이터 분석, 논문작성—로 주의해야 될 사항들을 정리해본다(Flick, 2007).

가. 연구준비 단계

연구 프로젝트를 준비할 때 연구윤리 차원에서 몇 가지 고려해야 할 사항이 있다.

(1) 연구의 적절성 문제

연구 주제가 이미 너무 많이 연구된 것은 아닌가, 연구하고자 하는 내용이 학계의 현재 지식에 어떤 기여를 할 수 있는가를 고려하는 것이다.

(2) 연구참여자의 프라이버시 보호

연구참여자가 어린이, 환자, 노약자 등과 같은 사회적 약자vulnerable일 경우에 더욱 주의해야 한다. 이들에 대한 연구를 피해야 한다는 것이 아니라, 그들을 포함시키는 일이 얼마나 연구자체 뿐 만 아니라 연구참여자들을 위해 필요한 일인가를 숙고하는 문제이다.

(3) 연구자 자신의 태도

연구자가 연구의 방법론적 접근을 충분히 훈련하는 것, 그리고 그것들을 적용함에 있어서 어떤 어려움과 문제가 생길 수 있다는 것을 숙지하는 것이 필요하다. 예를 들어, 역할을 바꾸어 인터뷰 연습을 해본 후 전문가로부터 적절한 피드백을 받아보는 것도 좋은 훈련 방법이다. 개방적 상황에서 낯선 사람과 만나서 민감한 주제를 가지고 대화하는 것은 연구자들에게 쉬운 일이 아니지만, 비슷한 상황을 몇 번 경험해보는 것도 큰 도움이 될 것이다.

나. 연구 문제 설정단계

문제의 설정에 있어서도 몇 가지 윤리적 쟁점이 존재한다.

(1) 핵심 연구 문제에 집중하기

핵심적 연구 문제를 설정하여 거기에 집중하는 것이 중요한데, 그렇지 않으면 연구 자체를 운영하기 어렵고 불필요한 자료를 수집하게 될 수 있다. 질적 연구는 대체로 개방적이고 총체적인 성격을 띠기 때문에, 연구 후반부로 갈수록 연구문제의 초점을 보다 정교화하여 집중할 필요가 있다. 그렇지 않으면 연구참여자의 삶의 포괄적인 부분이 필요이상으로 기록되거나 공개되어, 프라이버시를 침해할 위험이 있다.

(2) 연구의 의미와 목적을 반추하기

연구문제가 연구참여자에게 무슨 의미를 갖게 될 것인지를 반추하는 것이다. 연구참여자들에게 연구문제와 관련한 질문을 던졌을 경우, 그들은 어떤 반응을 보이고 어떤 대답을 하게 될 것인가? 예를 들어, 실어증이나 기억상실증에 걸린 환자들에게 과거의 기억에 대해 재차 묻는 것은 그들에게 지나친 부담과 부작용을 초래할 수도 있다. 만일 그러한 질문이 연구 목적을 달성하는데 불가피한 것이라면, 연구자는 그 정당성을 설득시킴과 동시에 연구참여자에게 피해를 입히지 않을 사전 수단을 강구해두어야 하는 것이다.

(3) 연구 기만행위 삼가하기

연구에서의 기만행위의 문제로써, 현재는 그러한 행위는 연구윤리조항에 의해 분명히 금지되어 있다. 연구참여자들을 기만하지 않기 위해서는 연구에 관한 정보(예를 들어, 데이터 분석을 통해 개인이나 집단들을 비교한다는 사실)를 최대한 자세히 알려줘야 하는데, 그럼으로써 연구참여자들로부터 어떤 기대나 저항을 불러일으킬 수도 있음을 기억해야 한다. 한편 연구참여자에게 최대한 정보를 제공해주는 것이 연구에 미치는 영향을 생각하면, "기만 금지"의 원칙을 적용하기가 쉽지 않을 수 있으므로 이에 관한 규칙을 어떻게 구체적으로 정할지도 고민해야 한다.

다. 데이터 수집 단계

데이터 수집의 단계에서는 연구참여자나 현장에 미칠 연구자의 영향력을 어떻게 조절할 것이냐가 문제인데, 연구 윤리의 문제에 있어서는 이 문제를 연구자의 편견bias 차원보다는 연구참여자의 관점 차원에서 이해할 필요가 있다.

(1) 간섭disturbance의 문제

이는 연구자의 등장이 일상적 삶의 패턴에 영향을 미치거나, 연구자가 강조하는 것이 전혀 뜻밖의 요소이거나, 가족사진을 보면서 질문함으로써 잊었던 기억을 끄집어내는 행위가 초래하는 어떤 결과들의 문제이다. 이러한 간섭이 때로는 연구를 위한 생산적 역할도 하지만, 때로는 연구참여자들을 거슬리게 할 수도 있다. 그러나 연구자가 이러한 행동을 해서는 안 된다는 것이 아니라, 연구자의 그러한 행동이 연구참여자의 일상적 삶의 양상에 미치는 영향을 고려해서 꼭 필요한 행위로 국한해야 한다.

(2) 다그치는 태도attitudes

연구란 인터뷰만이 아니라 대화이므로, 연구현장에 접근하는 것이나 정보를 얻는 것에 대한 허가를 구하고, 그 결과 얻게 되는 것이다. 연구를 하다보면, 한 번의 질문에 만족스러운 대답이 나오지 않는 경우가 있기 때문에, 추가적 질문이나 탐색적probing 질문이 뒤따르게 된다. 그러므로 인터뷰 중에는 항상 연구참여자의 감정의 변화를 체크하면서그들이 대답하기 원치 않거나 준비가 안된 질문이라면 더 이상 묻지 말아야 한다. 물론 이러한 기술은 미리 정해지거나 공식화될 수 있는 것은 아니고, 상황이나 연구참여자에 따라 다르게 적용되고, 연구자가 존중해야 할 연구참여자의 프라이버시나 친밀도의 정도에 따라 달라진다.

(3) 둔감한insensitive 태도

때때로 연구자가 미처 예상치 못한 연구참여자의 반응이나 견해가 드러날 수 있다. 여기서 중요한 것은 연구자가 보다 집중하여 연구참여자와 공조하는것과 예상했던 것 이상을 보여주는 그들의 반응을 보다 심각하게 받아들이는 태도 사이에서 균형을 잡는 일이다. 자료 수집은 연구자가 연구참여자에게 가장 가깝게 다가가는 과정이므로, 연구현장이나 연구참여자와의 관계성에서의 윤리문제를 보다 구체적이고 실제적으로 고려해야 한다.

라. 데이터 분석 단계

데이터 분석의 차원에서의 연구 윤리는 정확성, 공정성, 신뢰성, 데이터 축적의 문제의 차원에서 생각해 볼 수 있다.

(1) 정확성

자료를 신중하게 지속적으로 검토하는 것이 중요하다. 어떤 한 방식을 선택하여 체계적으로 분석하거나, 암묵적 비교보다는 분명한 비교방법을 사용하는 것도 좋은 전략이다.

(2) 공정성

사람들을 평가절하하는 해석이나, 사람의 행동을 무의식적 충동의 결과로 바라보는 태도 등을 피하는 것이다. 자료로 모아진 행동이나 진술을 해석할 때는 행위자의 의도와 주체성을 존중하고 연구참여자들 간의 이해가 충돌하는 상황에서는 중립적 자세를 가질 필요가 있다. 자료에 의해 완전히 확인된 사실이 아니면 실제적 행동이나 진술로 받아들여서는 안되고, 급하게 일반화해서도 안되며, 혹시 패턴이나 유형 등으로 일반화하게 될 경우는 예외적 사례들을 염두에 두어야 한다.

(3) 데이터 관리

수집한 데이터는 꼭 필요한 기간 동안만 보유하고, 연구동의서에 특정 기한 동안만 보관하겠다고 했으면 그대로 실천해야 한다. 보관 시에는 자료가 누출되지 않도록 안전하게 관리하고, 우선적으로 연구에 꼭 필요한 자료 이상은 수집하지 않아야 한다.

이상과 같은 유의사항은 자료 분석의 엄밀성 확보와 연구참여자의 개인정보 보호 그리고 자료의 남용과 오용을 방지하기 위한 최소한의 지침의 역할을 할 것이다.

마. 논문 작성 단계

논문 작성 단계에서는 익명성, 신중성, 투명성을 고려하고, 논문 내용에 대한 최종 점검(피드백) 과정을 거쳐야 할 것이다.

(1) 익명성

논문 작성에 있어서 연구 윤리는 가장 중요한 것이 바로 연구참여자의 익명성이 보장되는 것인데, 지금까지의 질적 연구의 역사를 보면 발표된 논문을 통해 연구참여자들의 신상이 그들의 지역공동체에 쉽게 노출된 사례가 많았다(Punch, 1994). 현장노트나 전사자료는 익명화해야 하며, 연구팀에서도 실제 참여자의 신상에 대한 대화를 나누거나 실명으로 토론하기 보다는 가명을 사용해야 한다. 특히 서로가 잘 아는 연구참여자들이 포함된 연구에서는 각별히 개별 참여자들의 신상이 노출되는 일에 신경써야 한다.

(2) 신중성

글쓰기에 있어서도 표현에 신중하여 연구참여자들에 대한 존중이 드러나야 하고 다양성도 반영되어야 한다. 사회적 편견bias을 담은 용어 사용을 피하고, 대상을 지칭label함에 있어서도 각별히 신중해야 한다. 정확하게 연구결과를 드러내면서, 독자의 기대에 부응하기 위해 임의적으로 보완하는 행위를 삼가야 한다.

(3) 투명성

연구자가 어떻게 연구를 진행하고 현재의 결론에 도달했는지를 투명하게 밝히면서도 일반화나 공식화formulation에 있어서는 신중할 필요가 있다. 연구결과를 연구참여자에게 보여줄 때는 신중하게 계획하고 독자에게 연구결과를 소개할 때는 독자의 성격에 따라 어떤 수준에서 보여줄 것인지를 결정하여야 한다. 그러므로 이러한 피드백 과정을 보다 신중하게 계획할 필요가 있다.

5. 질적 연구논문 작성시의 유용한 팁

1) 학위논문에 대한 개괄적 이해

가. 학술논문의 형식적 특성

- 타인의 이론, 관점에 대한 객관적인 비평을 시도한다.
- 자기 주장의 과장, 감정이입, 논리적 오류, 확대해석은 금물이다.
- 신중한 표현: 주관적/독단적, 단정적, 과장된 주장은 금지된다.
- 문장상의 일관된 논리: 문장의 짜임새와 치밀한 구성이 필요하다.
- 평이성, 간결성, 명확성: 정확한 구문과 문법, 철자법 및 띄어쓰기를 검토한다.
- 적절한 용어 선택(쉬운 표현을 쓰고, 학문적 특수어jargon를 남발하지 말자)을 한다.
- 약자, 기호, 부호의 뜻과 표기에 주의한다.
- 간결하고 이해하기 쉬운 문장과 수동보다는 능동태 문장을 활용한다.
- 분석의 내용은 흥미롭게 전개한다.

나. 학위 논문의 원리 10계명

(1) 논문의 출발점은 무엇인가?

흔히 생각하기로 논문은 자료Data가 있어야만 쓴다고 생각하는데, 그러한 생각은 잘못된 생각이다. 논문은 저자의 논점argument을 학술적으로 정리하는 전문적인 글이다. 따라서 어떤 자료나 데이터가 중요한 것이 아니라, 연구자가 어떤 논점을 가지고 있는가가 제일 중요하다. 그리고 연구자의 논점은 연구자가 이론이나 선행연구를 공부하면서나 평소의 삶의 경험들 속에서 비판적 관점과 문제의식을 갖고 있느냐에서 나온다. 또한 이러한 연구의 논점은 크게 선행연구에 대한 충실한 검토literature review와 연구자의 경험(삶, 직장, 인간관계, 실존적 경험 등)에서 나온다. 즉, 연구자가 선행연구를 충분히 공부하거나 자신의 경험에 대한 비판적 통찰에서 연구가설이 생겨나고 그러한 연구가설을 구체적인 연구문제로 발전시키는 것이 논문이다.

(2) 질적 연구의 핵심은 무엇인가?

질적 연구의 핵심은 연구자가 연구대상(현상)을 비판적 관점에서 바라보고, 그러한 관점의 근거가 되는 이론적 기반을 충분히 이해한 상태에서, 자신의 관점을 실질적인 데이터를 체계적이고 깊이있게 분석함으로써 주장(논증과 실증)하는 것이다. 즉, 연구자의 관점, 연구자의 해석, 연구대상에 대한 충실하고 총체적인 이해, 연구현장에 대한 통찰, 그리고 독자들에게 타당성과 설득력을 보여줄 수 있는 글쓰기를 하는 것이다.

(3) 논문은 누가 쓰는가?(학생과 지도교수의 역할)

학위 논문은 학생과 지도교수의 공동저작이다. 학위를 받고자 하는 학생이 논문의 구상, 자료수집, 분석, 논문작성을 실제적으로 수행하겠지만, 그 시작과 마무리의 전 과정에서 지도교수의 책임과 감독으로 이루어진다는 사실에 유념해야 한다. 학생의 학위 수여의 실질적인 권한과 책임이 지도교수에게 주어진다는 것은 동서고금을 막론한 학계의 전통이자 구조이다. 따라서 학위논문은 '지도교수와 같이 쓴다'라고 표현하고, 학생들은 자신의 힘과 노력만으로 논문을 완성했다고 생각해서는 안된다.

(4) 논문의 '주도성'은 누가 갖는가?

그럼에도 불구하고, 논문을 쓰는 사람은 결국 학생이므로, 학생이 주도하되, 모든 과정에 걸쳐 지도교수의 전문성, 경험, 조언을 참조하는 것이 현명한 전략이다. 이는 연구의 문제의식(가설), 이론적 이해도, 방법론적 엄밀성, 분석(해석)의 역할, 그리고 글쓰기에 이르기까지 모두 해당된다.

(5) 논문의 가장 중요한 핵심은?

학위논문의 핵심은 데이터(수집 및 분석)이 아니라, 논점argument이다. 논문이란 연구자의 논점을 학술적인 형식과 절차, 요건에 의해 논리적으로 주장하는 글이다. 그리고 논점은 연구자가 자신이 연구하고자 하는 주제(학문 분야, 이론, 연구대상, 연구 현상)에 대한 가정assumption이나 가설hypothesis에서 나온다. 그러므로, 논문의 핵심은 연구자가 자신만의 독특한(창의적이고 구체적인) 논점을 개발하여 이를 증명하는 것이다.

(6) 학위심사위원회committee의 역할

학위논문이 통과하기 위해서는 3명(석사) 혹은 5명(박사)으로 구성된 학위심사위원회가 필요하다. 일반적으로는 연구 주제와 관련된 전문가들을 심사위원으로 초빙하며, 심사위원들은 학위논문을 검토하고 그 통과 여부를 각자의 학문적 전문성과 주관적 평가로 판단하게 된다. 그런데, 그 심사위원들은 결국 지도교수와 학생이 협의하여 선정하게 되므로, 지도교수와 심사위원들 간의 관계성(학문적 네트워크)가 매우 중요한 역할을 한다. 이 말은 학생들의 논문이 통과되기 위해서는 그 학술적 수준이나 완성도 뿐만 아니라 지도교수의 권위나 학계의 정치적 관계성 등도 중요한 역할을 한다는 것을 위미한다.

(7) 어떤 논문이 좋은 논문인가?

학위 논문의 요건과 질적 수준에서 다루어졌지만, 한마디로 창의적이고, 구체적이며, 실용적인 논문이 좋은 논문이라는 것을 상기할 필요가 있다.

- 창의성: 새로운 논점/관점이나 아이디어, 사실과 결과를 소개하고 있는가?
- 구체성: 참신하고 구체적인 내용일수록 학문의 발전에 기여할 수 있고, 그 내용적 타당성과 의미를 확실히 논의할 수 있다.
- 실용성: 학술적 연구의 목적은 결국 현실의 문제를 해결하기 위한 전문적이고 통찰력있는 대안을 제시하는 것이므로, 논문의 실천적 함의를 항상 고려해야 한다.

(8) 좋은 논문을 위한 충분한 조건은 있는가?

어떤 논문이든 완성된 상태가 아니라, 잠정적이고 부분적 완성partial fulfillment의 상태로 통과시킨다. 이는 연구자의 연구결과와 그 결론이 완전하다고 보기 어렵고, 언제든지 다른 이론, 관찰, 자료, 연구방법 등에 의해 바뀔수 있기 때문이다. 따라서 연구자들은 질적 연구가 되었든 양적 연구가 되었든, 자신의 연구결과가 무엇인가를 완전히 밝혔다거나 증명했다는 식으로 결론을 지어서는 안된다. 특히 질적 연구에서는 그러한 결론이나 연구결과를 허용하지 않는다.

(9) 논문은 형식적 필요 조건(기본 요건)을 갖추는 것이 중요하다.
논문은 엄격하고 구체적인 형식적 내용과 절차를 갖추어야만 인정되는 공식적 글쓰기이다. 학문적 배경이나 학계/학파에 따라 약간씩 다를 수 있지만, 현대의 학문적 전통은 과학적 실증주의나 논리적 타당성 등과 같은 근대적 합리성을 기반으로 체계화된 시스템이다. 따라서 학위논문에서 주장하는 내용을 학계나 독자들이 빠르고 명확하게 이해하고 논의하기 위해서는 논문의 과정이나 결론적 내용에만 집중할 수 있도록 형식적 부분들은 완벽함을 갖추어야 한다. 이것이 참고문헌의 양식과 같은 '형식적 요소'의 검토에 주의를 기울여야 하는 이유이다.

(10) 논문은 필수적 요건(주장, 이론, 방법의 타당성과 형식적 요건)을 갖춘 논문들을 기본으로 하고, 그 중에서 좋은 논문(참신성, 유용성, 학술적 가치 등)을 평가하게 된다. 따라서 연구자들은 자신의 연구 주제의 학술적 가치를 고려하기 전에, 자신의 연구가 (학위)논문의 요건에 얼마나 부합하는가를 먼저 검토해야 한다.

3) 연구진행의 일반적 절차

가. 주제선정

주제선정 단계에서 고려할 사항은 다음과 같다.

- 논문의 주제선정은 반드시 지도교수와의 협의가 필요하다.
- 연구자의 흥미/관점이나 주장의 검증가능성을 고려한다.

- 독창성 있는 문제를 선정한다.
- 연구가능성(시간, 비용, 분석방법)을 확인한다.
- 학문적 공헌도나 발전가능성을 고려한다.
- 주제의 명확성(제목에서 분명히 드러나도록)을 고려한다.

나. 논문제목의 설정

다음과 같은 완성된 연구논문의 주제를 보며, 어떤 연구가 좋은 연구일지 생각해보자.

[논문제목의 예]

- 보육지원기관으로서의 보육정보센터 육아지원사업 운영에 관한 연구
- 다문화 가정 유아와 부모를 위한 전통음악놀이 현장연구
- 혼합연령학급 구성에 관한 연구 동향과 과제
- 유아교육기관에 처음 입학하는 자녀를 둔 부모 기대와 요구에 대한 담론분석
- 교육과정 개정에 따른 인문계의 미적분학 교육이 미치는 영향
- 중국 중등학교에 정보화 교육에 대한 개발
- 반복적 그림책읽기 활동이 영아의 수용언어 및 표현 언어, 어휘력에 미치는 영향: 만 2세아를 중심으로

물론 좋은 논문은 제목만 가지고는 판단하기 어렵고, 내용이나 결론, 해당 학계나 연구분야의 관련 선행연구 여부, 연구방법론, 글쓰기 수준 등에 의한 종합적 판단이 필요하다. 따라서 논문 주제 선정시에는 지도교수나 관련 전문가와 충분히 협의하되 다음과 같은 전략을 참고해볼 수 있다.

- 가능한 구체적인 연구주제로 좁혀나가야 한다. 주제나 연구대상의 '구체성' 이것만으로도 좋은 논문이 될 가능성이 높다.
- 구체적 논문 제목을 선정하기 위해서 자신의 경험을 바탕으로 하

거나, 철저한 선행연구 리뷰가 효과적이다.

- 논문 제목은 초기에는 잠정적으로 설정하되, 논문의 마무리 단계에서 수정할 수 있다.
- 논문제목에는 특정 이론, 논점, 주요 변수variables, 가설, 연구대상, 방법론 등이 포함될 수 있는데, 그 길이나 독자의 이해도를 감안하여 꼭 필요한 요소들로 최대한 간결하게 진술되어야 한다.
- 최종 논문제목은 논문의 핵심 내용을 명확히 보여줄 수 있는 요소들로 결정해야 한다.

다. 사전 연구계획의 수립

연구계획의 수립시에 고려할 사항은 다음과 같다.

- 주제의 선정과 동시에 구체적인 논문 작성의 계획을 수립한다.
- 연구수행을 위한 시간적, 경제적, 실제적 상황을 고려한다.
- 선행연구에 대한 조사를 꼼꼼히 한다.
- 연구의 자리매김positioning을 위해 주제, 대상, 방법, 결과, 의미 방향성을 분명히 한다.
- 연구의 수행(연구대상에 대한 이해, 자료수집, 자료분석, 결과정리)을 어떻게 할지 구체적으로 계획한다.

라. 자료의 수집 및 분석

자료의 수집 및 분석에 있어서는 다음과 같은 사항들을 고려한다.

- 예비조사: 관찰대상, 관찰환경/장면의 시간적, 공간적 배경
- 자료의 평가: 정확성/충실성, 연구관련성, 참신성, 권위
- 자료의 채록 : 채록을 위한 기록장, 설문지, 관찰기록지, 문헌/내

용카드

아울러 선행연구를 리뷰하고 그 내용을 정리하거나, 분석된 자료를 정리할 때 다음과 같은 사항들을 주의하자.

- 자료내용 요약이나 의역시 자기의 주관을 섞으면 안된다.
- 원문을 직접 인용할 때에는 따옴표를 사용하여 요약한다.
- 채록한 간접인용의 글과 혼동되지 않도록 한다.
- 한문이나 외국어로 되어 있는 자료는 번역을 하여 원문과 병기해 둔다.
- 논문을 쓸 때에 원문은 각주footnote로 돌려 처리하고 본문에는 그 번역문을 인용하는 것이 좋다(가독성).
- 디지털 문헌 자료나 참고문헌의 정리를 위한 유용한 툴(Endnote, Refworks, Google scholar 등)이나 노하우를 활용한다.

마. 분석 및 글쓰기

- 논문의 정리 및 수정 과정
- 지도교수의 조언
- 저술도중 필요한 추가적 자료수집
- 결과 및 결론의 조정
- 항상 가독성 고려
- 탈고: 논문의 형식 준수, 본문→결론→서론→요약→참고문헌의 순서로 작성

4) 논문의 부분별 작성시 유의사항

이 절에서는 논문을 작성할 때 참고하여야 할 중요한 사항들을 부가적

인 설명이 필요없을 정도로 일목요연하게 정리하였다.

가. 논문의 구성, 초록, 서론, 문헌연구

논문의 각 부분에 들어갈 내용과 그 내용을 작성할 때의 유의사항을 정리하면 다음 [표 13]과 같다.

표 13. 논문의 부분별 작성시 유의사항

논문의 전체 구성	• 감사문 (필요시) (Acknowledgements) • 목차 (Contents): 내용목차, 표목차, 그림목차 별도로. • 국문초록 (Abstract) / 영문초록 • 서론 (Introduction) • 선행연구 (Literature Review) • 본론: 연구방법 (Methods) • 연구결과 및 분석 (Results & Analysis) • 논의 및 의의 (Discussion & Implication) • 결론 (Conclusion) • 참고문헌 (References) • 부록 Appendix (필요시)
초록	• 초록의 구성요소: Background, Methods, Results, Conclusion • 논문의 기본목표와 범위, 연구문제 및 방법, 결과의 요약, 결론 및 제한점 • 논문의 개요를 제시 • 참고문헌 인용x, 표/그림 사용x, 대부분 200~250 단어로 작성. • 가능한 한 간결하게 서술한다. • 추상적인 표현x, 중요한 개념 및 수치 등을 분명히 표시. • 시제를 기술할 때는 연구문제는 현재형, 방법과 결과는 과거형. • 약자(Acronym, abbreviation)는 사용 x. • 핵심어 (key words) 선정: 5~6개 내외를 초록 끝에 제시. (국문초록에는 국문, 영문 초록에는 영문). 전자검색에서 활용.
서론	(1) 문제 제기 • 본 연구 주제가 왜 중요하며 흥미로우며 논란대상이 될 수 있는지를 설명 • 교과서적인 내용은 피한다. 일반적인 사실은 기술에서 제외 • 연구 내용에 구체적으로 관련있는 사항만 기술한다. (2) 연구배경 및 필요성 • 논문에서 제기하고자 하는 문제에 대한 일반적인 내용을 간결하게 기술. • 연구의 이론적 배경 및 연구의 필요성을 강조. (3) 연구목적 • 연구목적을 명확히 설정. • 어떤 변수를 사용하여, 어떠한 결과를 기대하며, 그러한 결과를 기대하는 근거는 무엇인가를 염두에 두고 연구목적을 설정하고 기술.

문헌연구 (literature review)	• 본 연구문제와 관련한 앞선 연구의 결과를 설명 • 선행연구들과 본 연구목적 및 필요성과의 관계를 논리적으로 제시 • 기존 연구의 제한점을 지적: 본 연구의 타당성 입증 • 교과서적 내용 설명, 논문에 대한 장황한 역사적 배경설명은 하지않음 • 핵심적이고 필수적인 연구결과들에 대해서만 간략하고 논리적으로 논의. • 선행연구의 결과상의 논란점을 공정하게 평가: 그러한 논란에 본 연구가 어떤 기여를 하는지를 밝힌다.(연구의 연구문제, 대상, 방법상의 차별성 부각) • 참고문헌을 지나치게 많이 열거하지 않고, 많은 문헌을 고찰하되 가장 관련성 있고 중요한 문헌만을 인용한다.(상호검토)

나. 본문 작성

논문의 본문을 작성할 때 유의사항는 다음 [표 14]에 정리하였다.

표 14. 본문 작성시 유의사항

문장과 문체	• 약어: 5번 이상 반복시, 처음: 괄호 속 원어 표기 • 예, American Psychology Association(1995; henceforth, APA)/ 이후로는 'APA(1995)'로만 표기 • 시제: 현재시제(선행연구: 문맥에 따라 과거시제 사용가) • 인칭과 숫자: 일반적으로 '저자/논자는…', 나는…(X), 필자는…(X). • 논문의 인적대상에 대해서는 '연구참여자'(participants), • 질적 연구: 연구참여자(participants), 양적 연구/실험연구: 연구대상(subjects) • 10 이하 숫자는 아라비아 숫자 사용하지 않고, 한글/알파벳으로 표기 • 외래어 및 인명: 유명인의 인명 뒤에는 인용저서나 생몰연도, 영어이외 외래어는 괄호로 학계통용의 번역어 표기
표와 그림	• 같은 결과를 표와 그림으로 동시에 제시하여서는 안된다. • 그림의 경우 척도(scale)의 범위에 대해 주의를 한다. • 같은 결과를 여러 군데서 반복 제시하지 않는다. • 기술로써 간단히 할 수 있는 것은 표나 그림으로 나타내지 X (상관관계). • 표의 구성: title, field, column headings, row headings, heading straddle rule, footnotes • 표의 제목 설정시 주의할 점 (APA style 참조) • 표에 포함되어 있는 내용을 정확히 반영하여야 한다. • 불필요한 단어를 제거한다. • 행 혹은 열의 제목을 반복하지 않는다.
좋은 표/ 그림의 조건	• 데이터의 질(Data quality): 표/그림이 필요한 자료인가? • 데이터 선별성(Selectivity): 가장 관련성 있는 자료를 제시 • 반복 금지(No Repetition): 표, 그림, 문장 중 한 가지 형태로만. • 통일성(Uniformity): 비슷한 자료는 비슷한 형태로 제시 • 자료의 초점(Focus): 각각의 그림은 나타내고자 하는 점이 분명해야 • 단순성, 시인성(Simplicity): 한눈에 알아볼 수 있게 • 독립성(Independence): 별도의 설명 없이 그 자체로도 이해할 수 있어야.

다. 논의 및 고찰에서의 유의사항

표 15. 논의 및 고찰((Discussion, implication, suggestion)작성시의 유의 사항

연구의 의의	의의(Implication): 연구 결과 평가 및 해석. 유용한 논의를 정리하고 결론 도출
고찰의 시작 부분	• 서론에서 제기한 연구 목적, 가설 등에 대해 논의한다. • 연구 배경과 관련된 역사적인 사실을 나열하지 않는다. • 연구 목적에만 초점을 맞추어 기술한다. • 서론, 방법, 결과에서 나왔던 내용을 반복하지 않는다. • 분명한 증거에 근거를 두고 추론하고 논리의 비약이 없어야 한다. • 새로 알게 된 사실, 지식, 개념을 고찰, 결과에 제시된 부분만 토의한다. • 연구 결과 제시를 반복하지 않고, 연구 결과의 의미와 해석에 대해 토의한다. • 연구 결과가 갖는 이론적인 의미와 적용가능 분야 고찰한다. • 예상치 못한 연구 결과가 나왔을 때는 경우, 그 사항에 대해서 논의한다.
장단점 및 제한점	• 연구 수행 과정중의 문제점, 방법론상의 문제점을 기술한다. • 누락/제외된 연구 대상자로 인해 결과 해석에 미친 영향을 기술한다. • 연구의 제한점에도 불구하고 본 연구의 중요성이 무엇인지 강조한다.
결론	• 결론을 분명하게 쓴다. 결론은 철저하게 연구결과를 근거로 나온 것만 쓴다. • 일반적인 논리에 해당하는 결론을 내리지 않는다. • 연구대상자가 갖는 대표성의 제한범위 내에서 해석 및 결론을 내린다. • 본 연구의 결과가 갖는 중요성을 강조한다. • 결과의 중요성을 자평할 때 단어선택을 신중히 하고, 과장된 표현을 삼간다. • 필요한 경우 추가적인 연구의 필요성을 제안하고, 그 이유를 설명한다.

5) 참고문헌 표기법

참고문헌 양식을 지키는 것은 상당한 시간과 에너지가 소모되는 작업이고, 그 복잡성과 체계성으로 인해 기성 연구자들이 그 양식에 숙달하는 것이 몇 년이 걸릴 정도이다. 하지만, 그만큼 중요한 논문의 요건이기 때문에 완성된 논문을 심사에 제출하기 전에 '반드시' 꼼꼼히 점검해야 한다. 참고문헌 양식이 지켜지지 않은 논문은 그 작성자가 전문성이나 논문완성도가 떨어진다는 것을 드러내는 핵심적 사항이고, 이는 합당한 판단이므로, 꼭 주의해야 한다.

마지막으로 참고문헌 표기와 관련하여 유념해야할 사항들은 정리해 보자.

가. 참고문헌 표기 시스템

(1) 하버드 시스템Harvard System

- Cormack (1994, pp.32-33)
- Jones (1946) and Smith (1948) have both shown
- Redman, P., 2006. Good essay writing: a social sciences guide. 3rd ed. London: Open University in assoc. with Sage.
- Perry, C., 2001. What health care assistants know about clean hands. Nursing Times, 97(22), pp.63-64.
- 자세한 사항은 다음 웹페이지 참조(http://libweb.anglia.ac.uk/referencing/harvard.htm)

(2) 시카고 스타일Chicago Style

- 인문학the humanities 연구의 주된 형식
- Okuda, Michael, and Denise Okuda. 1993. Star trek chronology: The history of the future. New York: Pocket Books.
- Wilcox, Rhonda V. 1991. Shifting roles and synthetic women in Star trek: The next generation. Studies in Popular Culture 13 (2): 53-65.
- 자세한 사항은 다음 웹페이지 참조(http://www.liu.edu/cwis/

cwp/library/workshop/citchi.htm)

(3) 미국심리학회APA 스타일

미국심리학회American Psychological Association의 스타일은 사회과학 연구의 주된 양식으로 활용된다. 많이 쓰이는 사항들은 다음 항의 [다. 인용, 각주, 참고문헌 작성법APA 기준]을 참조하라. 이 책에 소개되지 않는 내용들은 다음 웹페이지 참조하라. (http://www.apastyle.org/learn/index.aspx)

나. 논문에서의 축약법Abbreviations

논문은 간결성을 원칙으로 하기 때문에, 다양한 축약법을 사용할 수 있다. 축약의 가장 중요한 원칙은 처음 그 표현이 등장할 때 분명히 밝히고, 나중에는 축약된 형태도 일관성있게 사용하는 것이다. 다음은 APA(7th)를 기준으로 한 축약 방식의 몇 가지 사례들이다.

- 예, 처음 등장시 'posttraumatic stress disorder (PTSD)' 이후 (i.e., posttraumatic stress disorder [PTSD])
- 다음과 같이 일상적으로 잘 알려진 축약어는 전체 용어를 표현하지 않는다.
    - abbreviations listed as terms in the dictionary (e.g., AIDS, IQ)
    - measurement abbreviations (e.g., kg, cm)
    - time abbreviations used with numerical values (e.g., 5 hr, 30 min)
    - Latin abbreviations (et al., i.e., e.g., etc., viz.=namely)

- many statistical abbreviations (M, SD, SE, t, etc.)

▪ 본문에서 축약된 용어는 다음과 같은 경우로 사용된다.

- The American Psychological Association(APA, 2017) provided information on overcoming opioid abuse.
- People can overcome opioid abuse through residential treatment(American Psychological Association [APA], 2017).
- American Psychological Association(2017, January 1). Understanding and overcoming opioid abuse. https://www.apa.org/topics/opioid-abuse

다. 인용, 각주, 참고문헌 작성법(APA 기준)

인용이나 각주 처리, 참고문헌 작성은 학문윤리Academic Ethics 문제의 가장 핵심적 사항으로 모든 연구자들의 주의를 요하는 부분이다. 다음은 가장 기본적인 인용의 원칙들이다.

첫째, 표절Plagiarism 문제: 표절 시비에서 자유롭기 위해서는 가능한 한 적극적으로 참고문헌을 최대한 밝히려는 노력을 해야 한다.

둘째, 타 연구내용을 인용할 때는 직접 인용의 규칙(따옴표 사용과 정확한 출처와 페이지 표시)을 명확히 지키거나, 간접인용의 경우에도 반드시 문장 변형paraphrase(문장의 요약, 순서 변경, 단어의 변경 등)을 최대한 해야 한다.

셋째, 직접인용은 매우 핵심적인 이론, 의견, 인터뷰내용으로 한정한다. 논문에서 너무 빈번한 직접인용은 학문적 독창성을 저해할 수 있다는 지적을 받을 수 있다.

넷째, 질적 연구에서는 인터뷰 내용 삽입excerpts이 흔히 활용되는데,

이때 연구참여자interviewee, participants의 가명과 특징(나이, 역할 등), 인터뷰 날짜 등의 세부정보들을 체계적으로 관리하여 제시한다. 자세한 방식은 전공영역마다 차이가 있으니, 논문서식을 참고하라.

다음 [표 16]은 APA 양식의 가장 기본적인 사례이다.

표 16. 가장 대표적인 APA 양식 참고문헌 표기 방법

구분	APA 양식 표기 사례 (7th Ed.)
참고문헌 본문인용: 기본 원칙	• 표현 변형(paraphrases)과 인용(quotations) 모두 인용표기 한다. • 한 문장에 대한 다수의 출처표기는 알파벳순으로 한다(Adams et al., 2019; Shumway & Shulman, 2015; Westinghouse, 2017) • 한 저자의 복수 자료는 연도순으로 한다(Department of Veterans Affairs, n.d., 2017a, 2017b, 2019) // Zhou (n.d., 2000, 2016, in press) • 대표적 출천/자료가 있을시, 그것만 소개하고, 이후에 참조사항으로 표기할 수 있다(Sampson & Hughes, 2020; see also Augustine, 2017; Melara et al., 2018; Pérez, 2014) • 한 문장에서 여러 자료를 인용시에는 제시순서에 상관없음: Suliman (2018), Gutiérrez (2012, 2017), and Medina and Reyes (2019) examined . . .
참고문헌 본문인용: 본문 내 vs. 괄호 안	**기본(괄호 안) 표기 방식** • Falsely balanced news coverage can distort the public's perception of expert consensus on an issue (Koehler, 2016). • (see Koehler, 2016, for more detail) • (e.g., falsely balanced news coverage; Koehler, 2016) **본문 내 표기방식** • Koehler(2016) noted the dangers of falsely balanced news coverage. • In 2016, Koehler noted the dangers of falsely balanced news coverage. • Fisher, R. A. (1996). A Note on Determination of Order. Annals of Statistics, 37(3), 137–158. • Blar blar blar~~~ (Fisher, 1998, p. 137). • Jackson, L. M. (2019). The psychology of prejudice: From attitudes to social action (2nd ed.). American Psychological Association. https://doi.org/10.1037/0000168-000
참고문헌 본문인용: 직접인용 vs. 간접 인용	• 직접인용: Fisher (1998, p. 137) argued that~ "quotation" ~ . • 풀어쓰기: Fisher (1998) argued that ~paraphrase~. • Fisher (1998b, p. 34) said that~. • Fisher (1998b, pp. 67, 72) mentioned that~. • Webster-Stratton (2016) described a case example of a 4-year-old girl who ~~~~~~~~~~, ~~~~~~~~~~ the mother's empathy for her child (pp. 152–153).

참고문헌 본문인용: 특수한 인용 (quotations)	• 페이지 번호가 없는 문서: People planning for retirement need more ~~~ they also "need to stockpile their emotional reserves" (Chamberlin, 2014, para. 1): 앞에서부터 일일이 페이지를 센 후 표기한다. • Audiovisual Works: People make "sweeping inferences and judgments from body language" (Cuddy, 2012, 2:12). • Canonically Numbered: The person vowed to "set me as a seal upon thine heart" (King James Bible, 1769/2017, Song of Solomon 8:6). • 인터뷰 내용: "Rafael" (64 years old, retired pilot) mentioned ~~~ "in a void without purpose . . . it took several months to develop new interests that motivated [him] each day." • 혹은 "in a void without purpose . . . it took several months to develop new interests that motivated [him] each day" (Rafael, 64 years old, retired pilot). • Parenthetical citation: (T. Nguyen, personal communication, February 24, 2020)
참고문헌 본문인용: 1차 인용 vs. 2차 인용	**1차인용: 원자료(서적/논문)을 자신이 직접보고 인용하는 경우.** • 예: Foucault (1980, p. 23) said that " ~~~ ." **2차인용: 다른 사람(A)이 원자료를 보고 인용한 것을 내가 간접적으로 A의 글을 보고 다시 인용하는 경우.** • 영문 예: Foucault (1980, p. 23; as cited in Simon, 2005) said that "~~~." • 국문 예: 푸코(1980, p. 23; Simon, 2005에서 재인용)는 "~~~" 라고 했다.
참고문헌 reference 표기	**Books** • Booth, W. C., Colomb, G. G., & Williams, J. M. (1995). The craft of research. Chicago: University of Chicago Press. • 본문인용: (Booth, Colomb, & Williams, 1995); next citation (Booth et al., 1995). • Ebbinghaus, H. (1913). Memory (H. A. Rueger & C. E. Busseni0us, Trans.). New York: Teachers College. (Original work published 1885) • 본문인용: (Ebbinghaus, 1885/1913). **Chapter or section in a book (online & print)** • Stephan, W. G. (1985). Intergroup relations. In G. Lindzey & E. Aronson (Eds.), The handbook of social psychology (3rd ed., Vol. 2, pp. 599~658). New York: Random House. • Citations: (Beers & Berkow, 1999, chap. 189); (Stephan, 1985). **Journal articles** • Hypericum Depression Trial Study Group. (2002). Effect of Hypericum perforatum (St John's Wort) in major depressive disorder: A randomized controlled trial. JAMA, 287(2), 1807~1814. • Citation: (Hypericum Depression Trial Study Group, 2002). • Journal article, retrieved from a database: • Hypericum Depression Trial Study Group. (2002). Effect of Hypericum perforatum (St John's Wort) in major depressive disorder: A randomized controlled trial. JAMA, 287, 1807–1814. Retrieved July 7, 2002, from MEDSYS database.

참고문헌 reference 표기	**Online only journal (paged by issue)** • Kortepeter, M. G., & Parker, G. W. (1999). Potential biological weapons threats. Emerging Infectious Diseases, 5(4). Retrieved January 20, 2003, from http://www.cdc.gov/ncidod/EID/vol5no4/kortepeter.htm • Citation: (Kortepeter & Parker, 1999). There is no period after the URL.

참고문헌

강지연, 정연진, & 공경란. (2018). 정체성 위협: 임상실습 중 간호대학생의 무례함 경험에 관한 근거이론적 접근. Journal of Korean Academy of Nursing, 48(1), 85-95.

고미영. (2004). 학대받은 아동에 대한 현상학적 연구. 한국사회복지학, 56(1), 71-102.

김동규. (2006). 광고카피의산출과정에대한 근거이론 연구. 한국광고홍보학보, 8(2), 106~157.

김병욱. (2010). 현상학적 교육연구를 위한 주요 개념의 명확화 및 보완점 탐색. 교육사회학연구, 20(1), 25-44.

김분한, 김금자, 박인숙, 이금재, 김진경, 홍정주, ... & 이희영. (1999). 현상학적 연구방법의 비교고찰: Giorgi, Colaizzi, Van Kaam 방법을 중심으로. Journal of Korean Academy of Nursing, 29(6), 1208-1220.

김수지, 신경림 역. (2000). 근거이론의이해. 서울: 한울아카데미.

김영숙. (2014). 40대 자발적 이혼 여성 한부모의 생애사 연구. 성균관대학교 대학원 박사학위논문.

김요완. (2009). 근거이론을적용한 이혼소송과정 분석. 한국심리학회지: 상담 및 심리치료, 21(2), 559-583.

김인숙. (2017). 사회복지전담공무원의 일 조직화: 제도적 문화기술지. 한국사회복지행정학, 19(1), 101-139.

김혜선, & 김은하. (2006). 미혼 양육모의 양육 결정 체험: 현상학적 연구. 한국사회복지학, 58(1), 373-393.

박상철, & 이웅규. (2017). 근거이론을활용한 멀티채널 사용자의 크로스오버 쇼

핑행동이해. Information Systems Review, 19(3), 179-199.

박휴용. (2006). '세계화시대의 영어학습' 열기에 대한 비판적 담론분석: 사회적 기호화과정(social symbolization)의 탐색. 사회언어학, 14(2), 169-196.

______. (2014). 질적연구방법론. 전북대학교 출판문화원.

______. (2015). 초보연구자를 위한 질적연구방법론. 전북대학교 출판문화원.

______. (2009). 영어교육에 있어서 비판적 응용언어학의 도입: 후기식민주의적 관점에서. [KEDI] 한국교육, 36-1, 143-164.

______. (2012). 교육과정 이념으로서의다문화주의와 지속가능발전교육론에 대한 비판적 논의. 교육과정연구, 30(1), 1-26.

______. (2019). 포스트휴먼적 존재인식론에 기반 한 질적 연구의성격과 방법. Journal of Educational Innovation Research, 29(2), 41-68.

______. (2020). 포스트휴먼 리터러시-개념 및 범주, 이론적 기반, 그리고 교육의 방향. 리터러시연구, 11(1), 11-55.

서덕희. (2003). 교실붕괴 기사에 대한 비판적 담론분석: 조선일보를 중심으로. 교육인류학연구, 6(2), 55-89.

서지영, 이명선. (2017). 항암병동 간호사들의 돌봄 체험에 관한 현상학적 연구. Asian Oncol Nurs., 17(1):55-67.

신예원, & 마동훈. (2019). 국내 미디어에 재현된 '예멘 난민'의 양면:〈조선일보〉와 〈한겨레신문〉 보도에 대한 비판적 담론분석. 미디어 경제와 문화, 17(2), 31-80.

유정원. (2018). 무슬림 여성 이민자들을 이등 시민으로 낙인 찍는 영어 정책: 영국 신문기사 비판적 담론분석. 응용언어학, 34(1), 63-90.

유혜령. (2015). 현상학적 질적 연구의 논리와 방법: Max van Manen 의 연구방법론을 중심으로. 가족과 상담, 5, 1-20.

이민경. (2010). 한국 다문화교육정책 전개과정과 담론 분석: 교과부의 다문화가정 자녀교육 지원정책(2006-2009)을 중심으로. 한국교육, 37,2.

이장환, 이선민, 고성훈. (2008). 한국의 다문화주의에 대한 미디어의 재현양식과 담론분석 연구.

임인재, 김신영. (2004). [교육·심리·사회 연구를 위한 논문작성법]. 서울대학교

출판부.
정병기. (2008). 『사회과학 논문작성법』. 서울대학교 출판부.
정승혜. (2015). 광고 연구의 질적 방법론. 커뮤니케이션북스.
최귀순. (2005). Strauss 와 Glaser 의 근거이론방법론 비교. 정신간호학회지, 14(1), 82-90.
최승희. (2012). 정서행동장애연구. 28(3), 193-224.
최지영. (2009). 결혼과정을 통해서 본 모-자녀 관계변화에 관한 질적 연구: 기독교가정을 중심으로. 상담학연구, 10(3), 1697-1725.
______. (2012). 근거이론의 개념과 연구방법. 한국보건사회연구원 정책토론회, 1-18.
홍정화. (2013). 비판적담론분석(CDA) 방법의 적용 가능성 탐색. 정책분석평가학회보 23(1), 223-268.
홍지아. (2010). 젠더적 시각에서 바라본 한국 언론의 다문화 담론: 경향, 동아, 조선, 한겨레 기사분석을 중심으로. 언론과학연구, 10(4), 644-678.

Abbot. (2000). Modeling the Prehistory of Narrative Consciousness.
Abbott, H. P. (2000). The evolutionary origins of the storied mind: Modeling the prehistory of narrative consciousness and its discontents. Narrative, 8(3), 247-256.
Bakhtin, M. (1981). The Dialogic Imagination Austin: Univ. of Texas Press.
Banks, M. (2007). Using Visual data in qualitative research. Sage.
Barad, K. (2003). Posthumanist performativity: Toward an understanding of how matter comes to matter. *Signs: Journal of women in culture and society*, 28(3), 801-831.
Barnhurst K., Vari, M., & Rodrígue, Í. (2006). Mapping Visual Studies in *Communication. Journal of Communication*, 54(4), 616-644.
Bennett, J. (2015). Systems and things: On vital materialism and object-

oriented philosophy. *The nonhuman turn*, 223-239.

Braidotti, R. (2006). Posthuman, all too human: Towards a new process ontology. *Theory, culture & society*, 23(7-8), 197-208.

_________. (2013b). Posthuman humanities. *European Educational Research Journal*, 12(1), 1-19.

_________. (2016). Posthuman critical theory. In *Critical posthumanism and planetary futures* (pp. 13-32). New Delhi: Springer.

Broadbent, J., & Vaughter, P. (2014). Inter-disciplinary analysis of climate change and society: A network approach. In *Understanding society and natural resources* (pp. 203-228). Springer, Dordrecht.

Brunton, C. G., Todorova, I., Petrova, D., Carnegie, E., & Whittaker, A. (2018). Using Foucauldian Discourse Analysis to Analyze Young Women's Constructions of the Human Papillomavirus Vaccine. SAGE Publications Ltd.

Bühlmann, P. (2019). Comments on: Data science, big data and statistics. TEST, 28(2), 330-333.

___________. (2019). Comments on: Data science, big data and statistics. TEST, 28(2), 330-333.

Bussey, M. (2016, November). Neohumanism: Rethinking Education for Planetary Futures. In *International Educational Futures Conference* (p. 20).

Charmaz, K. (2006). Constructing grounded theory: A practical guide through qualitative analysis. sage.

__________. (2008). Grounded theory as an emergent method. Handbook of emergent methods, 155, 172.

Charmaz, K., & Belgrave, L. (2012). Qualitative interviewing and grounded theory analysis. The SAGE handbook of interview research: The complexity of the craft, 2, 347-365.

Charmaz, K., & Belgrave, L. (2012). Qualitative interviewing and grounded theory analysis. The SAGE handbook of interview research: The complexity of the craft, 2, 347-365.

Charmaz, K., & Mitchell, R. G. (2001). Grounded theory in ethnography.

Chatman, S. B. (1990). Coming to terms: The rhetoric of narrative in fiction and film. Cornell University Press.

Creswell, J. W. (2013). Research design: Qualitative, quantitative, and mixed methods approaches. Sage publications.

Deleuze, G., & Guattari, F. (1988). *A thousand plateaus: Capitalism and schizophrenia.* Bloomsbury Publishing.

Denzin, N. K., & Lincoln, Y. S. (Eds.). (2005). The Sage handbook of qualitative research. Sage Publications.

Fairclough, N. (2003). Analysing discourse: Textual analysis for social research. Psychology Press.

Glaser, B. G. (1978). Theoretical sensitivity. mill valley.

Gottschall, J. (2012). The storytelling animal: How stories make us human. Houghton Mifflin Harcourt.

GubaEG, Lincoln YS. In: Effective evaluation: Improving the usefulness of evaluation results through responsive and naturalistic approaches. San Francisco (CA): Jossey-Bass Publishers; 1981. pp. 103-127.

Haraday, D. (1985). A manifesto for cyborgs: science, technology, and socialist feminism in the 1980s. *Socialist Review,* 15(2), 65-107.

Harman, G. (2018). *Object-oriented ontology: a new theory of everything.* London: Penguin UK.

Hayden. (2006). Qualitative Research Methods.

Heidegger, M. (1962). Being and Time. (J. Macquarrie & E. Robinson, Trans.). New York: Harper & Row.

Herbrechter, S. (2013). *Posthumanism: A critical analysis.* A&C Black.

Herman, D. (2009). Storied minds: Narrative scaffolding for folk psychology. Journal of Consciousness Studies, 16(6-7), 40-68.

Hsieh, H-F. & Shannon, S. E. (2005). Three Approaches to Qualitative Content Analysis 출처: https://dohwan.tistory.com/53

Kafle, N. P. (2011). Hermeneutic phenomenological research method simplified. Bodhi: An Interdisciplinary Journal, 5, 181-200.

__________. (2011). Hermeneutic phenomenological research method simplified. Bodhi: An Interdisciplinary Journal, 5, 181-200.

Kitzinger, J. (1994). The methodology of focus groups: the importance of interaction between research participants. Sociology of health & illness, 16(1), 103-121.

Krueger, R. A., & Casey, M. A. (2000). Focus groups: a practical guide for applied research Sage Publications.

Mazzei, L. A., & Jackson, A. Y. (2012). Complicating voice in a refusal to "let participants speak for themselves". *Qualitative Inquiry*, 18(9), 745-751.

Mbembe, A. (2008). Necropolitics. *In Foucault in an Age of Terror* (pp. 152-182). London: Palgrave Macmillan.

O'Halloran, K. L., Tan, S., Wignell, P., Bateman, J. A., Pham, D. S., Grossman, M., & Moere, A. V. (2019). Interpreting text and image relations in violent extremist discourse: A mixed methods approach for big data analytics. *Terrorism and Political Violence*, 31(3), 454-474.

Oliver, D., & Roos, J. (2007). Beyond text: Constructing organizational identity multimodally. British Journal of Management, 18(4), 342-358.

Park, H. Y. (2010). Critical discourse analysis of cosmopolitanism as a curriculum objective. Journal of Curriculum Evaluation, 13(2), 1-27.

Park, H-Y. (2008). "You Are Confusing!": Tensions between Teachers' and Students' Discourses in Classroom. Journal of Classroom Interaction, 43(1), 1-10.

Patton, M. Q. (2002). Qualitative research and evaluation methods. Sage Publications.

Sandelowski, M. (2000). Whatever happened to qualitative description?. Research in nursing & health, 23(4), 334-340.

Snaza, N., Appelbaum, P., Bayne, S., Morris, M., Rotas, N., Sandlin, J. (2014). Toward a posthumanist *education. Journal of Curriculum Theorizing*, 30(2), 39-55.

Stevens, M., Wehrens, R., & de Bont, A. (2018). Conceptualizations of Big Data and their epistemological claims in healthcare: A discourse analysis. Big Data & Society, 5(2), 2053951718816727.

Strauss A. & Corbin J. (1990). Basics of qualitative research: techniques and procedures for developing grounded theory. Newbury Park, Calif: Sage Publication.

Thornberg, R., & Charmaz, K. (2014). Grounded theory and theoretical coding. The SAGE handbook of qualitative data analysis, 5, 153-69.

Thrift, N. (1999). Steps to an Ecology of Place. In Massey, D., Allen, J. & Sarre, P. (Eds.) *Human Geography Today*. Cambridge: Polity Press.

_______. (2000). Afterwords. Environment and Planning D. *Society and Space*, 18, 213-255.

_______. (2007). *Non-representational theory: Space, poltics, affect*. London: Routledge.

Ulmer, J. B. (2017). Posthumanism as research methodology: Inquiry in the Anthropocene. *International Journal of Qualitative Studies in Education*, 30(9), 832-848.

Vannini, P. (2015). Non-representational research methodologies: an introduction. In *Non-Representational Methodologies* (pp. 11-28). London: Routledge.

Yüksel, P., & Yıldırım, S. (2015). Theoretical frameworks, methods, and procedures for conducting phenomenological studies in educational settings. Turkish online journal of qualitative inquiry, 6(1), 1-20

박휴용

박휴용은 연세대학교에서 학사 및 석사를 마치고, 미국의 University of Wisconsin-Madison에서 박사 학위(Curriculum & Instruction)를 받은 후, 전북대학교에서 교육과정이론, 인공지능융합교육, 다문화 교육, 질적연구방법론을 가르치고 있다.

2015, 2016년 전북대 인문사회계 최우수 연구업적상(총장상)을 수상하였고,『융합지식과 융합교육과정』과『포스트휴머니즘과 교육의 미래』에 이어 저서『4차산업혁명과 인공지능 시대의 포스트휴먼 학습론』이 각각 2018, 2019, 2021 세종우수도서 학술분야에 선정되기도 하였다. 현재 위와 같은 연구주제들을 중심으로 학진 등재지 100여 편, SSCI 3편, 저서 17편을 출간하였다.

질적 연구 방법을 기반으로 연구활동을 수행하게 된 것은 저자가 언어발달, 외국어학습, 이중어학습이론, 언어와 인지, 인지과학 등에 관심이 많고 언어가 인간의 사고와 행동에 미치는 영향이 지대하다고 믿기 때문이다. 저자는 박사과정을 통해 언어문화이론, 이중어발달이론, 비판 이론 등을 공부하였고 이를 기반으로 주로 비판적 담론분석을 활용한 연구 활동에 매진해 왔다. 최근 저자는 교내의 대학원생들뿐만 아니라, 전국의 다양한 학과 및 전공의 신진 연구자들을 대상으로 질적 연구 전반적 방법론에 대해 특강을 실시해 왔고, 그 강의의 핵심적 내용들을 재구성하여 이 저서를 완성하게 되었다.

본 저서를 통해 국내 사회과학분야의 대학원생과 신진연구자들이 질적 연구를 보다 체계적으로 이해하고, 그 구체적인 방법론적 전략을 쌓는데 도움이 되기를 희망한다.

인문사회 질적 연구 방법론
핵심 원리 및 연구 가이드

지은이 박휴용
펴낸이 양오봉
펴낸곳 전북대학교출판문화원

초판 1쇄 인쇄 2023. 7. 25.
초판 1쇄 발행 2023. 8. 1.

전북대학교출판문화원 전라북도 전주시 완산구 어진길 32 (풍남동2가)
전화 (063) 219-5319~5322
FAX (063) 219-5323
출판등록 2012년 8월 20일 제465-2012-000021호

값 22,000원

ISBN 979-11-6372-206-9 93370